A Belgian Passage to China

比利时—中国
昔日之路 (1870—1930)

A BELGIAN PASSAGE TO CHINA

本书是关于中比历史关系（1870—1930）、京汉铁路及天津电车交通网建设的研究，根据弗朗索瓦·内恩斯与斯普鲁伊特医生兄弟的私人文件与照片编写而成。

〔比利时〕约翰·麦特勒（Johan Mattelaer）
〔比利时〕马修·托尔克（Mathieu Torck）
〔比利时〕查尔斯·拉格朗日（Charles Lagrange）
〔比利时〕罗兰·杜萨特–德萨特（Roland Dussart-Desart）
〔比利时〕帕特里克·马塞利斯（Patrick Maselis）
〔比利时〕托马斯·巴埃特（Thomas Baert）　编著

刘悦　张畅　牌梦迪　译

社会科学文献出版社
SOCIAL SCIENCES ACADEMIC PRESS (CHINA)

原书作者简介

约翰·麦特勒博士（Dr. Johan Mattelaer），比利时著名泌尿科医生，其医学专著《欧洲泌尿学发展史》第1卷（De Historia Urologiae Europaeae vol. 1）由欧洲泌尿医学协会历史委员会于1994年出版，历史类著作《古罗马的内膜：爱情、欲望与人类的身体》（Roma Intima: Love, Lust And The Human Body）由 Stercke & De Vreese 于2020年2月出版英文版与荷兰文版，《艺术作品中的排尿》（For This Relief, Much Thanks! Peeing in Art）由 Amsterdam University Press 于2018年3月出版英文版与荷兰文版。

马修·托尔克博士（Dr. Mathieu Torck），比利时根特大学语言与文化学院讲师，兼任鲁汶大学历史部研究员。

查尔斯·拉格朗日（Charles Lagrange），比利时工程师，2005—2013年担任大型跨国石化企业道达尔公司驻中国首席代表。早在派驻中国之前就热衷于研究欧洲侨民在近代中国开埠口岸的历史。他曾经在长达12年的时间里，坚持每月为法国驻沪领事馆的通讯撰写历史题材的文章。上海社科院历史所曾多次邀请他作讲座。他的作品有《上海的装饰派大师：保罗·维塞合在法租界的建筑作品》（Shanghai's Art Deco Master: Paul Veysseyre's Architecture in the French Concession）。回到比利时工作后，他与近代天津博物馆合作分别在布鲁塞尔和天津成功举办了《中国与比利时 120年共享的历史》双城同题文化交流展览。

罗兰·杜萨特–德萨特（Roland Dussart-Desart），律师，经济合作与发展组织核能署（Nuclear Energy Agency）核法律委员会主席。他的研究领域包括比利时人在海外建设电车的历史，出版的作品有《比利时电车在天津》《比利时电车在俄国》《比利时电车在埃及·1894—1960》《比利时电车在奥托曼帝国》《洛布–蒂安电车历史》。

帕特里克·马塞利斯（Patrick Maselis），比利时著名实业家与集邮家，欧洲大型谷物食品与原料生产企业马塞利斯集团的执行董事与所有者。该集团下设三个分支：SA Maselis公司生产用于食品工业的原料；Poco Loco公司生产墨西哥风味食品（卷饼、薄饼、薯片），Mulder Natural Food生产早餐麦片。他还担任蒙特卡洛集邮精英俱乐部（Club de Monte-Carlo de l'Elite de la Philatélie）主席，伦敦集邮协会（Royal Philatelic Society London）主席，出版作品有《从亚速尔群岛到新西兰》（From the Azores to New Zealand）。

托马斯·巴埃特（Thomas Baert），在上海成立了专门生产拼花地板的公司财纳福诺木业，又在北京开办一家生产手工地毯的公司。他还在比利时经营乐迈（Lamett）品牌的地板。

译者简介

刘悦，男，1971年生于天津，毕业于天津外国语学院、天津大学。1995年赴澳大利亚墨尔本MONASH大学金融系学习，回国后长期从事英文翻译工作。现任天津社会科学发展研究中心主任，原任近代天津博物馆馆长、副研究员，致力于天津历史文化的保护与研究工作，曾多次赴欧美国家搜集有关天津近代历史的宝贵资料，采访众多曾在华侨居的外国老人。主要作品有《抗龙旗的美国大兵：美国第十五步兵团在中国1912—1938》《李鸿章的洋顾问：德璀琳与汉纳根》《李鸿章的军事顾问：汉纳根传》《近代中国看天津——百项中国第一》《天津的桥》《清宫的门缝儿》《清末高官比利时人——保禄·林辅臣的生平》《翻译手记》等。

张畅，女，1973年生于天津，南开大学历史学博士，天津大学马克思主义学院副教授，天津社会学学会理事。长期从事天津城市史研究以及近代来华外国侨民口述史资料的搜集整理工作。著有《李鸿章的洋顾问：德璀琳与汉纳根》，参与编译《清末高官比利时人——保禄·林辅臣的生平》，参与撰写《近代中国看天津——百项中国第一》，发表论文十余篇。

牌梦迪，女，1994年生于河南洛阳，天津大学英语翻译专业硕士，现任职于天津社会科学发展研究中心，从事中英文史料研究与翻译工作。

Compagnie de Tramways et d'Éclairage de Tientsin

▶ 比商天津电车电灯公司（1907）高级职员与调度员

注：前排从左至右分别为译员李树堂（白色衣服）、会计格里兹（Griezy）、弗朗索瓦·内恩斯（Francois Nuyens，白色衣服）、克罗斯（Cros，白色衣服）、仓库管理员傅金榜（白色衣服）、调度员毛伟汉（音译，天津本地人）。照片摘自内恩斯的日记。

▼ 京汉铁路建设期间，菲利普·斯普鲁伊特医生（Dr. Philippe Spruyt）坐在一辆人力轨道车上

目　录

译者序

本书原作者之一、比利时老朋友查尔斯·拉格朗日（Charles Lagrange）先生，促使我下决心翻译这本书。我们最早相识大概是 2006 年，那时候查尔斯是大型国际石化企业道达尔公司驻北京办事处的首席代表，我则刚刚接任近代天津博物馆的馆长。我们共同的爱好是发掘外侨在近代中国通商口岸城市的历史。曾经在长达 10 年的时间里，几乎每个季度他都会率领一大群京沪法语社区的国际友人专程来天津徒步游，听我实地讲述海河两岸小洋楼背后的往事。我先用英文解说，他再翻译成法语给大家听，我们总是配合默契、天衣无缝。在这种关于历史的持续对话与互动中，我们彼此总是能不断找到新的乐趣。

2015 年我和查尔斯萌生了举办一个中比历史关系展览的想法，为此近代天津博物馆的团队多次赴比利时搜集史料。作为"地头蛇"的查尔斯，不厌其烦地驾着私家车带领我们走访比利时皇家历史档案馆、皇家艺术历史博物馆、外交部档案馆、巴黎国民银行档案馆、鲁汶大学档案馆、一战战地博物馆……经过长达两年的精心策划与筹备，2017 年 4 月至 6 月，

▲ 中国驻比利时大使曲星（左一）与展览发起人查尔斯·拉格朗日（右一）、刘悦（持摄像机者）在布鲁塞尔的展览开幕式上

近代天津博物馆与比利时自由大学等方面合作，分别在布鲁塞尔和天津成功举办了"中国与比利时 120 年共享的历史"的双城同题文化交流展览。

展览从文化视角凸显人文精神，以中比历史交往为主线，介绍了南怀仁与康熙皇帝、李鸿章与利奥波德二世国王、京汉铁路、天津有轨电车、一战后华工对重建比利时伊珀尔城的贡献、二战中钱秀玲搭救 100 多名比利时人、雷鸣远在天津创办《益世报》、林辅臣从布鲁塞尔的孤儿蜕变成清政府高官等一系列故事性极强的内容。

那次系列展览在国内外均产生良好的反响，欧洲当地吸引了大量社会名流及历史名人后裔出席展览活动。比利时副首相兼外交大臣雷恩代尔（Didier Reynders）参观了展览。时任中国驻比利时大使曲星出席了布鲁塞尔展览开幕式并致辞，肯定了展览取得的成绩及对中比合作交往的重要意义。比利时驻华大使马怀宇（Michel Malherbe）出席了天津同题展览的开幕式并致辞。布鲁塞尔电台、副首相个人官方网站、中国国务院新闻办公室官网、中国驻比大使馆官网、

比利时驻华大使馆官网、新华网等国内多家媒体对此项活动做了详细报道。称赞这次文化交流活动以实际行动落实了习近平总书记"让历史说话，让文物说话"的讲话精神，积极响应了"一带一路"倡议，促进中欧经贸文化合作、增进中比人民友好往来，着力推介天津作为"欧亚大陆桥"重要节点城市的文化底蕴，扩大了天津的国际影响。

展览还产生了意料之外的后续成果。约翰·麦特勒博士（Johan Mattelaer）专程从 100 千米外的科特赖克赶到布鲁塞尔展览的开幕式，给我们展示了 1905～1908 年根特工程师弗朗索瓦·内恩斯（Francois Nuyens）修建天津电车的日记与相册原件。虽然看不懂荷兰文手稿，但是上百张天津比商电车电灯公司的高清老照片让我惊呆了，这无疑为我们研究天津城市史的工作打开了又一扇史料宝库的大门。借着展览的成功举办，约翰（Johan）、马修（Mathieu）、查尔斯、罗兰（Roland）等几位朋友合著，并于 2020 年在欧洲出版了一本法文与英文版的介绍中比关系的新书。这本书首先是给以比利时人为主的欧洲读者看

的，所以尽管这本书的主要内容和突出贡献在于介绍京汉铁路与天津有轨电车交通系统的建造，但是作为背景介绍，该书还是用两章篇幅简述了从古代至义和团运动期间的中比关系，以及现代中比关系。

历史是由人民创造的，史书也是由人书写（和翻译）的，而由私人收藏保存下来的第一手史料弥足珍贵。本书最有价值并引人入胜的是，大量摘录和展示了100多年前为修建京汉铁路、天津有轨电车而来华的几位比利时侨民所留下的日记、照片、实物和古董等私人档案和物品，为本书增添可读性、趣味性。读者可以通过这些个人的观察、记录和回忆生动地看到那段特殊的历史时期——中国在19、20世纪之交经历政治、经济与社会转型的过程中所呈现的种种形态面貌，并且由于是透过外国人的视角观察和记录，而愈发显得斑驳陆离、千姿百态。

作为译者，我们能够充分体会到，诸位原著作者在读到来华先驱者们记述时的激动心情，那种感受能够跨越历史年代、跨越不同种族的文化差异。虽然时空相距遥远，但我们都很容易把自己带入100多年

以前初到中国的内恩斯和斯普鲁伊特医生兄弟以及他们身边的中国人身上。比如几位作者中，马修是根特大学的历史学专业学者，曾经在大连海事大学学习中国历史；查尔斯和托马斯是中国改革开放后外企派驻到中国的高级管理人员，在华生活工作多年，从他们身上不难联想到那些早年来华的传教士学者和工程师同乡。而我自己仿佛就是工程师内恩斯的中文翻译李树棠的一个翻版，20多年前我刚大学毕业就在一家中外合资企业担任翻译，日夜与外国工程师们泡在生产线上。可以说，我们合作办展览、出书，除了对历史的共同兴趣爱好外，更多出自我们双方长期合作所产生的深厚情感与促进中比友好往来的使命感、责任感。

尽管能够感同身受，但是翻译这本书的过程仍然是十分困难的。首先是由于时代变迁、年代久远，大量人名、地名、物名已无从查考。其次是由于中外双方的视角和观念差异以至于记忆上的偏差，对同一历史事件的评述也不可避免地存在矛盾，并且双方都很难找到翔实可靠的史料支撑。为保证译文顺畅，对于

一些史实问题的纠正，我们在每章之后的译者注里加以说明。在翻译过程中，我们还时时面临着一些尴尬和难题。比如书中的几位主角来华时正处于殖民时代，殖民者的观点和傲慢态度在他们初到中国时的记录中随处可见，这些都让中国人在情感上难以接受。但是当我们耐下心来坚持到最后，就会发现在两大合作项目实施过程中中国人以他们的勤劳质朴最终纠正了外来者的傲慢与偏见，双方因共同完成的一项项"不可能的任务"而结下深厚情谊。所以，深思熟虑之后，我们保留了原书的几乎所有内容，尽量将他们的私人记录原汁原味地呈现给中国读者，希望读者能够批判地看待 100 年前的这些记录以及几位作者的观点立场的历史局限性。

本书英文和法文版于 2020 年在比利时出版，今年我们抓紧时间翻译出版中文版。整个翻译团队付出了极大的努力，尽管如此，错误和疏漏也在所难免，敬请读者指正。

本书付梓之际，我们还必须感谢以下诸位师友，没有这个广义上的大团队的支持和帮助，也不会有《比利时—中国：昔日之路（1870—1930）》中文译本的顺利出版：

原中国驻比利时及欧共体大使宋明江及夫人张幼云

原中国驻比利时大使、中国国际问题研究所所长曲星

原天津社会科学院秘书长李桐柏

山东滨州收藏家窦希仑

比利时驻华大使馆文化参赞 Johan van Hove

比利时驻华大使馆大使秘书 Winckelmans Nikki

原著出版社 Sterck en de Vreese 的 Katrien De Vreese

天津大学马克思主义学院研究生张今朝、张彤

刘 悦

2021 年 8 月

我的案头放着两部书稿，[1]两部书稿的主题完全一样，都是写历史上比利时与中国特别是与天津的关系，但书稿的作者一部是比利时人，一部是中国人。两部书稿从不同的视角描述它们共同的书写对象，两者互为参照，相得益彰，可谓双璧。

两书的作者为什么要选择这个看似冷门的题目呢？有两个原因：一是比利时和中国特别是和天津有着悠久而密切的关系，但为许多国人所不知；二是有一本比利时已故人士在华工作和生活的日记被发现，再现了欧洲人眼中清末民初中国社会的情境，弥足珍贵，引起了作者的兴趣。

比利时是欧洲一个小国，领土面积不过相当于两个北京大，人口1000万出头，还不如北京多，但这个小国却有许多独一无二的特点，使其在世界政治和经济生活中占有一席之地，其中有两大特点尤为突出：一是它是继英国工业革命之后在欧洲大陆率先实现工业革命的国家，它的钢铁和机械工业在当时的欧洲居于领先地位；二是它以小国之身立足于世界列强之林，却能在当时掠夺中国资源和侵犯中国主权的大国竞争中分享一杯羹。在近代史上，主要是这两个原因助成比利时同中国特别是同天津发生了密切的关系。然而，这一段历史鲜为人知，或知之不详。正是因为在诸多近代史册的叙说中存在这一段空白，上述两书的作者才花费力气挖掘被忘却的历史的积淀，钩沉众

多尘封的史料，爬罗剔抉，编写成书，完成了这段历史的补缺。

两书把历史上的中比关系划分为两大阶段：比利时于1830年成为独立的主权国家之前的二三百年间同中国的关系；1830年之后百年间同中国的关系。

1830年之前中比关系的主要内容，是比利时众多的天主教传教士被派到中国进行传教活动。据统计，这一时期的来华传教士累计达700多人，其中不少人死在中国或来中国的途中。到达中国的传教士多在中国各地城镇乡村传教，籍籍无名，最有名的是南怀仁，但他未接触下层人民，而是和康熙皇帝建立了密切关系，并且做了钦天监监正。他向康熙皇帝传授了许多科学知识，得到康熙极大的信任，但未被允许向老百姓普及这些知识。他的最大贡献是建立了更科学的中国历法，在北京建立了观象台。中比关系在这个历史阶段的特点是比利时单向输出天主教教义，而不是基于外交关系的双向交流；而1830年之后约百年时间的历史阶段中，传教士的活动仍然活跃，中比关系的范围也扩大了，其重点逐渐转移到另一个群体——比利时实业家在中国的活动，主要体现在比利时政府发起和支持的重大建设工程，如天津和上海的有轨电车工程、京汉铁路的修建、天津部分电力供应系统的修建、兰州黄河铁桥的修建等。与上一历史阶段不同，中比关系在这一历史阶段不仅出现了商务联系的双向

交流，而且双方建立了正式的外交关系。这是在中国社会开始引进现代工业的洋务运动风起云涌的背景下中比关系更为重要的阶段。这里需要强调的是，上述这些工程固然有利于中国现代化进程，但它也伴随着比利时许多损害中国国家主权和尊严的殖民主义的无理要求，诸如胁迫中国签订不平等的《中比通商条约》，强行获取领事裁判权，强行在天津设立租界，等等。这些特权直到 1949 年新中国成立时才彻底终止。因此，这一阶段也是国家尊严蒙尘的屈辱时期。后来，在 1927 年，当时的中国政府顺应人民的强烈要求，经过反复的据理力争，促使比利时接受中方要求，废除了不平等的《中比通商条约》。1929 年，比利时主动归还了天津的租界。[2]二战结束后，又把天津电车电灯公司归还中国。这些举措为比利时后来和新中国顺利建立外交关系和此后不断发展友好合作关系扫清了障碍。

我是天津人，很小的时候就听长辈说过"比商电车电灯公司"，在我的青少年时期，经常乘坐天津的有轨电车，所以"比利时"是我除去英、美、法、俄、日之外最早听到的国名。更意外的是我于 1997 年初被任命为驻比利时大使，在比利时工作将近 5 年，很自然地对比利时这个国家有着浓厚兴趣，对这个国家的情况也有所了解，2012 年我还专门写了一本介绍比利时的书并出版。但是，拜读了这两本书稿以后，

我发现我所了解的比利时和比利时与中国关系的历史在我的头脑中还有不少空白，这使我受益匪浅。我认为，这两本书对历史上中比关系客观的、细微的考察和描述，既包含了正面的，也历数了负面的史实，这对广大读者全面地了解比利时和中比关系的历史也是大有裨益的，是两本好书。因此，当两本书的作者约我写序言时，我欣然应命草就此文，诚挚地向广大读者做出推荐。是为序。

宋明江 [3]

2021 年 3 月 10 日

译者注

[1]指《比利时—中国：昔日之路（1870—1930）》和《比利时在天津的历史文化遗存》（中英文版）两部书，前者为译著，后者为两位译者的中英文合著。

[2]1927 年 1 月 17 日，比利时驻华公使洛恩宣布，比利时愿意将天津比租界交还中国，以示友好。1929 年 8 月 31 日，中比两国签订了交还天津比租界的约章，规定该租界的行政管理权，以及所有租界公产，移交中国政府；而比租界工部局所背负的 93000 两白银债务（包括利息）由中国政府偿还。1931 年 3 月，两国政府正式举行交接典礼，天津比租界改为天津特别行政区第四区（特四区）。

[3]宋明江，1939 年 6 月生于天津。1997—2001 年出任中国驻比利时王国特命全权大使兼驻欧洲共同体使团团长，曾任中国国际问题研究所所长。

当约翰·麦特勒博士请我为他的新书作序时，起初我很犹豫。作为一名外交官，虽然我曾在亚洲的多个国家任职，并且是香港回归之前的最后一任（1993—1997）比利时驻港总领事，但我从未被派往中国内地工作过。

然而，我的犹豫只是短暂的。约翰·麦特勒是一位我认识将近30年的朋友。我第一次遇到他是1992年在河内，当时我是比利时驻越南大使。约翰正率领一个来自西佛兰德斯（West Flanders）地区的商界领袖代表团出访该国，这一举动无论是在那个年代还是今天都是非常大胆的行为。

作为一名退休的泌尿科医生，约翰后来成为一名多产作家，经常涉及"敏感话题"（有人甚至认为是伤风败俗），例如他的作品《古罗马的内膜：爱情、欲望与人类的身体》（*Roma Intima: Love, Lust and the Human Body*），《艺术作品中的排尿》（*For This Relief, Much Thanks! Peeing in Art*）。他在佛兰德斯及其以外地区的声誉建立在他的深入研究、勤奋工作、坚定意志，以及富有创造性的企业家精神基础之上。

麦特勒博士的新作《比利时—中国：昔日之路（1870—1930）》再次开拓了其写作生涯的新领域。他在书中提供了一个历史视角，让读者了解自明末至今的历史过程中比利时人在中国的活动轨迹。正如他

先前出版的作品一样，约翰与他的合作伙伴承担了一项艰巨的任务，他们在写作中克服了种种困难：历史跨度长、语言与文化背景错综复杂、可靠的史料稀缺。

几位作者在启动这项工程的初期确实交了好运。约翰幸运地发现了弗朗索瓦·内恩斯（Francois Nuyens）、菲利普与阿道夫·斯普鲁伊特兄弟（Philippe and Adolphe Spruyt）的私人档案，他们分别是一位比利时工程师与两位医生，都深度参与了比利时在中国的轨道交通建设工程。这三人有幸观察到中国在政治、经济与社会方面转型的过程中所经历的阵痛。

他们给后人留下了海量的原始文件、私人日记以及未经整理的照片，这些史料呈现了"中央王国"被今天大多数人遗忘的种种侧面。

中比关系的历史在很大程度上是比利时人在中国生活与工作的故事。尽管有些人的经历相较其他人而言显得非常奇特，但是他们都乐于把自己全部的专业技能，对于先进技术的掌握，有时甚至是他们的宗教信仰与中国分享。无论大事小事，他们都是真正意义上的国际合作先驱。

甄选"在华最杰出的比利时人"是一项富有挑战性的工作，因为理应提及的人名太多了。

在那些对中国事务感兴趣的比利时人当中，南怀仁神父（Ferdinand Verbiest，1623—1688）的经历无须再费笔墨。他出生在地处西佛兰德斯地区的比滕

（Pittem），清朝时期作为耶稣会传教士来到中国。同时，他还是一位卓有成就的数学家与天文学家，他向清政府证明了欧洲近代天文学比中国古代天文学更加精确，这一说法在历史上与今天都存在争议。

另一位经历同样独特，但是不太为人所知的是保罗·斯普林格尔德（Paul Splingaerd，1842—1906，中文名为林辅臣），这位比利时弃婴日后在晚清时期成为一名清政府高官。不过现在人们记住最多的是他作为一名调停人，为中国的首条铁路干线——京汉铁路的建设铺平了道路，他还是在甘肃省会兰州开办的一系列中比合作企业的创始人。

保罗·拜伦·杨森博士（Dr. Paul Baron Janssen，1926—2003）是杨森制药的创始人，虽然他所处的时代离我们更近，但其贡献却毫不逊色。1978年，当中国伟大的领导人邓小平倡导经济改革与现代化的时候，杨森博士迈出了大胆的一步，率先在中国建立了第一家西方制药厂[1]。这是比利时在中国的首次重大投资，它预示了随后更多比利时企业投资的成功。

随着时间的推移，比利时与中国交往的规模日益扩大且愈发成功，重要的是我们要吸取过往的教训，避免犯同样的错误。自邓小平倡导的改革开放以来，中国作为崛起的大国所扮演的角色不容置疑。在短短几十年的时间里，中国已脱胎换骨成为经济与技术强国，打破了原有的世界经济秩序。

欧洲在与中国扩大政治、经济、贸易与投资交往领域独具实力，更为显著的或许是社会发展方面。欧洲因重视与中国持续的民间交往而获益匪浅，在教育、科学研究、文化交流、旅游、残疾人保障、体育等众多方面成为中国的合作伙伴。比利时作为国际协调员的角色而享有盛名，未来也将在中欧不断增长的全方位关系中持续发挥关键作用。

在有文字记载的历史中，中国证明了自身不断开拓进取的能力与文化软实力，她还是其盟友眼中强大的合作伙伴。欧洲必须以团结合作的精神，用信心和热忱而非疑惧来回应这一基本事实。正如美国历史上伟大的总统富兰克林·罗斯福所言："我们唯一应该害怕的事情是害怕本身。"

皮特·斯蒂尔[2]

译者注

[1]指西安杨森制药有限公司，是中国和比利时杨森公司于1985年合资建立的制药企业。

[2]作者为原比利时驻港总领事。

▲ 达泊尔（Olfert Dapper）在 1676 年出版的《荷兰东印度公司出使中国大清朝大事记》一书中描绘的紫禁城

前 言

De 24th Juni 1905 vertrok ik uit Gent, met den trein van 10 uren 's morgens. verscheidene vrienden waren reeds in de statie, onde anderen De Bruyn Jules, Praet. van Hecke alsook den heer Antoine J.B. welke 2 maanden later insgelijks naar china vertrok.

温故而知新，可
以为师矣。

——孔子

1905年6月24日上午10点，我乘火车离开根特。德·布鲁因·朱尔斯（De Bruyn Jules）、普拉埃特（Praet）、范·赫克（Van Hecke）以及安托万（Antoine, J.B.）先生等朋友们都已经在车站了，他们也将在两个月后出发前往中国。

弗朗索瓦·内恩斯（Francois Nuyens）是出生于比利时根特市的一位工程师，曾于1905—1908年旅居中国，上文就是他旅行日记中所写的前几行内容。内恩斯曾受比利时铁路总局委派，前往中国北方城市天津，协助建造一座发电厂和有轨电车交通网。

1870—1914年，比利时提供资金与技术，先后在五大洲内建设了数百千米的铁路与电车轨道。比利时在中国参与的第一个项目是建设上海有轨电车交通网络，但最令比利时企业家、投资方（主要是恩帕恩集团，Empain group）和工程师们（包括出名与不太出名的）印象深刻的是京汉铁路与天津有轨电车交通网的建设工程。时至今日，内恩斯仍然默默无闻。一个多世纪以来，这些工程师、工匠以及企业家的故事也鲜有学者与历史爱好者关注。

内恩斯来华期间写了一本日记。他于1956年去世之后，日记由其后代保管。20世纪80年代，一篇相关题材的硕士论文将这本日记从被遗忘的角落拉进人们的视野。然而，内恩斯的重要性及其旅行日记的独特性至今未能获得充分发掘。机缘巧合，我们有幸从内恩斯另一位后人手上重新发现了这份手稿。

这本日记让我们能够以比利时工程师的视角观察旧时中国的面貌。日记不仅详细记载了他前往东方及乘坐西伯利亚铁路回国的两次旅程，还讲述了当时很多中国人的生活方式，以及1911年辛亥革命的爆发如何最终打破了沉闷的社会风气，那时他刚离开中国几年。那是一个尚未经历两次毁灭性世界大战的时代，我们需要透过他那个时代的社会经济棱镜来探究内恩斯的记叙。因此，内恩斯所讲述的内容还都沉浸在西方优越论的语境中。殖民主义者的观点也随处可见。的确，1900 年的中国并不是今天所见到的样子，内恩斯也仅仅是他那个时代的见证者，文字中带有殖民主义的色彩，同时又混杂着对于当地风俗传统的惊奇与不屑。内恩斯的日记在其他方面也具有独特性。比利时人所写的关于中国的详细报告及著作大多源自传教士或外交人员的记录与信件。相比之下，内恩斯的日记由一位工程师，或者说一位非专业人士所撰写，而且起初他对中国的情况所知甚少。更不寻常的是，这本日记是用荷兰文而非法文所写。尽管当时佛兰德斯（比利时北部地区）主要居住着佛兰德斯人（Flemish，讲荷兰语），但是作为统治者的资产阶级仍讲法语。这种反常现象的部分原因可能是内恩斯并没有出版该手稿的想法。他写日记的初衷仅仅是把它作为留给儿孙的回忆录。有趣的是，手稿里还附有三本信息量很大的相册，包含很多独具价值的原始照片，记录了他的工作，以及 20 世纪初天津与北京日常生活的场景。

但这并非全部。现在看来，内恩斯似乎只是一大群来华比利时人中的一员，也是那时从根特出发前往或是被派往中国的人员之一。在研究内恩斯日记的过程中，我们发现还有更多前往中国的比利时技术人员与工程师，其中包括一对名字分别叫菲利普和阿道夫的斯普鲁

伊特兄弟（the Spruyt brothers），他们负责为铁路建设公司提供医疗服务。兄弟俩返回比利时的时候携带了 1200 多件中国古董和几百张玻璃底板照片。这些资料引起了人们的极大兴趣，历史学家视其为打开认知中国社会的一扇窗口，用于了解当时比利时在华侨民的日常生活。同时，任何感兴趣的普通读者由此可以了解当时中国与外部世界的关系。内恩斯的日记，以普通人的视角记录了 20 世纪早期经海路与陆路来华的旅程，刻画了中国社会百态的迷人风貌。读者通过本书将能够了解未被发掘的史料，由此对近代中比关系产生新的认知。

我们将 1870—1930 年作为本书的时间框架。因为直到 1873 年，清政府才正式准许比利时第一位领事埃德蒙·塞吕（Edmond Serruys）在北京任职，同时 1929 年也是比利时正式放弃天津租界的时间。[1] 这期间前往中国的两大人群很容易分辨，即传教士与实业家。这两个群体来华目的迥异：传教士们试图与社会最贫穷的阶层拉近关系，为的是将他们发展为基督徒；而实业家们带着帝国主义与殖民主义的观念看待中国，认为中国将会成为巨大的新兴市场，他们希望能够从中获利。

本书的写作目的在于重点展现那个时代来华的比利时人所表现出的魄力、敬业与韧性，同时也没有回避 19 世纪末 20 世纪初西方在中国所造成的负面影响。比利时来华人员显然要比这本书中提到的多，因此，我们必须要做出取舍。虽然像保罗·斯普林格尔德（中文名林辅臣）与雷鸣远这样的历史名人也会被提及，但在内恩斯与斯普鲁伊特兄弟身上，我们也找到了大量精彩的有

▲《约翰·曼德维尔游记》（*Le Livre de Jehan de Mandeville*）封面
注：该书是 1356 年出版的虚构游记，描写一位英国骑士从英国出发东游，到达远东，最后抵达中国，共用时 34 年。

关他们旅行与工作的全新史料，他们将是本书的重点。

1830 年之后，中国与独立的比利时王国开始往来，两国关系可谓历史悠久。因此，补充一些历史背景十分必要。然而谈及早于1830 年的历史人物及他们的事迹，远非易事。这不可避免地要讲到比利时由何而来，这个时间点之前的比利时居民由谁构成。尽管"比利时"这个名词已经被地理学家和地图绘制者使用了几个世纪，但是我们还是认为谈论"比利时人"在比利时王国建立之前的丰功伟绩稍显牵强附会。在确定研究方法方面，我们采用了阿尔班·范·施特拉滕（Alban Van der Straten）研究比利时探险家的方法。换句话说，为了避免研究范围过于狭窄，我们将集中研究来自佛兰德斯（包括该地区讲法语的人群）、瓦隆（Wallonia）及布鲁塞尔（Brussels）这几个地区的人物在中西关系方面扮演的特殊角色。[1]

为了更好地将内恩斯的日记与斯普鲁伊特兄弟来华旅行及其所处时代的历史、政治与经济背景联系起来，我们将回顾几个世纪以来，曾影响中比关系的几件里程碑式的大事件。首先，我们会突出重点地讲讲中西的早期关系与交流，例如比利时人（比利时王国成立之前）与中国人的早期接触以及两国之间主要以传教团为媒介而获得的相互了解与科学技术方面的交流。

随后的内容将侧重于19 世纪与20 世纪发生的大事件，作为衬托内恩斯与斯普鲁伊特兄弟及其同时代人物活动的历史背景。这部分主要讲述中国在19 世纪鸦片战争之后的被迫开放、义和团运动、日俄战争，以及利

▲ 近代天津博物馆地处天津五大道中心

注：馆内通过介绍近代早期侨民故事等内容，回顾了天津城市发展史，同时
也全面展现了一个世纪前，天津近代化发展过程中的百项"中国第一"。

奥波德二世（King Leopold II，1835—1909，1865—1909年在位）在其中扮演的角色与其殖民扩张野心，同时研究了一些中国重要人物对中比关系的影响。

本书试图越过近代中西交往中的痛苦篇章，以一种个体经历与历史脉络相结合的视角，对昔日的岁月做出恰当的记载，使各个年龄段的读者都能从中有所发现，更重要的是理解过去是如何塑造现在与未来的，从而使全世界各国人民在共享这段历史遗产的同时，着眼于未来的发展并增进彼此的理解。

中华人民共和国成立于1949年，22年之后，也就是1971年10月25日，比利时与中国重新建立了正常的外交关系。2021年，适逢中比两国建交50周年，届时本书中译本的发行将是对该纪念日最好的献礼。

我们将中比之间这段近乎被遗忘的历史篇章带进大众视野，是想说明过去几十年里我们所见证的中比关系的蓬勃发展有其历史积淀。或者说，我们想要强调，回顾历史，才能展望未来。内恩斯与斯普鲁伊特兄弟早已不在，他们所处的国家也已经发生了永久的改变。不平等条约与租界被抛在我们身后一去不返。中国与比利时（以欧盟为背景）是平等的合作伙伴，在不同层次与不同领域都建立了良好的关系。内恩斯的日记及其他史料帮助我们理解时代的变迁，也为中比两国在共同应对未来挑战时，增添了求同存异的思路，这是难能可贵的。有鉴于此，我们以一位比利时年轻企业家写的有关两国未来关系与合作的内容作为本书最后一章。

2000多年前，一条越来越复杂的贸易路线——丝绸之路——缓慢而稳固地将中国与亚洲其他地区连接起来，最终，也间接地将中国与欧洲相连。随着航空与海上航线的改善，欧亚大陆两端的现代贸易得到了进一步发展。天津—安特卫普（Antwerp）直达铁路，[2]堪称现代丝绸之路，它的投入使用标志着中比关系进入新的篇章。

祝您阅读愉快！

约翰·麦特勒（Johan Mattelaer）
马修·托尔克（唐迈轩）（Mathieu Torck）
查尔斯·拉格朗日（Charles Lagrange）
罗兰·杜萨特–德萨特（Roland Dussart-Desart）

译者注

[1]指1929年8月31日，中比两国签订交还天津比租界的约章。

[2]此处指中欧班列唐山至安特卫普线。2018年4月26日开通，由唐山港京唐港区始发，经北京、天津、呼和浩特、包头、哈密、乌鲁木齐，由阿拉山口口岸出境、途经哈萨克斯坦、俄罗斯、白俄罗斯、波兰、德国到达比利时安特卫普。该班列，全程约11000公里，运行时间约16天。

N.º 4329.

De Directeurs van de generale Keyserlyche Indische compagnie, ordoneren aen hunnen cassier Joan Baptist Cogels junior, te ontfangen van Dheer Lambert Renette tot Brussele de Somme van tweehondert en Vyftigh guldens Wissel gelt, voor het eerste paijement Synder actie van een duysent guldens in het Capitael van de Selve compagnie, op de condition in het Octroy breeder Vermelt, Stellende quitantie hier onder, actum in Antwerpen derthien Augusti Seventhien hondert dry en twintigh

Ontfangen van D Heer Lambert Renette de Somme van tweehondert Vyftigh guldens Wissel gelt voor het eerste payement adij 25 augusty 1723

Solvit all boven het tweede Payement 18 december 1723

Solvit all boven d Helft van het dirde Payement 11 decemb 1724

Solvit all boven d ander helft van het dirde Payement decemb 1725

N.º 3223.

De Directeurs van de generale Keyserlyche Indische compagnie, ordoneren aen hunnen cassier Joan Baptist Cogels junior, te ontfangen van D Heer Jean Baptista Christiane tot Brussel de Somme van tweehondert en Vyftigh guldens Wissel gelt, voor het eerste paijement Synder actie van een duysent guldens in het Capitael van de Selve compagnie, op de condition in het Octroy breeder Vermelt, Stellende quitantie hier onder, actum in Antwerpen derthien Augusti Seventhien hondert dry en twintigh

Ontfangen van D Heer Jean Baptista Christiane de Somme van tweehondert Vyftigh guldens Wissel gelt voor het eerste payement adij 4 Octobre 1723

Solvit als boven het tweede Payement 10 decemb 1723

Solvit als boven d helft van het dirde Payement 26 febry 1725

Solvit D Heer Matthias Nettine all boven d ander helft van het dirde Payement 2de December 1725

N.º 1815.

De Directeurs van de generale Keyserlyche Indische compagnie, ordoneren aen hunnen cassier Joan Baptist Cogels junior, te ontfangen van Dheer Jan Pieter Pinsens tantwerpen de Somme van tweehondert en Vyftigh guldens Wissel gelt, voor het eerste paijement Synder actie van een duysent guldens in het Capitael van de Selve compagnie, op de condition in het Octroy breeder Vermelt, Stellende quitantie hier onder, actum in Antwerpen derthien Augusti Seventhien hondert dry en twintigh

Ontfangen van D Heer Jan Pieter Pinsens de Somme van tweehondert Vyftigh guldens Wissel gelt voor het eerste payement adij 25 September 1723

Solvit all boven het tweede Payement 18 December 1723

Solvit all boven d Helft van het dirde Payement 15 decemb 1724

Solvit all boven d ander helft van het dirde Payement 30 Jenny 1725

▲ 奥斯坦德东印度公司于 1723 年发行的三份股票（公司徽标印于顶部）

第一章

从古代至义和团运动期间的中西关系：从探险到压榨

过去是知识之源，未来是希望之源。对过去的爱蕴含了对未来的信仰。

——史蒂芬·安布罗斯[1]
（Stephen Ambrose）

中国历史简述

作为世界上最古老的文明之一，中国拥有极其复杂，且又丰富、多元化的历史，可以向前追溯几千年。历史上不断变化的版图与文化构成，赋予这个国家许多不同的称谓，例如政治文化概念上的"中国"，即中国古代政治领导人与先哲们所指的早期中原文化地区。在动态的政治气候下，这个名词从地理、民族或者政治观点方面发展为不同的含义，但是传统上最常见的是以中原为中心的中国的概念。历史上秦始皇统一六国之前的中国被分为多个独立的诸侯国。在此时期，"中国"或者"中央王国"指的是这些国家的中部地区。这个名词反映的是黄河流域的文化重地。后来，中国成为一个统一的国家，中央王国指的是皇帝所居住的地区。所以这是一个变化的、取决于不同历史时期与哪位皇帝当政而迁移的地理位置。随着时间的流逝，中国的概念转化为整个国家而不再是中国内部的一小片地区。在 19 世纪和 20 世纪，中国也象征着整个国家。[2]中国的统治者们把自己的国家称为中央之国的意图，是想表明中国在世界上占据着重要地位，以及作为一个集体与单一国家的荣耀。[1]

历史上的中国是一个高度等级化的农业社会，在持续统一的时代，由受过教育的知识精英统治，在各种政治派别角力而导致的权力更替过程中通常都是汉族人掌权，也时有汉族以外的统治者出现。自古以来，向民众灌输源自汉族的孔孟之道对于中国历朝历代的统治都起到重要作用。

儒家学说出现于公元前5世纪，当时孔子在一系列经典著作中提出了大同社会的哲学思想。从汉代（公元前206—220）[3]起，儒家思想成为正统思想。该社会体系以道德而非宗教为基础，包括一整套规则、礼节，以保证社会秩序的稳定，维护封建等级制度。正如祖先崇拜有助于维持家族内部的家长权威，每年大规模祭天活动的最终目的也在于巩固皇帝的统治地位，宣示其处于社会金字塔结构的顶端，扮演着"天子"的角色。孔子提出的五伦关系准则是道德规范的表现形式之一。它框定了君臣、父子、兄弟、夫妇、朋友五种人伦关系的言行准则，涵盖所有细节行为。除了朋友关系外，其他都是垂直关系，权威者最具话语权。这种纵向人际关系具

▲ 孔子

有社会与慈善意义。下级履行服从上级义务的同时，上级自然兼具保护下级的责任。因此，中国社会在多个层面达到了社会平衡。政治与社会组织结构的第二大支柱是官僚体制。通过乡试、省试、殿试三级考试构成的科举制度选拔出一批知识精英担任官员。[4] 在中国传统社会中，维持官僚体制运转的是文人，而非西方概念中的政府官员或者政治家。严格的科举体系保证了在儒家教育中胜出的人才能胜任政治要职，从而达到延续传统的目的。[2] 儒释道构成了中国宗教与哲学体系的"三大支柱"，对昔日与当今中国的政治、艺术、科学、观念和社会都产生了深远且持久的影响。

明朝时期（1368—1644），中国并未受到外来影响，始终自给自足，欧洲的商人、探险家和传教士直到明末才更为频繁地前往中国，且与中国建立关系的努力也一直没能成功。1557 年，葡萄牙人获准在中国澳门建立贸易定居点，同时荷兰东印度公司获得在中国台湾设立据点的权利，从中国台湾前往中国大陆与日本都十分便利。第一批耶稣会传教士在明朝时期就已经从欧洲来到中国。两个世纪后的清朝，其他的传教士才相继抵达，例如圣母圣心会（Congregatio Immaculati Cordis Mariae）会祖南怀义（Theofiel Verbist），该会又称为司各特传教会（Scheutist Missionary Order）。这期间不仅发生了两次鸦片战争、义和团运动，利奥波德二世也试图在中国获得租界。

自地理大发现开始，欧洲的主要强国开始进行殖民扩张，它们把所谓帮助世界其他地区变得开化视为自己的使命，而这就需要通过军事扩张或者将基督教信仰传播到世界各地，或者两种手段并用。19 世纪，西方民族国家深信，工业革命及其所带来的军力提升，证明他们的文明具有优越性。探险逐渐演化为长期存在，武力征服与殖民统治被视为教化落后国家的捷径。随着清朝步履蹒跚地、缓慢地走向衰落，西方国家也日渐将中国视为潜在的殖民目标地区。它们在许多地方与当地统治者签订"保护条约"，并收取钱财作为提供"保护"的回报，随之又将不平等条约强加在中国统治者与人民身上。[5]至1911年持续了2000多年、其间只有朝代更迭的帝制被推翻，取而代之的是宪法和议会制度。然而，这并不意味着旧秩序戛然而止，因为辛亥革命是一场制度革命，而非社会革命。政治上层建筑发生了改变，但传统农村社会并没有任何剧烈的转变，艰难时期随之而来。直到1949年中华人民共和国建立。中国摆脱了"百年屈辱"，但随后西方的长年"封锁"阻碍了繁荣时代的到来。最终，邓小平以中国特有的方式打开了逐步走向现代化的大门。与西方国家恢复外交关系预示着中国迈向交流与合作的新时代。1971年10月25日，比利时与中国重新建立外交关系。

▲ 清朝第三位皇帝——康熙（1654—1722）

中世纪之前的贸易与政治往来

古代丝绸之路

中国与西方首次接触发生在汉代，是由地域内贸易演变而来，也就是传统上所说的"丝绸之路"。公元前 2 世纪，中国特使张骞出使西域寻求政治联盟，以抗衡中国的敌人匈奴，这次出使虽远未达成目的，但一直被认为是促进早期中国与中国文明以西地区建立紧密联系的重大事件。以这条存在了几个世纪的贸易路线为基础，新建立的贸易网络加强了商业交流，促成了贯穿中亚、延伸至印度与罗马帝国东部地区的奢侈品贸易。正是沿着这条路线，中国的丝绸运到了穷奢极欲的罗马人手中，也正是因为途中多道中间商经手，才导致最终价格的高昂。从来没有中国商人去（或想过要去）看看罗马城的市场，但通过这个贸易网络，罗马人第一次听说了遥远的民族赛里斯人 [6]，能够生产他们所渴求的丝绸。作为特例，尽管几个罗马人可能曾经出现在中原王朝在南方藩属国的宫廷里，但罗马商人同样没有冒险行至印度以外的地方。因此，西方将有关强盛帝国的信息与中国对上了号。从本质上讲，这些在近古时期与中世纪的交往都属于商业性质。然而，随着时间流逝，欧亚贸易线路也成为传播技术与宗教信仰的最佳途径。13 世纪，蒙古征服中原，随之而来的元朝统一时期加强了欧洲与中国的贸易，同时使欧亚大陆的两端更加靠近。当时很多像威尼斯那样的中世纪欧洲城市将工场设在地中海或是黑海沿岸，它们的经济迅速增长、领土不断扩张，开始在东西方之间扮演起中间人的角色。除了贸易之外，

文化交往也开始出现。因为元朝宫廷内住着许多景教徒，中国元朝的缔造者蒙古可汗忽必烈便派使者前去与西方基督教教廷会面，以便了解欧洲基督教文化，并考虑联合基督教对抗伊斯兰教日益强大的势力。[7] 当时，中间人多为神父，例如圣方济各会会士、佛兰德斯人威廉·卢布鲁克（荷兰语：Willem Van Rubroeck，英语：William of Rubruck，约 1215—1270）。商人也同样起到了重要作用。威尼斯的马可·波罗（Marco Polo，1254—1324）可能是最为出名的商人之一，稍后我们再讨论他。直到几个世纪后的 1877 年，德国地理学家李希霍芬（Ferdinand von Richthofen，1833—1905）才创造了"丝绸之路"一词，以指代古老的贸易网络。李希霍芬发明的这个称谓并没有真正反映出历史事实。丝绸远非最重要的商品，它只是众多交易货品之一。此外，丝绸之路并不是一条单一的"贸易通道"，而是一个新旧路线相互交杂的集合体。但李希霍芬不应当为此受到指责，他不是一位历史学家，而是一位地理学家，他是用西方技术为大片土地绘制地图的第一人。[8] 李希霍芬的考察过程有条不紊，他雇用了一位求知欲很强的比利时人，这个名叫保罗·斯普林格尔德的人物将在后面的故事里出场。

中国早期的西方教会：景教

宗教信仰是第一批规模较大的西方人前往远东的驱动力。这主要是因为东方早期基督教群体之间存在争端。自 431 年起，君士坦丁堡聂斯脱里（Nestorius，428—431 年任教派首脑）的景教徒受到迫害，因为他们提出"基督二性二位说"，强调基督兼具神、人二

朝闻道，夕死可矣。

——孔子

4

▶ 古丝绸之路沙漠中的骆驼浮雕
〔麦特勒拍摄于伊朗波斯波利斯
（Persepolis, Iran）〕

性，只承认童贞女玛利亚是生育耶稣的母亲，而非天主之母。以弗所大公会议将景教定为异端，导致教会内部分裂，于是景教徒纷纷逃至东方。为了维持生存，景教教会试图在波斯和印度开展广泛的传教活动，从而对东方教会产生深远影响。一位名为阿罗本（Alopen）的波斯传教士行至更远的地方，于635年抵达中国。唐朝统治的一个显著特征是宗教开放，这使景教得以在中国几个城市里落地生根，乃至兴盛。今天在中国仍能看到早期西方影响存在的痕迹。著名的唐大秦景教流行中国碑始建于781年，于1625年重新出土，[9]它是西安碑林博物馆的众多馆藏文物之一，与泉州海外交通史博物馆所拥有的大量纪念石柱、墓碑藏品一起，共同构成了唐宋时期外国宗教传入中国的宗教艺术品和文物珍藏。这些纪念碑上刻有中文与叙利亚文的铭文，足以让人们回忆起中国唐朝景教的繁荣。有块石碑用叙利亚文记载，景教自631年至8世纪中叶一直存在于中国。1908年，比利时工程师德肯（M. de Deken）参观碑林博物馆时对景教石碑上的汉字进行拓印，并寄回比利时，中比商会又将这些材料提供给比利时的汉学家。[4]

第一个前往蒙古帝国的佛兰德斯人——威廉·范·卢布鲁克（Willem Van Rubroeck）

关于传教士旅行的故事让我们想起了卢布鲁克，他是历史上第一位被证实的于中世纪晚期访问过东亚的佛兰德斯人。卢布鲁克是方济各会的传教士，大约在1215年出生于历史上的佛兰德斯伯爵国（French Flanders, 今法国北部诺尔省）卡塞尔镇（Kassel）附近的卢布鲁克村。在尼科洛（Niccolò）与马可·波罗访问中国的20年前，卢布鲁克已经完成穿越蒙古帝国的旅行了。卢布鲁克自1253年至1255年的旅程并不是此类旅行的首例。教皇曾多次派遣使团前往蒙古，寻找让其民众皈依的机会。事实上，卢布鲁克的旅程仅仅是商人、修士及使节漫长旅行历史中的一小段插曲，他们都曾穿越欧亚大陆来到蒙古帝国，寻求商业机会、建立外交关系、获取有用情报和吸收新的信众。

这些早期旅行者当中也有一些声名狼藉之人，例如与卢布鲁克同属方济各会的修士柏朗嘉宾（Giovanni di Plano Carpini, 1182—1252）。他曾在1245—1247年与波兰人本尼迪克特（Benedykt Polak）一同前往蒙古，之后撰写了《蒙古行纪》（Ystoria Mongalorum）。另一位早期出行者是道明会（the Dominican，又称多明我会）修士龙如美（André de Longjumeau）。虽然这些出访都有明确的动机，但卢布鲁克旅行的性质和目的仍然带有一抹神秘色彩。他是教皇英诺森四世（Pope Innocent IV, 1195—1254）出于某种战略考虑派往蒙古寻求建立紧密关系的传教士，还是法国国王路易九世（King Louis IX, 1214—1270）任命的外交官呢？他之后撰写的《蒙古行纪》里也没有说明这一点。但是，卢布鲁克似乎能在传教士和外交官这两种角色间自如转换。这主要得益于他精通多种语言，能够在蒙古统治下的多元民族世界里，轻松地与当地民众交流。

卢布鲁克很可能在第七次十字军东征期间跟随法国国王路易前往埃及，之后又行至巴勒斯坦。从1253年3月中旬开始，他冒险向东去往蒙古地区。接下来的几个月里，卢布鲁克或是住在蒙古可汗的营地里，或是住在蒙古著名的帝都哈剌和林（Karakorum）。他旅行的亮点之一是1254年5月30日进行的一场神学辩论，当时大汗也出席了。卢布鲁克与景教信徒、佛教信徒、伊斯兰教信徒进行辩论，随后蒙哥可汗还向他解释了蒙古信仰的精髓所在，即苍天为永恒最高神（腾格里神，亦称天神）。旅行结束后，卢布鲁克给国王写了一封长信，讲述他的冒险经历。但值得注意的是，这部旅行日记几乎为世人所遗忘，最后还是因为罗杰·培根（Roger Bacon，1214—1293）与卢布鲁克有过交往，在他的作品《大著作》（Opus Maius）中插入了《旅行日记》（Itinerarium）中的一些章节，从而使其得以存留。1598年《旅行日记》英文版作为英国著名作家理查德·哈克卢特（Richard Hakluyt，1552—1616）《英格兰民族重要的航海、航行和发现》[10]的一部分内容而出版。然而，直到1839年，弗朗西斯克·米歇尔（Francisque Michel）和托马斯·赖特（Thomas Wright）将卢布鲁克旅行的报告翻译成法文，命名为《卢布鲁克东游记》（Voyage en Orient du Frère Guillaume de Rubruc），它的价值才引起人们重视。5

卢布鲁克最终并未完成他的传教和外交目的，所以在他的日记中能看出他在回国后感到有些沮丧与失望。

▲ 西安出土的景教石碑

▲ 西安出土的景教石碑碑文

然而，回顾起来，卢布鲁克的功劳体现在其他地方。他的记述现在被视为许多研究领域的权威资料，包括民族志、地理学、生物学、历史学、比较语言学以及宗教史方面的研究。卢布鲁克的观察日记提高了许多传言的准确性，消除了欧洲人长期以来由于深受圣经故事影响而产生的对东方大部分地区及其居民的一些误解和神话描述。尽管日记中不可避免地存在一些错误，但它仍能在中世纪时期的著名游记中占有一席之地。就质量和可靠性来说，它在很多方面都胜于同类作品。卢布鲁克对东方景教礼拜仪式的描写似乎颇为准确，蒙古在16世纪和17世纪皈依藏传佛教之前仍信奉萨满教，而他对萨满教的记载远远早于同时代的其他资料。他创作的有关蒙古人日常生活场景的绘画同样显示出他敏锐的洞察力。此外，卢布鲁克是欧洲历史上首位对蒙古帝国首都哈剌和林做出描述的人，他还精准地将里海定为内陆海，在西方第一次提出朝鲜的存在。卢布鲁克从未真正抵达中国，但他是首位将中国与罗马学者普利尼（Pliny，1世纪）著作中所说"赛里斯"联系起来的人，他还是最早从欧洲人的视角研究汉字系统的人。

从卢布鲁克到南怀仁

实际上，我们无法确切地知道在卢布鲁克时代及接下来的几十年里有多少旅行者曾前往东亚。不管是卢布鲁克及其同门修士，还是商人或外交官，他们都肩负明确的目标，这样的人在中世纪晚期并不多见，随着时间推移，他们的数量越来越多。但我们不应为此而忽视一个事实，即有一定数量的无名氏仅仅因为没有留下任何关于自己旅行的记录，便无可避免地消失在历史的迷雾中。卢布鲁克之后很长一段岁月里，在今天比利时所处的地区里都没有什么值得书写的人物循着他的足迹来到中国。此外，我们需要注意的是他并没有像他之前的阿罗本和数量不详的中东商人一样，真正抵达中国。

几十年后，威尼斯商人马可·波罗（1254—1324）沿着父亲尼科洛（约1230—1294）与叔叔马菲奥

（Maffeo，约1230—1309）的贸易路线来到中国，相比之下，卢布鲁克的旅行黯然失色。马可·波罗的父亲和叔叔是商人，他们把自己的贸易点从君士坦丁堡移至威尼斯人在黑海地区（克里米亚）开办的工场，以便将其商业利益延伸至远东地区。马可·波罗的父亲和叔叔几次穿越中亚往返蒙古帝国，包括元朝统治下的中国。后来，他们还充当信使，为罗马教皇和忽必烈可汗（1260—1294年在位）传递信件。1271年，年轻的马可·波罗与他的父亲和叔叔踏上了前往蒙古帝国首都大都（今北京）的新旅程。在接下来的17年里，他为可汗效劳，在中国四处巡视，最终经东南亚、印度和中东，长途跋涉回到威尼斯。《马可·波罗游记》（Il Millione）起初名为《寰宇记》（Le Divisament du Monde），是由马可·波罗口述，比萨的鲁斯蒂谦（Rustichello da Pisa）在热那亚（Genoa）因禁期间（13世纪晚期）执笔写成的一本记录马可·波罗游历东方的游记。在接下来的几十年和之后几个世纪里，该游记出现了多种版本，被翻译成各种语言。这是第一本让欧洲大量读者深入了解中国的书籍，书中正确地划分了契丹（中国北方）与南蛮（中国南方）。马可·波罗对"东方奇闻"的详细描述导致历史上学者们长期对其可信度存在争议，并持续引发学术争论。虽然书中难免存在不准确的描述和显而易见却说得通的遗漏（包括长城、缠足等），但斯蒂芬·霍（Stephen G. Haw）、罗依果（Igor de Rachewiltz）、汉斯·乌尔里希·沃格尔（Hans Ulrich Vogel）等学者令人信服地指出，在许多关于中亚和中国历史问题的研究方面，《马可·波罗游记》仍是弥足珍贵的权威性资料。[6]

在《马可·波罗游记》出版发行之后，涌现出更多

见证者与关于中国的记述。其中两位分别是方济各会修士约翰·孟德高维诺（Giovanni da Montecorvino）和约翰·马黎诺里（Giovanni de Marignolli），孟德高维诺曾在北京建立了一座基督教堂，马黎诺里曾见证蒙古统治下中国基督教社区的繁荣。[7] 此外，还需提到穆斯林柏柏尔族人伊本·巴图塔（Muslim Berber Ibn Battuta）的著作，他曾在1325—1354 年游历非洲和亚洲的广大地区。他的《游记》（*Rihla*）是中世纪晚期旅行见闻的另一个精彩范本，内容极其丰富，为人们了解久远之前的世界提供了宝贵的见解。[8] 只要当时政治环境允许，这些无畏的旅行者便一次又一次地踏上这条日后被称为"丝绸之路"的贸易商路。蒙古帝国的覆灭以及由此造成的混乱，再加上欧洲海上扩张时代的到来，致使勇于冒险的旅行者们逐渐偏爱经由海路不远万里抵达东亚。[9]

▲ 1271 年，马可·波罗随其父亲和叔叔从威尼斯启航

注：原件现藏于牛津博德利图书馆（Bodleian Library, Oxford）。

始于 16 世纪的传教士与科学技术影响

传教活动仍然是西方人前往中国的重要因素。在16 世纪，随着反宗教改革的势头和欧洲地理视野的扩大，天主教传教士雄心勃勃地想将基督福音传播到世界各地。中国幅员辽阔、声望远播，是传教活动的主要目的地。1540 年依纳爵·罗耀拉（Ignatius of Loyola）创建了耶稣会，弗朗西斯·泽维尔（Francis Xavier）是早期成员之一，他们都全心全意地投入这项事业中。弗朗西斯于 1541 年离开里斯本，踏上了一条漫长的亚洲传教之旅，最终于室町幕府时期（Ashikaga shogunate，1336—1573）——大约相当于中国的明朝（1368—1644）——抵达日本，尽管他于 1552 年在广东海岸附近去世，但他始终未曾深入地踏足中国。在很长一段时间里，耶稣会传教士都被限制在澳门葡萄牙贸易点进行活动，直到 1583 年他们才获准在中国本土立足。耶稣会在中国的先驱之一利玛窦（Matteo Ricci，1552—1610）大约于 1600 年定居北京。耶稣会传教士的主要目的就是使明朝统治阶级皈依基督教。利玛窦试图融入当地文化，以达到此目的。他精通中文，日常穿着像个朝廷的高官。耶稣会士最引人注目的地方（也是他们的主要优势之一）在于他们不仅仅是旅行者、观察家或通信员，更是掌握知识和从事教育的人。他们利用自己的科学技能说服中国人相信基督的真理（把科学作为传教手段），向北京的朝廷介绍西方科学技术，涉及数学、天文学、地图学、建筑学、绘画、音乐、钟表制造等多个学科，还包括大炮铸造技术，大炮曾是康熙统治时期军事行动中的重要武器。西方科学技术能在中国皇宫内出现，要归功于耶稣会士将科学著作与技术手册翻译成中文所付出的努力。在某种程度上，这为西方现代科学技术在 19 世纪及 20 世纪的几次间歇性浪潮中传入中国埋下伏笔，其实际传播时间可能更长，传播范围也可能更加广泛。相比基督教，欧洲科学研究的广度与深度给朝廷留下了更深的印象。当时中国严禁信奉基督教，所以只有少数中国人真正改变了信仰。尽管困难重重，但 1577 年之后，一大批传教士追随利玛窦（Matteo Ricci）的脚步，其中有"比利时"传教士金尼阁（Nicolas Trigault）、南怀仁（Ferdinand Verbiest）、吴尔铎（Albert d'Orville）、柏应理（Philippe Couplet）和安多（Antoine Thomas），他们都曾在 17 世纪离开欧洲前往中国传教（见第 15 页名单）。[10]

来自杜埃的金尼阁——传教士、学者与出版人

金尼阁（1577—1628）是早期耶稣会来华传教的领军人物之一。他与卢布鲁克一样，来自佛兰德斯地区，但该地后来愈发受法国影响，现位于法国境内。金尼阁是杜埃（Douai）人，曾在家乡和根特（Ghent, 今比利时荷语区）的大学里学习神学。他与许多初学修士一样，传教热情高涨，将亚洲作为传教的首选目的地。金尼阁为了自己的理想，最终来到明朝故都南京以及杭州，后来在杭州病逝。在到达中国后不久，他被任命为中国传教团的代表，并以此身份返回欧洲向教皇保罗五世汇报传教团的发展情况。那时候这趟旅程需要从澳门出发，沿着险象环生的海上航线穿过印度，越过波斯湾，到达埃及。到欧洲后，金尼阁进行了一次旅行，为开展传教团的活动筹集资金。他撰写关于中国的文章，

人莫不饮食也，

鲜能知味也。

——孔子

并翻译耶稣会的出版物，其中包括利玛窦的《中国札记》（China Journal）。1618 年他带了20 名新招募的传教士回到澳门。他后半生似乎因宗教术语翻译问题与梵蒂冈争论不休并饱受痛苦，这也反映出当时罗马在面对天主教应适应中国当地风俗问题上的保守态度，这场争议即后来著名的"礼仪之争"。为了与中国精英阶层交流，金尼阁学会了说汉语和书写汉字，他还撰写了几部学术著作。例如关于如何用拉丁拼音字母为汉字注音的《西儒耳目资》（Aid to the Eyes and Ears of Western Literati），他还首次将《伊索寓言》（Aesop's Fables）译成中文。金尼阁在回访欧洲期间遇见了著名的佛兰德斯画家鲁本斯（Peter Paul Rubens，1577—1640），地点可能在安特卫普（Antwerp）或布鲁塞尔（Brussels）。这次邂逅留下了一系列有关金尼阁的绘画作品，现在仍可见于法国和美国的博物馆。这些作品将金尼阁描绘成一位学者，融合了中国精英阶层外表、西方理性主义与宗教热情。[11]

南怀仁：成为清政府高官的佛兰德斯耶稣会士

金尼阁身后，另一位来自佛兰德斯的富有感召力的传教士登上历史舞台。他就是南怀仁，出生于西佛兰德斯的比滕镇（Pittem）。他是蒂尔特市（Tielt）一名法警的儿子，曾在科特赖克（Courtrai）和布鲁日（Bruges）耶稣会修院学习，后前往鲁汶莱利学院（De Lelie College in Louvain）进修，并在那里系统学习了数学、物理和天文学，潜心研究哥白尼、开普勒和伽利略的著作。1641 年他加入耶稣会后，在塞维利亚（西班牙）继续进修，并在那里被任命为神父（1655），之后他又前往罗马学习天文学和神学。南怀仁的初衷是投身西班牙

在中美洲的传教活动。然而教会把他派往中国。在研究世界地图之后，他构思出一条从欧洲到中国更为安全的陆上路线。南怀仁在西安的耶稣会传教团待了一年半，他在那里传教，可谓心无旁骛。1660 年5 月南怀仁应70 岁的德国天文学家、耶稣会神父汤若望（Johann Adam Schall von Bell，1592—1666）邀请来北京任职，接替他担任钦天监监正。汤若望曾为明朝末代皇帝崇祯（1628—1644 年在位）效劳，从事中国历法的修订工作。在满族征服中原后，他继续为清朝的新皇帝服务。

其后，耶稣会士遭到清政府内反对基督教势力的攻击而被监禁了一段时间，但最终耶稣会士的处境有所好转，南怀仁也凭借其高超的天文与数学计算能力，与康熙皇帝（1662—1722 年在位）建立了私人情谊。他大胆挑战中国传统历法的计算方法，最终成功纠正了历法中存在的缺陷。南怀仁发表了大量数学与天文学方面的文章，既有用拉丁文撰写的，也有用中文撰写的，其中最著名的是《欧洲天文学》（Astronomia Europaea，1687 年出版），该书被公认为是该领域的权威著作。此外，他编制了一本地理图书《坤舆图说》（Kunyu Quantu，初刻于1674 年），还绘制有日食图、总星图、行星历法等其他各种天文图。南怀仁还肩负重任，为钦天监设计制造更有效的新式天文仪器。为此，他制造出举世闻名的天文仪器，包括测定天体坐标的黄道经纬仪、赤道经纬仪、地平经仪、象限仪、纪限仪和天体仪。今天来北京的游客仍能观赏到这些雄伟的天文仪器。除了制造天文仪器之外，南怀仁还从事其他工程项目，包括铸造欧式大炮、修复卢沟桥、制造出第一辆自动行走的汽车。[12]

按照耶稣会传统，南怀仁接触的主要是中国文人学士，换句话说，他所结交的对象都是社会上层，而不

▲ 金尼阁画像
注：由鲁本斯（Pieter Paul Rubens）于 1617 年绘制。现藏于法国杜埃的夏特勒博物馆（Musee de la Chartreuse, Douai, France）。

Le Père Ferdinand Verbiest.

▲ 南怀仁神父（1623—1688），身穿中国官服，身
旁为其发明的科学仪器

注：出自1893年哈米（A. Hamy）出版的《耶稣会
士人物肖像》（*La Galerie Illustree des Jesuites*）。

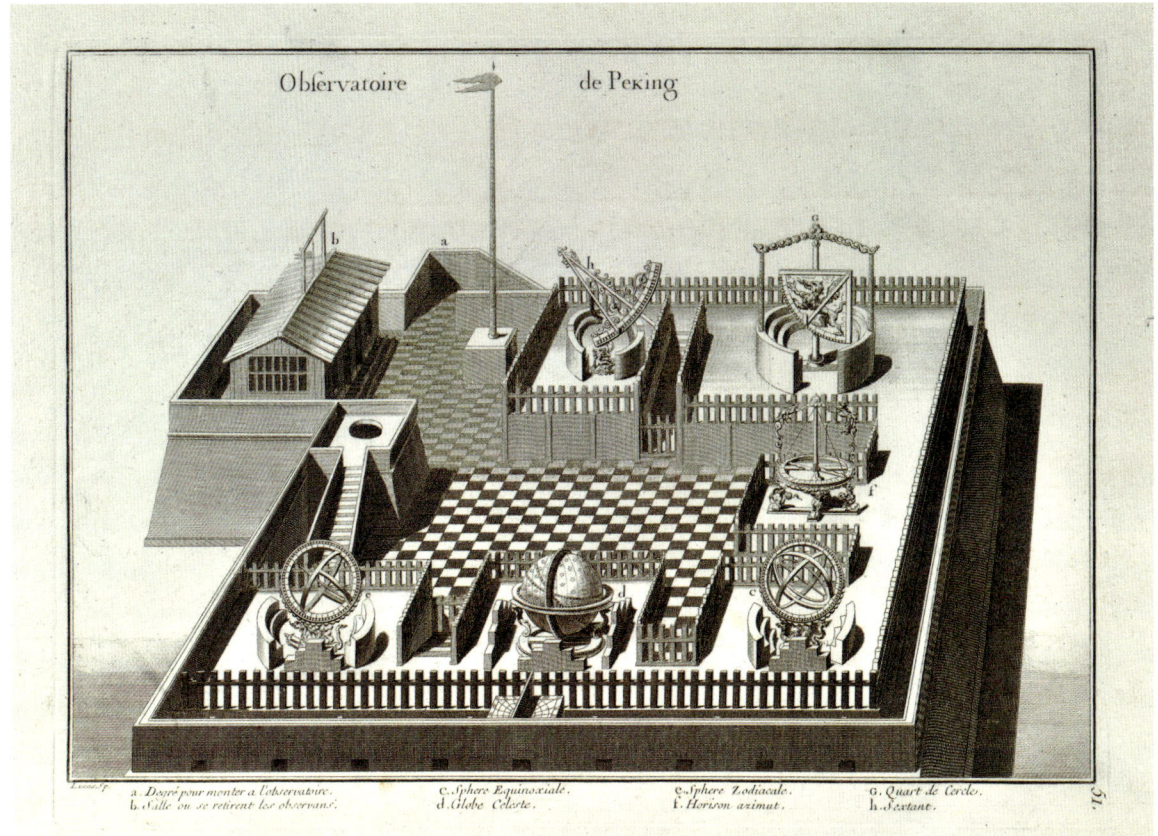

Observatoire de Peking

a. Degré pour monter a l'observatoire.   c. Sphere Equinoxiale.   e. Sphere Zodiacale.   g. Quart de Cercle.
b. Calle ou se retirent les observans.   d. Globe Celeste.   f. Horison azimut.   h. Sextant.

▲ 清代北京观象台

注：出自李明（Louis Le Comte）出版的《中国近事报道》
（*Nouveaux Mémoires sur l'Etat Présent de la Chine*），书
中插图由法国皇家地理学家让·巴蒂斯特·昂维尔（M.
Jean Baptiste d'Anville, 1697—1782）绘制。

是普通民众。他一心坚守耶稣会的使命，维护基督教的信仰自由。由于担忧在中国传教事业的后续发展，他坚持穿越欧亚大陆前往中国的观点，苦心孤诣地规划出一条从欧洲经俄国、西伯利亚托博尔斯克（Siberia Tobolsk）和蒙古前往中国的陆路路线，并且急切地想要从俄国沙皇那里为耶稣会士争取到安全通道。为此，有些历史学家甚至将他视为俄国间谍，声称沙皇[11]派驻北京的特使尼果赖（Nikolai Spafarii）从南怀仁那里获取秘密情报。南怀仁是否蓄意以此种方式与俄国进行合作，很难证明。尽管如此，他为清朝皇帝效力达28年之久，1688年1月28日他在64岁时因坠马去世，再也没能回到家乡佛兰德斯。[13]

吴尔铎：最早进入西藏的欧洲旅行家

　　吴尔铎（1621—1662）是与南怀仁一同前往中国的耶稣会士之一。他是布鲁塞尔人，1646年加入耶稣会，曾于天主教鲁汶大学（Catholic University of Leuven）攻读神学。意大利耶稣会士卫匡国（Martino Martini）回欧洲时到鲁汶大学做了一场有关"中国传教"的演讲，吴尔铎听得心潮澎湃，下定了去东方传教的决心。在完成耶稣会的入会培训后，教会派他去协助汤若望神父进行修历工作。他加入南怀仁一行，前往中国传教，他们从里斯本出发，沿海上航线绕过好望角，在印度果阿（Goa）短暂停留后，继续出发前往印度尼西亚的马卡萨（Macassar）和中国。与其他几位不幸的同伴不同，吴尔铎在历经这段精疲力竭的旅程后，安全抵达中国，成为第一批去陕西传教的教士。汤若望赢得中国皇帝的信任后，耶稣会希望尽快尽多地向中国派遣传教士。然而旅途中危险重重，在随后几年离开欧洲的500名耶稣会士中，仅有200人最终抵达中国。海盗、暴风雨和热带疾病是导致传教士去世的主因。此外，为荷兰东印度公司效力的荷兰新教徒阻碍耶稣会士前往中国，在海上拦截从葡萄牙出发运送天主教葡萄牙神父到东方去的船只。从果阿到澳门的海上航线尤为艰险，所以汤若望神父派吴尔铎和奥地利人白乃心（Grueber）探索开辟穿越西藏的陆路通道。1661年2月白乃心和吴尔铎从北京出发，带着一些天文与制图仪器用于确定途经地区的经纬度。同年7月份，他们抵达西藏后在首府拉萨待了两个月，是最早进入拉萨的欧洲人。在接下来为期214天的旅程里，他们先从加德满都（Kathmandu）出发，经

过印度的恒河流域，访问了巴特那（Patna）、贝那拉斯（Benares），最终抵达印度北部城市阿格拉（Agra）。1662年复活节的那个星期六，吴尔铎于当地去世。耶稣会士、梵文学者海因里希·罗特（Heinrich Roth）接替吴尔铎，与白乃心一起穿越波斯和土耳其，于两年后回到罗马。吴尔铎与白乃心的壮举通过间接渠道才为人所知，其中最重要的是1667年耶稣会的著名学者基旭尔（Athanasius Kircher）撰写的《中国图说》（China Illustrata），1670年该书法文版于阿姆斯特丹出版。在基旭尔的书中，白乃心绘制的布达拉宫和第五世达赖喇嘛阿旺罗桑嘉措（1617—1682）首次见之于世。值得注意的是，在1901年之前，它是唯一一幅布达拉宫图像。[14]

▲ 1667年基旭尔在《中国图说》中严格按照白乃心和吴尔铎的描述，首次向西方世界介绍了西藏拉萨布达拉宫的概况

▶ 首位访问欧洲的中国人——
沈福宗

注：由戈德弗雷·克内勒爵士
绘制的油画像，英国温莎城堡
王室藏品。

柏应理与中国人相遇于佛兰德斯

柏应理（1623—1692）是南怀仁的朋友，也是耶稣会士，他来自比利时梅赫伦（Mechelen），于1656年首次来华。为了与耶稣会试图改善与中国关系的策略相符，他给自己起中文名柏应理，今天来华的留学生和外国专家仍延续了这个传统，长期以来他们都把视野聚焦于中国。1681年受耶稣会中国传教会的委派，柏应理回到欧洲恳求教皇英诺森十一世（Pope Innocent XI）从长远出发对中国基督教礼拜仪式和当地教会做些调整，以更好地适应中国文化（也就是所谓的中国礼仪之

争）。然而今人对柏应理了解最多的是他带了一位随行者，即年轻有为的中国基督徒迈克尔·沈福宗（Michael Shen Fuzong，卒于1691年）。他们途经佛兰德斯、意大利、法国和英国，沈福宗所到之处都引起了轰动，因为他是绝大多数欧洲人见过的第一位中国人。柏应理也希望通过这趟旅程让欧洲公众看到在中国的传教事业进展顺利，让中国候选人担任神职是一种现实选择。在巴黎期间，柏应理出版了一系列重要著作。他的《中国年表》（*Tabula Chronologica Monarchiae Sinicae*）试图证明《七十士译本》（*Septuagint*），即《希伯来圣经》（*Hebrew Bible*）希腊文译本，与中国古代历史具有相似之处。耶稣会士认为《启示录》中某些片段在中国经典著作中也能找到出处，同时《旧约》中的某些事实也可在中国语境下进行解读，例如《创世纪》中大洪水的叙事。

1687年柏应理还在巴黎出版了《中国贤哲孔子》（*Confucius Sinarum Philosophus*），这是以12世纪新儒学家朱熹（1130—1200）的著作《四书集注》为基础，对其中三部经典儒家著作进行翻译的成果。但奇怪的是，柏应理和沈福宗在法国首都并未受到关注，因为当时巴黎全城上下正在举行盛大的化装舞会和游行欢迎来自暹罗的特使。尽管如此，柏应理还是成功说服国王路易十四（King Louis XIV）接管对中国日益壮大的宗教团体的资助。这一步至关重要，因为中国天主教传教团长期面临资金短缺的问题。柏应理和沈福宗最终获邀参加了一次皇家晚宴，沈福宗正是通过这次机会被引荐给了法国国王。[15]之后，英国国王詹姆斯二世（King James II）在伦敦圣詹姆斯宫接见了他们，还在1687年让宫廷画师戈德弗雷·克内勒爵士（Sir Godfrey

Kneller）为这位"中国皈依者"画像，这幅画像至今仍属于温莎城堡皇家藏品的一部分。柏应理在牛津会见了英国东方学家托马斯·海德（Thomas Hyde），1694年海德出版的《象棋游戏的历史》（*Mandragoriasseu Historia Shahiludi*）是西方最早介绍国际象棋及其他东方游戏的书籍之一，海德曾在书中提到他们："中国人沈福宗先生使我了解了许多中国事务，他跟随柏应理神父及其他耶稣会士一同来到欧洲。"

沈福宗并非第一个访问低地国家的中国人。1653年耶稣会神父卫匡国在中国耶稣会士郑惟信（郑玛诺）的陪同下，经过阿姆斯特丹和安特卫普，踏上了历经坎坷的返欧之旅。郑惟信的西文名为"Emmanuel de Siqueira"，他曾在葡萄牙和意大利生活、求学。在沈福宗之后不久，另一位中国基督教皈依者黄加略（西文名为"Arcadio Huang"）被传教士及主教梁弘仁（Artus de Lionne）带到法国。

1692年，柏应理、沈福宗和一大群传教士乘船沿着绕行非洲大陆的漫长海岸线返回中国。同年9月2日，沈福宗和他的四名同伴因过度疲劳在船上发高烧，病逝于莫桑比克。其后，航行到印度海岸附近时，一场猛烈的暴风雨突然袭来，柏应理被甲板上移动的木箱击中身亡，于是，在绕过好望角前往中国的艰险旅程中又多了一名受害者。[16]

安多及西方公制在中国的制度化

安多（Antoine Thomas，1644—1709）是耶稣会来华众人中的一员，与南怀仁一样，他们都曾献身于科学事业。安多出生于今日比利时瓦隆（Wallonia）大区法语区的那慕尔（Namur），就读于耶稣会学院（也就是后来那慕尔大学的所在地）。1660年加入耶稣会后，他前往杜埃和里尔（Lille）进修哲学与其他人文学科。后来，他在家乡和于伊（Huy）、图尔奈（Tournai）、阿尔芒蒂耶尔（Armentières）等邻近地区的多所大学里任教。但随着他在数学和天文学方面的造诣日益精深，当地熟悉的环境已然不能实现他的个人抱负。在传教兴趣的驱动下，安多于1677年迁居到葡萄牙科英布拉（Coimbra），并在不久后熟练掌握了葡萄牙语。他在当地著名的大学里教了两年数学，同时等待着前往远东的机会。安多讲授的内容后来以《数学纲要》（*Synopsis Mathematica*）为名出版。1680年2月安多加入由20名耶稣会士组成的传教团前往中国。传教团从里斯本出发，沿着最常行驶的航线，途经果阿、暹罗和马六甲，

▲ 北京的栅栏墓地

注：栅栏墓地共有88位耶稣会士的坟墓，这些耶稣会士曾在18世纪开启了与中国的科学文化交流。利玛窦、南怀仁、汤若望、安多均埋葬于此。

MISSIONS D'ASIE

PROVINCE DE CHINE.

Fondée en 1582 par le P. Ricci ; séparée de la Province du Japon en 1619, et constituée en Vice-Province.
En 1685 Louis XIV fonda la Mission Française dans ce pays.

Nom et prénom.	Lieu et date de naissance.	Départ.	Mort.
P. Trigault, Nicolas Kin mi ko se piao	Douai 3 mars 1577	1605	14 nor. 1628
P. Van Spiere, Pierre (de Spira)	Douai 1583	1605	21 déc. 1628
Che wei tcheug i kien.			
F. Delevigne, Jean	Lille 1er juin 1582	1605 mort en route 1607	
P. Van Spiere, Jean (de Spira)	Douai 1584	1609	1628
F. Trigault, Philippe, (al. Elie)	Douai 1575	1618	vers 1622
P. Cousin, Quentin (Cussino)	Tournai 26 juil. 1582	1618 3 juin 1618 en route	
P. de Saint-Laurent, Hubert	Douai 10 mars 1586	1618 8 juin 1618	»
P. Decelles, Jean (Celos)	Huy 20 juillet 1578	1618 13 juin 1618	»
P. Burgent, Barthél. Teng earl ling ou pon.	Douai	1623	1660
P. Spillenbeen, Martin (de Brugis) (2)	Bruges 1589	1628	vers 1632
P. Trigault, Michel Kin mi ko taon piao	Douai 1602	1620	30 sept. 1668
P. Ciermans, Jean	Bois-le-Duc 1602	1642	
P. Dorville, Albert (al. Lecomte)	Bruxelles 1622	1656	2 avril 1662 à Agra
Ou earl le tchao pó			
P. de Rougemont, François	Maestricht 2 avr. 1624	1656	4 nov. 1676
Lou je man kien cheou			
F. Couplet, Philippe Po in li sin mo	Malines 31 mai 1624	1656	16 mai 1693
P. Hertogvelt, Ignace	Amsterdam 16 mai 1628	1656	1638
P. Verbiest, Ferdinand	Pitthem 9 oct. 1623	1656	28 janv. 1688
Nan hoei jen tuon pó			
P. Maldonat, J.-B. (Maldonado)	Mons 15 oct. 1634	1666	après 1698
P. de Hayhin, Jean	Ath 14 juil. 1633	1666	après 1681
P. Vander Elst, Thomas	Bruxelles 28 août 1612	1673	en rou's 23 avr. 1674
P. Van Mol, Jean	Anvers 1632	1673	» 23 » 1674
P. Villers, Théodore		1680	en route 1680
P. Thomas, Antoine (Thomasio)	Namur 25 jan. 1644	1680	29 juil. 1709
Ngan to ma po			
P. Noël François (2) Wai fang toi	Hestrud 18 août 1651	1684 Lillo 17 nov. 1729	
P. Vanbamme, Pierre (Van Cout)	Gand 25 mars 1651	1684	17 août 1727
Wan che han fou lo			
P. Selosse, Philippe	Tourcoing ?	1684	
P. Vanderbeken, Guil. Wau wei i	Bruxelles 22 déc. 1659	1691	2 fév. 1702
P. Dufour, Nicolas,	Ecluse 16 fév. 1662	1691	en route 1693
P. Casier, Philippe Tchou foi li	Menin 23 juil. 1677	1708	13 janv. 1722
P. Le Guesne, Joseph		1708	

历经艰难险阻，于 1682 年抵达澳门。安多原本是被派去日本传教，所以他向着最初的目的地继续前行，未获成功，于是他留在中国度过了余生。1685 年南怀仁邀请安多来北京一同工作，安多抵达后被引荐给康熙皇帝，并被提拔为钦天监副。南怀仁去世后，他接替南怀仁成为清政府的官方数学家和天文学家，为自己起名"安多平石"。在接下来的 23 年里，安多和一批法国、意大利、葡萄牙的传教士学者与康熙皇帝建立了密切的关系，康熙曾向安多咨询科学与宗教方面的问题。他为皇帝专门写了一篇代数论文，还编辑了地理图册，为颐和园花园修建了水坝和灌溉系统。根据皇帝指令，他将公制引入官方计量体系，在整个国家推行，这一做法大约比欧洲早了 90 年。

1692 年康熙皇帝颁布针对天主教的"宽容敕令"，安多因在此过程中发挥了重要作用而闻名，但此举让皇帝的中国谏臣们大失所望。因罗马坚决拒绝接受具有本土特色的中国化基督教，安多生命中的最后几年在焦虑与失望中度过，这也最终导致耶稣会士在雍正皇帝（1723—1735 年在位）执政期间逐渐被驱逐出中国。1709 年安多因患痢疾病逝于北京。如今，他的墓碑与利玛窦、南怀仁、汤若望的墓碑一样仍保存在北京的栅栏墓地里，现位于西城区北京行政学院院内。[17]

◀ 亚洲中国教省传教士名单

注：1582 年利玛窦神父创建了中国教省，并于 1619 年与日本教省划分开来，成为一个副教省。1685 年法国国王路易十四也设立了一个派往中国的法国传教团。这份名单列出了第一批比利时耶稣会士的以下信息：姓名、出生地与出生日期、前往中国日期、去世日期。作者为耶稣会士基肯斯·F.，名单上附有耶稣会士的中文名。摘自比利时耶稣会杂志《历史梗概》（Precis Historiques, Revue Belge de la Compagnie de Jesus），布鲁塞尔，1880。

其实天朝德威远
被，万国来王，种种
贵重之物，梯航毕集，
无所不有。尔之正使
等所亲见。然从不贵
奇巧，并无更需尔国
制办物件。

——1792年马戛尔尼
使团访问期间，乾隆皇
帝写给英王乔治三世的
信件

启蒙时期：18 世纪欧洲对中国文化的崇尚与中比之间的贸易往来

耶稣会士被逐出中国的同时，欧洲开始迷恋中国的各种事物。在启蒙时期，受理想化中国的影响，欧洲出现了一股"中国热"思潮，伏尔泰还将中国描述为"世界上最智慧、最文明的国家"。这一观点强化了众多哲学家提出的以中国科举制度为基础的"智者政府"理念和所谓的开明专制主义理念。中国在这方面是公认的模范国家。早在 17 世纪末，德国哲学家、数学家莱布尼茨（Gottfried Wilhelm Leibniz, 1646—1716）就从表意文字中找到普遍理性语言可能存在的证据。在反对宗教狂热的斗争中，培尔（Pierre Bayle, 1647—1706）等思想家崇尚儒家的自然道德法则，因为它消除了对宗教的需要。传教士也证实了中国缺乏宗教精神的"传说"。然而 18 世纪末，欧洲开始意识到自身的技术优势，随着"进步"的信念日益深入人心，这股"中国热"思潮渐渐转变为一种"恐华"思潮，并持续了整个 19 世纪。[18]

18 世纪比利时前身的尼德兰王国与中国之间的贸易往来——奥斯坦德东印度公司

在启蒙时期的背景下，荷兰南部（后来的比利时）和中国之间还以另一种形式进行交流。在最初的航海探索之旅后，欧洲通过建立贸易点和殖民势力范围保持在亚洲、非洲和美洲的长期存在。为了更有效地管理亚洲贸易，英国人、荷兰人和法国人均成立了各自的东印度公司，也都大获成功。这里需要了解 1585 年 8 月 17 日

▲ 奥斯坦德东印度公司徽章

安特卫普在八十年战争（1568—1648）中早期失陷的相关背景。当时在英国支持下，低地国家的 17 个省份与天主教国王腓力二世（King Philip II）统治下的西班牙哈布斯堡王朝浴血奋战，在长时间的围攻之下，安特卫普最终被迫向西班牙军队投降。这导致当地所有新教徒不得不在四年内离开安特卫普。现在回想起来，这也意味着包括商人、学者和工匠在内的一大批掌握技术的市民流失到北方联合省。从长期来看，这对 17 世纪荷兰共和国经济的空前繁荣，即所谓的"荷兰黄金时代"，做出了重大贡献。西班牙征服安特卫普也导致荷兰北部新教徒和南部天主教的彻底分裂。荷兰南部后来成为比利时与卢森堡大公国的主要组成部分。

17 世纪荷兰和英国是全球两大海上贸易王国。然

▲ 莫雷图斯画像

注：作者不详，私人收藏。

而，到了17、18世纪之交，两国的海上霸主地位至少在某种程度上受到诸如斯堪的纳维亚、法国和荷兰南部等新兴势力的挑战。西班牙王位继承战争（1701—1714）及随后签订的一系列乌得勒支和平条约（the Peace of Utrecht，1713—1714），使饱受战争创伤、贫困交加的荷兰南部成为神圣罗马帝国的一部分，被称为奥属尼德兰。荷兰和英国东印度公司在茶叶贸易中获取了巨额利润，这促使神圣罗马帝国皇帝查理六世（Emperor Charles Ⅵ，1685—1740）在奥属尼德兰设立了一家与之抗衡的公司，具体来说就是把公司建在沿海港口奥斯坦德（Ostend）。他希望通过此种方式促进该地区的经济复苏。实际上，对于国内外的国际贸易投资者来说，荷兰南部并入哈布斯堡帝国后具有诱人的发展前景。资金投入主要来源于富裕的马尔坎普和德普雷特兄弟（Maelcamp and de Pret brothers），他们分别来自根特和安特卫普，安特卫普在过去几十年间一直受到荷兰要塞的封锁。同时，英国、荷兰、法国和其他佛兰德斯的商人与银行家也对奥斯坦德东印度公司进行投资。尽管该公司的船只均从奥斯坦德出发，但是从重要投资者当中选出的董事们，包括马尔坎普（Jacques Maelcamp）和德普雷特（Jacomo de Pret）都在安特卫普工作。自1715年起，公司专门配备了船只，目的是开辟奥斯坦德与几内亚、也门穆哈港（Mocha）、印度各港口、孟加拉地区，以及最重要的中国广州之间的一条新航线。东印度公司于1722年12月正式注册成立。1724—1732年，该公司21艘船只中大部分定期驶往广州。公司最富有的投资者之一是莫雷图斯（Joannes Jacobus Moretus），他是安特卫普著名的普朗坦出版社（Officina Plantiniana）的经理，为奥斯坦德东印度公司的众多远征活动提供资金

支持。另一位重要的投资者是阿姆斯特丹银行家克鲁茨（Paulo Jacomo Cloots），他最初来自安特卫普。克鲁茨赞助了"尤金王子"号（Prince Eugene）商船前往广州的航行活动，并从康熙皇帝那里获得了与中国贸易的正式授权，最终在珠江岸边建立了一家工厂。

荷兰南部与东印度贸易往来的相关档案与日志多次提到佛兰德斯商人穿梭于奥斯坦德和远东之间。例如，1723—1724年，德克勒克（Joannes De Clerck）以"普里侯爵"号（Marquis de Prié）第一舵手的身份从奥斯坦德出发行至中国。不久后，他升任"凯瑟琳"号（Keyzerinne）船长，在前往广州的航线上航行。1732年奥斯坦德东印度公司最后一次航行中，他担任"洛林赫托"号（Hertogh van Lorreynen）船长。另一位佛兰德斯人德布鲁尔（Guillielmo Philippe de Brouwer）第一次前往广州便是乘坐德克勒克船长驾驶的"凯瑟琳"号。1727年德布鲁尔升任"普里侯爵"号船长，负责广州航线。1723—1724年，佛兰德斯商人吉塞林克（Henri-Charles Gyselinck）从根特出发，乘"圣约瑟夫"号（Saint Joseph）前往中国，目的地同样是广州。他用报告和一幅描绘珠江口虎门的精美水彩画记录了对广州的印象。吉塞林克形容周围的环境为"曾见过的最美风景"。[19]

奥斯坦德东印度公司开始经营后，在印度建立了永久性工厂，一家位于卡贝隆（科乌兰或考瓦拉姆，Cabelon，Covelong or Kovalam）的科罗曼德尔海岸（Coromandel Coast），也就是现在马德拉斯（Madras）以南，另一家位于西孟加拉邦班基巴扎（Banquibazar，Ichhapur），靠近孟加拉国加尔各答市。从奥斯坦德起航的船只多为在英国或荷兰北部建造或购买的三桅护卫

舰，运输的货物主要是丝绸、瓷器和茶叶，茶叶起初是作为药剂的一种成分使用，后来逐渐成为大众喜爱的饮品。奥斯坦德东印度公司的商人发现廉价茶叶属于市场空白，于是开始大量进口。在茶叶贸易中，奥斯坦德东印度公司的市场份额很快就大大超过了荷兰东印度公司。此外，由于茶叶价格普遍上涨，奥斯坦德东印度公司获得巨大成功，这严重威胁了老牌企业荷兰、英国和法国东印度公司的地位。这些竞争对手将佛兰德斯商人视为入侵者，他们对哈布斯堡皇帝创办的公司存在的合法性提出强烈质疑。因此，查理六世面临的要求解散奥斯坦德东印度公司的国际政治压力越来越大。1727年5月奥斯坦德东印度公司不得不同意暂停公司业务七年。四年后，第二次《维也纳条约》（Vienna Treaty, 1731）的签订使新建立的英奥同盟取代了旧的英法同盟，同时规定废除奥斯坦德东印度公司。繁荣的佛兰德斯海外贸易也因此搁浅，成为当时影响力更大的强国利益的牺牲品。1727—1731 年，这些商人们试图非法"借用"其他国家和公司的船只旗帜，继续他们的贸易活动。然而，一切都是徒劳。1732 年《维也纳条约》做出让步，允许两艘"许可船只"出航，但此后，奥斯坦德东印度公司正式关闭。两个世纪后，大约在1900年，比利时著名诗人凡尔哈伦（Emile Verhaeren，1855—1916）赞颂了曾经从奥斯坦德出发前往东方的水手和冒险家们：

帝国之鹰的金爪无法撕破束缚，
白色帆船只能从奥斯坦德港口和水域驶向东方。
他们要去中国，前往马拉巴尔，水手陶醉于自豪的浪花，
他们在远方，在任何地方，桅杆当旗帜，自由且疯狂地活着。[20]

▶ 奥斯坦德东印度公司在印度城市马德拉斯（Madras）南部科夫朗（Covalam）的基地（孟加拉湾防御石墙保存至今）

▼ 非常罕见的恒河下游欧洲工厂分布图注：图中包括奥斯坦德东印度公司在班克巴扎（Bankebazar）的工厂。东印度弗利克斯（Eugene Louis Fricx）1726年绘制于布鲁塞尔。

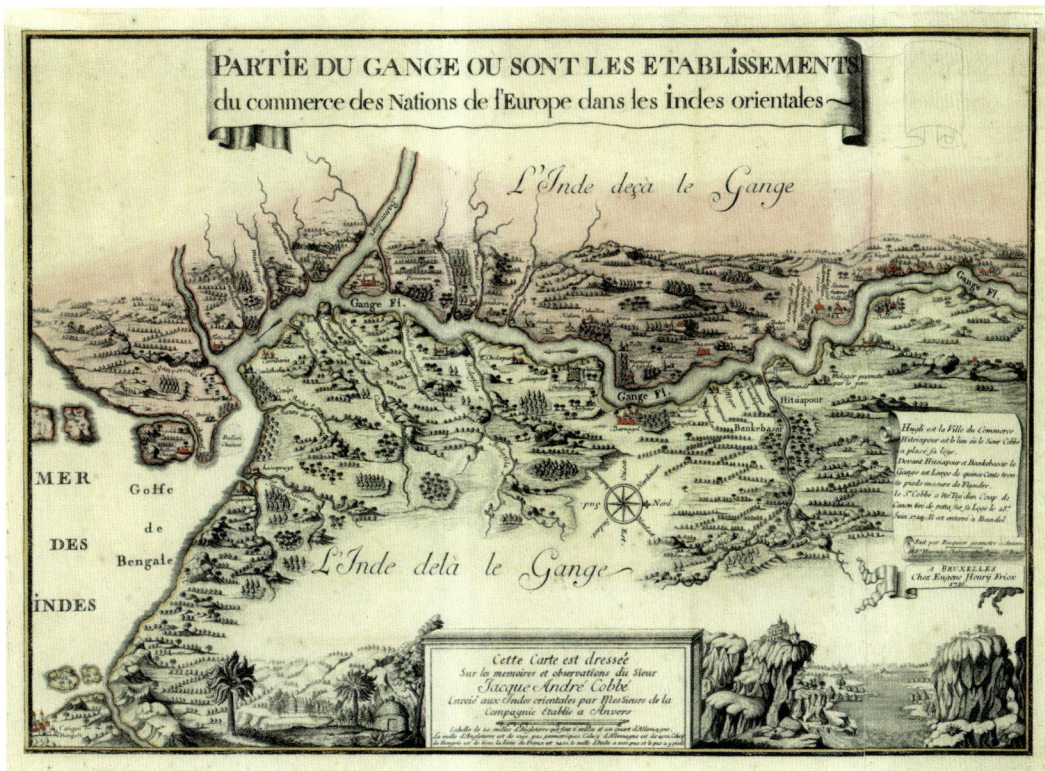

尽管奥斯坦德东印度公司已不复存在，但亚洲商品的贸易仍在继续。对华贸易的蓬勃发展促进了中国商品进入欧洲，同时刺激了富裕的欧洲上层社会对奢侈品的需求。中国商品的大量涌入引发了人们对异国风情的兴趣，也对西方社会在文学、建筑、绘画、装饰等诸多艺术表现形式上产生深远影响。因此，西方逐渐将中国视为一个"理想"的专制国家，收集东方物件，在建筑设计中融入东方装饰图案也渐渐成为时尚。于是，西方掀起了一股"中国热"的潮流。中国专为出口欧洲市场制造的瓷器，可谓"中国制造"的前身，达到了前所未有的高度，包括佛兰德斯在内的荷兰地区在这一趋势的发展中发挥了显著作用。

东印度公司的主要股东之一是德佩斯特（Jean-Baptiste Depestre），他是布鲁塞尔企业家，他的女儿艾格尼丝（Jeanne Agnes）嫁给了法国贵族奥比松勋爵法利冈（Hector Falligan，Lord of Aubuisson）。法利冈对根特库尔特（Kouter）的一座中世纪晚期建筑进行修复，将其改造为法利冈酒店（Falligan Hotel）。这座豪华酒店至今仍可参观，其中一间客房采用东方风格，内部装饰有阿拉伯花纹和异国情调图案。

除法利冈酒店外，比利时许多其他建筑也保存有同一时期的类似装饰。根特的阿诺德·范德·哈根博物馆（Arnold Vander Haeghen Museum）原是18世纪的一座大厦，名为克莱蒙酒店（Clemmen Hotel），其内部的一个房间里贴着独特的壁纸。克莱蒙（Josse Clemmen）是当地纺织业大亨，1771年他从广州订购了一批上好的中国丝绸装饰会客厅，厅内还可观赏花园景色。在18世纪，丝质壁纸非常罕见。由于丝质品的脆弱性，用这种材料制成的杰出艺术作品都随着时间的推移而消亡了。克莱蒙会客厅是欧

▲ 中国外销高档瓷盘
注：印有"佛兰德斯"一词（私人收藏）。

▲ 比利时于瑟尔城堡内紫色背景的中国墙纸
（19 世纪 50~80 年代）

洲现存的唯一以丝质壁纸装饰的客厅。另一座府邸位于离根特不远的埃纳姆村（Ename，因罗马帝国时期和中世纪的考古发现而闻名），由博卡尔纳家族（Beaucarne）于1748 年建成，里面装饰有阿拉伯花饰、中式和其他东方图案。据说，洛林、巴尔公爵兼荷兰总督（The Duke of Lorraine and the Bar and Governor-General of the Netherlands）亚历山大（Charles-Alexandre，1744—1780 年在位）于1751 年在布鲁塞尔建造了一处漆器屋。这处房屋虽然已经不存在了，但档案资料中有所提及，据称里面保存有600 多件中国物品。

在康熙、雍正年间，奥斯坦德东印度公司与中国的贸易往来还将另一种类似的商品引进了低地国家。公司的一份文稿里曾将产自中国的壁纸描述为"绘有彩色人物的白纸"。佛兰德斯是此类壁纸装饰保存最为集中的地方，根特至少有五座宅邸留有相关遗存。说起壁纸，

我们还必须要提到安特卫普西南角兴厄讷村（Hingene）的于瑟尔（d'Ursel）城堡。于瑟尔家族在18 世纪投入大量时间、精力和金钱翻修他们的城堡，在重新装饰的过程中将几个房间都贴上了优雅的中国原产壁纸。

1780—1840 年，中国茶叶和瓷器等奢侈品贸易被几家欧洲商行所垄断，他们经由当时中国唯一允许对外贸易的港口广州进行交易。日后成为"比利时"的这一地区在与中国的进口贸易中占据重要地位，它也是欧洲漆器及其他丝质装饰品的生产中心。[12] 与欧洲的许多贵族一样，阿伦伯格（Arenberg）家族也都为中国及"中国风"物品所着魔，这种"中国热"在其家族图书馆保存的那个时代的几本相册中一目了然。17 世纪阿伦伯格家族的弗朗索瓦公爵（Duke Philippe-François of Arenberg）在昂吉安镇（Enghien）建造了一座宏伟的花园，它带有明显的东方印记，现位于布鲁塞尔西南的

▲ 根特市奈斯滕休斯酒店（Hotel d'Hane Steenhuyse in Veldstraat）的中式墙纸（19世纪20~50年代）

这座宝塔。安特卫普附近的博肯伯格公园（Boekenberg Park）也曾有一座中国塔，当时在欧洲是独一无二的。它建于19世纪的最初几年，由富裕的银行家和商人斯梅茨（Jan Willem Smets）建造，他的大部分财富来自与中国做生意。然而，这座中国塔在1956年忽然倒塌，拆除后仅剩一层楼高度，也就是如今尚存的部分。在18世纪和19世纪欧洲那些时髦的英国园林中时常可见中国宝塔的身影。位于埃诺省号称比利时"凡尔赛宫"的伯勒伊尔城堡（Beloeil Castle）就是其中一个例子，奥地利哈布斯堡王子利涅（Prince Charles-Joseph de Ligne）曾委托法国建筑师贝朗格（François Joseph Bélanger）在此设计了一座中英混合风格的花园。1743年位于昂吉安的阿伦伯格公园（Arenberg park）的角亭也被这个热爱中国文化的家族改造成中国式亭子，这是后来成为比利时的省份内最早出现的此类建筑。

在清代（1644—1912），中国仍然严格管控对外贸易往来。欧洲商人唯一授权的贸易点就是广州南部港口，且需接受公行——中国行商组织的管理。众所周知，18世纪从中国出口到欧洲的货物基本都是茶叶、瓷器和丝绸这类奢侈品。这些出口导致贸易失衡的加剧，因为中国没有进口同等价值的欧洲商品作为补偿。许多欧洲国家与中国存在严重的贸易逆差。尤其是英国通过其殖民地印度进口了大量中国商品，但中国市场对西方商品缺乏兴趣。英国解决这一"问题"的方法就是发展非法鸦片贸易，在印度种植鸦片，以满足中国巨大的"需求"。尽管葡萄牙和荷兰先前也已开始鸦片贸易，但到了18世纪末，英国东印度公司成为鸦片的主要供应者。因此，贸易逆差迅速逆转，大量白银流出中国，涌入英属印度。[22]

埃诺省（Hainaut）。1721年他的后代菲利普（Léopold-Philippe）开办了一家丝绸厂，专门生产中国丝织品以及带有异国风情的丝绣屏风，屏风由金银线编织而成，其间点缀着中国风格图案。[21]

随着时间的流逝，比利时的中国式建筑越造越多，可惜仅有少数经受住了时间的考验得以幸存至今。一个经典的例子是舍伦伯格城堡（Schoonenberg Castle）公园里的中国宝塔，这座城堡后来成为比利时的皇家宫殿。1780—1792年奥地利女公爵（the Archduchess of Austria）克里斯蒂娜（Maria-Christina）与奥地利荷兰总督、泰森公爵（Duke of Teschen）卡西米尔（Albert Casimir）委托建筑师蒙托耶（Louis Montoyer）设计了

从鸦片战争到通商口岸的租界

鸦片——从草药到战争诱发剂

几个世纪以来，鸦片一直被列为贡品，是一种备受推崇的具有恢复体力功能的草药，也用于壮阳和治疗腹泻。然而，若频繁或大剂量使用，鸦片就变成了一种极易上瘾的麻醉品。大批中国人吸食鸦片给清朝社会造成毁灭性的伤害。大量官员和士兵沉迷于吸食鸦片、购买鸦片导致银圆的外流，严重威胁中国的国家安全与经济发展。因此，在中国种植、交易和贩卖鸦片的人都会被判处死刑。在英国政府继续允许鸦片贸易的情况下，中国政府将进口鸦片列为非法活动并下旨禁烟，但收效甚微。面对英国走私鸦片造成的资本持续外流、贪污腐败和吸食成灾，1839年清政府委派钦差大臣林则徐（1785—1850）逮捕英国鸦片商人，销毁他们的货物。英国以此为借口对中国发动进攻，由此引发了第一次鸦片战争（1840—1842）。中国海军的实力无法匹敌在技术上更先进的英国舰队，于是，战败的中国被迫在1842年8月签署了《南京条约》。清政府被迫向英国赔款，开放广州、厦门、福州、宁波和上海五处为通商口岸。此外，清政府被迫割让香港岛给英国，1860年重新谈判达成协议，割让九龙，1898年又租借新界，租期长达99年。之后，英国国民、商人和传教士（有时也包括他们的中国雇员）获取治外法权，意味着发生华洋之间的诉讼时，他们只接受自己国家权力部门的裁决。其他西方大国效仿英国，趁着中国软弱，通过谈判达成类似协约。通过这些条约，西方国家得以对中国进行渗透。中国人将这些不平等条约视为屈辱，对西方和日本帝国主

过犹不及。

——孔子

▲ 中国18世纪晚期水彩画（出自中国外销瓷釉水彩画集）
注：茶叶和丝绸是中国主要的出口商品，画中描绘的正是中国奢侈品制作与贸易景象。此画现为阿伦伯格家族（Arenberg family）私人收藏。

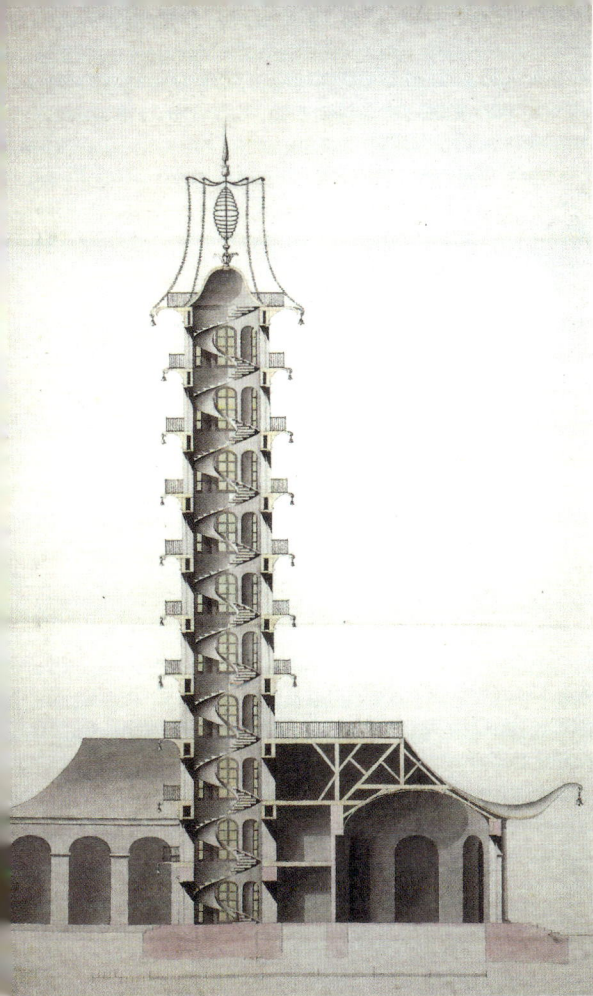

▲ 中国塔（1780—1792）的建筑图纸（建于舍伦伯格城堡，即现在的拉肯皇家花园）

▶ 安特卫普附近博肯伯格公园内的中国塔（1800—1802）

▶ 佛兰德斯画家恩索尔（James Ensor，1860—1949）于1906年绘制的中国式静物画
注：该画反映了20世纪初中国艺术品对比利时资产阶级的影响。现藏于比利时多尔（Deurle）的德霍特·达内斯博物馆（Museum Dhondt-Dhaenens）。

义侵略的愤怒与憎恨也在那一时期与日俱增，今人通常把那一时期称为"百年屈辱"（1839—1949）。[23]

西方列强与衰落的清朝之间发生第二次大规模冲突后，获取了更多特权。这场冲突史称第二次鸦片战争（1856—1860），[13] 由英国和法国于1856年10月挑起，起因是中国士兵扣留一艘悬挂英国国旗的中国旧船"亚罗"号，逮捕船上有海盗嫌疑的水手。英国借口清政府拒绝释放全体船员及为侮辱英国国旗道歉而制造了第二次军事冲突。英军很快攻占了4个中国炮台，并在10月25日提出进入广州城内的要求。清政府拒绝后，英军每隔十分钟发射一枚炮弹轰击广州城。1857年法国站在英国一边加入这场战争，以报复法国神父马赖（Auguste Chapdelaine）在广西被处决。英法联军由英国海军上将西摩尔（Michael Seymour）担任总指挥官，声名狼藉的第八任额尔金伯爵（Lord Elgin）布鲁斯（James Bruce）率领英军，法国公使葛罗（Jean-Baptiste Louis Gros）则率领法军，他们于1858年1月1日攻陷广州城。[14] 英法联军随后继续北上，经过一场激烈的战斗后占领了大沽口，进而觊觎天津城。1858年《天津条

◀ 圆明园

注：第二次鸦片战争期间毁于英法联军之手。该画出自1864年巴黎阿歇特出版公司出版的《环球游记》（*Le Tour du monde*），第104~105页。

约》的签订宣告第二次鸦片战争第一阶段结束，清政府被迫开放10个港口；允许英法等国在北京常设公使馆；降低鸦片关税；允许基督教传教士自由传教；向英法两国支付巨额赔款。

经过短暂的相对平静的一段时间，清军恢复了对大沽炮台的控制权，但英法两国的使节在前往北京签署《天津条约》的时候遭遇猛烈攻击，英法远征军予以激烈还击。他们从上海向北航行，重新夺回大沽炮台，攻占天津，直逼北京。咸丰皇帝被迫仓皇逃离北京城，逃至承德。[24]1860年10月6日英法联军兵临北京城下，随后洗劫了举世闻名的圆明园。圆明园内曾拥有耶稣会士郎世宁（Giuseppe Castiglione）和蒋友仁（Michel Benoist）设计的欧式建筑。10月8日英法联军得知包括巴夏礼（Harry Smith Parkes）领事在内的多名英国公民在通州与清政府谈判时被清军抓捕，额尔金伯爵一怒之下命令烧毁圆明园。英法联军还考虑过摧毁紫禁城，但

▲ 1860 年 10 月 24 日额尔金伯爵詹姆斯·布鲁斯与恭亲王签订《北京条约》（中国画）注：该画出自卫三畏（S. Wells William）的《中国总论》（*The Middle Kingdom*）第 2 卷，该书于 1883 年由伦敦 W. H. Allen 公司出版。

这种极端做法只会进一步激化局势，破坏已达成的条约，紫禁城最终得以幸免于难。

1861 年 11 月 25 日法国作家雨果（Victor Hugo，1802—1885）在写给巴特勒上尉（Captain Butler）的信中，直言不讳地表达了自己对"1860 年英法联军远征中国"的看法："有一天，两个强盗闯进了圆明园。一个强盗洗劫，另一个强盗放火……这就是文明对野蛮所干的事情……将受到历史制裁的这两个强盗，一个叫法兰西，另一个叫英吉利。"雨果十分喜爱圆明园，对烧毁圆明园的行为深恶痛绝，但是他从一位曾助长掠夺行径的英国军官手中购买了大量中国丝绸，用以装饰他在根西岛（Guernsey）的住所——"高城居"（Hauteville House）。[25]

1860 年 10 月 24 日额尔金伯爵与咸丰皇帝的弟弟恭亲王（奕䜣，1833—1898）最终签订了《北京条约》以结束战争，迫使中国承认并执行《天津条约》的条款。此外，增加天津开埠，香港的面积因并入九龙而扩大，鸦片贸易完全合法化。从那以后，英国船只也获准运送中国劳工到美国。最后，很重要的一点是，英国还进一步要求在中国享有绝对的宗教自由，便于传教士扩大传教活动范围。

在这场战争中，尽管清军在人数上远超西方军队，但中国的最后一个王朝最终还是败在了对手的科技优势之下。显而易见，清军已不能保护它的国家、皇帝及其家眷。这对几个世纪以来远东最强大的中国来说是一个巨大打击。但科技只是这次失败的原因之一，到了 19 世纪，由于各级政府的腐败、洪灾和庄稼歉收、社会贫困，以及清政府面对前所未有的政治、社会和经济危机的束手无策，清朝经济迅速衰落，发展进一步受阻。在一个世纪里，尤其是 1850 年之后，人民生活状况不断恶化，清政府因鸦片战争颜面尽失，西方影响力日益增长，中国各地爆发了各种起义，其中规模最大、时间最长的就是太平天国运动（1851—1864）。与此同时，通商口岸的贸易发展却空前繁荣。[26]

19 世纪后半叶"租界"或"外国人社区"的概念才出现。清政府将城区的几片土地租借给一个或几个西方列强，这些国家的侨民在租界内享有在其本国境内几乎等同的权利。[27]

义和团运动（1899—1901）和19、20世纪之交的西方帝国主义

19世纪60年代清政府镇压了一系列起义，国家的行政制度与农业产量也都恢复正常。虽然清政府仍然强调儒家思想对于中国的重要性，重建儒家学院就体现了这一点，但他们已经意识到中国需要从被西方殖民国家打败的惨痛经历中吸取教训。他们尤其重视寻求增强国家军事力量的方法，以面对未来可能发生的与西方科技强国之间的冲突。"自强运动"（或称洋务运动）促进了中国对西方军事技术的引进与仿制。上海的江南制造总局等兵工厂在制造军舰与武器方面发挥了重要作用。同时，在英国汉学家傅兰雅（John Fryer，1839—1928）等人的努力下，大量西方军事科技著作被翻译成中文。[28]

太平天国运动并不是困扰清政府的最后一次农民起义。中国社会经济惨遭列强破坏，无家可归、一贫如洗的农民阶级对此极为不满。义和团运动在19世纪末爆发，他们以山东为基地，强烈反对西方势力干涉中国事务，清王朝对此采取置之不理的态度。义和团的团民以古老的道家方法练习刀法与防御术，或赤手空拳或借用长刀长矛。他们将原始的宗教信仰、对现代科技的厌恶、"刀枪不入"的法术以及对外国人和基督教的痛恨结合起来。他们立志驱逐西方列强，保卫国家。"扶清灭洋"的目标使他们得到了山东巡抚毓贤的保护和秘密支持，从而使义和团成为一支广受欢迎的民兵组织。[29]

以慈禧太后（1835—1908）为首的保守派清朝统治阶级与义和团一样，对西方的革新充满敌意，不满

▲《国王和皇帝们的蛋糕》

注：漫画描绘了瓜分中国的欧洲列强与日本。刊登于1898年1月16日法国《小日报》增刊，画师为H. Meyert。

西方对中国施加的影响。1899年10月慈禧太后成功激起中国民众的仇外情绪，将义和团拉入自己的阵营，共同对抗西方国家。慈禧太后对义和团的保护引起西方外交官们的极大不安。义和团民兵组织的活动很快蔓延至直隶（河北）和山西省，随后又波及首都北京。他们破坏铁路，切断电话线，烧毁教堂。[31]

1900年1月义和团运动达到顶峰，[15]西方人、日本人和中国基督教徒均受到攻击，他们的私人财产也被洗劫一空。多名外国人被杀害，其中大部分为传教士。受害者包括来自荷兰奈梅亨（Nijmegen）的主教韩默理（Ferdinand Hamer），以及来自比利时林堡（Limburg）的马赖德神父（Jan Mallet）。到了6月份的时候，义和团已发展成为大规模的农民运动。自1895年12月起，清政府派袁世凯（1859—1916）督练新建陆军，袁世凯正式入驻天津小站，开始用西法编练中国首支新式陆军。这支7000多人的武装部队装备有西方武器，是中国唯一一支现代化的师级规模部队。慈禧太后命令其与义和团联手抗击西方国家和日本，然而袁世凯拒绝服从命令，反其道而行之，时任山东巡抚的袁世凯开始命令新军镇压山东的义和团起义，与西方人和平共处。[32]

义和团攻打天津的外国租界和北京的使馆区。自1900年6月20日至8月14日，义和团对使馆区的围攻持续了55天。总共有473名外国公民、409名来自8个不同国家的士兵和大约3000名中国基督教徒被困在使馆区内。前来解救他们的部队史称"八国联军"，由来自日本、俄国、英国、法国、美国、德国、奥匈帝国和意大利的5万多名官兵组成。这支国际联军先击败了天津的义和团和清军，不久便抵达北京的使馆区。清朝皇室成员仓皇逃往陕西省的古都西安。八国联军对义和团

施行的报复非常残酷，与所受伤害不成比例。

义和团被剿灭，清政府的力量也受到严重削弱。1901年9月7日慈禧太后被迫签订《辛丑条约》，条约规定处死与义和团有关联的10位中央大臣。中国还需赔偿4.5亿两白银，[116]并允许各国驻兵保护使馆，以及各国派兵驻扎在天津至北京铁路沿线要地。慈禧太后威信无存，支持她的力量也受到削弱，国内开始了几十年的动荡不安。袁世凯的"新军"成为当时唯一可依靠的军事力量。因此，他的势力急剧扩大，在1912年辛亥革命后，他当选为中华民国第一任大总统。[17]随后，1915年，他试图恢复帝制，以失败告终。

瓜分中国领土的国际冲突：日俄战争（1904—1905）

面对外国势力与日俱增的威胁，清政府增强国家军事实力的努力没能持续太久。在洋务运动的背景下，中国海军受到格外重视，取得了初步的成功。中国与法国在越南发生的冲突引发了中法战争（1884—1885），[18]中国军队和舰队在战争初始阶段的表现尚可。但是，当法军进攻东南部城市福州时，中国南洋舰队在强大的法国海军面前显然不是对手。即便如此，这场军事冲突最终还是陷入了不分胜负的僵局。

10年后，中国卷入一场新的战争，这场战争造成了更深远的影响。大清国与奉行扩张主义的日本帝国在朝鲜的摩擦日益加深，最终导致中日甲午战争的爆发（1894）。这次冲突暴露了中国现代化进程的脆弱性。面对装备更精良的日本舰队，中国四大舰队之首的北洋水师几乎全军覆没。战败的结果导致朝鲜成为名义上的独立国家，包括台湾与旅顺在内的多片中国领土被割让

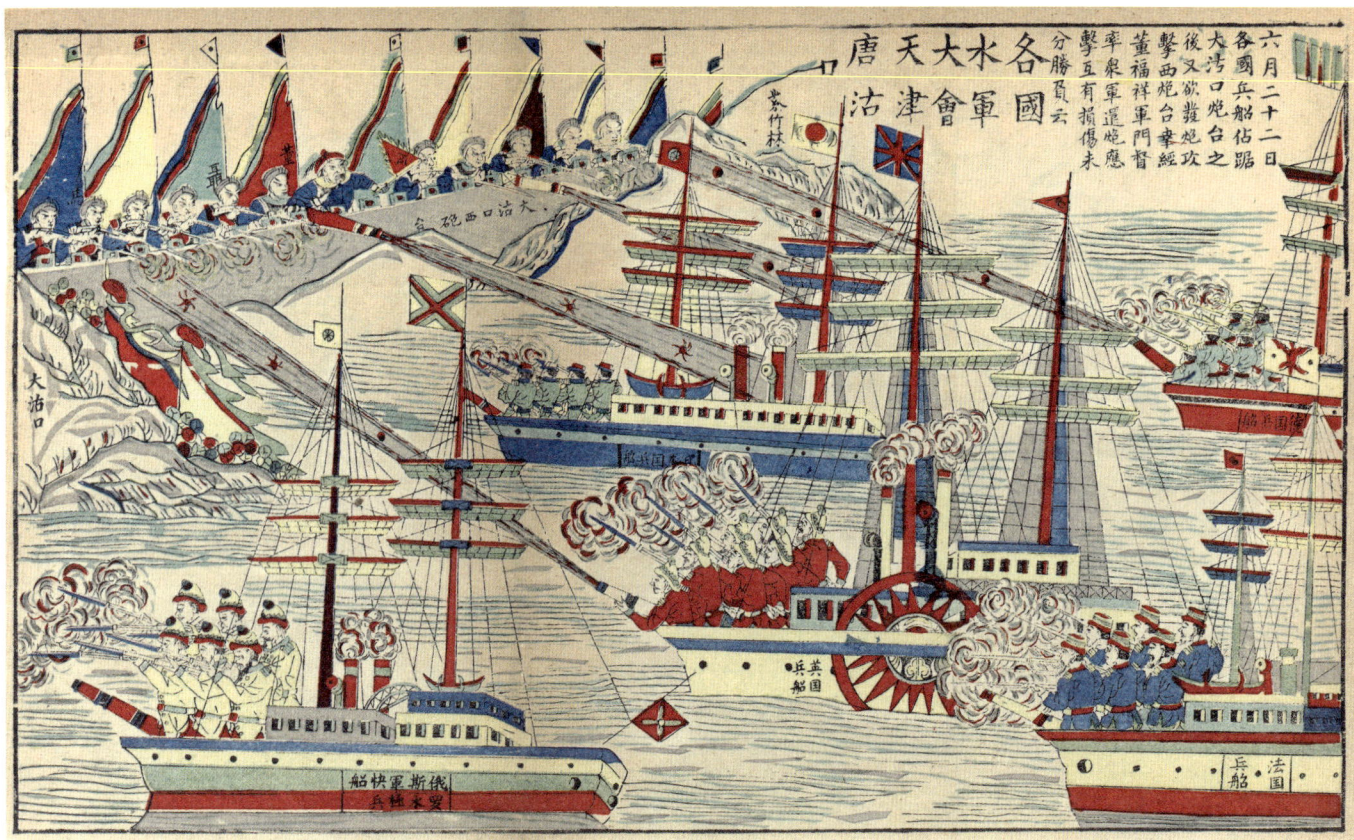

▲ 描绘八国联军与清军及义和团激烈交战的中国年画

给日本，[19] 清政府还需支付巨额赔款。这场战争的结果进一步破坏了中国作为一支不可忽视的国际力量的声誉，并从根本上重构了东亚地区的力量平衡。[33]

这场战争为日本从江户或德川时代长达250多年的自我孤立中崛起奠定了基础。[20] 自19世纪中叶以来，在对外侵略扩张野心的支撑下，日本的工业与军队坚定高效地实现了现代化。在短短的30年内，日本迅速完成了现代化的过程，蜕变为世界强国之一。在19、20世纪之交，日本持续扩张的行径不可避免地引发与区域内另一主导力量沙皇俄国的冲突。俄国在日本海附近的符拉迪沃斯托克（海参崴）海军基地每年因结冰要关闭三个月。为了寻找不冻港，俄国长期以来奉行向太平洋扩张的政策。清政府的无能使俄国向南扩张成为可能，他们有步骤地扩大了对中国东三省的影响。此时的俄国并不把日本放在眼中，对日本的反击毫无思想准备。照此战略，1891年俄国宣布修建跨西伯利亚铁路，[21] 表明其统治远东的意愿。这条铁路的末站原计划设在符拉迪沃斯托克（海参崴）。日本受到威胁，下定决心不为恐吓所动。[34]

28

▲ 标明了大沽和北京之间所有重要战略点位置的"鸟瞰图"

注：那次八国联军沿铁路线从天津行至廊坊的军事救援虽然失败，不过英国皇家海军军舰"阿罗拉"（HMS Aurora）号搭载的一支身穿蓝色军服的部队前进至安定。1900 年 6 月 16 日援军被迫退回杨村，再从那里一路退回到天津，伤员则乘船沿白河返回。远处的长城就像一座城墙。图片来源于美国国家档案馆。

▲ 北京城陷落（日本画）

注：画上英文为："北京城陷落。敌军战败，被联军赶出城。"
画册印刷于明治 33 年（1900）9 月 10 日。画家为葛西虎次郎（Kasai Torajirō）。图片来源于美国国会图书馆。

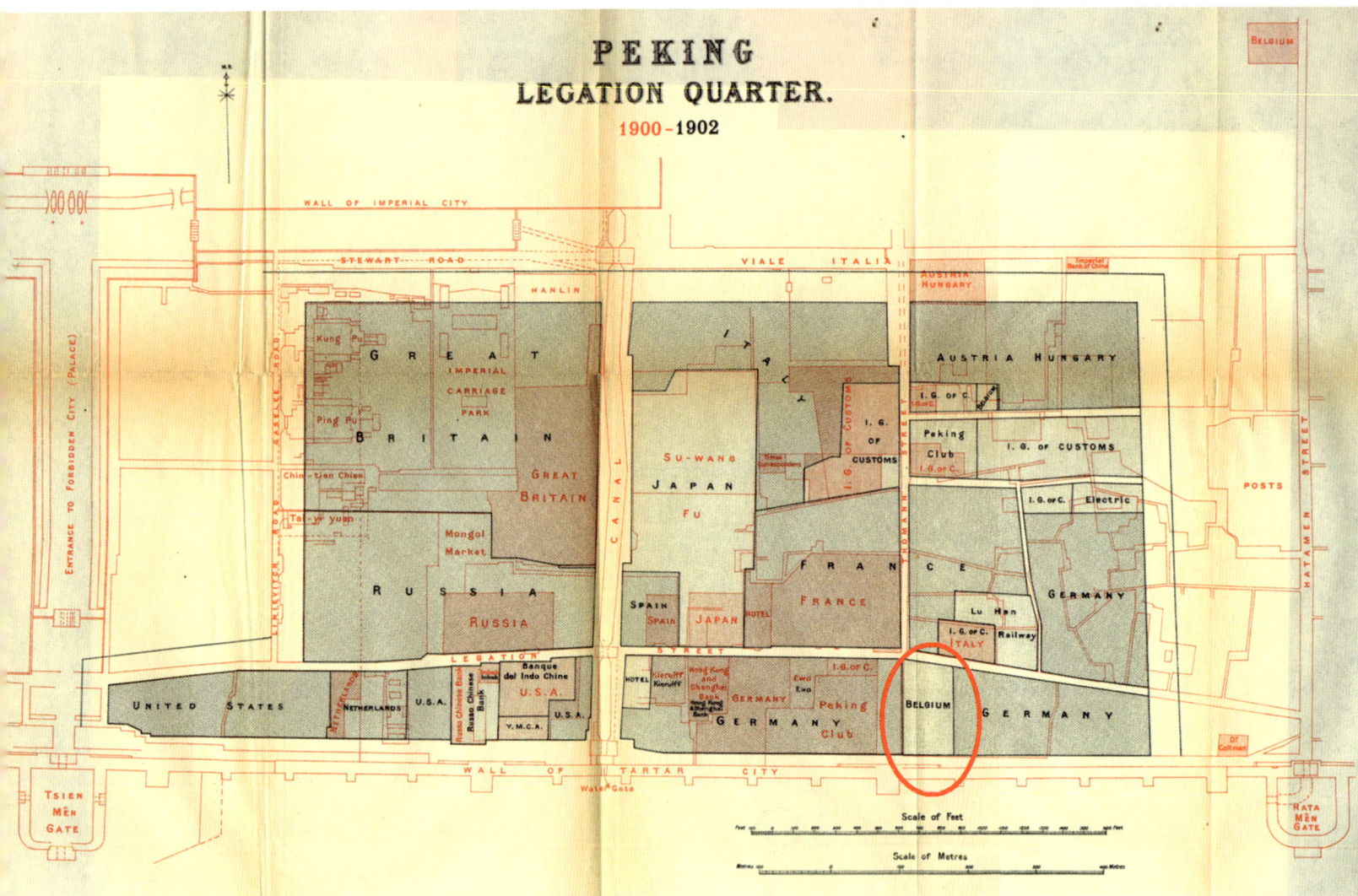

◀ 义和团运动后的北京使馆区
（图中圈出的位置为比利时使馆）

　　1896 年俄国决定将跨西伯利亚铁路的一部分建在中国东三省，以便缩短前往符拉迪沃斯托克（海参崴）的铁路线。同时，俄国趁机以保护铁路为由，对东三省实施军事干预。在接下来的 7 年里，俄国完成了必要线路的修建，并在哈尔滨设立新的总部。东三省仍然是中国正式的省份，但其经济与军事掌控在俄国手中。旅顺港对俄国尤为重要，因为那里是不冻港。1900 年义和团运动期间，俄国在东三省部署了 10 万军队，俄日两国都加强了在该地区的谍报活动。1902 年日本与英国签署了互不干涉条约，作为反制手段在外交上孤立俄国。[22] 至此，俄国对日本日益扩大的实力与影响愈发不满，并且希望独享旅顺港口的控制权。考虑到这一点，

▲ 1905 年北京比利时使馆
注：照片由斯普鲁伊特医生拍摄。

▲ 1900 年八国联军士兵
注：从左至右依次为英国、美国、澳大利亚、印度、德国、法国、奥匈帝国、意大利和日本的士兵。照片为英国宣传照，英国将士兵按身高依次排序，以显示他们所谓的种族或民族优越性。

俄国设法动员其他西方列强反对日本的扩张之举。

这些紧张局势最终导致了一场重大冲突——日俄战争（1904—1905）。除了波及俄国的库页岛（Sakhalin）之外，战场均不在双方领土内。中国在这场战争中扮演的是被操纵的受害者角色，这就促使日本愈加坚持自己的主张，表现出亚洲最强者的姿态。

1897 年 12 月俄国舰队首次出现在旅顺港，这是引发战争的一连串事件的起点。经过三个月的谈判，中国与俄国签订条约，将旅顺、大连及其附近地区全部租借给俄国。俄国人立即开始加固旅顺的防御工事，一年后修建了哈尔滨经沈阳通往旅顺的铁路。也正是在这一时期，义和团运动爆发。[35]

1902 年北京恢复了秩序。然而，俄国仍然占领着东北大部分地区。虽然中国政府在英国、日本和美国的支持下对俄国施加了种种压力，俄国仍然拒绝从中国领土上撤离。日本东京当局认为俄国长期占领东北对其自身安全与利益构成威胁，决意采取更"直接"的方式解决这个问题。1904 年 1 月在朝鲜港口济物浦（今韩国仁川）附近爆发了第一次冲突，这场小规模海战未分胜负。[23] 随后日军在奉天（今沈阳）的地面战斗中大败俄军。但最关键的战争是对马海战，从波罗的海远道而来的俄国舰队士气低落，被日军歼灭，只有三艘俄国军舰设法逃回符拉迪沃斯托克（海参崴）。经过这场压倒性的胜利，日本迅速占领库页岛，强迫俄国进行和平谈判。俄国为了避免进一步损失，别无选择，只能同意。1905 年 9 月 5 日《朴次茅斯公约》签订。条约满足了日本的所有关键要求，包括承认日本对朝鲜的绝对控制权，俄军撤出东北，割让库页岛给日本，同意日本在

▲ 描绘日军在旅顺口击沉俄国军舰的日本明信片（邮戳日期为 1904 年 12 月 14 日）

▲ 俄国军队行军至前线

▲ 日军在旅顺观看沉没的俄国军舰

俄国沿岸经营渔业，以及俄国支付赔款。此外，包括大连、旅顺在内的辽东半岛租借权，中国南满铁路，以及库页岛以南地区均转让给日本。俄国在其放弃地区的权利也需移交给日本。之后在1907—1910年签订的日俄条约进一步规定了各自的势力与权力范围：日本承认俄国在外蒙古及东北北部的特殊利益；俄国承认日本在朝鲜和东北南部的特殊利益。在日本，取得这些收获的荣誉归于陆军，这也反映出日本陆军参谋本部拥有的政治权力。然而，日俄战争的胜利实际应归功于日本舰队。

这场战争之后，东亚发生了天翻地覆的变化。日本沿着军国主义路线对外继续实行侵略扩张，最终变成了和欧洲大国一样掠夺成性的亚洲殖民大国。[36]

圣母圣心会在内蒙古的传教活动

南怀义与内蒙古司各特传教士（圣母圣心会）[24]

上文曾提及，1858 年签订的《天津条约》不仅扩大了欧洲国家的贸易特权，还在中国确立了传教自由。两年后，1860 年签订的《北京条约》允许西方传教士在中国租买土地及房屋用于兴建教堂。[37] 法国拥有在华保教权，1724 年没收的教会财产归还给法国（指 1724 年雍正正式下诏驱逐全国的西方传教士，没收各地教堂、修道院）。从 19 世纪下半叶起，中国一些传教区被委托给比利时传教团，此状态一直持续至 20 世纪 30 年代。例如，1864 年司各特传教会创始人南怀义神父（Theophile Verbist，1823—1868）受命负责蒙古宗座代牧区，这里几乎囊括了整个中国北部。1823 年 6 月 12 日南怀义出生于安特卫普，1847 年成为梅赫伦（Mechelen）神学院的司铎。[25]1853 年他被同时任命为布鲁塞尔军事学院的随军牧师，及那慕尔圣母修女会（Sisters of Notre-Dame of Namur）的灵修神父。那慕尔圣母会自 1840 年就开始在各个教区工作。1860 年之后，南怀义被派到圣婴会（Association of the Holy Childhood）比利时分会工作，他的传教热情由此受到鼓舞，他意识到中国严重缺乏孤儿院。在新闻中了解到《北京条约》的内容后，他决定与一群志同道合的比利时神父前往中国，兴建孤儿院。其中一位是南怀仁的朋友兼同事司维业（Aloïs Van Segvelt）。起初，比利时枢机主教斯特克斯（Engelbert Sterckx）否定了这项计划，称其不可行。南怀义随后向巴黎圣婴会国际理事会

▲ 比利时《爱国者画报》上刊载的有关日俄战争局势的漫画

总干事吉拉丹（Eleuthère de Girardin）以及罗马教廷驻布鲁塞尔大使戈内利亚（Matteo Gonella）主教申请，都无济于事。最后，万不得已之下，他亲自拜访了所有比利时主教，请求主教们代表他给罗马枢机主教巴纳博（Alessandro Barnabó）写封说情信。经过漫长的讨论和没完没了的书信沟通，不仅最初兴建孤儿院的计划获得批准，同时他还受命成立一个由比利时神父组成的宗教团体，致力于中国传教任务。完成这项使命的成员必须要宣誓坚定、服从和甘于贫穷。[38]

1865 年，南怀义神父与他的同事良明化神父（Jean-Baptist Steenackers）、司维业神父以及充满神秘色彩的随从斯普林格尔德（见下文）出发前往中国。自1875 年起，遣使会（the Congregation of the Mission of St. Vincent，又称Lazarites，Lazarists 或 Lazarians）取代耶稣会管理北京传教区，因此，抵达后，他们先到遣使会进行登记。随后，他们时而徒步，时而骑马，一路行至内蒙古，开始执行他们的艰巨任务。1868 年南怀义神父不幸在老虎沟（属河北省）死于斑疹伤寒。但是，在他去世后，数百名年轻的司各特会士追随他的足迹来到中国，传教团的事业在他们的努力下蒸蒸日上。他们的活动见之于大量的报道与记录，更多细节请读者参阅参考书目。[39]

1865—1950 年，总共有679 名司各特会士在中国生活与工作。传教的工作条件很艰难，他们往往最先受到中国频繁发生的社会和政治动乱的冲击。当慈禧太后成功地将中国人民对清王朝的仇恨引到帝国主义列强身上时，被视为西方帝国主义代理人的传教士旋即身处险境。义和团运动中，几名司各特会士与一些中国皈依者被杀害。其中包括来自圣尼古拉（Sint-Niklaas）的司化

兴神父（Joseph Segers）、来自贝尔拉雷（Berlare）的何济世神父（Amand Heirman）、来自海赫特尔（Hechtel）的马赖德神父（Jan Mallet）、来自奥普韦克（Opwijk）的罗友义神父（Désiré Abbeloos）、来自瓦勒海姆（Waregem）的梅伯华神父（Remi Van Merhaeghe）、来自通厄洛（Tongerlo）的包葛寿神父（Henri Bongaerts），及一些荷兰司铎，其中就有来自奈梅根的韩默理主教，他是随南怀义来华的首批会士。

随后几年，只要有动乱与战争，司各特会士就会成为被攻击的对象。20 世纪20 年代，他们深受土匪强盗之害，后来的日本侵华战争中，他们的遭遇同样悲惨。[40]

从传教士到科学家

比利时司各特会士在蒙古鄂尔多斯地区工作期间，让中国人皈依基督教并不是他们唯一追求的事业。他们也活跃于语言学、农业发展、医疗卫生、人类学和地质学等领域，他们不仅是学者，还是亲自动手的实践者，他们投入大量时间与精力改善当地贫困人口的生活条件。例如，在1878 年的一场饥荒中，费尔林敦神父（Remi Verlinden）赶着100 头牛穿越300 千米沙漠，前去救助当地汉族和蒙古族牧民。从1905 年起，司各特会士邓德超神父（Jan Terstappen）与马江云神父（Urbain Maes）开始实施一项在黄河与大青山之间的大面积灌溉工程，他们总共修建了379 千米的水渠，为2 万公顷的土地提供水源，当地人称他们为"运河挖掘者"。1926年天主教将这些水渠移交给省灌溉局。为了促进当地农业发展，司各特神父们总共修建了743 千米长的灌溉系统。内蒙古高原常年干旱，树木稀少，修建灌溉系统并非易事。于是，传教士们制定了造林计划，在长城以外

的大片地区种植树苗，主要是柳树、榆树与杨树。[41]

长期以来，绥远省会（呼和浩特）天主教医院和大同新教医院是方圆600千米范围内仅有的医疗机构。1921年吕登岸神父（Joseph Rutten）应万德曼神父（Leo Vendelmans）的要求建造了绥远医院。医院内设有120张床位，医务人员由19名圣母圣心会神父、13名圣母圣心会修女和2名来自上海震旦大学的中国医生组成。

许多司各特传教士成为语言学、地理学、人类学和医学等领域的专家。作为真正的学者，他们在施密特（Wilhelm Schmidt，1868—1954）[42]创办的《人类》期刊上发表了大量论文，其中有几位司各特学者以其持久的科学与文学成就至今广为人知。例如，出生于维尔赖克（Wilrijk）的戴格物传教士（Constant De Deken）是位旅行家，精通汉语、俄语与蒙古语。戴格物于1881年启程前往蒙古和新疆，陪同法国探险家、奥尔良的亨利亲王（Prince Henri of Orléans）与邦瓦洛特（Gabriel Bonvalot）进行了一次穿越中国中部的旅行。1894年戴格物回到比利时后，发表了名为《亚洲之行》的旅行报告。还有些司各特会士潜心研究汉语和其他东亚语言，成为重要的语言学家。闵宣化（Joseph Mullie）的学术兴趣集中于现代汉语，出版了《汉语的结构规则》（The Structural Principles of the Chinese Language），分三卷介绍当时热河地区北部的北京官话。闵宣化的一位同事陶福音主教（Hubert Otto）更关注中国古典文学，1897年陶福音出版了对中国儒教经典著作《四书》的评论。随后，他于1907年出版《诗经》译文集。另一位重要人物是梅岭蕊（Louis Kervyn），他在当时的热河地区发现了辽代道宗（1032—1101）的坟墓和已知最早的契丹语系列碑文。这是一种13世纪之前在东北亚地区使用和书写的语言，现已灭绝。梅岭蕊的同僚田清波（Antoine Mostaert）研究汉语和蒙古语，后成为蒙古语研究领域的世界权威学者，出版了三卷《鄂尔多斯蒙古语辞典》（Dictionnaire Ordos）。乔德铭（Raphael Verbrugge）曾于根特大学攻读医学，他在妻子早逝后加入司各特教会（圣母圣心会），1904年离开比利时到中国传教。他发表了许多关于中国北方地理的论文，出版的书籍《在察哈尔地区》（Au Pays des Tchakars）是对蒙古地形描述最为详尽的著作之一。地理学领域的另一位专家是白玉贞（Florent De Preter），他在1905年出版了第一份当时的热河地图。这可与前文提到的吕登岸神父的成就相媲美。为了更精确地测量距离，白玉贞曾骑着骆驼穿越全区，然后于1910年绘制了一幅内蒙古地图。[43]此外，他还组织研究关于斑疹伤寒的治疗方案，开发了汉语罗马拼音化的个人系统。

保罗·斯普林格尔德——司各特传教士的俗家随从与清末高官

在中国北方司各特传教团成员中，有一位毅力非凡、体魄超群的人，他就是保罗·斯普林格尔德（Paul Splingaerd，1842—1906，中文名：林辅臣）。保罗的一生好比一本历险记。然而，在很长一段时间里，他的故事都无历史记载可查。直到最近几十年，一些学术或非学术研究，特别是他的一位后人所写的传记，才重新挖掘出他的往昔经历，引起普通读者与专业学者的注意。保罗是一个典型的例子，他的事迹反映了在19、20世纪之交的清朝，一个普通人如何出人意料地在中国成就一番事业。他去世时，内恩斯正在中国，尽管二人从未谋面，但显然当时中国的比利时社区里都在谈论保罗

和羹柏神父（Alphonse De Moerloose）：
将新哥特式风格引入中国的建筑师

在传教过程中，来自根特布吕赫（Gentbrugge）的和羹柏神父（Alphonse De Moerloose，1858—1932）扮演了特殊角色。他在根特圣吕克艺术学院（Ecole Supérieure des Arts Saint Luc）学习建筑时，深受来自科特赖克的贝休恩（Jean-Baptiste Bethune，1821—1894）的影响，贝休恩是比利时新哥特式建筑的倡导者。1881年和羹柏加入司各特教会，成为传教士，并于1885年抵达中国。在义和团运动之后，天主教堂所剩无几，于是，和羹柏开始着手进行教堂的重建工作，并采用了独特的新哥特式建筑风格。从1903年到1906年，他建造了两座著名教堂，分别为河北省宣化天主教堂和内蒙古舍必崖天主教堂。正如高曼士（Thomas Coomans）和罗薇尖锐的批判："圣吕克学院的学生就像中世纪的骑士，都被训练成基督的战士，拿起铅笔、凿子与刷子为赢取基督王国的胜利而发起神圣的战争。"

从和羹柏的建筑作品中可以看出，他始终对中国的西方宗教建筑坚持保守主义观念。不像雷鸣远（Vincent Lebbe），他坚信西方和基督教文化具有优越性，因此他坚决反对本土化，也就是反对将基督教信仰融入当地非西方社会和文化之中。和羹柏在华期间，中式基督教建筑就已经开始兴起。然而对他来说，"圣吕克式"是唯一适用于世界各地基督教社会的建筑风格。由此我们可以理解，和羹柏在中国兴建的教堂正是僵化的扩张主义与传教热情的体现。高曼士和罗薇总结道："和羹柏始终忠于他的佛兰德斯身份、他的天主教世界观，以及他在圣卢克学院学习到的艺术定式。"[44]

▲ 宣化新哥特式教堂南立面，于1903—1906年由和羹柏神父修建

的故事。据内恩斯记载，随着保罗逐渐为人所知，每个人都被这位"比利时洋大人"迷住了。[45]

保罗是1842年出生于布鲁塞尔的弃婴，由德普雷家族（Vandeput family）在奥滕堡（Ottenburg）抚养长大。在去比利时军队服兵役之前，保罗是一名默默无闻的农场工人。但后来他遇见了南怀义神父，后者邀请他一起前往中国。显然南怀义发现这个年轻人身上具备一些特质，应当有助于司各特会士们在中国和蒙古的传教事业。保罗或许曾期望有朝一日也能成为传教士。1865年保罗以普通教友帮工的身份加入了司各特教团，踏上前往中国的旅程。抵达后，他得到一个中文名"林辅臣"（意为传教士的助手）。1868年南怀义去世后，保罗意识到他的人生目标绝不能只限于成为一名神父。于是，他开始经商。不久后，他在北京的普鲁士公使馆找了份差事。也正是在那里，他被举荐担任著名地理与地质学家李希霍芬（Ferdinand von Richthofen，1833—1905）的向导与翻译，陪同李希霍芬前往中国的至少18个省份进行考察。保罗的母语为弗拉芒语，起初他的法语与德语水平相当一般，但很快他就能用多种语言进行对话，包括汉语、维吾尔语、蒙古语、俄语与英语，以及一些地方方言。随后，他还护送德国旅行家（他的贸易伙伴）格雷塞尔（Grösel）前往河北的张家口。1872—1881年，他们曾合伙经营羊毛与皮货生意。

与此同时，保罗仍旧与司各特传教士们保持着密切联系。其中一位佛兰德斯神父费尔林敦建议他成家。据说保罗对此的回答是："在中国，由父亲为儿子挑选妻子。既然您有点儿像我父亲一样，就由您来操持此事吧……"无论是否经过费尔林敦神父的介绍，可以确定的是，保罗于1878年娶了一位年轻的中国满族姑娘，

▲ 林辅臣身着清朝官服画像

名叫凯瑟琳·李（Catherine Li，1846—1918），她是二十三号教堂（位于今河北北部）圣婴会天主教孤儿院的一位见习修女，他们总共养育了13个孩子。[26]在19世纪80年代经济衰退[27]之前，保罗卖掉了他在张家口的生意，回到北京。1881年李鸿章总督（1823—1901）任命他为海关税务司，[28]他在这个职位上干了14年。这个职位需要保罗前往遥远的西部城市肃州（甘肃酒泉）。肃州位于中俄边境附近，[29]那里还未引进现代文明与技术，因此，保罗不得不充分发挥他的各种才能。他甚至还要行医，负责肃州的天花诊所。司福音神父（Jean-Baptiste Steenackers）升任圣母圣心会在中国上海的教会官员后，保罗的孩子们在他的安排下进入上海遣使会和拯亡会开办的教会学校（Lazarist and the Auxiliatrices schools）就读。后来四个女儿都当了修女，一个儿子在北京比利时公使馆工作。另一个儿子为开平矿务局工作，小儿子在布鲁塞尔的圣博尼费斯学院（Saint Boniface college）学习。

1896年保罗担任开平矿务局的董事，但不久后，利奥波德二世指派他陪同菲耶夫上校（Gustave Fivé，利奥波德在刚果殖民地最重要的代理人之一）前往甘肃省。此行的目的无非是想"在中国建立一个新的加丹加"。[30]但是，这个计划以彻底失败告终。[46]

1900年义和团运动之后，保罗升任清军旅长，被派往西北省份镇压地方叛乱。在此期间，他多次与英国公司接触，以鉴定矿区的开采价值。保罗还担任比利时代表团的调停人，为比利时争取中国第一条铁路主干线——京汉铁路的建设权进行谈判。基于这方面的贡献，1897年利奥波德国王授予他"皇冠骑士勋章"（the Belgian title of Knight in the Crown Order）。1906年保罗被

派往布鲁塞尔，代表彭英甲总督[31]聘请工程师和专家，以在甘肃省会兰州开办比利时矿业公司、商业机构和其他工业企业。[47]

时隔41年再回到比利时，保罗要做的第一件事就是前往卢尔德（Lourdes）朝圣。然而当他回到布鲁塞尔的时候，事情的进展并不顺利。利奥波德二世拒绝接见保罗的原因是菲耶夫的报告内容对保罗不利。据传，保罗与菲耶夫之间的关系紧张是因为保罗并不认同比利时国王的殖民主义论调及其对中国的野心。大量历史文献显示保罗在中国期间始终非常亲华，他更愿意扮演积极调停与外交斡旋的角色，专注于开拓比利时工业在中国发展业务的机会，而非谋取殖民地。1906年5月保罗回到上海，与妻子及六个女儿再次团聚。他随即又接到一份与铁路工程有关的新任务，但在前往兰州的途中，于1906年9月26日在西安逝世，享年69岁。保罗的死讯传到了内恩斯耳中，内恩斯在日记中还提到了此事。[48]

1907年4月15日保罗葬于北京栅栏天主教墓地，他总共在中国生活了43年。1918年他的妻子凯瑟琳葬在他的身旁。保罗的四个女儿加入了法国圣母院拯亡会（Les Dames Auxiliatrices des Âmes du Purgatoire），还在上海郊区徐家汇圣母院孤儿院担任教师。长女玛丽（Marie，1874—1933）为自己取的教名为圣杰罗姆（Saint Jérôme）修女，最终在上海去世。双胞胎中的姐姐克莱拉（Clara，1875—1951）教名为圣罗莎（Sainte Rosa）修女，在加利福尼亚州旧金山去世；双胞胎中的妹妹是罗莎（Rosa，1875—1968），取教名圣克莱尔（Sainte Clara）修女。四女儿安娜（Anna，1881—1971）的教名为圣多西丝（Sainte Dosithée）修女。1951年，罗莎与安娜离开中国，二人都在法国埃松省塞

纳河畔埃皮奈（Épinay-sur-Seine，Essonne）离世。[49]

保罗的四个女儿都嫁给了比利时的工程师或是高级管理人员。其中三位在比利时逝世，一位在意大利去世。宝丽娜（Pauline）嫁给了纺织工程师穆勒（Jean Jacques Muller），露西（Lucie）嫁给了会计佩特诺斯特（Albert Paternoster），特雷泽（Thérèse）嫁给了纺织工程师瓦伦坎普夫（R.Varenkampf）。保罗的三个儿子分别娶了张家的三个姑娘。大儿子林阿德（Alphonse Bernard Splingaerd，1877—1943）起初是北京比利时公使馆的翻译，后来前往甘肃担任彭英甲总督的顾问。林阿德曾在安特卫普附近霍博肯市建造了一艘平底明轮船，随后利用美国设备在黄河上建立了一条航线。1943年日本侵略中国期间，他离开人世。林阿德有两个儿子和三个女儿。保罗的二儿子雷米（Francois Xavier Splingaerd，1879—1931）当过代理商，后又担任开平矿务局的高级管理人员。雷米有八个女儿和一个儿子。1931年他正值中年便离世。保罗的小儿子中文名为林

子香（Jean-Baptiste Splingaerd，1888—1948），曾在布鲁塞尔附近伊克塞勒的圣博尼费斯学院求学，后为中国铁路公司工作，随后又在天津比商电车电灯公司担任要职。[50]

关于斯普林格尔德生平的研究始于20世纪80年代初，但直到21世纪初，他的成就才逐渐获得世人承认并加以纪念。2006年奥滕堡镇专门为他建造了一座雕像，两年后，酒泉也这样做了。保罗的后裔现在遍布世界各地。保罗最早提出了在黄河上建造铁桥的设想，去世后由他的儿子林阿德进一步推动，最终由天津的德商泰来洋行建设而成。2009年适逢庆祝"黄河第一铁桥"落成100周年，兰州市政府授予保罗的八位后人"荣誉市民"称号。[51]

湖北省比利时方济各会

19世纪后半叶，比利时司各特传教团并非活跃在中国的唯一教会组织。1209年亚西西的方济各（Francis

of Assisi，1185—1226）带着他的11名随从前往罗马，教皇英诺森三世（Pope Innocent III）口头批准了他们新的布道方式，此后，方济各会（又称小兄弟会）也加入了在中国传教的行列。法国大革命期间比利时小兄弟会被解散，但于1842年重新建立小兄弟会比利时教省，不久便被称为比利时圣约瑟（Saint Joseph）教省。与司各特传教团不同，小兄弟会不全是传教士。即使如此，在1872—1940年，它们总共向中国中部地区派遣了102名神父与辅理修士。

1872年第一批比利时小兄弟会神父在华传教。其代牧区位于湖北省西南部。荆州与宜昌是教区内最大的两个城市，均在横贯中国的长江沿岸。教区东部是土地肥沃、人口密集的扬子盆地的分支。宜昌西部地区层峦叠嶂、交通不便、人烟稀少。1872年比利时小兄弟会派出了第一批修士前往这片荒芜之地，其中包括28岁来自蒂尔特（Tielt）的祁栋梁（Frans 'Benjamin' Christiaens）和来自瓦隆的勒里当（Emiel 'Renatus' Leuridan）。

1883年12月至1884年1月，方济各会总会长与比利时荷兰教省协商二者传教区域的分配问题。起初，他建议比利时人不应把活动重心放在湖北西南地区，而应集中在湖南南部地区。比利时教省同意采纳该意见，但反对祁栋梁或盖斯特尔（Pieter 'Gabriel' Van Gestel）担任湖南南部教区助理主教。湖北西南地区划分给了荷兰教省，但他们拒绝了总会长的提议，倾向于地理位置更优越的湖北东部地区，包括省会城市汉口。经过商议，1891年8月24日万民福音部或所谓的传信部颁布一道法令，规定曾委托给意大利方济各会的鄂西南宗座代牧区，由那时起移交给比利时圣约瑟教省方济各会。

承认湖北西南地区为比利时独家负责的代牧区对中国比利时方济各会具有重大意义。后来，在1922年传信部决定以其总部所在地宜昌的名字命名该代牧区。1888年11月28日方济各会总会长决定任命祁栋梁为助理主教，当湖北西南部教区正权主教出缺时享有继承权。1889年5月12日他在汉口被主教江成德（Monsignor Epiphanio Carlassare）任命为主教。这位比利时人被任命为湖北西南地区的主教，引起了其母国圣约瑟教省方济各会的关注，促使更多的修道士将中国视为传教工作的目的地。比利时小兄弟会成员在中国的数量也急剧增加，1870年仅有5人，1900年增至10人，1935年则增至53人。同中国其他地方的基督教徒一样，方济各会教士也经历过混乱时期。政治与社会动荡，加上中国人对西方人越来越持怀疑态度，让方济各会蒙受不少损失。例如，1890—1891年愤怒的中国民众将传教士及其教堂视为攻击对象。之后，义和团运动接近尾声时，来自比利时蒂尔特的传教士罗伯希特（Georges 'Florentius' Robberechts）遇害。

20世纪20年代，局势趋于稳定，为传教任务招募传教士的工作也更加顺利，传教团内的基础教育与培训水平都有所提升。其部分原因是传教团在罗马专门开设了为期一年的宣道学课程，语言学习的强化也提升了教区内传教士的汉语水平，从而为传教士与当地居民建立更好的联系创造了条件。[52]

饱受争议的雷鸣远（Vincent Lebbe，1877—1940）

不平等条约签订后，众多基督教传教团不仅获准进入大城市，还能到中国内陆地区传教。各传教团的命运不尽相同，这取决于它们所处的时间与环境。例如，在18世纪，出于各种政治、宗教与经济原因，教皇克莱

门十四世（Pope Clement XIV）于 1773 年下令解散耶稣
会，导致欧洲和世界上许多国家都禁止耶稣会士进入。
拿破仑战争结束后，欧洲宗教氛围逐渐好转，耶稣会士
在许多地方重新赢得地位。1814 年教皇庇护七世（Pope
Pius VII）为他们恢复了官方地位。解散耶稣会为遣使
会在海外传教中扮演更重要的角色创造了条件，尤其是
在中国。

　　1625 年法国神父味增爵（Vincent de Paul）创立了
遣使会。18 世纪遣使会传教士广泛活动于北京和重庆地
区，直到 18 世纪 60 年代，由于所谓的中国礼仪之争，
他们被逐出中国。20 年后，遣使会教徒重新回到中国
开展活动。在教皇解散耶稣会之后，遣使会同意接管耶
稣会在北京和湖北地区的教务。耶稣会恢复地位后也因
此引发争端，最后通过增加新教区得以解决。此后，
耶稣会、遣使会和其他传教团教士并肩致力于传教工
作。这一时期的重要人物之一是法国遣使会主教孟振声
（Joseph-Martial Mouly），他在华北地区天主教会的发
展中起到了关键作用。孟振声主教在重开南堂（或称宣
武门教堂）方面也发挥了重要影响。该教堂于 1605 年
由利玛窦在北京修建，但在第二次鸦片战争前不久，被
清政府没收。这座教堂后来成为主教座堂，是北京最古
老的天主教堂。现在巴洛克风格式的教堂，是在义和团
捣毁原建筑后于 1904 年重新修建的，内恩斯在日记中
提到过此事。[53] 北堂（也被称为"救世主堂"）是历史
上另一座重要教堂，罗马天主教直隶北境代牧区宗座代
牧樊国梁（Alphonse Favier）监督建造了教堂外立面，
他在义和团运动期间曾奋力保护该教堂。这两座教堂与
东堂、西堂修建于 17 世纪，均为皇帝赐地所建。如今，
它们成了中国基督教历史上的重要建筑。[54]

▲ 北京东交民巷天主堂

注：照片来自内恩斯的相簿。

▲ 北堂或救世主教堂

注：在被义和团摧毁之前曾是主教座堂。大教堂前的广场上矗立着两座白色大理石纪念碑，上面分别用中文与藏文[32]刻着保护中国天主教徒的谕旨。

▲ 如今修复后的北堂

▲ 雷鸣远在天津

▼ 雷鸣远神父的中文名

雷鸣远是一位值得特别注意的遣使会教士，1887年8月19日生于根特。他从伊普尔学院（Ypres College）毕业后，于17岁进入巴黎遣使会神学院学习。1900年雷鸣远被派往罗马，12月份他在那里遇到樊国梁主教。虽然还没有正式从神学院毕业，但他成功说服上级批准他在1901年2月前往中国，同年10月28日被授予圣职。随后，他在北京神学院教书，直到1906年被任命为天津总铎。[33] 在那里他与中国政府建立了卓有成效的关系，他努力学习满族习俗，阅读中国经典著作。[56]

在中国天主教会的大环境下，雷鸣远被视为特立独行的人，因为他坚持不懈地想方设法接近中国人民。他积极倡导中国天主教的神职人员由本国人担任，并且坚信中国独立是保证天主教信仰传播的最佳途径。雷鸣远还创办了中文报纸《益世报》，由中国教友负责管理，发行量达到2万份。从1907年起，他在社会领域广泛开展天主教活动。雷鸣远认为中国教会必须更加本土化，教廷也需要任命中国籍主教。雷鸣远是他为自己起的中文名字，意思是"雷声远播"。[34]

1916年雷鸣远卷入"老西开"事件。这是天津法租界与当地政府之间的一场冲突，起因是法国人想要占领一块华界土地修建教堂。[35] 在这场冲突里，雷鸣远为当地民众发声，反对法租界扩张。他也因此得罪了遣使会上层，于1916年6月24日被调离天津。第二年，他被派往中国南方，后担任绍兴教区负责人，法国自19世纪便已在那里站稳了脚跟。为了坚守他的信仰，雷鸣远想以一种极端形式实现文化适应的现代思想。这使他在中国备受争议，最后被传信部遣返回欧洲。[57]

1919年，教皇本笃十五世（Pope Benedict XV）发表《夫至大通谕》（Maximum illud），对欧洲驻外使团的国家主义倾向予以严厉批评。1921年12月雷鸣远在罗马获得教皇接见，极力要求成立一个由中国人任职的主教团。当教皇询问潜在人选时，雷鸣远举荐了6位中国神父，本笃十五世将他们的名字一一记下。五年后，本笃十五世的继任者庇护十一世（Pope Pius XI）在梵蒂冈圣彼得大教堂亲自为雷鸣远推荐的这六位中国主教举行祝圣典礼。[36]

1928年雷鸣远回到中国，用他的中文名字申请加入中国国籍。后来，他创立了耀汉小兄弟会和德来小姊妹会。1933年这两个像大家庭一样的教会总计拥有约200名成员。

▲ 建于1913年的西开教堂

▲ 雷鸣远还创办了中文报纸《益世报》

▶ 雷鸣远手举《益世报》

雷鸣远在抗日战争期间于后方华北地区组建了一支战地服务团支援国民党的军队。1940年6月24日他在重庆逝世。[58]

其他比利时在华传教团

1897年佛兰德斯戴美德修女（Marie-Louise De Meester）成立了圣母圣心传教修女会（Immaculati Cordis Mariae known in Belgium as the Zusters van de Jacht from Heverlee），她从1924年起派传教士到中国。其他活跃在中国的比利时教团还有玛利亚方济各传教修女会（Franciscan Sisters of Mary）、仁爱修女会（Sisters of Love）、苦难会（Passionists）和圣安德鲁斯本笃会（Benedictines of Sint-Andries）。在两次世界大战期间，中国传教团处于一段相对平静进展的时期。然而，自1937年日本全面侵华开始，以及整个第二次世界大战期间，他们蒙受了巨大苦难。[59]

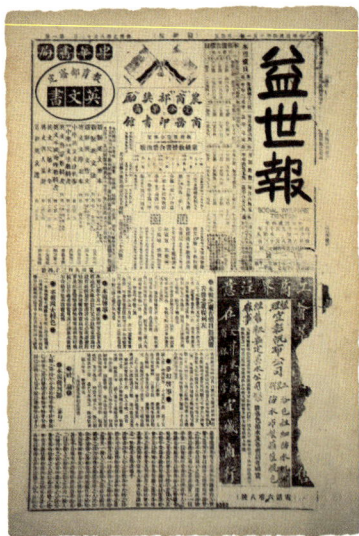

▲ 1915 年 11 月 1 日，雷鸣远创办的
《益世报》创刊号出版

▲ 雷鸣远

▶ 望海楼教堂
注：此为天津教区总部所在
地，1906 年 9 月雷鸣远担任
天津教区总司铎。

在撰写《格雷厄姆·格林传》时，美国作家谢里（Norman Sherry）发现《文静的美国人》中的神父原型为一名比利时传教士。他的名字是维利希（Robert Willich）。维利希先是在鲁汶大学学习采矿工程，后加入与雷鸣远神父相同的辅助传教会〔Société des Auxiliaires des Missions（S.A.M.）〕，并前往中国传教。第二次世界大战期间，他曾在英国皇家空军比利时飞行中队服务。战后，他前往越南。1951 年，格林在河内附近的港口城市宁平（Phat Diem）的天主教区遇到了他。当时，维利希在一家急诊医院工作，照顾受伤的越南战俘。格林有篇日记记录了他们首次见面的情形，他认为维利希是个"令人讨厌的比利时神父"。据谢里所说，格林还补充写道，维利希的长袍散发出刺鼻的味道，他非常不喜欢，但这不会阻止他向维利希进行忏悔。维利希在法国第戎（Dijon）附近的一处小村庄里结束了他的传教士生涯。[60]

译者注

[1]美国著名历史学家及传记作家，曾为艾森豪威尔及尼克松两位美国总统撰写传记。

[2]历史上，中国的含义经历了长期的演化和发展。长期以来，我国史学界对"中国"这一专称的具体形成时间和指代地域，通常采用于省吾和范文澜的说法，即认为"中国"这一专称起源于商代武王时期或者西周初年，狭义的中国指京师，广义的中国则用以称呼华夏族所居住的地区。

[3]此处指的是秦朝灭亡以后，公元前206年，项羽封刘邦为汉王，标志汉朝的建立。另一种说法是以刘邦打败项羽之后，于前202年在定陶正式称皇帝，延用"汉"的国号，定都洛阳为标志，史称汉朝。

[4]隋唐创立科举考试制度，一般科举考试分为乡试（解试）、省试（会试）和殿试三级考试。乡试一般在各州府举行，多数朝代每年举办一次，合格者被称为"举人"。省试或会试一般由中央政府的尚书省或礼部主持，每年春季举办，录取者称"贡士"或"中式进士"，其第一名被称为"省元"或"会元"。殿试由皇帝亲自主持，是科举三级考试中最高的一级，一般在皇宫内的大殿举行，明清时期参加者分为三甲，第一甲三名，第一名称状元，第二名称榜眼，第三名称探花，皆赐进士及第，第二甲赐进士出身，第三甲赐同进士出身。

[5]这一句的意思是指义和团运动和八国联军侵华期间，以两江总督刘坤一、湖广总督张之洞为首的东南、中南乃至西南地方督抚与列强达成"东南互保"协议，规定上海租界归各国共同保护，长江及苏杭内地均归各省督抚保护。后半句"不平等条约"指清政府代表奕劻、李鸿章与英、美、俄、法、德、意、日、奥、比、西、荷11国外交代表，在义和团运动失败、八国联军攻入北京后，于光绪二十七年（辛丑年）七月二十五日（1901年9月7日）在北京签订的不平等条约，条约全称是《中国与十一国关于赔偿1900年动乱的最后协定》。

[6]"赛里斯"为罗马帝国对中国的旧称。

[7]恰恰相反，根据卢布鲁克等人的著作，因为蒙古大举西征，一直打到罗马帝国东部，引起基督教教廷与各国统治者的恐慌，急于了解蒙古这个新兴帝国的各方面情况。为了向其传教以施加影响并考虑联合蒙古协助十字军对抗伊斯兰势力，罗马教廷和法国国王先后派出使者去往蒙古，但都未能达成使命。

[8]此处史实有误。耶稣会传教士来华后，在明末清初长期主持西洋历局和钦天监工作，参与了历法改革、火炮制造、中俄谈判和地图测绘等活动。第一个入华的耶稣会士罗明坚（Michele Ruggieri，1543—1607）绘制了中国的第一本地图集——《中国地图集》。利玛窦（Matteo Ricci，1552—1610）用欧洲人的方法绘制了《山海舆地图》，第一次向中国介绍了世界，冲击了中国士大夫对中国和世界的认识。而在欧洲最有影响的中国地图是卫匡国（Martino Martini，1614—1661）编辑绘制的《中国新图》。

[9]另一种说法是明天启三年，即1623年。现在多用明天启年间（1621—1627）出土来概括。

[10]书名应为 The Principal Navigations Voyages and Discoveries of the English Nation。

[11]此处原文为"沙皇（1636—1708）派驻北京……"在1636—1708年，俄国沙皇共经历了米海伊尔（1613—1645年在位）、阿历克塞（1645—1676年在位）、费多尔三世（1676—1682年在位）、伊凡五世和彼得大帝（1682—1689年在位）、彼得大帝（1689—1725年在位）。

[12]这一时期，西欧开始仿制中国产品，包括瓷器、丝绸制品和漆器等，以降低远洋贸易所带来的暴利，并且早期仿制品的风格也大多采用东方风格。

[13]原著中的时间为1858—1860年，与史实不符，所以改为1856—1860年。

[14]此处史实有误。国内学者一般认为，1857年12月29日，英法军队驻扎观音山，广州城失守。

[15]指的是1900年1月，清政府发布上谕，认为义和团为会众而非匪徒。义和团得到了官方默认，势力逐渐发展壮大。

[16]按当时的购买力来说，超过现在的675亿人民币。

[17]广义上的辛亥革命指的是从19世纪末（有的认为从1905年中国同盟会成立开始，有的认为是从1894年兴中会成立算起）到1912年2月清帝发布退位诏书。狭义上的辛亥革命指的是1911年10月10日武昌起义爆发，到1912年1月1日孙中山就任中华民国临时大总统这段时间内发生的革命事件。1912年2月南京参议院选举袁世凯为临时大总统。1913年10月国会选举袁世凯为第一任大总统。

[18]此处史实有误。中法战争从1883年12月开始，延续至1885年4月。第一阶段战场在越南北部；第二阶段扩大到中国东南沿海。

[19]根据《马关条约》规定，中国割让辽东半岛（后因三国干涉还辽而未能得逞）、台湾岛及其附属各岛屿、澎湖列岛给日本，赔偿日本2亿两白银。

[20]江户或德川时代，是日本最后一个封建武家时代，若从庆长八年（1603）算起到1868年明治天皇政府打倒幕府势力，共历时265年。若从庆长二十年（1615）大阪夏之阵灭丰臣氏算起，共历时253年。此处作者采用的应是后一种说法。

[21]并于同年5月正式动工。

[22]指1902年1月30日，日英在伦敦签署的第一次同盟协定。

[23]此处史实有误。应为1904年2月。

[24]天主教圣母圣心会是以比利时的司各特（Scheut）为总部，故该会又称为Scheut Missions，即司各特传教会。

[25]即神父，是一个教堂的负责人。

[26]此处有误。据其后代介绍，林辅臣的子女应为12人，3子9女。

[27]19世纪中期欧洲工业化发展的红利尚未显现，人口暴增带来的粮食短缺和农业制度上的僵化导致农民收入大量减少，手工业者失业，大量贫困人口涌入城市，一方面促进了城市化，另一方面也带来了很多问题。学者们一般将1873年到1898年欧洲这一时期称为"大萧条"。

[28]李鸿章任命林辅臣为嘉峪关税务司。1881年《伊犁条约》签订后，俄商获准赴嘉峪关贸易，清政府在此设海关征税。林辅臣成为嘉峪关海关首任税务司。

[29]此处有误。应为现在的中蒙边境附近。酒泉地处中国西北地区、甘肃省西北部、河西走廊西端，东接张掖市和内蒙古自治区，南接青海省，西接新疆维吾尔自治区，北接蒙古国，自古就是通往新疆和西域的交通要塞。

[30]加丹加是中非高原的一部分，在刚果民主共和国东南和赞比亚中北部，是世界闻名的铜矿带。

[31]时任甘肃总督。

[32]应为满文。

[33]总本堂神父。

[34]早期解释为电光远照。

[35]此处史实有误。起因应为法租界当局借教会修建西开教堂之际试图在其周围扩张租界。

[36]祝圣（Consecration）是天主教教会内施行的一种礼仪，即成为神父的就职典礼。

· LAEKEN ·

RESTAURANT CHINOIS ·

· Facade Postérieure ·

· Échelle de 0:02 p.m ·

巴黎建筑师亚历山大·马赛尔
（Alexandre Marcel）设计的中式餐厅
（收藏于布鲁塞尔皇家档案馆）

第二章　近代中比关系

利奥波德二世与在华比利时人

毋庸讳言，前述 19 世纪比利时传教士在中国的生活与工作离不开一个大的时代背景，即清朝与羽翼未丰的比利时王国之间日益加强的外交和商业联系。本章我们把重心转移到在中比关系中促成这些传教活动的重大事件上。此外，我们还会谈到 20 世纪两国关系的发展历程。我们将带领读者了解其中的重头戏，包括天津比利时租界的建立，第一次世界大战期间大批中国劳工出现在西部战线，比利时中国留学生数量不断增长，以及比利时交还在中国的租界等事件。这有助于我们了解内恩斯及斯普鲁伊特兄弟等人物前往中国工作与生活多年的国际背景。话题由此逐步向当代延伸，至比利时与中华人民共和国外交关系的重建，本章末尾将介绍目前中比在多个领域、不同层面的密切合作与投资情况。

1864—1920 年，比利时与中国的关系是在西方影响不断扩大、国家现代化进程加快、中国逐步获得解放的背景下发展起来的。前文提及，比利时没有参与鸦片战争，这并不意味着比利时对中国没有兴趣。年轻的比利

一切都是世界一流。比利时商业正以前所未有的方式蓬勃发展。

——1904 年 6 月 5 日《布鲁塞尔日报》对姚士登[1]的采访

时于1830年建国，第二代国王利奥波德二世对于在中国发展经济与政治怀有巨大野心。起初，他的愿望在比利时商界没能引起多少兴趣。此外，由于国际地位不高，比利时要在大国的监督与保护之下开展活动。然而，在19、20 世纪之交，当列强在中国建立租界的竞赛进入白热化时，比利时设法把先前的不利局面扭转为自己的优势地位。[2]这一时期比利时在经济上成绩斐然，特别是在中国的铁路与电车建设方面。[1]

比利时是欧洲为数不多的几个对中国发展近代工业愿望率先做出积极反应的强国之一。利奥波德二世的中国梦可以追溯到英国思想家杰里米·边沁（Jeremy Bentham，1748—1832）[3]的观点。正是他向比利时第一任国王利奥波德一世（King Leopold I）建议，这个新成立的国家可以在中国设立一个商业据点，以此作为弥补脱离荷兰后失去的海外利益份额的替代选项。早在第一次鸦片战争期间，比利时驻马尼拉领事拉努瓦（J. Lannoy）就曾预言，比利时可以依靠大国势力，在战争中渔翁得利，直接进入中国市场。1842 年签订《南京条约》结束战争后，英国获准在中国被迫开放的五个通商口岸进行贸易，并取得了其他特权。不久之后的1844

年，法国紧随其后，与中国签订了《黄埔条约》，获得了跟英国同样的特权。虽然这些殖民大国在争夺影响力和商业利益方面是主角，但很快一些小国也加入了掠夺中国的行列。

19世纪40年代，中国巨大的市场前景吸引了利奥波德一世派驻伦敦的特别代表西尔万·范德韦耶（Sylvain Van de Weyer）的注意。他出生于鲁汶，他的一腔热忱说服了外交部部长兼西佛兰德斯省长穆勒纳雷（Felix de Mûelenaere），使其积极主张在国家范围内发展对华商业。1845年，拉努瓦前往广州与两广总督耆英谈判。为了促成合作，拉努瓦提到中比早期便有商业往来的先例，即18世纪奥斯坦德东印度公司与中国短暂的贸易联系。然而，据说耆英的回答是中国档案中没有能证明该公司进行过对华贸易的任何记录！尽管如此，道光皇帝最终还是颁布诏书，允许比利时在中国进行贸易活动。利奥波德一世向比利时议会通报了这项重要进展，但这没能引起任何重视。因为它仅仅是一份协议而非条约，没能实现比利时在中国海岸的有效商业存在。尽管遭受了这一挫折，比利时的相关政客们没有放弃争取中国市场向比利时商人与产品开放的野心。不幸的是，中国和西方之间爆发的新冲突阻碍了这一目标的实现。清政府与列强之间的关系日益紧张，以及中西条约本质上的不平等性和屈辱性使中国拒绝所有进一步的合作，谈判陷于停顿。在1856年第二次鸦片战争期间，利奥波德一世曾向法国皇帝拿破仑三世（Emperor Napoleon Ⅲ）提议比利时参战，但比利时议会拒绝了这一设想。1858年与1860年签订的《天津条约》[4]允许列强在中国设立新租界，布拉班特公爵（the Duke of Brabant），即未来的国王利奥波德二世力劝参议院在中国占据一席之地。1861年，比利时通过了一笔25000法郎的贷款，用于在上海设立领事馆，随后路易斯·博尔斯（Louis Bols）被派往上海担任总领事。他的主要任务就是与中国政府谈判，确保比利时的地位提升至"最惠国"待遇。但是博尔斯没能完成这项使命。[2]

总而言之，为了建立比利时在中国的存在而做的最初步骤所取得的结果令比利时国王感到失望。据博尔斯所说，1852—1862年，只有两艘比利时船只停靠中国港口。在1862年，也仅有10名比利时人在中国生活，包括9名外国公司雇用的探险家和1名传教士。布拉班特公爵、比利时王位继承人利奥波德二世比他父亲更为坚决，更加务实。他多次周游世界，为的是寻找适当的机会设立租界或建立殖民地，他对中东和远东地区尤其感兴趣。在1864年，布拉班特公爵前往中国，并制订了殖民台湾的计划。但是，由于父亲的健康状况不佳，他不得不返回比利时，他的计划变成了一纸空文。1865年，在英国的支持下，比利时第二次尝试与中国建立长期外交关系。作为这项新事业的一部分，经验丰富的比利时外交官金德俄固斯德（Auguste T'Kint de Roodenbeke，又译作金德）被派往中国。他曾在世界其他地方执行外交任务，且颇有建树。金德通过收集有用信息，仔细研究中国的环境，得出两个重要结论：比利时需要将攻关重心放在北京，要格外注意"面子"对于中国人的敏感性和重要性。金德在北京得到了两位有影响力的英国官员的支持，即英国公使馆临时代办威妥玛（Sir Thomas Francis Wade）和中国海关总税务司赫德（Sir Robert Hart）。最终，金德促成中国与比利时达成通商条约，于1865年11月2日签署。直到1928年，这项条约始终是中比关系的法律基础。比利时将《中比通商条约》在北京的签订视为外交领域的重大成功。1865 年 10 月 27 日莫雷尔（E. Morel）成为新条约框架下首任比利时驻上海领事。在前往广东的旅途中，他听闻北京和上海之间要修建一条新铁路。同时金德也意识到比利时铁路公司在中国的前景一片光明。同年，利奥波德一世去世，王储接替他成为利奥波德二世。[3] 一个新时代似乎正在到来。

1865 年签订的《中比通商条约》为双方互派外交使团铺平了道路。第二年，中国外交使团首次抵达比利时。斌椿（1804—1971）、张德彝（1847—1919）等一批清政府高官被派往包括比利时在内的西欧国家访问，目的是尽可能多地收集当地政治、宗教、经济方面的信息，以消除当时中国社会对西方普遍存在的恐惧情绪。这次访问过程中，清政府官员还拜见了比利时首相奥尔邦（Frère Orban）。四年后，美国人蒲安臣（Anson Burlingame）担任清政府外交代表，带领一支新使团访问美国和多个欧洲国家，行程同样包括比利时。使团的成员均为清政府重臣，他们在清政府政策制定方面具有重要的话语权。他们对西方国家的政治体系有了深入了解，不仅意识到与大国打交道的重要性，与小国的交往也很有必要。[4]

金德的健康每况愈下，因此，谢维斯（Edmond Serruys）于 1873 年接替了他的职位，成为首位比利时驻华公使。谢维斯抵达三个月后，得到了皇帝的接见。在前一年，利奥波德二世成立了一个委员会，调查中国的商业机会。该委员会计划派遣一位叫克莱斯（Clesse）的先生从蒙斯（Mons）去往中国探寻商业可能性，此项动议遭到了比利时政府的强烈反对。然而，议会的反对并没有阻止国王追求他的目标。1885 年利奥波德二世

▲ 唐廷枢

将刚果自由邦划为自己的私人领地，终于实现了其长期以来获得殖民地的野心。[5] 1898 年利奥波德派他的亲信于瑟尔伯爵（Count Charles d'Ursel）去中国进行协商，意图使清政府承认刚果自由邦的存在。国王正式致函清政府，告知："我想缔结一项中国与刚果之间的条约。中国人可在刚果还未划分的地方定居。作为回报，刚果人也有权在中国特定的地方定居，最好是在台湾和沿海地区。我希望在刚果建立一个类似中国澳门的地方，同时也在中国创造一个刚果澳门。"这仅仅是利奥波德二世对权力的渴望吗？还是说他已经利欲熏心了呢？！尽管如此，中国并未接受提议，德国甚至比利时驻北京公使馆也都对此表示强烈反对。[5]

与此同时，比利时与中国的外交活动继续增加。唐廷枢（1832—1892）出生于广州，曾担任轮船招商局总办，1883 年他率领另一支重要使团访问西方。唐廷枢此行想要调查中国移民在欧洲的情况。1883 年 9 月唐廷

枢一行人抵达比利时，他们在布鲁塞尔皇宫受到国王正式接见，但参观列日（Liège）的克格列（Cockerill）钢铁厂才是他们这次访问中的亮点，唐廷枢还在那里拜见了钢铁厂总经理萨多因（Eugène Sadoine）。唐廷枢热衷于学习西方技术及组织管理，他也渴望聘请训练有素的专业人员到中国来管理煤矿与铁路建设。尽管比利时这个新国家在那时只有半个世纪的历史，但它在工业领域的成就与潜力都给中国使团留下深刻印象。唐廷枢的访问报告引起了清朝皇帝的兴趣，因此，两年后许景澄（1845—1900）被任命为首任中国驻比利时使节。1886年另一支由曾纪泽（1839—1890）率领的外交使团出访比利时。曾纪泽一行来到18世纪奥斯坦德东印度公司所在地，他们在那里受到了市长、其他当地政要和两个连士兵的欢迎。中国使节再次受邀访问皇宫，他们还参观了布鲁塞尔市容以及列日的钢铁厂。无论走到哪里，曾纪泽都会受到当地工商业知名代表的邀约。当外交使节们到达根特时，在当地一所大学进修的中国同胞们也前来欢迎。[6]

查尔斯·米歇尔（Charles Michel, 1853—1920）在第一支比利时驻华外交使团中扮演着重要角色。1875年他作为传教士被派往中国，经过一段时间学习，能够讲一口流利的普通话，写一手漂亮的汉字。1884—1896年，他是比利时驻北京的唯一代办，在京汉铁路谈判过程中起到重要的推动作用。他是比利时首位业余汉学家。1898年回国后，他先后在安特卫普高等商学院、蒙斯工商学院和布鲁塞尔高等语言学院教授中文。

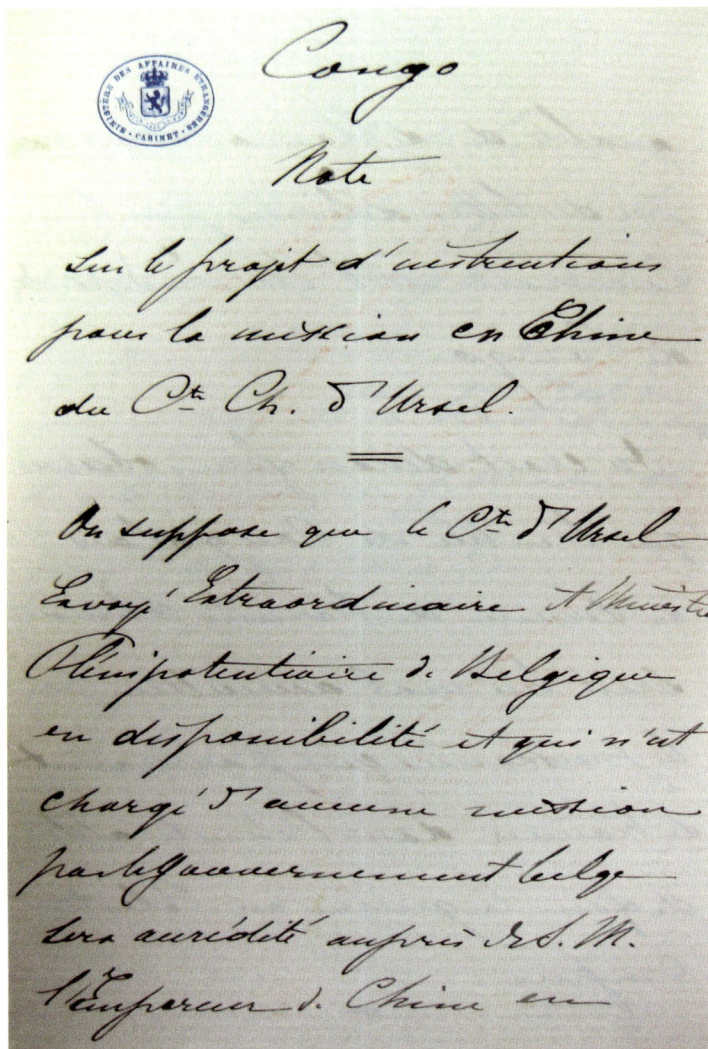

▲ 1898年3月20日利奥波德二世写给于瑟尔伯爵的信
注：利奥波德二世有关于瑟尔伯爵出使中国的指示："我们授予于瑟尔伯爵特命全权公使的身份前往中国，但他不代表比利时政府，而代表刚果自由邦，希望中国皇帝陛下根据独立刚果的君主发出的信件授予他领事地位。"

布鲁塞尔皇家档案馆内有几封外交官姚士登发给国王利奥波德二世的加密电报,内容是关于 1900 年义和团运动期间北京公使馆以及在蒙古进行经济考察的维特默与菲耶夫使团所面临的危险局面。

1900 年 7 月 19 日:电报局郑局长通知,到 1900 年 6 月 15 日为止,北京使馆区已遭受义和团攻击三天,但目前仍然安全。他还说道,联军的增援部队在英国海军元帅西摩尔的指挥下,不久便会抵达北京。李鸿章被称为……

1900 年 8 月 2 日:从 6 月 4 日至 16 日,我们与八名奥地利海军陆战队士兵共同保卫我国公使馆,但使馆未能幸免。奥地利、荷兰和意大利的公使馆也都被烧毁。所有外籍人士都集中在英国公使馆,自 6 月 20 日起,这里就被中国军队包围了。到目前为止,海军陆战队和义勇队中已有 58 人牺牲,70 人受伤。这场围攻停止于 7 月 17 日,彼时几乎所有食物都已吃光。我们期待下周能获救。所有比利时公民和避难者一切安好。秘书及德洛特先生(Délotte)的表现令人称赞。请你们代为通知我们的家人(姚士登签字)。

北京,1900 年 9 月 12 日(9 月 16 日经由上海):我收到一封信,信中说菲耶夫上校及其同伴在蒙古遇害。不幸的是,这个消息似乎是真的。维特默和当塞特(Dansette)在比利时传教团避难。

北京,1900 年 9 月 19 日(1900 年 9 月 29 日经由大沽):9 月 13 日传教士从蒙古传来的消息令人安心。我认为没有必要再进行军事考察。(姚士登签字)

北京,1900 年 10 月 17 日(10 月 18 日寄出):我报告一条令人高兴的消息:维特默和当塞特已于 16 日晚安全抵达。北京与欧洲之间的电报线路从昨天起已经恢复正常。(姚士登签字)

天津,1900 年 10 月 22 日:与蒙古没有直接联系,因此无法证实费耶夫上校及其同伴是否已经遇害。但不幸的是,多封寄到这里的信件都写出了相同的细节,希望十分渺茫。菲耶夫上校可能已遇害,他的三名同伴被扔进黄河。没有其他人的消息。我将尽我所能收集更多信息。(姚士登签字)

随后几年,一些小规模的中国使团陆续出访比利时,包括 1890 年薛福成(1838—1894)率领的使团,他积极倡导现代化与学习西方科学技术,从而使中国挽回一些因列强侵占而丢失的领土。但迄今为止,最引人注目的外交访问是 1896 年清政府高官李鸿章的欧洲之行,他也曾在比利时逗留了几天。李鸿章是清末最杰出的政治家与军事家之一,曾任直隶、湖广和两广总督。李鸿章的到访极大地吊起了比利时参与中国铁路建设的胃口。19 世纪 80 年代初,清政府曾采纳中国著名政治家、将领与改革家张之洞(1837—1909)的建议,派遣一支工匠队伍到比利时学习炼钢技术。李鸿章出访的两年前,皇帝颁布诏书成立了一个委员会,负责组织和监督北京与汉口(今武汉)之间铁路线的修建。为此,在比利时克格列钢铁厂工程师的指导下,在汉阳开设了一家钢铁厂,生产钢轨。钢铁厂成功开办后,利奥波德二世以此为由,想要进一步实现他进军中国市场的野心,李鸿章的欧洲之行就成了他心目中开拓中国市场的天赐良机。于是他在皇宫安排盛宴,款待李鸿章,还安排李参观安特卫普与列日的钢铁厂。1898 年 8 月 11 日,经过曲折的谈判,清政府与比利时正式签订京汉铁路修建合同。[7]

李鸿章到访与铁路合同签订后,利奥波德二世希望比利时的企业家能够加大对中国的投资力度。出于此目的,他组织了两支考察团前往具有经济发展潜力的甘肃省。众多比利时传教士也在这一地区的主要城市进行传教活动,其中一支考察团得到了克格列钢铁厂、库耶市的埃诺冶金厂(Usines Métallurgiques du Hainaut in Couillet)[6]和列日市的默兹工作室(Ateliers de la Meuse in Liège)的支持,并由军事指挥官亚瑟·维特默（Arthur Wittamer）担任领队。比利时官方赋予这些考察团的代表"刚果人"的名义，而非"比利时人"，受独立的刚果自由邦国王派遣。利奥波德希望通过这种方式弄清楚甘肃的交通网络，深入了解开发该地区的机会。维特默的考察团途经内蒙古，于1900年5月抵达张家口附近的西湾子传教点。随着义和团的声势日益壮大，维特默被迫放弃在司各特西湾子传教点制定的考察计划，开始着手组织西湾子的防御工作以抵抗义和团的攻击。1898年，[7]利奥波德二世认为有必要再组织一支去甘肃西北部的考察团，这次带队的是陆军上校菲耶夫和工程师勒当（Ledent）。尽管前文提到的被称为"林大人"的清末高官比利时人斯普林格尔德也短暂地参与了探险，但在1905年考察失败的结局让比利时国王再次抱憾。[8]

整个故事中最后一位需要提及的人物是费葛男爵（Baron Carl de Vinck de Deux-Orp），他曾在1896—1899年担任比利时驻华公使。费葛坚信天主教传教团将有助于利奥波德实现在湖北获取租界的野心。1897年4月18日在中国的所有比利时领事馆都接到费葛公使的指示，鼓励他们与比利时教团保持良好关系，并要热烈欢迎比利时传教士到各个领事馆做客。费葛认为传教士的影响力，以及他们对民众需求和习惯的了解可以对维护比利时在华利益方面发挥重要作用。当时日益加剧的社会动荡导致义和团运动爆发，费葛试图预测，如果一名比利时传教士在中国被杀害，比利时政府应该如何应对。他的建议是效仿德国的做法，即德国传教士在山东遇害后，德国以此事件为借口向中国政府施压，从而在汉口获得贸易特权。尽管比利时议会起初对此提议反应平淡，但费葛似乎对即将要发生的事情有所预感。1898

年12月11日董若望神父（'Victorinus' Delbrouck）被杀。随后，比利时按照费葛公使的建议与清政府进行谈判，争取在汉口设立比利时租界。由于湖北的比利时传教士受法国保护，比利时对清政府所要求的索赔须经法国政府同意。最终，比利时的索赔被驳回。1899年7月12日，法国领事约瑟夫·朵特梅（Joseph Dautremer）与清政府签署一项协议，协议要求清政府向传教团赔偿4.45万两白银，向董若望神父一家赔偿1万两白银，但没有对比利时做出贸易让步。这结局并不令人意外。因为在早些时候，为满足其工业与商业利益，比利时已经同意在被正式认定为英国势力范围的扬子江盆地设立租界，[8]通常很难在该地区获得租界。[9]

利奥波德二世为获取租界所做的最后尝试

利奥波德试图在汉口设立租界的故事尚未结束。到了1899年，随着比利时方济各会前往鄂东地区传教，比利时似乎又迎来了一次新机会。利奥波德二世希望借助最初在湖北西南部开展传教任务的方济各会修士，将他们转移到更具战略意义的该省东部地区，因为那里更有利于国王实现其野心。然而，主要活跃在鄂东地区的是意大利方济各会。即便如此，国王还是一心认为比利时传教士是在该地设立租界的关键，尤其是比利时工程师已经参与通往汉口的铁路建设。比利时驻汉口领事法郎基（Emile Francqui，后来成为著名银行家和商人）对这一战略的前景持乐观态度，因为当时意大利鄂东地区主教卡拉萨尔（Epifanio Carlassare）与法国领事朵特梅之间爆发冲突，为比利时打开了一扇希望之门。然而，这种乐观是短暂的。比利时外交部认为该项计划不是当务之急，并在备忘录中表示："由于缺乏信息，无法按

▲ 利奥波德二世

照国王的意愿处理此案。"利奥波德二世毫不气馁，接下来的举动是建议选派一位比利时神父参与京汉铁路工程，因为这就有可能先获得一处永久定居点，及至最终建立租界。费葛公使敦促他在梵蒂冈的同事德尔普男爵（Baron Maximilien d'Erp）设法完成这个计划，但一切都是徒劳。鉴于意大利方济各会修士在该地区占据优势地位，德尔普男爵认为将比利时教会人员从西南部转到湖北东部的任务不切实际。谈判仍在继续，目的是至少在汉口任命一位比利时神父。1898年6月，商定由中国铁路总公司承担神父的生活费用。然而，汉口的势头已经逐渐消退。在政治上，汉口已经无利可图。简单来说，利奥波德二世没能得到比利时政府的支持以实现其个人野心。这一点既现实，又可以理解。在国际政治层面上，像比利时这样的小国与大国相比，缺少话语权，也就不适合提出领土主张。但国王罔顾现实，在1898年12月9日写信给费葛男爵："所有比利时人必须齐心协力朝同一个方向前进。比利时工商界不久便会派一名总代表前往中国。比利时兴业银行（Société Générale）最近增加了资本，其重要股东均来自安特卫普的著名贸易公司。由蒂格先生（Browne de Tiège）担任总裁，格里萨先生（Grisar）担任主任。公司有大量资源可供使用，并将在中国寻求新的租界。"即便如此，不久之后，利奥波德二世在湖北设立租界的梦想就永久破灭了。因此，利奥波德将视线向北转移到了天津。[10]

清末中比政治中的两位重要人物

李鸿章

李鸿章是中国的一位政治家，1823年出生于安徽省。他因镇压太平天国运动而声名鹊起，被任命为直隶总督。1875年李鸿章成为慈禧太后的首席顾问。[9]此外，李鸿章还创办了许多公司，包括第一家完全由中国控股的轮船招商局。他还重建北洋军，[10]以及开平矿务局。随后，他还创建了北洋铁轨官路总局，修建了中国最早的铁路线，连接天津与唐山，后又延伸至北京。李鸿章奉命负责中日谈判，在签订结束甲午战争的《马关条约》后失去宠信，但是他继续发展自己所关心的经济事业。[11]例如，1896年他签署《中俄密约》，使沙俄获得借道中国东北修筑铁路的权利。同样，他曾应利奥波德二世邀请访问比利时。（其间，国王尽全力强调中国与中立国家建立联系的好处，其目的是拿到修建京汉铁路的合同。）随后，李鸿章开始支持比利时的提议，但这遭到了英国的强烈反对。但对李来说，能让贪婪的英国人置身事外是值得冒第二次受辱的风险的。义和团运动结束后，他与八国联军谈判达成协定，并于1901年9月签署条约。但两个月后他就去世了，享年78岁。

1896年7月李鸿章受邀在布鲁塞尔皇宫会见了利奥波德二世，国王还特意设宴款待他，这次晚宴为中比相互合作奠定了基础。当时比利时是世界第五大工业强国，有4亿人口的中国也想尽快步入现代化国家之列，李鸿章则是这项进程的主要倡导者之一。人们普遍认为，中国作为消费市场有着巨大潜力，总有一天会成为伟大的国家。比利时是一个小工业国家，对中国没有殖民野心（利奥波德二世的个人计划除外），它的努力为富有成果的合作开辟了前景。[11]

张之洞

张之洞是中国政治家，出生于1837年。他在担任湖北总督的时候曾设想修筑铁路连接中国南北地区。1896年慈禧太后任命他为谈判代表，与外国资本家讨论京汉铁路的融资问题。比利时人对他十分熟悉，因为在武汉附近的汉阳钢铁厂开办后，他委托列日钢铁厂的工程师们负责运营。义和团运动期间，他保持中立态度，并与外国领事谈判以求和解。[12]1909年张之洞去世，享年72岁。

李鸿章（1823—1901），摄于1896年

张之洞（1837—1909）

1903年6月，驻北京公使馆秘书利赫特费尔德伯爵
关于在华扩张中比利时政府扮演角色的说明

布鲁塞尔皇家档案馆存有一份比利时驻北京公使馆秘书博杜安·利赫特费尔德伯爵（Count Baudouin de Lichtervelde）于1903年寄给利奥波德二世的报告，十分有趣。[12] 这份文件充分体现了当时的殖民主义思想，也强调了国内外比利时人存在的观点差异，特别是关于妄自尊大的"比利时中国"想法。

有人可能想知道比利时在华利益究竟有哪些。虽然我们收到从遥远的比利时寄来的一些不完整的期刊，但读过之后却发现我们的国家并不清楚该如何在远东行动。一方面，尽管不那么残暴，[13] 那些反对扩张的人继续支持采取有利于我们在刚果实现殖民的行动，却否认并尽量减少我们在中国所做的事情。他们的意图很容易猜测：例如在将来的某个时刻被问责时，他们可以争辩说我们在刚果的行动创造

了"权利"，公正地说，这一点无可非议。另一方面，在我看来，我们许多勇敢的同胞在激情和成就的驱使下，偶然被带到一个并不总是值得来的国家，于是用夸大我们所取得的成就来欺骗。当读到他们说"比利时中国"就像说"比利时刚果"的时候，我们非常惊愕。

写这些文章、表达同样观点的人，以及愿意倾听的人都是狂热的扩张主义者。他是为这项巨大工程效力的普通一员，在过去两年里作为亲历者满怀热情地参与其中，并能客观地评估结果。在此期间，他经常有机会与那些肩负重任的人员就总体局势与具体问题交换意见，他们率领我们的轮船冲破风暴，克服艰难险阻远涉重洋。我同一大批为比利时政府服务的勇敢年轻官员一道，为我们的成功感到高兴，为我们的失败感到痛惜，也为我们的失误感到遗憾，并保证继续为我们致力于的事业而战斗。我用"战

斗"这个词，是因为在这里的所作所为确实像一场战争。在非洲，由于刚果独立邦国王的深谋远虑，我们赢得特权，但实际上是在属于我们的"保护区"工作，而我们在中国是武器装备薄弱的新手，面对的都是凶残的、不择手段的对手，[14] 他们大多长期盘踞在中国，享有无限资源，人员精干，还有军队撑腰。这些条件都是我们所不具备的。

在我们谈论"比利时中国"之前，比利时必须意识到在中国将一无所获，如果有朝一日，比利时想要体面地参与中国事务，有利可图，就需要做出牺牲，拿出更大的决心。在这方面，我扪心自问，迄今为止，我们国家为在中国扩张中做出过什么牺牲呢？除了设立公使馆和四个领事馆外，比利时官方层面几乎毫无作为。这根本不算巨大牺牲，因为比利时政府给予在华官员的待遇、住房条件及行动权与分

派在那些无利可图国家的官员毫无区别。这就会让我们相形见绌，使他人认为我们比竞争对手政府的势力范围小得多。

多亏姚士登先生反应机敏，让英国人和德国人的合谋破产了。但是，在他们第一次尝试受挫后，我们必须要意识到他们还会再次尝试。从政治角度来说，比利时必须从现在做起，不仅要利用当前有利局势，还要毫无畏惧地探索未来所有的可能性。当务之急是向北京派遣一支军事小分队……我知道虽然我们不能要求太多，但是为了能像人们所建议的那样参与北京国际使馆区的防御工作，这样的要求真的过分吗？以必要时保护我国驻北京公使馆为由，向比利时公使提供30名士兵就足够了。

如果1900年，我们有一小支海军陆战队驻扎在北京和天津，我国特使肯定能扩充地盘以满足我们的需求，还不会招致对手嫉妒。

这也会使我们在法比合作的卢汉铁路建设中扮演更积极主动的角色，不至于差点被逐出项目。我们的合作伙伴手握所有王牌，如果他们更有技巧，再拥有一位跟姚士登先生一样机敏而有实力的大使，那我们的处境将会更加艰难。

利奥波德二世图谋立足于中国的五次尝试

1859 年：法国和英国于1859年出兵中国，引发第二次鸦片战争。[15]利奥波德王储想要派遣一支比利时军队参战，希望能在长江入海口获得一座岛屿。然而，比利时政府否决了这一计划。

1864 年：利奥波德王储于1864年到中国游历。他试图将台湾岛据为殖民地，但由于父亲利奥波德一世病危，[16]被迫匆忙返回比利时。

1872 年：一位来自比利时蒙斯的军火商克莱斯先生在王室的支持下试图在中国获得租借地。但比利时政府再次对其进行阻挠。

1897 年：为了避开比利时政府的反对，利奥波德二世决定借助他的私人领地——刚果自由邦来实现他对中国的野心，并向北京派遣打着刚果名义的外交使团。这一次，他仍未能在中国占有一片土地，但他的努力带来了一定程度的商业成功，获得为中国铁路总公司修建京汉铁路的特许权。来自刚果自由邦的资深官员法郎基领事在谈判中取得圆满成功，并委托另一位刚果专家，即工程师让·沙多（Jean Jadot）负责这一重要项目的实施。

1901—1902 年：义和团运动后，比利时提供财政支持，并派出一支"远征军"[17]以"帮助恢复中国的局势"。随后，比利时在天津设立占地44公顷的租界。

▲ 比利时拉肯王宫中的中国馆

注：修建拉肯中国馆是利奥波德二世的设想，馆内木雕作品于 1901—1905 年在上海耶稣会习艺工场完成。

▲ 德国耶稣会阿洛伊斯·贝克神父与两名中国男孩于上海土山湾工坊完成的中国馆木雕作品

注：图片版权属于上海土山湾博物馆。

▶ 菲利普·斯普鲁伊特博士（Dr. Philippe Spruyt）在上海拍摄的照片
注：1903 年 6 月 25 日，比利时总领事西费特（D. Siffert）寄给戈菲内男爵（Baron Goffinet）这张照片是为了向利奥波德国王汇报中国馆的建造进度，并展示中国工匠们努力工作的样子。后排站着的是贝克神父（工程监督）、沙多夫人（让·沙多的妻子，让·沙多负责修建京汉铁路）和总领事西费特。

拉肯中国馆

20 世纪头十年，利奥波德二世在拉肯王宫中修建了两座颇具东方风格的建筑物——中国馆与日本塔，均为法国建筑师亚历山大·马赛尔（Alexandre Marcel）的设计作品。中国馆建于1902—1910 年，这也是国王对华野心的另一例证。1900 年国王去巴黎参加世界博览会时，被"环游世界全景"深深吸引，这种形式既能使人们了解遥远地域的文明，又不必冒着旅行的风险前往。因此，利奥波德二世想在自己的宫殿附近建造一个类似景观，即在一条林荫大道上交替出现异国风情的亭子与著名纪念碑的复制品。然而，最终只修建了中国馆、日本塔和海神像的复制品。海神像是佛兰德斯雕塑家让·博洛涅（Jean de Bologne）的作品。中国馆上的木制雕刻品是由中国学生在神父阿洛伊斯·贝克（Aloïs Beck，1854—1931）的指导下，于1901—1905 年在土山湾工坊里完成的。土山湾原是耶稣会在上海创办的孤儿院与职业培训学校。

在原来的计划中，是要把这座中国馆作为一家"豪华餐厅"来使用，但从未营业。1913 年中国馆用于展示远东商业博览会的部分常设展品，其中包括妙趣横生的中国艺术品。1921 年，中国馆的所有权移交给艺术与科学部，并由布鲁塞尔的皇家艺术历史博物馆负责管理。第二次世界大战后，它改为17 世纪后期中国瓷器和日本瓷器博物馆，仍由布鲁塞尔的皇家艺术历史博物馆主办。它还被誉为"比利时态度的超现实主义"。1970—1971 年馆内木制品完全恢复，但遗憾的是，原始木雕"消失不见"了，落入私人收藏家之手。[13] 更糟的事情还在后面。2013 年中国馆因面临坍塌的风险而暂停开放，馆内所收藏的全部中国手工艺品现都储存在附近的博物馆内。在撰写本书之际，中国馆计划重新开放，举行以中国和丝绸之路为主题的临时展览，并将馆内小隔间改造为一个独家的中国俱乐部。中国馆坐落在占地4.5 公顷的大花园内，周围环绕着几十棵百年古树，我们期待中国馆不久便能恢复昔日的辉煌。[14]

天津比利时租界

天津（意为"天子渡口"）位于海河（也称北河）入海口，是中国极具重要性的城市。海河是连接北京与黄海、东海的主要水路。尽管历史上天津经历了各种极端气候的挑战，早在唐朝时期（618—907），它已经发展为重要的贸易与转运中心，是南方的大米与绸缎运往北方的必经之路。宋朝时期（960—1279），天津周边修建了一圈防御工事，保护该地区免受来自北方游牧民族的掠夺。[18] 几个世纪后的清朝，这座城市与上海、福建、广东建立了密切的贸易联系，主要进行食盐与粮食交易。在19世纪初，天津几乎没有外国人。第一批西方访客对沿海地区的水手数量之多感到震惊，这些水手与家人长期生活在船上，从事河路贸易网络中的工作。同样让西方感兴趣的是位于海河入海口及北直隶湾（今渤海湾）的大沽炮台，它占据着战略要地，守护天津港入口。这也是第二次鸦片战争与中日几次战争[19]中的必争之地。[15]

1860年第二次鸦片战争结束后，《北京条约》签订，天津成为通商口岸。英国和法国最先在天津建立租界，1895年中日甲午战争及1900年义和团运动之后，日本、德国、俄国和另外几个国家紧随其后在天津划定租界，其中奥匈帝国和意大利均未在中国其他地方拥有租界。随着攻击欧洲人的举动日益频繁，天津的清朝官员决定将特定地区的部分管理权移交给欧洲国家的外交使团，希望借此避免新的冲突。[20]每个欧洲租界都享有自治权，建有自己的监狱、学校、教堂、兵营和医院。于是海河沿岸长达8千米的地段处于列强统治之下。1897年天津连接北京、山海关和满洲地区的铁路线开通，城市的重要性也进一步提高。海河两岸大片地区得到开发，天津迅速发展成为一个重要的、繁荣的欧洲侨民社区，大量外国商人、企业家和外交官长期居住于此。[16]

义和团运动后，欧洲国家派遣一支20000人的"维和部队"前往中国，利奥波德二世也打算组织一支约790人的比利时部队加入联军的行列，既希望保护比利时在华商业利益，又想争取到一片土地设立租界。然而，1839年《伦敦条约》中要求比利时严格遵守中立

◀《辛丑条约》签订后合影

注：1901年9月7日，外国列强的全权代表们与中国政府在西班牙公使馆签订《辛丑条约》。从左至右坐着的人物为：克罗伯（Knobel）（荷兰）、小村寿太郎（Komura Jutarō）（日本）、萨尔瓦葛（Marquis Salvago）（意大利）、姚士登（比利时）、齐干（Baron van Wahlborn）（奥匈帝国）、葛络干（de Cologan y Cologan）（西班牙）、格尔思（von Giers）（俄国）、穆默（Mumm von Schwarzenstein）（德国）、萨道义（Ernest Satow）（英国）、柔克义（Rockhill）（美国）、鲍渥（Beau）（法国），以及联芳、北洋通商大臣与直隶总督李鸿章、和硕庆亲王与外务部总理奕劻（中国）。

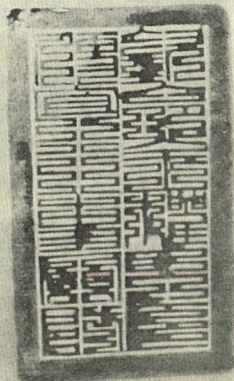

▶《辛丑条约》（也称《北京议定书》）签名页
注：左侧为八国联军（奥匈、法、德、英、意、日、俄、美）及比利时、西班牙与荷兰代表的签名。右侧为李鸿章与奕劻的签名。

利时是个不具侵略性的小国，从而获准在天津设立比利时租界。他还提高了比利时在华传教士所享有的权利，加强了对他们的保护，正如前文所述，此前比利时传教士一直处于法国的保护之下。

1902年2月6日比利时与清政府签署协议，获得了在天津永久租用一块土地的特权。比利时租界的面积大约44公顷（0.44平方千米），位于海河沿岸，出海十分便利。租界名义上仍为中国领土，但由领事对该地区行使管辖权和司法权。[17]

比利时租界建设中的重要一步就是1902年3月华比银行（Banque Sino-Belge，后来更名为比利时海外银行Banque Belge pour l'Etranger，最终成为比利时银行Belgian Bank）的成立，这是一家为比利时在华企业提供贷款服务的金融机构。此外，为开发新建立的天津租界，还成立了一个股份有限公司，但比利时政府和商界对投资利奥波德二世的"殖民地"都不太感兴趣。租界内的新建筑很少，这些建筑也没能持续多长时间。对商界来说，义和团运动投下的阴影仍在继续，时刻提醒人们在华投资风险过高，摇摇欲坠的清朝政局不稳，形势随时可能恶化。[18]

因此，租界本身并没有带来经济价值。但重要的是它对其他领域产生了附带效应，特别是铁路、电力系统和有轨电车方面的建设合同。例如，1904年中国和比利时签订协议成立天津电车电灯公司，并授予该公司城市电灯照明与电车系统的独家建设与运营权，合同期限长达50年。同样，1902年成立的华比银行前身为海外银行〔1928年其权益由比利时兴业银行（Société Générale）接管〕的子公司，在天津的法租界建立了办公大楼，1902—1950年的业务经营十分成功。即便如

原则，所以西方大国反对比利时军队驻扎中国。派遣远征军的计划只好放弃。但比利时得到了3200万比利时法郎（相当于1500万欧元）的赔款，以弥补义和团对京汉铁路造成的损害，以及作为对被害比利时人和传教士的补偿。利奥波德二世殖民中国梦的最终实现，靠的不是国王的运筹帷幄，而是新上任的比利时驻北京公使姚士登所采取的行动。姚士登是位受人尊敬的外交官，在1901年《辛丑条约》谈判期间，他在中国和欧洲人当中树立了自己的威望。在后续谈判中，他始终强调比

▲ 1921 年落成的华比银行天津分行新办公楼

20 世纪初比利时对华投资概况（货币单位：比利时法郎）

年份	项目	金额
1897	中国铁路比公司（布鲁塞尔蒙塔涅公园大街3号）	1000000
	卢汉铁路借款合同	112500000
1900	中国铁路与电车总公司（布鲁塞尔国会大街6号）	1000000
1900	东方国际公司（埃米尔·法郎基）（布鲁塞尔那慕尔大街48号）	9625000
1900	开平矿务局（布鲁塞尔那慕尔大街48号）	25000000
1902	华比银行（布鲁塞尔蒙塔涅公园大街3号）	25000000
1902	天津电车电灯国际公司（布鲁塞尔那慕尔大街48号）	6250000
1907	天津法比兴业银行（后改名为义品放款银行）（布鲁塞尔那慕尔大街48号）	4150000

此，比利时租界始终没有达到利奥波德二世及其继任者的期望值，比利时也因此成为第一个正式放弃租界权利的西方国家。谈判持续了好几年，直到1929年8月31日两国才签署比租界交还中国的协定，并于1931年2月15日正式生效。

1905年8月1日内恩斯抵达天津时，发现这座城市正处于重建的痛苦之中。5年前的义和团运动中，该市的大部分地区，包括外城墙，都遭到严重破坏。当时，天津市人口约80万，但每年都在不断增长。相比之下，天津和中国其他地区的比利时人数仍然很低。1904年中国只有286名比利时人，其中大多数是传教士、商人或外交官，也有一些士兵。1858年《天津条约》签订后，中国被迫同意欧洲国家在北京设立公使馆。这些公使馆由欧洲驻军把守，比利时派出了一支20人的特遣队前往北京守卫比利时公使馆。内恩斯在日记中也曾提到此事。特遣队由一名指挥官、两名士官、一名副

▲ 瓦罗克男爵率领的比利时
赴华特派使团
注：照片收藏于马里蒙特皇
家博物馆。

3200 万比利时法郎的赔款。这笔赔款汇入了华比银行。

至 1925 年，义和团运动的大部分赔款用来兴建华比教育与慈善委员会（Commission Sino-Belge d'Instruction et de Philanthropie）。该委员会筹资建立了比利时汉学研究院（Belgian Institute of Chinese Studies，1929），还为前往比利时的中国学生提供资助（1932 年大约有 250 名中国学生在比利时留学）。1931 年另一部分赔款用于成立上海华比镭研究所（Sino-Belgian Radium Institute in Shanghai）。

一战前，比利时金融界最著名的人物之一就是劳尔·瓦罗克（Raoul Warocqué）。他对比利时煤炭工业的发展起着至关重要的作用，1912 年他用自有资金创办了天津比租界专管公司（Société Anonyme Belge de Tientsin）。他还是一名艺术爱好者，对中国所有物品都十分着迷。他曾花费多年时间收集中国工艺品，包括玉器、瓷器、景泰蓝珐琅首饰、青铜器和象牙，如今这些藏品都陈列在马里蒙特皇家博物馆（Royal Mariemont Museum）内。

如果说个人因素很重要，机构也是如此。义品放款公司（Crédit Foncier d'Extrême-Orient，简称 C.F.E.O.）原名为天津法比兴业银行（Société Franco-Belge de Tientsin），是依据比利时法律成立的有限责任公司，于 1907—1955 年在天津经营。它专门从事房地产业务，如建筑物的建造、购买、出售和租赁，并且为供水、电报和电力等基础设施项目提供资金。该公司商业活动的范围在覆盖全中国之后，扩展至整个亚洲。无论它在哪里开设分支机构，都会设立一个建筑设计事务所。天津办事处是最大的办事处之一，负责数以百计的房屋、公共建筑、公寓和仓库建设项目，服务对象不仅有中国客

官、两名下士、五名骑兵和十名步兵组成。奥普林特中尉（Lieutenant Emmanuel Wouters d'Oplinter）担任首支特遣队的指挥官，马尔奇安（Emile Ernest de Cartier de Marchienne）担任副官。[19]

比利时在华投资

义和团运动后，中国被迫向八国联军支付巨额赔款。上文提到，为弥补比利时拥有的铁路及宗教建筑被毁所带来的损失，清政府向比利时驻北京公使馆支付了

户，还包括租界当局、私人公司和教会。因此，义品放款公司推动了现代的、钢筋混凝土的、西式的建筑在中国各地的传播。比利时人沃卡特（Gustave Volkaert）是公司里最杰出的建筑师之一，他先在天津和北京（1914—1922）的不同地点工作，后回到天津（1934—1946），然后又去香港工作（1947—1954）。他设计的建筑物包括华比银行大楼和北疆博物院（自然历史博物馆）。法国人门德尔松（Léo Mendelssohn）同样才华横溢，他在1927年设计了百福大楼，1931年建造了法国公议局，1932年修建了法国俱乐部。沃卡特的建筑作品不具备高度创新性，但他是公认的义品放款公司中最兢兢业业、技术最娴熟的建筑师之一。因长期在中国工作，他见证了中国在努力适应现代社会过程中所发生的根本性变化。这一点在他的作品中也有所体现，他设计的建筑物均为多重风格的综合体，涵盖古典主义、装饰派及摩登风格，其中混凝土、现代舒适性及建筑技术几个因素都起着重要作用。[20]

比利时人在兰州：韦尔维耶技术员与铁桥（1906—1912）

本节主要讲述了利奥波德二世及在华比利时人的历史概况，结尾之前，有必要简单回顾一下斯普林格尔德，他就是大名鼎鼎的"林旅长""清末担任高官的比利时人"。1900年后，保罗担任刚果自由邦的专员，在八个省份奔波以弥补义和团运动造成的损失。然而，当保罗完成任务后，他中止了与国王利奥波德二世的联系。相反，在李鸿章的影响下，他担任了陕甘总督彭英甲顾问。于是，他参与了这两省的一些新的工业项目。早在1878年，著名将领左宗棠（1812—1885）就曾

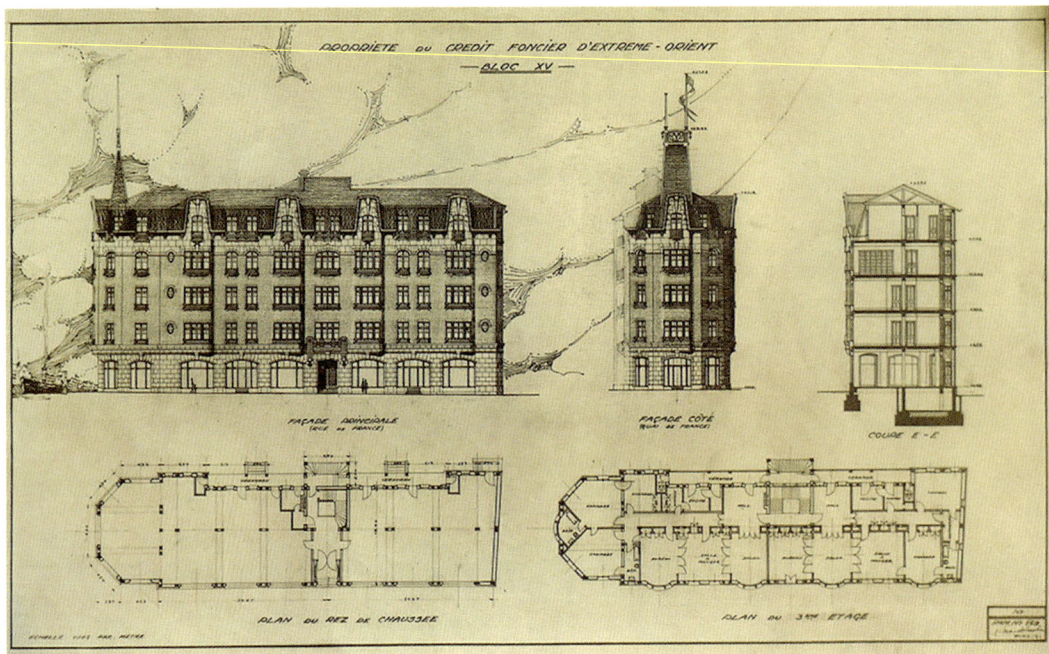

▲ 百福大楼平面图
注：1927年建筑师门德尔松设计的百福大楼平面图，位于天津大法国路（今解放北路）。图片版权属于比利时国家档案馆。

聘请德国技术人员，从德国引进机器，在兰州建立了一家工厂，利用产自当地的羊毛为其部队制作军服。工厂于1880年开始经营，共有两台锅炉带动1080个纺锤和20台织布机，每天可生产120米布料。然而，由于水资源匮乏和资金不足，工厂最终于1883年关闭。[21]

1906年彭英甲总督派保罗前往布鲁塞尔聘请工程师和技术专家，目的是在甘肃省会兰州建立比利时矿业公司、商业机构和工厂。其中有些雄心勃勃的计划，例如开办糖厂，进行石油和矿产的勘探与开采，最具挑战性的是在兰州修建一座横跨黄河的铁桥，以替代明洪武二年（1369）建造的"镇远浮桥"。[21]

斯普林格尔德到比利时后为了寻找纺织业的工头和工程师，特地前往纺织城韦尔维耶（Verviers）。同

▲ 在兰州的比利时人
注：从左至右：亨利·斯卡利特、丹尼丝·斯卡利特（Denise Scaillet）、格尔茨小姐（Miss Geerts）、范贝尔（Van Belle）神父、格尔茨。图片由克里斯蒂安·戈恩斯－普尔贝（Christian Goens-Pourbaix）提供。

▲ 1909 年 6 月 9 日穆勒与宝丽娜·斯普林格尔德的婚礼
注：1. 卡蒂亚；2. 德卢；3. 格尔茨；4. 拉贝诺瓦；5. 美国人科尔特曼；6. 穆勒；7. 宝丽娜·斯普林格尔德；8. 林阿德；9. 瓦伦坎普夫；10. 阿曼德·杰拉德（A. Gerard）。图片由克里斯蒂安·戈恩斯－普尔贝提供。

年晚些时候，他返回中国，与之同行的有——纺织工程师、韦尔维耶高等纺织学院教授穆勒〔Jean-Jacques Muller，后来成为保罗女儿宝丽娜（Pauline Splingaerd）的丈夫〕；工程师、化学家及地质学家格尔茨（Robert Geerts），此人曾在开平矿务局工作且精通中文，与保罗早已熟识；另一位工程师是前京汉铁路公司经理路蒂塞贝特（Louis François Thyscbaert）。抵达中国后，保罗与他的妻子及女儿凯瑟琳和宝丽娜，带着穆勒、蒂塞贝特和格尔茨（还有他的姐姐与外甥）一起，于1906年7月28日离开北京前往甘肃省。

9月26日保罗在西安逝世，余下一行人历经千辛万苦，最终抵达兰州。来自韦尔维耶的工程师们与保罗的长子林阿德及他的家人会合。林阿德奉命接手父亲的工作，帮助彭总督发展兰州。林阿德曾在比利时驻北京公使馆担任翻译，随他同来的还有库特利耶（Guillaume Coutelier）、他的朋友斯卡利特（Henri Scaillet，与库特利耶都曾在公使馆担任警卫）和一位名叫范德斯特根（Vanderstegen）的人，后者是位较为年轻的欧洲秘书，只在兰州短暂逗留。

除了对旧纺织厂进行改造之外，比利时人还在老城区兴建洋胰子和洋蜡工厂，创办糖加工厂（还包括开设必不可少的新甜菜种植园），建造烟草厂，并探索开采石油和矿藏的可能性。不久之后，兰州的比利时团队又添了两名新成员，一位是来自列日、研究矿藏储量的制造工程师艾伯特·德肯（Albert De Deken），另一位是尼古拉斯·拉贝诺瓦（Nicolas Larbanois）。1908年穆勒回到比利时又招募了一支经验丰富的技术队伍，成员均来自韦尔维耶市，同年，他们一起返回中国。这个团队有技术娴熟的工匠，如机械工程师卡蒂亚（Joseph

Cadiat）、纺织品染色工艺主管尼克（Emile Nique）、高级织工杰拉德（Armand Gérard）和工程师瓦伦坎普夫（Robert Varenkampf）。[22]

比利时人在兰州的居住地里总共有16名成员，其中包括传教士。传教士中有一位是来自安特卫普司各特教会的范·戴克神父（Léon Van Dyck），他是兰州大学的法语教授，也曾担任清政府高官（官帽装饰有水晶顶戴和孔雀翎）。纺织厂为甘肃省所有，但由于基础设施的缺乏，比利时人高成本生产出的纺织物无法出售给内陆地区。在布鲁塞尔的外交部档案馆仍能查询到当时许多工程师的工作合同，穆勒每月450两白银，拉贝诺瓦每月300两白银，其他同事每月收入只有250两白银（1908年1两白银相当于3.3比利时法郎）。1911年辛亥革命最终推翻了清王朝，这些比利时工程师的合同没能续签，纷纷离开了兰州。

斯普林格尔德的兰州铁桥梦进展如何呢？在他有生

1901年查尔斯·泰格特（Charles Tytgat）以《二十一世纪报》记者身份前往中国，遇到了当时在比利时北京大使馆工作的林阿德（Alphonse Splingaerd），对他的描述如下：

林阿德先生非常年轻，年龄25岁。他是我们的知名同胞"斯普林格尔德"的儿子，他们在这里称林阿德的父亲为"斯普林格尔德神父"。30年前，保罗初到中国的时候是个厨师，后来成为传教士的杂工。保罗娶了一名中国女子为妻，生育了许多孩子。他把中国当成了自己的新国家，没人能像他一样了解这个幅员辽阔的国家。因此，他不仅为探险者们提供了宝贵的向导服务，还曾在比利时大使馆担任翻译（他会讲各种语言，从弗拉芒语到汉语，还包括拉丁语、俄语、日语、藏语和蒙古方言）。

当我抵达北京时，保罗神父还在旅途中。他正陪同菲耶夫少校去蒙古考察。很遗憾，我没有机会拜访他，因为所有关于他的传说都激发了我想要了解他的强烈愿望。他的长子接替了他担任公使馆的翻译。林阿德外表英俊、聪明睿智、肌肉强健，头发和眼睛的颜色都很深。跟所有中欧混血的孩子一样，东方人的特征更强。他的颧骨不像中国人那般凸出，但眼睛呈杏仁状，皮肤也为东方人特有的黄色。在性情上，这个青年是完美的欧洲人。他很时髦，很有绅士风度，行为举止也无可挑剔。除了精通汉语外，他还能准确地用英语和法语进行交流。他最大的愿望是去看看自己的祖国，首先是比利时，但最重要的还是佛兰德斯，他的父亲正是在佛兰德斯一个村庄中出生的，并给他讲述了那里的奇闻。作为北京居民，所有这些都会让他了解许多被忽视、被误解但深爱着的事情……

林阿德

注：身戴四件荣誉勋章，包括绶带上的中国双龙勋章、上衣胸前比利时一等十字勋章。

图片版权属于赫尔辛基国家文物委员会。

▲ 1749 年的兰州
注：出自《黄河下游闸坝图》
第 18 图。收藏于美国国会
图书馆。

之年，这个梦想并未实现，铁桥在他去世后不久才最终建成，1910 年 4 月 26 日《比利时晚报》（*Le Soir*）记载如下：

天津一家德国公司深谙中国的生意之道，只要哪里出现商业机会，他们便随时准备出去，在清政府高官保罗在外停留期延长的时候，该公司派遣了一名工程师前往兰州。在当地代理商的协助下，这位工程师设法接手了原本属于保罗的项目。

这座新铁桥最终由美国工程师科尔特曼（Robert Coltman）和上海德国泰来洋行（Telge & Schroeter）的德卢（Deloo）共同建造而成。

有趣的是，比利时在兰州的"殖民地"曾经接待过芬兰男爵曼纳海姆（Baron Carl Gustaf Emil Mannerheim）。他后来成为著名的军事领导人和总统，在日俄战争期间，曼纳海姆曾担任俄军中校参与作战（当时芬兰是俄罗斯帝国的一部分）。他还曾在 1906 年和 1908 年组织穿越中国的科学考察（事实上，他是俄国的间谍）。1908 年 3 月曼纳海姆到达兰州时，浮桥已经被拆除，一座有五个桥拱的固定式新铁桥正在建设中。曼纳海姆曾在铁桥的美国设计师科尔特曼、德国人德卢及几位比利时工程师的陪同下，前往总督盛云的衙门赴宴。上面为这次晚宴的照片，还可以看到保罗的儿子林阿德。[23]

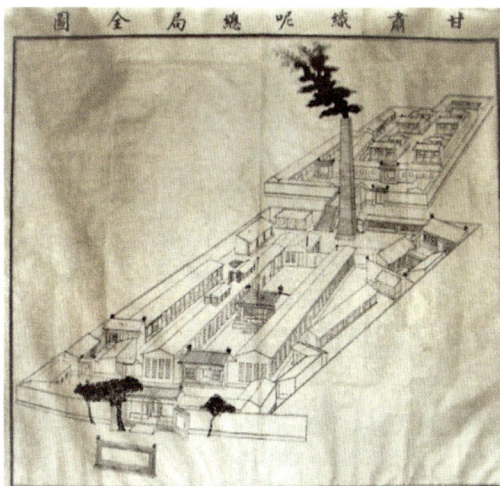

▲ 甘肃织呢总局全图
注：宿舍区与工厂有一桥之隔，董事会会议室与经理穆勒的住所则位于右下角。

▲ 设防严密的兰州城
注：中国画，绘于约 1908 年。图中位置 1 为新铁桥，2 为纺织厂的烟囱，3 和 4 为黄河上的两台水车。

▲ 1908 年盛云总督在兰州设宴庆祝春节

注：前排：1. 林阿德；2. 范·戴克；3. 盛云总督；4. 格尔茨；5. 曼纳海姆。

图片版权属于赫尔辛基国家文物局。

▲ 屋顶晒烟叶

注：注意背景中的城墙。图片版权属于赫尔辛基国家文物局。

◀ 格尔茨在兰州的实验室
注：图片版权属于赫尔辛基国家文物局。

▶ 曼纳海姆在兰州的比利时人居住
地拍摄的照片
注：从左至右依次是范·戴克神父、
林阿德、道台、格尔茨小姐、罗伯
特·格尔茨与他的侄子。图片版权
属于赫尔辛基国家文物局。

▲ 兰州城墙

注：1908 年由曼纳海姆拍摄。图片
版权属于赫尔辛基国家文物局。

▲ 兴建兰州铁桥的场景

注：摄于 1906 年，背景为旧式浮桥。图片版权属于赫尔辛基国家文物局。

从清朝到中华民国，再到新中国

清朝早已开始衰落。1911年社会处于彻底混乱之中。清朝末代皇帝在辛亥革命后退位，中华民国宣告成立。紧接着，外蒙古和西藏宣称独立，唐努乌梁海被沙俄吞并。孙中山（1866—1925）领导了辛亥革命，当选为新成立的中华民国临时大总统。1912年他将总统让与袁世凯。[22] 袁世凯最初支持改革派，但局势很快恶化，1915年他试图恢复帝制，自称洪宪皇帝。由于军事强人的反对加上1916年袁世凯的早逝，这场复辟运动草草结束。

与此同时，欧洲爆发第一次世界大战。1917年中华民国选择加入协约国阵营，成千上万的劳工被派往法国前线，协助挖掘战壕。日本也正式宣布支持协约国，占领了山东的德国租界，向中国政府递交"二十一条"，企图占领整个山东省。在《凡尔赛条约》的商议过程中，中国的德国租界被转让给日本，这也预示着长达30年的纷争与冲突即将开始。

当时中华民国处于无政府状态。从1921年到1925年孙中山去世，他仅掌控了中国南方地区。[23] 中国的其他地区在几个军事集团的控制之下，每个地区都由自己的军阀领导。1927年国民党领导人蒋介石（1887—1975）在激烈的内战中打败北洋军阀，结束了这一混乱时期，随后担任统一的中华民国大总统。[24] 首都迁至南京，更换了国旗。此后（指1928年之后），中国几乎成了国民党的天下。1927年，国共冲突加剧。[25] 1931年林森（1868—1943）接替蒋介石担任国民政府主席，日本入侵中国东北，揭开了第二次中日战争的序幕。[24]

第一次世界大战期间，法国几乎所有的男性都应征入伍，致使前线出现了劳动力短缺现象。1916年5月14日法国政府与中国签署招募中国劳工的协议。6个月后，英国也与中国达成协议，同意中国向法国战场派遣15万名工人，为期三到五年。但条约规定这批劳工只能用于后勤保障，不能上战场作战。正如条约所述："中国劳工永远不能参与军事行动，他们的使用被严格限制在战场辅助工作与工业生产活动方面。"被称为"中国劳工旅"的工人们随后被安置在法国北部滨海的努瓦耶尔（Noyelles-sur-Mer）的英国军营里，那里也成了他们的总部。3000名中国人长期在这个营地里工作。他们的任务包括运送弹药，在附近农场进行劳作，以及修筑巴黎到加来（Calais）的铁路增建线（这项工程在战争年代一直未能完工）。1917年之后，他们还被派去清理战场、运送伤员、埋葬阵亡士兵。一些中国劳工在战争中丧生，主要是由于疾病和事故。然而，在战争之后，1919年和1920年有更多的劳工死于西班牙流感。[26] 总共842名中国劳工被埋葬在努瓦耶尔公墓中，现由英联邦战争墓地委员会负责管理。墓碑上均刻着他们的中文名字，公墓里还种植了松树和雪松，给人感觉这里更具有中式墓地的氛围。

一战期间，中国劳工旅也在西佛兰德斯几个地方的历史中留下了不可磨灭的印迹。近年涌现的大量出版物为记录、理解和保存这段历史提供了帮助。中国劳工不仅活跃在战争前线，其中有些人还在执行任务中不幸殉难。如今，刻有汉字的墓碑默默记载着中国劳工旅在比利时最西部省份所做的牺牲。2017年11月波佩林格（Poperinge）附近的布塞波姆村（Busseboom）竖立起一座雕像，以纪念在德国空袭中丧生的13名中国劳工。

中国一旦被惊醒，世界会为之震动。

——拿破仑

▲ 中国劳工

注：摄于法国北部乌代泽勒（Oudezeele）附近，中国劳工围在一名法国摄影师周围。

▲ 陆征祥

在那个时代留下的史料中，有两份中国亲历者的记述值得我们格外关注。其中一篇是曾为华工担任口译员的顾杏卿所写。另一本名为《华工记》的作者是孙干（生于1882年），他既是教师，也是一名华工。他和许多其他同胞一样，想利用加入中国劳工旅的机会，去见识西方世界。这两位中国作者被即将到来的欧洲历险所吸引，他们尤其对西方的技术发展水平颇有兴趣（这也给他们留下了特别深刻的印象）。人们不禁想问，他们是否知道国内已经引进和应用比利时技术达几十年之久。[25]

第一次世界大战后，比利时和中国之间没有发展新的经济合作。或许正因如此，1926年国王阿尔贝一世（King Albert I）听取工党领袖范德威尔得（Emile Vandervelde）的建议，决定将天津的租界归还给中国。1929年8月31日中国政府正式收回天津的比利时租界。[27] 比利时是第一个自愿放弃租界的西方国家，所以这一举措引起了其他租界所有国的担忧。这一时期，中比的合作只有为数不多的经济和科学项目取得成果，其中一项就是创建了中比镭锭治疗院，治疗院于1931年3月完工，附属于上海圣心医院。开办该治疗院的经费来自清政府支付的"庚子赔款"。1936年中比镭锭治疗院成为独立机构。1949年中华人民共和国成立后，更名为上海镭锭治疗院。1954年之后，它划归上海第一医学院，改名为上海第一医学院肿瘤医院。[26]

自从1931年日本占领东三省以来，中日之间的矛盾就不停地在酝酿升级。1937年日本侵华战争全面爆发，[28] 这也是第二次世界大战的前奏。日军在打败中国北部和东部的军队之后，占领了中国大部分领土。1937年12月日本侵略军占领首都南京，大规模屠杀市民，史称"南京大屠杀"。在此之前，蒋介石和他的军队撤退到西部省份四川，将重庆定为战时政治、军事中心。[29] 南京成为日本傀儡政权的"首都"，掌控着日本已占领的地区，南京几乎变成另一个伪满洲国。这个所谓的"中华民国"仍使用和日本侵略前几乎一样的旗帜（但在上面多了一个条纹）。1945年第二次世界大战结束，日本战败，南京重新成为中华民国的首都。[27]

陆征祥：从中华民国总理到比利时本笃会修士

19世纪末至20世纪上半叶之间的这段乱世，刚好也是一位中国名人所生活的时代，他对比利时情有独钟，最终在这个他视为第二故乡的地方永久定居下来。陆征祥（1871—1949）出生于上海一个新教家庭，他父亲是伦敦会的传教士。陆征祥曾在广方言馆（附属于江南制造总局）接受教育，主修法语，随后被送往北京同文馆进修。1892年他被调往俄国首都圣彼得堡，担任清政府驻俄使馆的译员，任职期间，他迅速得到提拔，先是升为参赞，随后又担任秘书。在俄国时，他遇到了法语老师培德·博斐（Berthe Bovy），她是比利时军官的女儿。1899年俩人结为连理。他于1911年皈依罗马天主教，同时也终生信奉儒家思想。陆征祥在外交和政治事务方面师从许景澄。如前所述，许景澄是中国派往比利时第一支外交使团中的一员，曾任总理衙门大臣，同时也是陆征祥在儒家思想方面的导师。1905年陆征祥升任中国驻荷兰公使。第二年他又被任命为中国出席第二次海牙和平会议的高级代表。1910年他和妻子经1905年建成的西伯利亚大铁路返回中国。

1911年被称为革命之年，翌年中华民国成立，陆征祥奉命前往海牙签署《海牙公约》，随后赴圣彼得堡担任驻俄公使，负责与俄国政府谈判修订1881年两国签署的《中俄伊犁条约》。1912年3月他在当选为新成立的中华民国的首任外交总长之后明确表示，既然阻碍现代化发展的清政府已不复存在，就要按照西方国家外交部的模式改组外交机构。几个月后，陆征祥出任内阁总理。1912年至1920年8月，他五次被任命为外交总长并在1919年作为中国首席代表出席巴黎和会。陆征祥代表中国政府拒绝签署和平条约，因为陆征祥认为这又是一个不平等条约，损害了中国利益，明显偏袒日本。

1922年6月陆征祥出任驻瑞士特命全权公使，代表中国参加国际联盟。1926年陆征祥妻子去世，他辞去了所有官职，时年56岁。在中国历史之上，出现过几次官员因对政治感到失望而选择出家的先例。这也是陆征祥当时选择的道路。他加入了位于"泽文克肯"（Zevenkerken，比利时布鲁日附近）的天主教圣安德烈斯（圣安德烈）本笃会修道院，并于1927年10月4日成为本笃会修士，改名为皮埃尔·塞莱斯坦·陆（Dom Pierre Célestin Lou）。他于1935年6月被授予圣职，成为塞莱斯坦司铎。泽文克肯修道院院长对中国抱有浓厚

▲ 陆征祥（前排右二）、袁世凯及其他外交官合影
注：约摄于1915年。

兴趣，鼓励他与世界各地的前同事经常保持联系。

1931年陆征祥在比利时法文报纸《自由比利时报》（La Libre Belgique）上发表了一篇称赞比利时政府归还天津租界的长文。他在文章中还对勒让德先生（Legendre）的观点提出质疑，勒让德曾任比利时驻华使团代办，对比利时殖民策略的改变感到遗憾。陆征祥在抗日战争时期也扮演了重要角色。1937年日本发动全面侵华战争，两年后，罗马教廷大使扎宁（Monsignor Marius Zanin）写信给中国的天主教神职人员，告诫他们要站在纯粹的精神立场，切勿参与政治冲突。许多司

▲ 1943 年陆征祥在比滕与比利时首位来华耶稣会士南怀仁雕像合影

铎和传教士并不情愿接受这一指示，特别是在南京沦陷后，陆征祥曾受命解决扎宁大使引起的这场争端。此外，他还建议中国政府与梵蒂冈保持高级别的官方接触。1946 年陆征祥被任命为根特圣彼得修道院的名誉院长。[28]

十分有趣的是，陆征祥与比利时著名的漫画家之一埃尔热（Hergé）有一段特别的交往。埃尔热本名雷米·乔治（Remi Georges，1907—1983）。1934—1936年，他创作了一本关于丁丁远东之旅的漫画书（《丁丁历险记：蓝莲花》），为此他多次去往修道院采访陆征祥，还从陆那里借了几本关于中国局势的书籍。陆征祥向埃尔热讲述了中国如何被侵略以及日本人的暴行，他和他的经历成了漫画家的灵感源泉。埃尔热漫画书中"张"的原型是他的中国朋友张充仁，他出生于上海，在布鲁塞尔的美术学院留学。他俩对日本侵略者都非常厌恶。令人意外的是，丁丁（也就是埃尔热）同样嘲讽了欧洲人与美国人在中国租界里表现出的傲慢和帝国主义姿态。1931 年 9 月 18 日日本炸毁中国沈阳附近的铁路线，却把责任归咎于"中国土匪"身上，[30]借此发动了九一八事变。《蓝莲花》中也揭露了这一事件的真相。在第一版《蓝莲花》中，埃尔热在第60页刊登了一篇关于记者丁丁的文章，署名为 L.T.T.（陆征祥的缩写），但在之后的版本中，这个署名不见了。漫画书出版后，陆征祥并不赞同书中的某些观点（参见 1938 年 12 月 7 日埃尔热的信件）。即便如此，陆征祥还是送给埃尔热一本他为之作序的书籍《中华公教呼声》。1949 年 1 月 15日陆征祥逝世，他的一生大起大落、多姿多彩，曾攀上政治与外交领域高峰，却忽然改弦易辙，过起了僧侣的简朴生活，也正是这一变化将他与比利时联系起来，直至生命尽头。陆征祥去世后葬于泽文克肯修道院公墓。[29]

钱秀玲：二战时期救死扶伤的比利时华人

第二次世界大战的惨烈背景下衬托着一段传奇故事，主角是一位传奇的中国女子，但长期以来，这段故事已被人们遗忘。主人公钱秀玲（1912—2008）出生于江苏宜兴的一个富裕家庭。1929年她凭借优异成绩入读比利时鲁汶大学化学专业。在遇到比利时医生葛利夏（Grégoire de Perlinghi）之后，钱秀玲的生活发生了变化。他们于1933年结婚，定居在比利时最南部的小镇艾尔伯蒙（Herbeumont），过着平淡的生活。然而，这并不是故事的终结。第二次世界大战爆发后，她注定要扮演一个出人意料的角色，成为人们心目中的女英雄。这一切都要从她抵达比利时之前说起，在中国她认识了一位德国军官冯·法尔肯豪森（Alexander von Falkenhausen），当时这位军官在中国从事中德军事合作项目。

1928年北伐战争之后，以蒋介石为首的国民党基本统一了中国。尽管取得了胜利，但国民党明白他们的军队需要彻底现代化。在19世纪，中德之间曾有军事方面的合作，此时中国再次向德国寻求帮助。第一次世界大战之后的条约对中德两国都是不利的。德国努力维系本国的军火工业，《凡尔赛条约》（1919）把中国的利益出卖给日本。因此，中国政府与德国接洽，希望借助德国实现军队现代化的计划，最终双方于1921年签订了《中德协约》，正式结束了两国之间的战争状态。随后，德国将汉口和天津的租界交还给中国。德国还同意以派遣军事顾问的形式对中国提供援助，派遣专家来华负责人员培训、战术分析、后勤重组和武器装备现代

化。这种形式的中德合作一直持续到20世纪30年代，甚至一直保持到纳粹夺取德国政权之后。但1937年全面侵华之后，日本军国主义政权加入了轴心国，中德合作也宣告破裂。[30]

1930年法尔肯豪森从德意志帝国陆军退役，此前他曾担任过镇压义和团运动的高级军官以及驻日本武官。四年后，他以军事顾问的身份回到中国，还和蒋介石建立了友谊，这段情谊一直持续到法尔肯豪森奉命返回德国之后。二战期间，法尔肯豪森恢复现役，被任命为比利时占领区的军事长官，在这里他的人生与钱秀玲再次产生交集。比利时抵抗组织在钱秀玲居住小镇附近的艾克兴市（Ecaussinnes）杀害了三名盖世太保[31]，纳粹为了报复和警告，抓捕了近百名比利时人，准备处决。钱秀玲不顾怀有身孕，为解救这些被捕人员甘冒风险，挺身而出。法尔肯豪森在中国训练蒋介石的军队时，曾与钱秀玲的堂兄钱卓伦结为莫逆之交。钱秀玲凭此段交情与法尔肯豪森取得联系，恳求他下令挽救这些囚徒的性命。据说法尔肯豪森长官非常为难，但最终还是同意了，不过也因此得罪了纳粹政权。厌恶纳粹的法尔肯豪森在官方对他的调查中逃过一劫，之后加入反希特勒阵营中，1944年7月20日他们策划的炸弹袭击险些消灭了纳粹领导人。

在战后的1951年，法尔肯豪森与其参谋长雷德尔（Eggert Reeder）因涉嫌驱逐犹太人和处决俘虏在比利时受到审判。钱秀玲始终不曾忘记他在1944年做出的勇敢决定，这一次她又出面为法尔肯豪森辩护。在审判中，钱秀玲出庭为他做证，其他证人的证据也进一步证明了他解救比利时人的行为。法尔肯豪森在比利时监狱被监禁了几年，但审判后不久就被释放了，并且得到战

▲ 鲁汶大学化学系学生钱秀玲（二排中间左侧）

注：约摄于 1930 年。

后联邦德国第一任总理阿登纳（Konrad Adenauer）的赦免。之后，钱秀玲的生活又恢复平静，她的故事也逐渐淡出人们的视野。2002 年张雅文出版了一部小说，并被改编成电视连续剧，名为《盖世太保枪口下的中国女人》。这本书和电视连续剧均以钱秀玲的生平事迹和她在二战中的英勇举动为创作基础。大约在同一时期，钱秀玲的孙女塔蒂亚娜·佩林希（Tatiana de Perlinghi）拍摄了一部相同主题的纪录片《我的奶奶是英雄吗？》。2005 年时任中国驻比利时大使章启月前来看望钱秀玲，感谢她在战争中做出为祖国赢得荣誉的义举。2008 年钱秀玲去世时，比利时和中国媒体都发表文章表示纪念，中央电视台也专门为她制作了一部纪录片。在艾克兴市，佩林希路（Rue Perlinghi）正是以她婚后的姓氏命名，因为她在比利时被称为钱秀玲·佩林希，是当地人心目中"比利时的中国辛德勒"。[31]

韩素音：母亲为比利时人的华裔作家

将中国与比利时联系起来的还有另一段爱情故事，这其中有一位同样了不起的女人。她的笔名是韩素音，"韩为汉的谐音，要尽自己微薄之力在世界上喊出中国之音"。她于1916 年或1917 年出生于河南省信阳市，原名周光瑚。韩素音的母亲是比利时人（佛兰德斯人），父亲是客家人，是一位曾在比利时接受培训的工程师。1935 年她考入北京燕京大学攻读医学，但常常因自己的欧亚混血身份遭到歧视，只好在1935 年赴比利时布鲁塞尔大学留学。几年后，她返回中国，嫁给了国民党军官唐保黄，唐事业有成，是国民党少将。接下来几年，韩素音在四川省会成都的美国教会医院当助产士。这几年的经历为韩素音的小说《目的地重庆》提供了灵感，这是她漫长文学生涯中的处女作。之后，她丈夫先后被派往伦敦和华盛顿出任武官，后来又奉命奔赴东北前线，后死于战场。随后，韩素音的个人生活经历了一系列破碎的恋情、婚姻和恋人的猝然辞世，她也先后搬到香港、马来西亚、新加坡、印度以及瑞士居住，可谓是悲喜交加的漫长历程。[32]

1948 年韩素音以优异成绩从伦敦大学毕业，获得医学学士学位。此后，她在不同地方行医，同时，也投入受内心驱使的文学创作当中。20 世纪50 年代，她拒绝了著名作家、语言学家和哲学家林语堂（1895—1976）邀请她到新加坡南洋大学教授文学的提议。相反，她一心想要创作新的亚洲文学。为实现此目标，她撰写了大量小说，其中有些为自传体，其作品常常以19 世纪和20 世纪的殖民时代为背景。韩素音对亚裔美国文学的

▲ 韩素音（摄于 1978 年）

二战后的比利时与社会主义中国

第二次世界大战结束后，中国共产党和国民党之间的内战仍在继续。共产党最终赢得了胜利，于1949年10月建立中华人民共和国。一夜之间，一个新中国诞生了。

1949 年之后，比利时和中国断绝了所有外交关系，直到1971 年10 月25 日两国才重新建交。尽管如此，在这段漫长的断交时期，比利时与中国仍保持有经济联系和文化交流。首先是，1953 年安特卫普的伊丽莎白·格里萨尔（Elisabeth Grisar）的中国之行，之后她出版了两本关于中国妇女解放的书籍。1956 年12 月著名的北京马戏团在布鲁塞尔举办了几场演出。1957 年3 月以罗杰教授（Roger）为首的一批比利时经济学家访问中国，同年9 月版画家麦绥莱勒（Frans Masereel）来华举办展览，成为当时中国的文化亮点之一。1958 年夏天虽然中国没有派代表参加布鲁塞尔第58 届世博会，但京剧团前往比利时和卢森堡进行了演出。[35]

1957 年4 月比利时中国协会成立，宗旨是尽一切可能发展与改善两国文化、科技和经济关系。协会共有11 位创始人，包括5 名商人、2 位大学教授、1 名前外交官、2 位律师和秘书玛尔特·胡斯曼（Marthe Huysmans）。她是卡米耶·胡斯曼（Kamiel Huysmans）的女儿，卡米耶·胡斯曼是比利时著名的社会主义政治家，也是国际社会党（the Socialist International）前书记。创始成员中还有一位出生于布鲁塞尔的犹太裔企业家李德汉（Henri Lederhandler），他为促进中比关系发挥了重要影响，不仅是因为他创办的

发展产生了重要影响，她是第一位用英语写作的华裔小说家，对亚洲的描写也完全打破了此前普遍存在的刻板印象。她的作品中既包含东西方文化和政治价值观的碰撞，也讲述了东南亚国家寻求独立解放的斗争，以及清朝衰落后中国采取的内外政策。[33]

1949 年中华人民共和国成立后，她是首批获准访问中国的"外国人"之一，曾频繁回国访问。在多次访华中，她经常受到中共领导人的接见。1986 年韩素音基金会成立，鼓励中西方科技交流，促进文艺作品互译。韩素音活到90 多岁的高龄，2012 年于瑞士洛桑去世。[34]

苏德新贸易公司成功开展了对华出口业务，他还多次在赴华经济代表团中扮演了重要角色。

1961年比利时伊丽莎白王太后（Queen Elisabeth）受中华全国妇女联合会邀请，出席当年的"十一"国庆节庆祝活动。陪同女王访华的是阿拉德男爵（Baron Antoine Allard）和胡斯曼。因此，早在1972年2月毛泽东会见美国总统尼克松（Richard Nixon）建立"乒乓外交"之前，伊丽莎白就访问了社会主义中国，可谓是欧洲大人物中访华第一人。在20世纪的最后几十年里，中国还不时敞开中比合作的大门。[30] 最终，博杜安国王（King Baudouin）和法比奥拉王后（Queen Fabiola）于1981年5月25日至6月5日前往中国进行国事访问，在北京时，国王还与邓小平进行了长时间的私下会谈。

1971年后的中比关系

1976年毛泽东去世后，中国在社会和经济事务上逐渐采取更加宽容的政策。中共的新一代领导人邓小平用一句名言总结了这一转变："不管白猫黑猫，会捉老鼠就是好猫。"这句话的出处可以追溯到20世纪60年代初期。[32] 邓小平还打开了中国与西方经济合作的大门，缓和了中国国内存在的反西方情绪。政治气候的改善也在经济上有所体现，从1971年起，外国公司可在中国设立经营场所，外国商品也得以进入中国市场。[33]

1975年北京举办比利时工业展览会——经济先行

在1970—1971年，美国总统尼克松与国务卿基辛格（Henry Kissinger）访华，"乒乓外交"的开展带来了国际局势转变。1971年10月25日中华人民共和国加入联合国。当天，比利时正式承认中国北京政府。同年底，前比利时驻东京大使诺东男爵（Baron Patrick Nothomb）奉命为在北京开设比利时大使馆进行筹备工作。1972年4月11日他与另外5名比利时外交官抵达北京。1972年晚些时候，赫罗特哈特（Jacques Groothaert，后被授予男爵称号）成为比利时驻中华人民共和国第一位大使。1974年4月法国提议在北京展览馆举办世界上规模最大的法国工业展览会。1975年4月，格鲁特哈特大使向比利时首相、外贸部大臣，以及布鲁塞尔的比利时外贸局局长强烈建议，在中国举办一场同样的展览。由比利时外贸局与中国国际贸易促进委员会（简称中国贸促会）共同举办的比利时工业展览，也在北京展览馆亮相。这次著名的展览会共有85家比利时工商企业参加，展示了比利时在多个领域的科技水平。机械设备、精密工具及多种其他展品从安特卫普港运往中国，展厅面积超过1500平方米。比利时外交部为此项活动的预算支出相当于今天的87.5万欧元。这次展览共有被筛选的6万余名中国专家参观，同时组织了许多技术研讨会。比利时外贸大臣杜桑先生（Michel Toussaint）为展览揭幕，阿尔贝王子（Prince Albert，后成为国王阿尔贝二世 King Albert II）在驻华大使陪同下出席开幕式。中方出席开幕式的有外贸部部长李强与中国贸促会负责人。随后，比利时首相廷德曼斯及其夫人，在外交大臣范·埃尔斯兰德（Renaat Van Elslande）的陪同下参观了展览，范·登恩德先生（Jos Van den Eynde）率领的比利时议会代表团也前来参观。

当时在中国成立的标志性比利时合资企业，包括上海贝尔电话设备制造有限公司、西安杨森制药有限公司和时代啤酒（百威英博），令众多外国企业也随之效仿。之后，这股外商投资的新浪潮不再单纯采取合资企业形式，外商独资企业也允许成立。外资企业面临的挑战不仅是要做出自己的品牌，还要学会适应中国市场。[37]

1993年1月贝卡尔特集团（Bekaert group）和江阴钢丝绳厂签约成立合资企业，双方各占50%股份，取名为中国贝卡尔特钢帘线有限公司（China Bekaert Steel Cord Company）。江阴位于上海西北方向150千米处，这个项目包括在江阴市投资18亿比利时法郎建造一家工厂。随后，贝卡尔特沈阳钢帘线有限公司（Bekaert-Shenyang Steel Cord Co. Ltd.）成立，并计划在威海（山东省）建立第三家工厂。如今，贝尔卡特集团在中国拥有六家钢帘线厂、一家钢丝绳厂、一个精细钢丝制品技术中心以及不断壮大的工程部门和一个新建的先进材料与镀膜中心。

越来越多的公司和个人想方设法到中国经商，或者提供他们的专业技术和才能。例如，2018年，范·普韦尔德（Chris Van Puyvelde）离开比利时皇家足球协会，为中国足协效力。这位比利时足协前任技术总监的专业技能，将为立志成为足球大国的中国提供有益帮助。[38]

如今，比利时和中国有着千丝万缕的联系，人们频繁在两国之间穿梭旅行。中比双向旅游业得到蓬勃发展。两国的学术机构对口合作，双方都有学生交流项目。许多比利时公司和工业企业与中国的贸易合作也更倾向于现代化、精细化和更具高科技含量，这更加符合当今世界的特征。比利时的佛兰德斯省、布鲁塞尔首都地区和瓦隆省拥有强大的区域经济实体，它们均在中国进行投资。中国也同样向比利时投资。中国企业和投资者越来越发现，比利时拥有强大实力，它在西欧地区发挥着核心作用。第八章将进一步讲述这种新的协作与合作精神。古老的丝绸之路如今已脱胎换骨为"新丝绸之路"，即"一带一路"倡议，它通过铁路和海路有效地将西欧与中国联结起来。

▲ 1983年5月2日欢迎欧洲首批专家前来建造汉江制药厂的标牌

▲ 1975 年北京比利时工业展览会入场券
注：图片版权属于吉林克斯。

▲ 1975 年比利时首相廷德曼斯参观北京比利时工业展览会
注：前排从左至右：展览总监德·克纳〔Fernand de Coene〕、比利时首相廷德曼斯、比中协会
主席罗杰教授〔Charles Roger〕、比利时驻华大使赫罗特哈特、展览副总监吉林克斯。第二排
从左至右：首相办公室主任格罗斯〔Jan Grauls〕。第三排中最高的人为 Fabrimetal 钢铁厂代表。
图片版权属于范多伦、布鲁塞尔图片新闻社的吉林克斯。

热烈欢迎从杨森博士为首的比利时朋友
WARMLY WELCOME DR JANSSEN AND OTHER BELGIAN FRIENDS

热烈欢迎各级领导光临我厂视查指导

▲ 1984 年 5 月 24 日杨森制药厂奠基仪式合影

▲ 1984 年 5 月 24 日杨森夫妇（Dr. and Mrs. Janssens）与
约斯·豪斯顿（Joos Horsten）出席杨森制药厂奠基仪式

▲ 中国科学院授予吉林克斯"高级顾问"的聘书

注：1987 年中国科学院材料工程研究所授予吉林克斯
（中文名：纪凌时）"高级顾问"荣誉称号，以表彰他
为促进中比经济合作所做的杰出贡献及不懈努力。

▲ 百威英博建厂仪式

注：百威英博（AB InBev）于 1985 年首次进入中国。目前在全国有 30 多家啤酒厂，年产量超过 500 万吨。2017 年，百威英博在中国新开办一家啤酒厂，每年生产 1.5 亿升啤酒，成为百威英博亚洲最大的啤酒工厂。

1972 年以来比利时驻中国大使名单

帕特里克·诺东男爵（Baron Patrick Nothomb）	1972—1974（临时代办，两国重新建交后开设大使馆）
雅克·格鲁特哈特男爵（Baron Jacques Groothaert）	1972—1976，首任大使
劳尔·舒马克（Raoul Schoumaker）	1976—1977
劳尔·多尔曼（Raoul Dooreman）	1977—1979
罗杰·德诺姆（Roger Denorme）	1979—1984
容克·让·霍兰茨·范洛克（Jonkheer Jan Hollants van Loocke）	1984—1987
弗兰茨·巴克兰特（Frans Baeckelandt）	1987—1990
威利·德法尔克男爵（Baron Willy Devalck）	1990—1993
克莱尔·吉尔尚（Claire Kirschen）	1993—1997
约翰·马利国（Johan Maricou）	1997—2002
万德斯（Gaston van Duyse-Adam）	2002—2005
裴伯宁（Bernard Pierre）	2005—2009
帕特里克·奈斯（Patrick Nijs）	2009—2013
马怀宇（Michel Malherbe）	2013—2017
马文克（Marc Vinck）	2017—2020
高洋（Jan Hoogmartens）	2020 至今

◄ 1975 年北京比利时工业展览会上的贝卡尔特展台
注：1975 年北京比利时工业展览会上，贝卡尔特就
已引起中国注意。他们的钢帘线引起了人们的极大
兴趣。图片版权属于范多伦、布鲁塞尔图片新闻社
的吉林克斯。

▲ 贝卡尔特山东及沈阳钢帘线有限公司
注：2004 年贝卡尔特董事会在中国召开年会，以
增进相互了解，促进中比两国更大程度的合作。

▲ 上海贝卡尔特公司大厦

译者注

[1]姚士登（Maurice Joostens），1902—1904年任比利时驻华公使。

[2]指比利时利用八国联军入侵中国之机在天津牟取租界的行为。

[3]英国哲学家、法学家和社会改革家。他是最早支持功利主义和动物权利的人之一。

[4]此处史实有误。应为1858年签订《天津条约》，1860年签订《北京条约》。《北京条约》承认《天津条约》的有效性，并允许列强进一步扩大在华的侵略权益。

[5]指比利时国会在1885年正式授予利奥波德二世"刚果自由国国王"的称号。

[6]一家生产火车头的工厂。

[7]第二支考察团在时间上似乎与上一次考察团有重合，不能确定。

[8]这里指1898年卢汉铁路借款协议达成后，一些比利时人曾在汉口购置600亩土地，试图建立比利时租界，但受到张之洞阻挠未能成功。1907年张之洞高价赎回土地。

[9]1875年，即光绪元年，光绪登基，慈安、慈禧两宫太后垂帘听政。

[10]此处有误。应指创办北洋水师。

[11]甲午战后，尽管由于部分官员和舆论的压力，慈禧太后被迫撤去李鸿章的直隶总督职位，但李依然受到重用。1896年他被委派参加沙皇尼古拉二世加冕礼，并代表清政府签署了《中俄密约》。

[12]指东南互保。

[13]事实上，利奥波德二世在刚果的殖民统治异常残暴血腥，对于不听话的黑人奴工会将其妻儿的手砍断作为警告，有高达500万刚果人惨遭屠杀。

[14]指西方列强。

[15]第二次鸦片战争始于1856年，原作者应指1859年英法联军第二次攻占天津大沽炮台。

[16]利奥波德一世于1865年12月去世。

[17]后因法国等反对，没有派出。

[18]天津正式设卫筑城是在1404年。

[19]此处与史实不符，甲午中日战争并未在大沽口开战，八国联军侵华战争中大沽炮台失守，列强占领天津后，拆毁大沽炮台。

[20]此处史实有误。应为义和团运动后，根据《辛丑条约》规定，各国在天津的租界拥有驻兵权，八个国家在天津设有兵营，但不包括比利时。

[21]此处史实有误。明洪武五年（1372）宋国公冯胜曾因军事需要，在兰州城西七里许建造浮桥，战后拆除；洪武八年（1375）卫国公邓愈又在城西约十里处（今十里店）造浮桥，称"镇远桥"，后被河水冲毁；洪武十八年（1385），兰州卫指挥佥事杨廉在金城关下（今中山桥位置）建浮桥，后又多次重修。

[22]此处表述不准确。孙中山在各方压力下被迫于1912年2月13日宣布辞去临时大总统职务，2月15日南京参议院正式选举袁世凯为临时大总统。

[23]此处表述不准确。孙中山仅掌握了两广地区。

[24]此处表述不准确。北伐战争时期，蒋介石担任国民革命军总司令。1928年北伐战争结束后，蒋介石就任国民政府主席兼陆海空军总司令。1932年，蒋介石任国民政府军事委员会委员长直至1946年军事委员会撤销。1948年，蒋介石被第一届国民大会选举为中华民国行宪后第一任总统。

[25]此处指南昌起义。北伐期间，国民政府因为"容共"或"清党"两种意见的冲突，而造成内部分裂。1927年4月，蒋介石在南京另立"国民政府"，即所谓宁汉分裂。1927年4月中国国民党中央监察委员会在上海通过"清党原则"，全面进行反共清党，逮捕和处决共产党人，此为四一二事件。1927年7月15日武汉汪精卫政府宣布停止与中国共产党的合作。至此第一次国共合作正式结束。此为七一五事变。为反抗国民党反动派的屠杀政策，唤醒广大中国人民，表明中国共产党要把中国革命进行到底的坚定立场，实行二次北伐，1927年8月1日，中国共产党发动南昌起义。起义最后失败，但它标志着中国共产党独立地创造革命军队和领导革命战争的开始，是创建人民军队的开始。

[26]指西班牙型流行性感冒，暴发于1918～1920年。该流感得名并非因为起源于西班牙，而是暴发期间西班牙有约8万人感染此病，包括当时的西班牙国王。

[27]1927年1月17日比利时驻华公使洛恩宣布，比利时愿意将天津比租界交还中国，以示友好。1929年8月31日，中比两国签订了交还天津比租界的约章，规定该租界的行政管理权，以及所有租界公产，移交中国政府；而比租界工部局所背负的债务由中国政府偿还。1931年3月，两国政府正式举行交接典礼。

[28]现在史学界一般将1931年的九一八事变视为抗日战争的起点。

[29]南京陷落前，1937年10月蒋介石已决定将国民政府迁驻重庆，12月国民政府在重庆正式办公。

[30]此处有误。常用说法为日本关东军诬陷为中国军队（奉军）所为。

[31]即德语"国家秘密警察"（Geheime Staats Polizei）的缩写"Gestapo"的音译。

[32]1962年，一些农村地区为了应对饥荒和自然灾害，自发产生了包产到户、责任田等各种各样的生产形式，引发党内争论。7月2日，中共中央书记处开会讨论"包产到户"问题。邓小平第一次引用刘伯承经常说起的四川谚语："不管黄猫黑猫，只要捉住老鼠就是好猫。"1962年7月7日，邓小平接见出席共青团三届七中全会全体同志时，再次借用这句谚语来表述他对恢复农业生产和包产到户的看法。该讲话后收入《邓小平文选》。后来讹传为："不管黑猫白猫，捉到老鼠就是好猫。[33]1971年中国恢复在联合国的合法席位后，许多西方国家相继同中国建交，中外经贸合作进一步发展，但外资企业及外国商品正式进入中国应在20世纪70年代末、80年代初。

▲ 存放书籍的朱漆公文箱（18 厘米 ×28 厘米 ×17.5 厘米）

注：箱面雕刻有中式山水图案，16~17 世纪制作。图片版权
属于根特城市博物馆。

京汉铁路工程与比利时的斯普鲁伊特医生兄弟

京汉铁路工程：比利时的巅峰科技

作者：查尔斯·拉格朗日

铁路与医生

在第三章中，我们将进一步阐述比利时人在中国铁路建设中所起的作用。如我们所见，天津租界是比利时殖民史上的重大失败。不过，来自不同地方的比利时人在中国展示了他们当时闻名于世的专业技能，即钢铁生产与铁路建设。比利时第一条铁路线可追溯至1835年修建的布鲁塞尔—马林（Brussels-Malines）线。铁路这项工业革命时期的新发明，虽然由英国人最早开创，却是由富有开创性的比利时工程师率先加以开拓的。铁路建设存在危险，因此施工队伍中需要配备随行医生。这就是斯普鲁伊特兄弟进入我们故事的起因。他们的出现为我们了解比利时在华铁路建筑史增添了一个新角度，同时也是一项远远超出兄弟二人想象的宏图大业的起点。本章将根据已知资料和先前未出版的历史文献，追溯他们的背景，并循着他们在中国的冒险之路一探究竟。[1]

铁路修建合同

1895年中日甲午战争中，中国战败致使清政府处于破产状态。这意味着清朝开始崩溃，中国进入半殖民地时代，[2]包括科学技术在内的各种现代西方产品迅速传入中国。中国的第一条铁路线（1865）由英国人在北京修建，长度仅0.5千米。[3]第二条铁路建于上海（1876），全长14.5千米。[4]然而，这两条铁轨都是非法所建，很快就被清政府拆毁了。修建铁路的计划有时也会遭到当地中国人的强烈抵制，因为他们对修建过程中造成的风水破坏以及乡村生活方式的改变极为不满。根据中国传统风水理论，人们认为铁路建设破坏了自然界中存在的玄奥平衡。但是，现代化进程不可阻挡。到1895年，中国已建成400多千米长的铁路线。[5]1896年中国铁路总公司成立，总公司决定在北京和汉口[2]（武汉）之间修建一条铁路线，随后再延伸至广州。考虑到比利时是个中立国家，拥有必要的核心技术，于是与比

▲ 汉阳考科里尔钢铁厂及其
附属兵工厂与砖厂
注：约摄于 1905 年。照片
由比利时铁路公司职员拍
摄。中国滨州窦希仑收藏。

利时的合作被提上日程。1898 年 8 月 11 日清朝当局与
比利时领事法郎基（Emile Francqui）签订合同。如前所
述，自 19 世纪 80 年代起，中国人频繁访问欧洲工业企
业，这是中比进入紧密合作新阶段的序幕。1883 年列
日的考科里尔钢铁厂（Cockerill Liège）工程师弗霍格
斯特雷特（R. Verhougstraete）前往中国，并邀请李鸿
章心腹唐廷枢参观瑟兰（Seraing）的钢铁厂。这次访问
后，50 名中国工人被派往比利时接受培训，1887 年考
科里尔钢铁厂与中国政府签署协议，拟在汉阳修建一个
钢铁厂，该厂最终于 1892 年开始营业。[6] 钢铁厂员工正
是从比利时回来的那 50 名中国工人。同时，考科里尔
钢铁厂的另一位工程师白乃富（Emile Braive）也被派
往中国进行探矿项目，并被清政府任命为负责中国矿山
开采的总矿师。[3]

"汉阳钢铁厂有两个高炉，但只有一个运
转，每天生产近 100 吨铁。此外，还配备有两个
普通锅炉，一个是马丁平炉（Martin type），每天
生产软钢 40 吨，另一个是贝塞麦转炉（Bessemer
system），带有两台 6 吨的干馏炉和 3 个用于再熔
炼的冲天炉。除轧钢机、钢坯和较小的轧钢机组
外，该钢铁厂还拥有 1 台铸铁轧机和两座 5 吨搅炼
炉（目前未启用），运行整套设备需要 5000 马力。
该厂生产的钢材一部分用于生产京汉铁路所需要
的铁轨，此项工程的铁轨均未从欧洲进口；另一部
分运往钢铁厂附近的汉阳兵工厂，那里主要制造大
炮。兵工厂占地面积有几平方千米，除了生产车间
外，还包含一个砖厂和一个生产普通火药与无烟火

　　比利时外交官花费两年时间才与清政府谈妥修建这条铁路的合同。比利时通用公司（Société Générale de Belgique）与考科里尔钢铁厂是这个项目的比方合伙人，但他们不想独自承担风险。因此，他们说服巴黎荷兰银行（Banque de Paris et des Pays-Bas）对中国铁路比公司（Société d'Etude des Chemins de Fer en Chine）（中国铁路研究公司）进行投资。在与清政府的谈判过程中，比利时人小心翼翼地隐瞒了法国参与这一事实，以免惹怒仇视列强的中国，以及不愿意看到法国与俄国在中国扩张的英国。合同最终于1898年6月26日签订，除了贷款佣金外，投资者还可以得到20%的利润分成。但同时，项目发起公司应负责购买必要的设备。当时京津铁路的北京至卢沟桥部分已经建成。[7]这条由比利时人修建的从卢沟桥到汉口的铁路，采用两个地名首音节命名，称为卢汉铁路。义和团运动期间，布亚尔（Eugène Bouillard）率领法国工程师把这条铁路线修至北京天安门，并改名为京汉铁路。[5]

卢汉铁路与临城煤矿

　　比利时人和他们的国王利奥波德二世的兴趣不仅限于铁路。他们对临城煤矿也有浓厚兴趣，那里距离京汉铁路直隶段（1928 年直隶更名为河北省）的鸭鸽营站大约11 千米。1895 年以前，中国政府成功抵制了外国资本进入中国采矿业，但铁路的情况大不一样。铁路特许经营权是清朝末年列强在华势力日益扩大的突出表现之一，这些权利往往还包括允许获得特许经营权的外国公司在铁路轨道附近（一般为20 千米以内）开采煤矿资源。比利时公司在直隶省修建卢汉铁路期间，向临城煤矿提供贷款，1897 年临城煤矿收到这笔贷款。通过这项投资，比利时人在很大程度上控制了这座煤矿的经营权。1905 年中比签署新合同，临城煤矿由比利时卢汉铁路公司及其中国合伙人共同经营，为期15 年。但是，比利时经理显然占据着主导地位。临城煤矿每天大约从新老矿井中开采2300 吨煤。[6]

一项几乎需要法老的法术才能完成的任务

　　卢汉铁路共需修建1270 千米的铁路线，[8]其南段要跨越崎岖不平的乡村地带，北段需要穿越极为稠密的河网，其中包括黄河，这就要求在冲击河床上修建一座3 千米长的桥梁。这是一项几乎需要借助法老的法术才能完成的任务！此外，技术工人的严重短缺也导致这项任务难上加难。中国铁路总公司原本打算拨款1300 万白银（4000 万法郎）修建北京至卢沟桥的铁路。[7]在与中国铁路比公司谈判卢汉铁路项目时，双方同意将这笔拨款用于修建卢沟桥至保定的第一段工程，总长约145 千米。这段工程最初委托给北洋官铁路局总经理英国人金达（Claude W. Kinder）。[8]

让·沙多抵达中国

让·沙多（Jean Jadot，1862—1932）于1862年1月28日出生于热梅勒（On-lez-Jemelle），他是兰伯特·沙多（Lambert Jadot）的哥哥。让·沙多出生于工程师家庭，并决定从事同样专业。他曾在比利时列日省和卢森堡省修建铁路，1894年7月被恩帕恩集团（Empain group）派往埃及担任开罗电车公司的经理，随后他又掌管下埃及[10]铁路公司。1898年3月，中国铁路比公司与他联系，邀请他前来指挥京汉铁路的修建工程，同年7月，他接受了聘请。1898年12月22日，36岁的让·沙多携妻子来到上海，随后搬到汉口居住，一直待到1906年。在汉口，他遇见了比利时领事法郎基，这位利奥波德二世的心腹为中国铁路比公司拿到铁路修建合同发挥了关键作用。让·沙多于1899年1月9日上任新职位。[9]

举步维艰

整个铁路项目困难重重。首先是政治问题。法国人拼命想控制工程项目的运行。因此，让·沙多不得不着手对付法国驻汉口领事玩弄的一些阴谋诡计。最终，他还是被迫接受法国人布亚尔担任运营经理的结局。这项工程总共有22名法国工程师和17名比利时工程师，在整个施工过程中，法国人的存在不断触怒中国人。其次，项目还面临财政问题。由于前任经理管理不善，项目资金所剩无几。最糟糕的是，铁路终点站位于汉口市中心，那片私人土地的所有者索要巨额的土地出让金。

▲ 1904 年铁路即将完工

◀ 沙多及其夫人、朋友
注：从左至右：京汉铁路工程部经理克莱维尔（Mr. Clavier）先生、不详、让·沙多夫人、让·沙多。照片由比利时铁路公司职员拍摄。中国滨州窦希仑收藏。

▲ 1901 年铁轨穿过北京天安门广场附近的城墙

最后，还需要克服一系列技术障碍。即便如此，至1898年年底，卢沟桥至保定的铁路线也已经基本完工，于是沙多开始修建汉口以北第一段长247千米的铁路，同时开工的还有保定以南长127千米的线路。1900年义和团运动爆发时，已有184千米长的铁路线处于运营状态，仅剩50千米尚在施工。在地势更为崎岖的南方，汉口至信阳段计划于1902年投入使用。

义和团运动使铁路施工中断，于是当务之急成了修复严重受损的京津铁路线。让·沙多就中国铁路比公司提出的赔偿与中方进行谈判，公司需要尽快获得资金，以便恢复现有的工程，并修建通往北京门户丰台的延长线，从而使皇室成员能够舒适地返回首都。[10] 同时运载慈禧太后及其随行的1500名官员是一项高难度的挑战，

但沙多成功完成了这项任务，他也因此被清政府授予二等三级双龙宝星勋章。卢汉铁路工程的建设一直持续至1905年，并于同年11月12日举行隆重的通车仪式。在全长1200千米的铁路线中，共有981千米由中国铁路比公司经营。[10]

铁路网的延长线

让·沙多想方设法拓展中国铁路公司的路网，他先重点修建了15千米的延伸线，将京汉铁路的北终点站从北京城内挪走。他还试图将铁路网穿过天津通向海边，并修建支线，将其与沿线煤矿[11]连接起来。在法国军队的协助下，第一个延长线工程于1900年完工。北京一段老城墙被炸毁后，铁路延伸线于1901年1月14日进入北京城内。新的终点站建在天安门广场以南、前门大街以西。义和团运动后，京津铁路线的终点站修建于城东，至今仍令人称赞。在修建连接天津的铁路时，比利时铁路公司与英国北方铁路公司展开激烈争夺，与中国政府的谈判也始终未取得结果。至于煤矿连接线，在1906年5月让·沙多离开中国之前，已修建了56千米。[11]

铁路及其建造者的未来

让·沙多在44岁时返回比利时。随后，他在比利时通用公司创造了辉煌的职业生涯，曾担任公司工业部部长多年，最终又升任总裁。他也积极参与了比利时刚果殖民地的开发，但他只去过一次利奥波德二世国王的非洲殖民地，那是在1928年，前去参加利奥波德继任者阿尔贝一世（King Albert I）主持的下刚果（Bas-Congo）[12]至加丹加（Katanga）的铁路通车仪式。这

Personnel de la gare de Ichu-Ma-Tien

▲ 驻马店火车站全体
职工合影
注：照片由比利时铁
路公司职员拍摄。中
国滨州窦希仑收藏。

条铁路在短短五年内建成，将布卡马（Bukama，卢阿拉巴河畔的港口）和加丹加河沿岸的弗朗基港（Port Frangqui）相连。1931年，为了表彰沙多长期以来对殖民地的支持，尤其是对加丹加发展所做出的贡献，刚果最重要的工业中心之一利卡西（Likasi-Panda）改名为沙多维尔（Jadotville）。让·沙多于1932年去世，享年70岁。[12]

中国铁路迅速开始盈利，早在1905年11月，中国巨富、政治家、教育家及中国铁路公司总办盛宣怀（1844—1916）就建议清政府赎回铁路，以清除外国利

范·博加尔特（Clément Van Bogaert，1865—1937），比利时工程师，曾设计出世界上最大的桥梁之一

1878年范·博加尔特在根特土木工程大学毕业后，成为比利时铁路公司的职员，他的组织能力很快得到公司的认可。1882年他成为一名完全合格的铁路工程师，并被任命为安特卫普铁路部负责人。几年后，也就是1886年，范·博加尔特授命规划安特卫普中心火车站。这包括研究和完成主要工程，以及规划路线。1889年5月在德·鲁德尔（Edouard De Rudder）的帮助下，范·博加尔特完成了主站台大厅的修建工程。这些及其他成就使他晋升为比利时铁路公司总工程师。他的才华为他赢得了参与设计黄河铁路大桥的机会。这是京汉铁路建设期间（1901—1905）最重要、最难以攻破的技术挑战。这座铁桥由50根31.3米长和52根21米长的金属梁组成，坐落在大型钢管之上，支撑这些钢管的螺旋桩被打入松软的河床，在低水位以下17米。建造这座桥共使用11347吨金属。铁路穿越黄河的地方，河道宽度为1~2千米，且在不断地变化移动。落潮时，河水只有30~45厘米深，而涨潮时，水位可能升至300厘米。这条铁路还需要穿过黄河以南的山区，因此还修建了两条隧道。尽管困难重重，但黄河大桥还是于1905年建成，同年6月列车首次穿行大桥。大桥全长2010米，是当时世界上最长的桥梁，也是第一条横跨黄河的桥梁。第二座黄河大桥是1907年在兰州修建的中山桥，位于第一座大桥上游1500千米处，但第二座大桥的长度仅为234米。[13]（见第二章）

▲ 让·沙多（照片中三角所指之人）及其团队
注：沙多收藏照片。

▼ 修建京汉铁路黄河大桥
注：照片由比利时铁路公司职员拍摄。中国滨
州窦希仑收藏。

益。为了筹集这一行动的资金，中国需要商谈一笔新贷款，让·沙多在听说中国的计划之后，决定介入谈判。清政府与法国、英国讨论数月，最终于1908年7月27日以在中国成立比利时铁路公司的形式与比利时达成协议。不过，在过渡期间，中国政府与香港汇丰银行签署了300万英镑（1.45亿法郎）的贷款协议，用于购买中国铁路线，尤其是北京至汉口的铁路。1908年10月3日贷款协议签署，同年12月31日京汉铁路的经营权移交给中国政府。在让·沙多离开后，比利时工程师普吕多姆（M. Prudhomme）出任中国铁路公司的总经理，随后被他的法国同事普意雅（Georges Bouillard）接替。时至今日，京汉铁路仍是中国最重要的铁路干线之一。著名的3千米长的黄河大桥虽已重建，但仍采用了之前的设计理念。它完美体现了比利时工程师在华服务期间所表现出的专业水准与坚韧不拔的精神。[14]

▲ 北京站附近的煤栈

注：图片来自布鲁塞尔皇家档案馆。

◀ 斯普鲁伊特医牛及其中国助手
注：1905年菲利普·斯普鲁伊特医生的助手在黄河大桥附近为其安装照相机。照片由菲利普·斯普鲁伊特医生拍摄。

▼ 长江河畔汉口江岸终点站
注：中国滨州窦希仑收藏。

▲ 黄河附近的隧道
注：图片来自布鲁塞尔皇家档案馆。

▶ 1905年11月12日黄河大桥落成纪念铁碑
注：碑文如下：大清国铁路总公司建造京汉铁路，由比国公司助理。工成之日，朝廷特派太子少保、前工部左侍郎盛宣怀、二品顶戴署理商部左丞唐绍仪行告成典礼。谨镌以志，时在光绪三十一年十月十六日。

来自根特的医生兄弟
与他们的中国收藏

斯普鲁伊特兄弟的出身与背景

斯普鲁伊特家族多半已被遗忘，与其相关的文献资料少之又少。我们了解到，菲利普（Philippe）与阿道夫（Adolphe）兄弟来自一个保守主义的医生家族，最初生活在根特，后来搬到了布鲁塞尔。他们的大部分青年时期都在布鲁塞尔度过，并在那里接受了正规教育。

十分幸运的是，我们找到了两位医生从中国寄给布鲁塞尔父母的信件，这些信件从未公开发表。我们还发现了大量至今仍未引起公众和学术界关注的照片，这些信件和照片由根特大学图书馆和根特城市历史博物馆保存。梳理这些资料后，我们在一定程度上再现了兄弟俩的生平事迹及其在中国所开展的活动。菲利普·斯普鲁伊特主要为京汉铁路（卢汉铁路）项目提供医疗服务。几年后，阿道夫·斯普鲁伊特在汴洛铁路项目（一条与京汉铁路垂直的铁路线，由恩帕恩集团出资建设）担任医师。如前文所述，这两条铁路线均由比利时工程师建造，并得到了比利时和法国银行的资金支持。我们搜集到的资料数量庞大，无法在这本书中全部列出。因此，我们只能选择一些最有趣的内容，在接下来的篇幅里呈现两兄弟在中国冒险经历的几个侧面。

菲利普·斯普鲁伊特和京汉铁路

1868 年菲利普·斯普鲁伊特出生于根特，28 岁时以优异成绩从布鲁塞尔自由大学毕业，获得医学博士学

▲ 菲利普·斯普鲁伊特医生站在汉阳考科里尔钢铁厂锅炉及车间之前的照片

位。在前往中国为京汉铁路项目提供医疗服务之前，他曾在巴西和南非研究过热带疾病。在华供职期间，他因通晓汉语而得以照料许多高官家庭的患者，是最早获准为中国贵族阶层治疗的欧洲医生之一。1898 年菲利普·斯普鲁伊特与让·沙多同年抵达汉口。在那之前，也就是 1892 年，考科里尔钢铁厂在汉江对岸建造的汉阳钢铁厂已经开始运营。菲利普·斯普鲁伊特是铁路公司聘请的医生之一，居住在汉阳的欧洲社区内，但每天都要越过汉江，前往汉口北部的铁路办公室进行医疗工

中国人在很多方面并不完美，但这一点被他们身上其他值得称赞的品质所弥补。总的来说，无论贫穷富有，他们都彬彬有礼、性情温和，且强烈地依附于他们的集体。

——阿道夫·斯普鲁伊特
（Adolphe Spruyt）

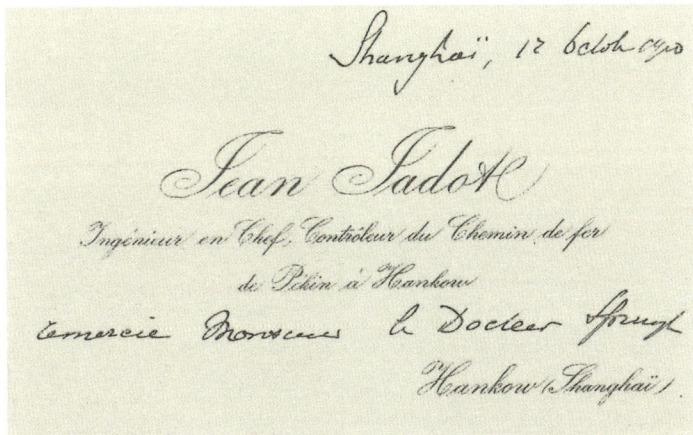

作。他还需要定期沿着铁路线去往施工现场，为公司雇用的中国工人进行体检。此外，他还担任该地区欧洲人的私人医生。在 1900 年 6 月 19 日写给父母的信中，他描述了一次典型的旅程：

铁路基本上是沿着中国的公路修建，但经常出现偏离，有时甚至会走偏很长一段距离。因此，我的某些旅程会变得非常漫长。工程完成后，我就可以走施工辅助道路，这将节省很多时间。从郑州出发，首个重要的地方是荥阳，两地相距 25 千米。这里是第二工程段总工程师斯奎宾先生（Squibin，我认为他来自安特卫普，为人很和善）居住的地方，维尔布鲁格先生（Verbrugghe）也住在这里。第一段工程是从郑州至开封，但不归我们负责，因此对它知之甚少。在荥阳，由巴肯斯医生（Buckens）代替戈芬（Goffin）提供必要的医疗护理。他也去开封。荥阳站下来是峡窝镇，距离郑州 36 千米，我的旅程也就到此为止了。莫利纳特（Molinatte）和他的上司住在这里。每次不得不来这么远的时候，我都会在这里过夜。随后就是汜水镇。不远处正在修建一座 150 米长的大桥……接着就到了第三段工程的中心巩县。距离这里大约 12 千米的地方能够参观到皇陵，就是我给你们寄的那些照片。宫殿距离这里也不远，就是我们曾占用的地方。达特维尔（Dartheville）住的地方距离这里 68 千米，在洛河畔。迄今为止，这是我乘坐这条铁路线到达的最远地方，所以我也只能讲述这么多了。但我知道，从汜水开始，铁路将一路沿着群山直抵汉口。

京汉铁路比方总经理让·沙多对菲利普·斯普鲁伊特非常赏识，这一点从 1900 年 10 月 12 日一张名片上的注释中可以看出。不过，这位年轻医生的工作并没有忙得不可开交。在 1901 年 6 月 19 日写给父母的信中，他说："汉口和铁路线上只有少数病人。因此我有时间做自己喜欢的事情。"斯普鲁伊特的爱好之一就是收集中国古董，这在当时是一种司空见惯的消遣活动。自 19 世纪下半叶起，中国开始成为外国探险家、旅行者、冒险家和学者（或同时兼具四种身份的人）的乐园。在瑞典地理学家斯文·赫定（Sven Hedin，1865—1952）完成令人敬畏的中亚探险之旅后，那些隐藏古城的消息吸引了越来越多的业余爱好者和专业人士到中国西部寻找艺术珍宝。19、20世纪之交，在李希霍芬最早提出的"丝绸之路"上发现了众多考古遗址，它们被发掘并标注在地图上。不幸的是，大量艺术珍品被盗走之后运往西方和日本。最终，这些掠夺行为引起全国各地的强烈抗议，中国人民至今仍为之感到不满与愤恨。[15]

菲利普·斯普鲁伊特沉迷于收藏各种艺术品且不问出处，而他的收藏也是留给家人遗产中最有价值的一部分。在中国的这几年中，菲利普购置了一大批中国物件，并邮寄给他的父母。1900年6月5日的一封信中，他写道，有位佩列格里尼先生（Pellegrini）当天就要返回欧洲了，会帮他给家里人带回去一些不同寻常的礼物：

——给父亲的一双鞋，附带便签上写着这是他能找到的最大号的鞋，因为"中国人缠足，许多人脚趾都相互交叠"[13]。

——两只普通的花瓶，"在中国很常见"。

——带有纹章文字的中国邮票。

——四把黄木梳子和一把双排梳子。"这足以说明绝妙的汉语博大精深，因为这两种梳子都有不同的名字。还有许多其他类型的梳子，并都有自己独特的名字。"

——装在箱子里的一杆秤，遵循罗马天平的平衡原则。

菲利普·斯普鲁伊特的另一封信中附带有三个箱子的物品清单，里面装着各种中国古董与其他物件，他都打算邮寄给父母。信中详细描述了全部物品，斯普鲁伊

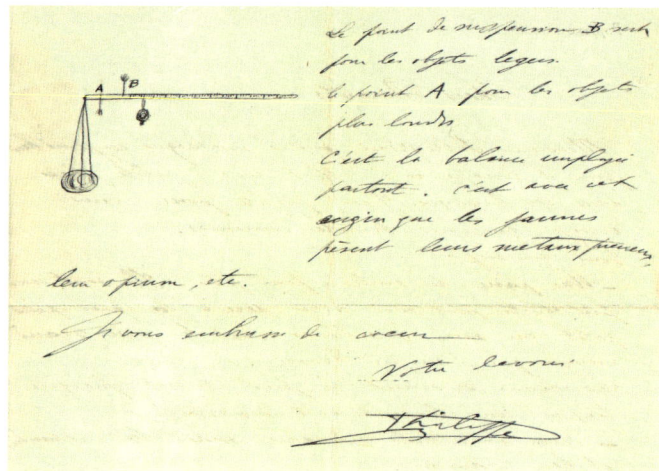

◀菲利普·斯普鲁伊特寄往比利时的信（1900年6月5日）
注：菲利普·斯普鲁伊特对寄回比利时的杆秤的描述："悬挂点B用于称较轻的物品，A点用于称较重物品。这种天平在中国随处可见。中国人也正是使用这种仪器给贵金属、鸦片等称重。带去我真诚的亲吻，你们的挚爱菲利普。"

特甚至绘制了草图。同时，他还列出了一份乐器清单，同样附有草图和简要介绍。后来，斯普鲁伊特又分几批将许多中国物品运往比利时，并着手开展小规模的中国奇珍异品贸易，这些"中国风"物品当时在欧洲非常流行。1901年9月12日写给布鲁塞尔某位布拉邦特先生（Brabant）的信中，他提到了此次邮寄物品的内容和价格："大青铜板（45厘米×29厘米）；青铜盒子（38厘米×10厘米×10厘米），6.25美元；小青铜盒（29厘米×9厘米×7厘米），4.5美元；名片盒，2美元；丝质刺绣，20美元；有中国女人图案的红色绸子刺绣，22美元；颜色各异的丝绸；装巧克力的盒子……"

对菲利普·斯普鲁伊特来说，汉语知识似乎很重要，显然他一直在努力掌握这门语言。1901年6月19日的信中，他写道：

我的汉语老师成了雷蒂特先生（Rettit）的买办，他曾是铁路公司的老雇员，后来被送回家，但现在又回到这里做生意了。我的前任老师非常出色，学识渊博，是一位真

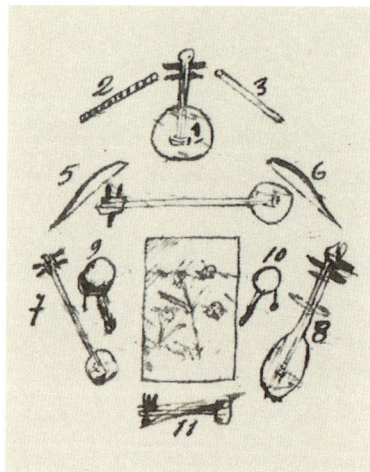

▲菲利普·斯普鲁伊特绘制的乐器图
注：菲利普·斯普鲁伊特对寄回比利时的乐器的描述："盒子里装有一系列乐器，和我壁炉四周挂着的一样：1.月琴，一种圆形似月的乐器；2.笛子，一种黑白条纹相间的长笛；3.箫，一种白色的吹奏乐器；4和7.三弦，一种三弦琴，琴身蒙以蛇皮；5和6.中国琴弓；8.琵琶，一种为少女唱歌伴奏的乐器；9和10.街头小贩使用的货郎鼓，金属部分称为金弹。"

▲ 比利时驻汉口大使馆
注：照片由比利时铁路公司职员拍摄。中国滨州窦希仑收藏。

▼ 汉口日租界的棚屋区
注：大门装饰着彩纸。照片由菲利普·斯普鲁伊特拍摄。

正的学者，而我的当务之急是寻找一位新老师。

菲利普·斯普鲁伊特热爱中国以及中国的一切事物，在行医的空闲时间里，他准备写一本关于中国的鸿篇巨著。但遗憾的是，他最终没能完成这项任务，1908年11月2日他死于胸膜炎，年仅40岁。[16]

菲利普·斯普鲁伊特1899年对汉口、汉阳和武昌的记录与拍摄的照片

根特大学中心图书馆的档案中保存有三箱资料，装满了菲利普·斯普鲁伊特拍摄的550张立体摄影玻璃底板。这些影像资料记载了19、20世纪之交山西铁路[14]的建设情况以及汉口、汉阳和武昌地区的日常生活。[17]值得注意的是，这些藏品中还含有一些日本题材和风景的照片，这表明菲利普或他的兄弟阿道夫可能曾到中国以外的地方旅行。但斯普鲁伊特兄弟保留的文件中没有任何关于那趟旅行的信息。

1899年5月11日写给父母的信中，菲利普·斯普鲁伊特详细介绍了位于长江和汉江交汇处的汉口、汉阳和武昌三座城市。他先描述了这个地区的各种外国租界，接着又谈到中国城市的日常生活中令当地人与外国人愉快或不太愉快的各个方面。配上斯普鲁伊特亲手拍摄的照片，这些信件读起来就像一本1900年左右的城市旅行指南。

第12封信件　　汉阳，1899年5月11日
亲爱的爸爸妈妈：
今天这封信我会介绍汉口、汉阳和武昌的情况，好让你们对这里有所了解。

当你从上海出发，沿着长江逆流而上，最先遇到的租界便是比利时的！但是说实话，比利时租界还处于项目策划阶段，一切都还是个谜！[18]这里也是我为铁路公司提供医疗服务的地方。紧接着便是日本租界，虽然已经正式划给日本，但这里还未被日本完全占领。下一个是德国租界。普鲁士亨利王子（Prussian Prince Henri）已经在这里铺下奠基石，但目前还没有进一步建设。接下来是法租界，它是面积最大的租界之一。整个街道已经铺设完毕，许多建筑也都完工了，法国领事的官邸也已建成。它是一座真正的宫殿，四周围着大型花园。俄国租界里大多都是有名的茶馆，这里大量生产茶砖。这些茶叶主要在中国销售或者出口西伯利亚，只有少部分运往欧洲。离中国城最近的是英国租界，里面已经彻底建设好，满街都是办公室和商店。沙多一家就在这里居住。

沿着长江再往前走是一条绝美的滨江大道，在像汉口这样遥远的地方看到此等美景，你们一定会感到惊讶。这条自然形成的河堤环境宜人，沿途种着各种

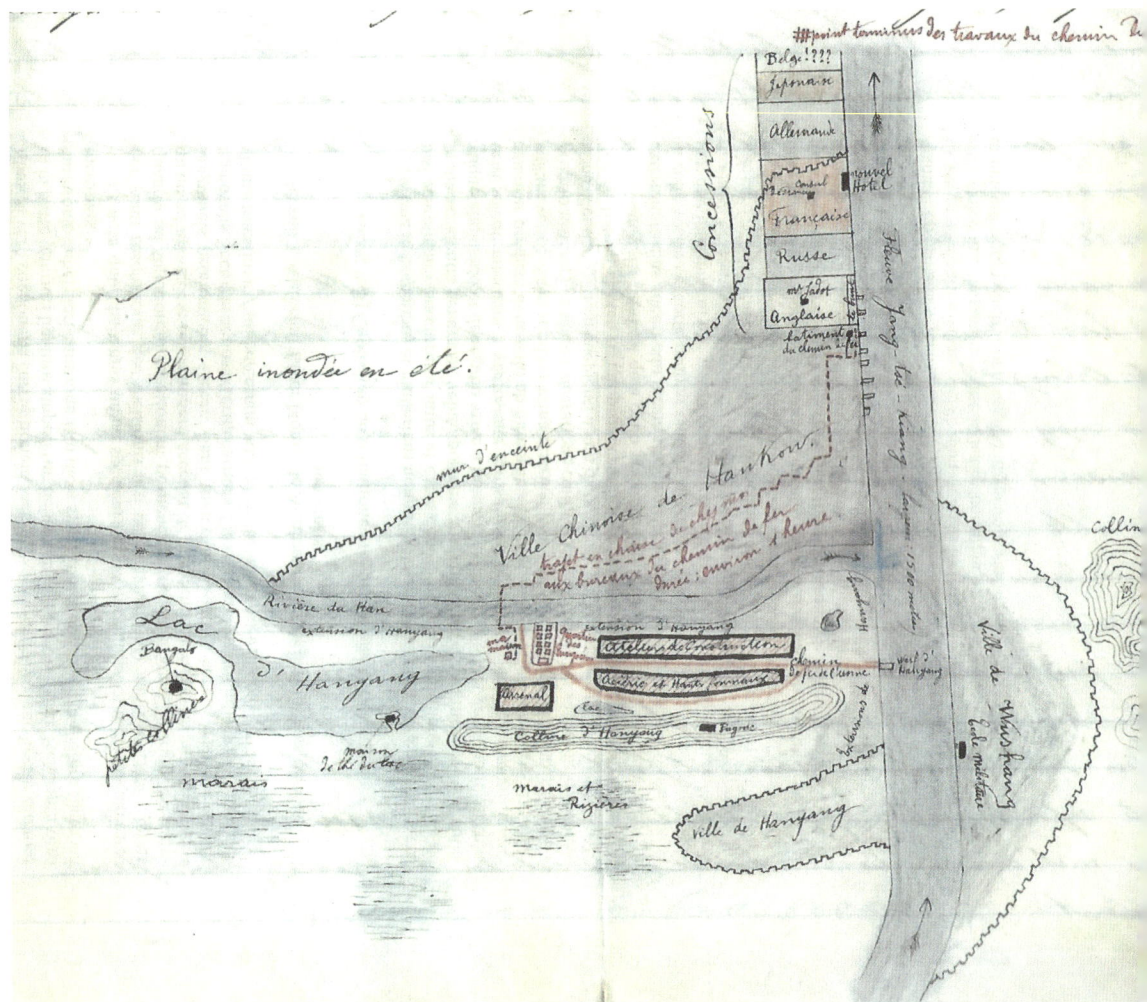

树木，临近的是一些别墅，就像你们在布兰肯贝尔赫（Blankenberghe）见到的那样。你们看看那张我坐在汉阳的山丘上画的地图，就明白这些地方是怎么回事了。整个乡村地势较为平坦，夏天容易洪水泛滥。河流潮汐对这里影响巨大。汉江水位可升至10米。有时，相邻两天的水位可能相差好几米，也会出现前一天夜里风平浪静，而转天早上波涛汹涌的情况。若此时过河的话，渡船不得不先往上游行驶，这就需要花费更多的时间。

汉口市的面积很大，在三个城市中的地位最为重要，但从行政作用来说，武昌居于主导地位，因为湖广总督张之洞的府邸坐落于那里。前天，我步行前往武昌，发现那里的街道比汉口更加宽敞、漂亮。我去参观

▲ 1899 年 5 月 11 日菲利普·斯普鲁伊特绘制的汉口、汉阳和武昌示意图
注：菲利普在图上用红色虚线标出了他每天穿过汉口街道的路线。图中红色实线圈注的为考科里尔钢铁厂，该厂于 1892 年开始经营。

◀ 漂亮的滨江步行大道
注：斯普鲁伊特说："在像汉口这样遥远的地方看到如此美景，你们一定会感到惊讶。"

◀ 汉阳附近棚户区被淹
注：背景为考科里尔钢铁厂。照片由铁路公司比利时籍职员拍摄。中国滨州窦希仑收藏。

了当地小山上的美丽宝塔。武昌还有一所高级军校，由德国前军官执教。我见到学校里的士兵们正在操练，表现十分出色，就像德国人那样踢着正步向前走。汉阳面积要小得多，但是，如今扩张的地盘已经蔓延到老城墙之外。它位于汉江和长江之间，但更靠近汉江沿岸。你们可以看到地图上标示着各种工厂和欧式房屋。

严格来说，我住的房子不在欧洲社区内，位置比较偏僻，但条件更好。我用红色虚线标出了我每天乘轿子穿过汉口的街道路线图。若包括乘轮渡时间在内的话，几乎要1个小时。这条线路非常有意义，因为路上能更加直接地观察到中国人的生活方式。中国的城市都是脏兮兮的，散发着令人作呕的气味，街道也拥挤不堪。这可不是什么美景！[15]我给你们寄的一些照片是在过河时拍摄的。

铁路公司的办公楼位于中国城内，每次去那里，都必须经过一个"神奇的地方"，这个贫民窟里住满了独眼人、盲人、麻风病人、癫痫病人、溃疡患者、处境糟糕的人等，包含着人生百态。铁路局对面是脖子上戴着枷锁的罪犯示众的地方。

汉阳市被河流环绕，河流也主宰着整个城市的发展。湿地大多用作稻田。城内湖泊的风景优美。从我寄回的那张汉阳茶馆的照片中，你们已经见识了这个城市的一小部分。不远处有一大片小山丘，那里修建了一座名为"木屋"的乡间别墅。欧洲人常去那里野餐。他们或是沿着湖边步行前往，或是乘坐舢板穿过湖泊到那里。他们都可以使用这座别墅，房子平时总是空着，由一个门卫看守。

菲利普·斯普鲁伊特在中国生活的几年里，从对周边环境的迷恋，进而发展到热衷于了解中国社会中的宗教事务，其中包括城里典型的宗教建筑。1900年11月24日的信件里，斯普鲁伊特详尽描述了汉口的孔庙。他似乎细细品味了寺庙的每一处风景，在写给故乡读者的信件里，他仿佛是一个经验丰富的导游：

总的来说，汉口没有什么特别令人印象深刻的中国古迹。但孔庙[16]是个例外。它坐落在中国城内，漂亮的黄绿色琉璃瓦屋顶在阳光下闪闪发光，在整个城市的天际线中脱颖而出。这座寺庙是游客心目中为数不多的宏伟建筑之一，它与大多数中国寺庙不同，并不显得年久失修，也没有被人们所忽视。一般情况下，游客从侧门进入庙宇，穿过一条铺着华丽石板的开放式走廊进入内院，院中央摆满了大号陶缸和植物。寺庙的小僧在瓦缸里养着红色的鱼，这些鱼被称为"金鱼"，有着一双大眼睛和分叉的鱼鳍。在访问远东之前，我只在日本和中国绘画中见过这类生物，但我当时坚信它们不是真实存在的，仅仅是黄皮肤画家的艺术虚构。

院内还有一座漂亮的两层塔楼，屋顶装饰精美，里面供奉着主文运的魁星。这座佛像脚下踩着一只海豚[17]，单脚独立。他一手持毛笔，一手持墨斗，面目狰狞。内院一侧是一间大型开放式的会客厅，里面总备有热气腾腾的茶水招待客人。会客厅内摆了许多香炉和精美的瓷器作为装饰。从那里，我们走进一个原始的、非常中式的花园，里面有用石头堆成的假山，池塘里也同样养着金鱼，还种着美丽的植物。后面有间屋子供奉着保佑女人的观音菩萨。另一侧是相同布置的厢房，一条华丽的走道将其与中间区域相隔开来。里面没什么重要东西，只是储藏间。为了稳定相机，我让我的中国朋友

帮忙把棂星门完全打开。他虽然没有回答，但是脸上不赞成的表情显然在说："你们这些洋鬼子真是胆大包天！竟敢打开皇家专用的大门！真令人愤怒！"两侧各一组台阶巧妙地将东西廊与寺庙前面的部分联通起来，并把这个宏伟的建筑从两边向前探出一些。这两个突出的结构分别是钟楼和鼓楼。在一侧的长廊里设有壁龛，安放着寺庙里的石碑，碑上刻有修建寺庙捐款者的名字。绕过寺庙中心的大殿往后走，会发现又一处庭院，使其与后殿分隔开来。这个庭院内有个金漆柱子撑起的大型戏台，柱子上黑色汉字格外显眼。后部还有一个巨大的金匾，令人过目难忘。

在中国城市生活的西方人很多时候需要入乡随俗，并不是所有方面都令人容易接受，其中一个重要（经常令人困扰的）问题就是当地货币。菲利普·斯普鲁伊特跟别人一样都有日常开支，他的专业工作内容也包含监督预算。菲利普曾在文中详细描述了1901年汉口的货币及汇率情况：

——美元（＄）。外国人在与供货商进行账户交易时，通常使用美元。中国人并不使用。美元来自美国，但中国现在也可铸造。1美元约等于2.5比利时法郎。

——银两（Tl）。这是一块具有特定重量的银条，它的价值随着金属价格的变化而波动。银条在中国各地的价值并不完全相同。它在上海就不如在汉口值钱。每个地方的标记方式也不同，在汉口被标记为H.Tl，但在上海被记为Sh.Tl。中国的所有交易都使用这种货币。1两白银约等于3.5比利时法郎。今天的精确比为1：3.44。

——铜钱（或现金）。这种货币价值较小，与之前提到的几种货币没有兑换比例。在绳上套1000枚铜钱被称为一贯钱。因此，一贯钱等于1000文铜钱。

——邮票。在中国、英国和日本等国邮局邮寄信件时，每半盎司（14克，不是15克）需要10美分的邮票。

菲利普·斯普鲁伊特并不是武汉三镇里唯一的外国人。外籍人士居住在各国指定区域或租界内，但他们每

▲ 菲利普·斯普鲁伊特及其朋友与挚友药剂师伯纳德（Charles Bernard）先生在孔庙庭院内戏台前合影

普的字里行间透出他的幽默感，或者说是一种怪癖。当写到不喜欢的人时，他丝毫不掩饰自己的嘲讽与轻蔑之意。偶尔也能感觉到天主教徒的某种谨慎。他有几位西方同事是名人（例如同胞让·沙多），但除让·沙多之外，他只在历史记录中简要提到其他人。那些人的情况已无法在档案中查找到信息，逐渐被人们所遗忘。

——沙多先生。众所周知，他40岁了。不论体型，还是品行，都是典型的比利时阿登地区人。他头脑冷静、有些健忘，经常忘记他所负责的任务。起初有些令人畏惧，但我认为，总体上是个正派的人。

——沙多夫人。年纪在25~26岁。她是很有修养的"好女儿"类型。非常热情，总是保持着愉快的心情，毫不做作。从体型上来说，她身材高大，略带些男子气概。她在智利生活过很长一段时间，会说西班牙语，即卡斯蒂利亚语（Castellano）。

——迪亚曼蒂先生（Diamanti）。他是沙多先生的秘书，大约40岁。与佩昂医生（Dr. Péan）或费里（Jules Ferry）相貌相近，有着一样的鬓角和鼻子，简直是一个模子刻出来的！他是法国籍，是中央学校的一名工程师。他在巴西的彼得罗波利斯（Petropolis）生活过多年，在那里担任一家大型纺纱厂的经理。他会说葡萄牙语，讨厌巴西人。说一件违反职业道德的事，[18] 他患有复发性阑尾炎，在最近一次发作时，被我治好了。

——迪亚曼蒂夫人。她优雅、可爱、非常漂亮，尽管已到中年，但单凭样貌很难猜出她的准确年纪。她有一个12岁的儿子，曾与他们在巴西一起生活，如今在巴黎上学。她智力平平，有点像个洋娃娃，但彬彬有礼。她会说葡萄牙语，也讨厌巴西人。

天都打照面。菲利普·斯普鲁伊特信件中也提到这些"外国侨民"如何在远离家乡的地方开展社交活动。这些欧洲人身处于陌生难懂的世界里，自然需要相互依存，其中很多人都成了老朋友。在1899年6月15日的一封信中（来自汉阳的第17封信），菲利普列出并介绍了他在汉口和汉阳的欧洲同胞们。有趣的是，菲利普既描绘了他们的身材相貌，也谈到了他们的性格。菲利

——波蒂特先生（Petit），40多岁的法国人，脸部轮廓硬朗。他已婚，妻子也很快就要来中国与他团聚。他很善良也很聪明，但有点儿"黏人"。他是那种很容易愉快相处的人，但也很难摆脱。每当我要转身离开时，他总是用一句话拦住我："但是，我亲爱的医生……"通常是谈论一些小的医学问题，因为他患有慢性支气管炎，总是询问我对此类症状的建议。他也在巴西生活过，会说葡萄牙语，当然，同样讨厌巴西人。他不远万里来到远东地区，在同一部门遇见了三名同事，他们都曾在巴西的同一个地方共事，都能讲葡萄牙语，这可太奇怪了。

——索松先生（Sosson），非常官僚主义，35岁，是京汉铁路公司的会计。虽然他是个无足轻重的角色，却是一名模范员工，从早到晚都在办公室工作。他真是个奴隶工，就像进行冥思的修女一般，完全沉浸在自己的账目中。这种生活习惯使他面色苍白，举止也有些僵硬。他从不出门，或者说他只出去过两三次，每一次都成了汉口城里人们的话题：

——我们在"外滩"遇见索松先生了！

——不可能！德雷富斯（Dreyfus）出门的次数都比索松先生多。索松先生从不出门！

——我知道，但我说的是真的！我简直不敢相信我的眼睛，我还和他说话了，千真万确！

这个消息不胫而走，人们在街上见面时，不再说"你好，过得好吗？"，而是说"索松出门了！"。所有寄回欧洲的信件也都以这句话开头。

——杜特雷梅先生（D'Outremer），法国领事，40多岁，身材高大、壮硕、红脸、黑发，有点像头水牛（不过是患有胼胝的水牛，恕我冒昧）。他是东方语言

学校杰出的语言学家，会说日语、汉语、马来西亚语、印尼语和暹罗语。他甚至还可以流畅地使用拉丁语与传教士争辩。尽管如此，他并不是智力超群的人，还有些自视过高。

——法国领事夫人。年轻时肯定是个美人儿，现在虽然有点"凋谢了"，但还是很迷人，她有一双明亮灵动的眼睛。她是位好母亲，把孩子们教育得很优秀。

——伊布来先生（Ebray）。他是一名工程师，有时在汉口办公室，有时在工地。身材高大、皮肤干燥黝

▲ 比利时药剂师伯纳德在汉口开了第一家西药房

越南东京[19]战役中加入外籍兵团，后来入了法国籍，是法国领事的亲戚，并受他们保护。他是一个勇敢善良的人，年纪35岁左右。

——弗农先生（Vernon）。我们的旅馆新老板，就像一首视觉诗。碗、桶、球，你可以想象成任何健壮的、圆形的、丰满的、庞大的东西。他身材肥胖，却出人意料的灵活。经常汗流浃背，但总能完成任务。他总是穿着一件丝绸马甲，也总是被汗水湿透。他走到哪里，都有一个拿着扇子的伙计跟着他。他非常聪明也非常狡猾，肯定会在几年内发大财，这是他应得的。他始终都处于一种幽默的愤怒状态。每次见到他，他总是让我当证人，指责他那些倒霉的仆人："医生，看看我雇的一群白痴，他们像鹅一样笨。"

——老汤普森医生（Thompson）。一个中等身高、干燥皮肤呈棕色的英国人，年龄大约35岁，性格冷淡，但是个好人，还有轻微斗鸡眼。我不太信任他，因为我认为他是个耶稣会士。

——汤普森夫人。身材娇小、金色头发、皮肤透着粉色，心地善良，却微不足道。我几乎从未见过她。她已经前往九江附近的牯岭。对于能承担得起费用的汉口人来说，那里是他们避暑的地方。

——小汤普森医生。比他哥哥更有同情心，与我年龄相仿的年轻人。他把胡子刮得很干净，不留胡须。

——西费特先生（Siffert）。比利时领事，来自佛兰德斯，严肃认真，又和蔼可亲，但不可太过信任。他是天主教徒，属于耶稣会。在南非纳塔尔省的德班生活过很长一段时间，我曾经也在那里待过。

——西费特夫人。也是佛兰德斯人，但带有明显的令人不舒服的根特口音。她是个规矩、简单的人，总是习

黑，跟卡诺的形象十分相似。他让我想起了我的叔叔爱德华（Eduard），他曾在南非的奥兰治自由邦（Orange Free State）和德兰士瓦（Transvaal）居住过。

——格罗让先生（Grosjean），28岁，金发，身材修长、有魅力，非常时髦。他留着长长的、下垂的胡须。他总是喜欢用最高级的形容词，例如最吓人的、最危险的、最令人兴奋的……当他说话时，他的大胡子会竖起来，精致夹鼻眼镜后的近视眼会有些凸出，他的手势也会越来越夸张。他喜欢讲一些自相矛盾的假话。他声称写了一本关于如何制作沙拉的小册子，刚开始大家都信以为真。他曾加入里昂代表团，去过中国大部分地区。他已经在汉口生活了五六个月，做批发生意。

——蓬托斯先生（Pontus），法租界秘书，原籍比利时的奥斯坦德（Ostend）。他的生活非同寻常，曾在

惯性地保持着同一种表情。她也不是重要人物。他们最小的孩子是个小女孩，智力迟钝，喜欢得到别人的关注。

——罗宾斯先生（Robbyns）。比利时副领事。年龄在26~27岁之间。他是个非常渺小的人物，但喜欢被称作"尤金"。大块头、金发、浅绿色皮肤，看起来有点像青口贝。总是假装有贵族血统，称自己为"罗宾斯·德·舍达默"（Robbyns de Scheydammer）。沙多先生叫他"罗宾斯·德·卡特加特"（Robbyns de Kattegat）。罗宾斯先生刚刚结婚，总对他的妻子说"您"或"玛丽·路易斯"（Marie Louise）。天啊！任何人都知道，他应该叫她"你"或"璐璐"或"咪咪"。他也是一个耶稣会士，就像他的父亲蒙埃罗（Monaro）一样。

——罗宾斯·舍达默夫人。出生于依帕内玛（Ipanema de Morera），年龄18岁，是巴西人，被封为贵族，但这应该跟她的法国血统有关。不管怎样，最终结果很好。她身姿曼妙，腰肢灵活，像猫似的优雅，她还有一双华美的眼睛，但这并不是全部。她每时每刻都活力四射，经常得意地喊"尤金"为"你"。

在同一封信中，菲利普接着讲述了另一位比利时居民辉煌的职业生涯。有趣的是，他谈到了赛鸽的话题，这是那个人最喜欢的消遣。如今，比利时鸽子在中国赛鸽职业选手中很受追捧，下面这段话似乎预示着这项娱乐活动将发展成为一门兴隆的生意。[19]

以上几乎涵盖了汉口租界里全部有趣的人物。我暂且不提那些普通职员，但汉阳还有一位先生值得一提，他就是博格内特先生（Bougnet），是钢铁厂的锻造专

家和经理。他曾是考科里尔钢铁厂的工程师，在这里的起点不高，但每年都有进步，如今他已升至一个很棒的职位（每年3万法郎），而且还会上升。他看起来像只熊，除了去工厂外，他从不离开家门。公司一再坚持把他留在汉口，甚至还给他送了一艘汽船。他从不坐轿子和舢板，也从不品尝任何中国茶。他对邻居和周边环境几乎一无所知。但是，他十分聪颖，每次与他见面都谈得很愉快，并且我认为他有能力适应每一种社会。他只有一个真正的爱好——鸽子。每个星期天，他会在汉阳组织与中国鸽子的比赛，但因为鸽子飞行技术不佳，他计划从列日附近地区进口鸽子。除了博格内特先生之外，没有其他人还值得一提，所以我不打算浪费我的底片，只给你们一个大概的介绍。这里所有的欧洲工人都能挣高薪，其中大多数来自列日的考科里尔钢铁厂，还有两位来自德国，两位来自卢森堡公国。他们不算真正的绅士，只是善良诚实的一般人。我几乎很少与他们联系。只有一位马丁先生（Martin），他住在我隔壁，我已经提过他了。这周最重要的事情就是沙多一家的离开。他们登上了前往上海的"江韵"号，将在那里度过炎热的夏季。我登船与他们道别，竟然在送行的人当中看到了索松先生！只有出现大事才能解释这种反常现象。

在1900年4月的另一封信中，菲利普详尽介绍了汉口比利时俱乐部的27名会员。除了文字描述以外，还配有一张相关人物轮廓的画稿，主要是依据1900年2月4日欢送布盖先生（Bouquet）返回比利时的宴会上拍摄的一张照片。照片见于《中国和西伯利亚》（Chine et Sibérie）一文，该文发表于1901年5月第34期的《经济

与政治评论》（*Revue Economique et Politique*）。

俱乐部设在比利时贸易公司内部，有自己的台球桌和吧台，这家公司的秘书是鲁索先生（Rousseau）。菲利普再一次详细描述了他那些评论对象的主要气质和性格缺陷，但这次所有的"评论对象"都是他的比利时同胞，还有一位中国秘书。

1. 博格内特先生。汉阳钢铁厂经理，自俱乐部创办以来，他一直担任主席。他在汉口生活了7年。

2. 西费特先生。比利时驻汉口总领事。和蔼可亲，是位称职的外交官。他为我们的殖民地创造了和谐氛围，这种氛围在中央王国[20]的其他城市并不多见！但我们很快就会与他分别，因为他已被派驻上海。我们希望他能经常来上游看看他曾管理的老殖民地。

3. 克拉维尔先生（Clavier）。京汉铁路公司工程部经理。尽管他承受着繁重的工作负担与责任，但他始终保持着良好心情。最近刚被授予利奥波德二世国王勋章，汉口的所有比利时人都为他感到高兴。克拉维尔先生受到所有人的爱戴，没有例外。

4. 鲁珀特先生（Ruppert）。来自卢森堡公国，在汉阳附近担任过几年负责高炉的经理，现担任比利时中国公司经理。

5. 张先生。汉阳钢铁厂秘书。他是我认识的教育水平最高、最聪慧的中国人之一。英文和法文的说和写样样精通。欧洲人把他当朋友，他也了解欧洲人所有的习惯和风雅。

6. 当塞特先生（Gaston Dansette）。他隶属于京汉铁路公司。在义和团运动高峰时期，他曾去蒙古和中国北方考察，随后经过长途跋涉，抵达汉口。

7. 菲耶夫先生（Hemeleers-Fiévé）。他曾在布鲁塞尔当代理人，现隶属于铁路公司。汉口没人能像他一样不知疲倦，他总是保持着好心情。因为他是我的亲密好友，所以不多谈论他强大的内心和头脑。

8. 圣皮埃尔先生（Villegas de St. Pierre）。比利时副领事。有一副好身材。他从不树敌，总是在开会时说"啊"，仿佛在表示赞同。他酷爱打猎，是一位永不过时的优秀音乐家。在西费特先生离开后，他将接任领事职位，并足以胜任。

9. 索松先生。铁路公司的会计主任。他有许多优良品质，而且非常谦逊，是一个勤奋工作的人。

10. 沃斯特曼斯先生（Vostermans）。隶属于铁路公司会计部，被称为殖民地的"本杰明"。

11. 伯纳德先生。一位药剂师，曾在布鲁塞尔和安特卫普的医院实习。两年后，他凭借勤劳苦干的精神和渊博的知识，成为第一位创办大型化学产品企业的比利时药剂师，这家企业与任何远东其他公司相比都毫不逊色。他拥有丰富的化学及商业知识、充沛的精力以及对当地生活方式的经验，这使得他成为未来所有比利时在华公司的重要联络人。

12. 利纳德先生（Linard）。铁路公司工程师。

13. 罗伯特先生（Robert）。汉阳钢铁厂经理。

14. 弗兰茨先生（Guffens Franz）。隶属于铁路公司。他与妻子在中国生活了5年，如今正准备离开。

15. 迪克曼先生（Dyckman）。隶属于汉阳钢铁厂。他与众不同之处在于他似乎是一个完美的瓦隆人，却精通弗拉芒语。他的父母是佛兰德斯人，但他在列日附近地区被抚养成人。

16. 皮罗特先生（Pirotte）。比利时中国公司经理。

在来远东之前，他在刚果居住过几年。

17. 乔勒贝克先生（Chollebeek）。隶属于铁路公司。

18. 鲁索先生。比利时俱乐部秘书。一个杰出的人！他总是面带微笑。即使在阴郁的会议中，他也能使人乐起来。他还是一位优秀的音乐家，他会唱的歌曲不计其数，随时随地都能办一场庆祝活动或是聚会。

19. 约瑟夫先生（Guffens Joseph）。隶属于铁路公司会计部。他是比利时租界中的巨人。

20. 穆伊松特先生（Muyshondt）。同样隶属于铁路公司。

21. 弗兰基努尔先生（Franquignoul）。隶属于汉阳钢铁厂。他唱歌与演奏手风琴时就像一位真正的艺术家。他在俄国生活过几年，会说一口流利的俄语。

附注：以上名单还缺少让·沙多（如今在上海）、卡辛先生（沙多的秘书）以及斯洛思先生（他在铁路工地上工作）。

阿道夫·斯普鲁伊特与汴洛铁路

1871年11月26日菲利普·斯普鲁伊特的弟弟阿道夫出生于根特，他也是一名医生。1888年他前往布鲁塞尔自由大学进修，此后一直居住在比利时首都。1896年他取得了第一个荣誉学位，即医学博士。大约15年之后，也就是1912年，他在同一所大学获得了第二个荣誉学位，这次的专业是医疗官。[20] 在获得两个学位期间，他热衷于将所学付诸实践。阿道夫获邀前往黄河以南的洛阳地区，[21] 担任汴洛铁路公司的医生。汴洛铁路如今是开封与洛阳之间的铁路线。[22] 这是比利时人负责的铁路项目，但是由中国出资，轨道总长度约225千米。阿道夫·斯普鲁伊特接受了提议。1905年他在33岁时，与妻子玛丽（Marie）和女儿娜丁〔Nadine，绰号为乔特（Tchotte）〕一同离开比利时前往远东地区。做出如此决定的一个关键因素无疑是他的哥哥菲利普在汉口。

在写给父母的信中，阿道夫简要叙述了他们乘船到中国的旅程，还描绘了途经的几座城市，包括科伦

Photogravure de F. DRICOT & Cie.　　　　Cliché de M. le Docteur SPRUYT.

Un groupe du Cercle Belge de Hankow.

MM. Franquignoul　Muyshondt　J. Guffens　Rousseau　Chollebeek　Pirotte

MM. Robert　Linard　Dyckman　Ch. Bernard　F. Guffens　Vostermans　Sosson　G. Dansette　de Villegas　Hemeleers

MM. Clavier　Siffert　E. Bougnet　Ruppert　T'sang

▲ 汉口比利时俱乐部成员合影
注：27名成员，照片中只有21人。俱乐部里设有自己的台球桌和吧台，由比利时贸易公司负责安装，该公司秘书为鲁索先生。照片由菲利普·斯普鲁伊特医生拍摄。

汉口比利时人休闲放松的方式

▸ 两位比利时人菲耶夫与圣皮埃尔乘黄包车参观寺庙

▲ 菲利普·斯普鲁伊特医生及其比利时朋友在武昌山顶合影

◂ 一群比利时人乘坐"梅娜姆"号汽船抵达汉口时，与船上中国人合影

◂ 菲利普·斯普鲁伊特医生与一位朋友在黄河岸边骑自行车远足

注：以上照片由铁路公司比利时籍职员拍摄。中国滨州窦希仑收藏。

坡、新加坡、西贡和香港（他们在这里为新家购置了家具）。巧合的是，阿道夫去中国的时间与内恩斯只相差几个月，而且乘坐的都是法兰西火轮船公司的邮轮，我们将在第五章和第六章介绍内恩斯。然而，在他们各自撰写的著作中，从未提及对方，这说明他们可能从未相见，甚至不知道彼此的存在。但我们可以从他们的信件和日记中了解到他们对科伦坡、新加坡、西贡和香港的印象，可以说是形成了一个非常有趣的对比。

阿道夫和他的家人于1905年11月6日平安抵达上海，随后他们乘坐德国"梅莉"（Meilee）号轮船，花了两天半的时间到达汉口。当得知菲利普无法来迎接他们时，他们非常失望："菲利普昨晚就出门旅行了，很遗憾他不能在家迎接我们。"但他们可以住在菲利普的房子里，"菲利普的家很漂亮，也很舒适"。在汉口时，他们很快就遇到了他们不喜欢的内奥夫人（Madame de Nao）。在1905年11月12日的一封信中，阿道夫评价说："她对什么都毫无兴趣，行为举止过于随便。她

能说会道，巧舌如簧。她相当虔诚，但她讲的笑话能反映出她的教育水平和品位都较差。她的出身肯定比较卑微……然而，她的丈夫是一位很重要的人物，沙多先生对他十分赏识，将新铁路线（汴洛铁路）交给他负责。"在同一封信中，他告知家里人说："多亏了克拉维尔先生的帮忙，在巩县的皇家宫殿里[21]为我们安排了住处，那里还有一处花园……克拉维尔还让人把里面打扫干净。"但在1905年11月30日的一封后续书信中，他表示很失望，"当在汉口得知没能给我安排住处时，我很愕然！克拉维尔曾确信能拿到让我们住进皇宫的许可，却被拒绝了"。

十天后，阿道夫没有带家人，独自离开汉口，冒险前往河南省寻找住处。他花了两天时间，坐了500千米的火车抵达郑州。[23]他借此机会考察了黄土高原，那里的土壤是地球上最易受冲蚀的一种。从传统上来说，黄河的得名是因为从高原冲下来的沉积物堆起来形成了它的河岸，把水也染成了黄色。阿道夫发现当地人过着山

洞里的穴居生活，[22] 让他着实大吃一惊。同时，当地的农耕技术也给他留下深刻印象。阿道夫据此绘制了一幅画，附于 11 月 30 日的信中，他后来在信中对黄土高原描述道：

虽然我从事医疗工作，但大多时候待在中国中部的河南省，更具体来说，是在开封和洛阳（中国古都）之间，处于黄河两岸之间延伸的省份中。这个地方是著名的黄土地区，位于一系列被深谷隔开来的高原之中。旱

汉口，1902 年 11 月 22 日

亲爱的年轻女士们：

我祝你们 1903 年万事如意。信中你们可以看到我刚渡过长江在武昌拍摄的照片，就像一位穿着脏衣服的船长。我已从母亲那里得知，你们都很健康，我相信你们会一直如此。希望我们很快能够再次相见。

你忠实的菲利普

◀ 1903 年寄给布鲁塞尔附近圣希利斯（St. Gillis）的德沃斯（Devos）姐妹的新年祝福
注：1902 年 11 月 2 日于汉口邮局寄出，贴有中国邮票。由马赛利斯（Patrick Maselis）收藏。

季时峡谷底部可以走的路，到了雨季就变成了小河。黄土高原上的黄土是在变化无常的大自然中天然形成的，任何穿越中国的旅行者都必须经过这些巨大的石峰、高耸的山脊，它们与几乎一成不变的蔚蓝天空形成对比。大自然还在黄土高原上打造了很多洞穴（指窑洞——译者注），这里绝大多数居民都是穴居人。乍一看，你会以为身处沙漠之中，因为这里几乎看不到房屋。但是，一旦发生有趣的事情，所有居民都会像兔子一般从地下洞穴中走出来，这让那些从不知其存在的旅行者瞪大了眼睛。

随后，阿道夫前往洛河流域的巩县县城，距离郑州 65 千米。"我们坐轿子行进了三段路程。抵达后〔这让我想起了卢森堡公国梅塞尔（Mersele）的风景〕，我们才听说河南省省长未批准我们住在皇家宫殿里面。总之，我们浪费了整整一周时间。"回到汉口后，阿道夫让即将返回欧洲的伯纳德先生给父母带回去两件礼物，一个纯手工雕刻的银伞柄送给母亲，一个手工打制的纯银餐巾环送给父亲。他写道："菲利普为伯纳德的离开很伤心，因为他们是很亲密的朋友。"好消息是，他们一家人可以暂时住在中国人的房子里。

阿道夫在 1905 年 12 月 12 日的信中写道：

令人满意的是，目前我们不需要居住在两条铁路线交叉处的郑州，因为他们已经在冰上滑冰了，并且这家铁路公司的代理人习惯于晚上会面，喝点开胃酒或咖啡等。这些东西都很昂贵，还损害健康。巩县的情况一定会有所不同，我们将是第一批抵达的人，可以在那里形成自己的生活方式，让后来的人遵循这些习惯。

12月15日阿道夫一家离开汉口前往巩县,途中在郑州稍作停留。

多亏了普雷德霍姆(Preudhomme)的帮忙,这次长途旅行比较舒适。我们可以随意使用他的私人车厢,里面设有餐厅、卧室、厨房等。你们可能也知道中国的火车从不在夜间行驶。但这种情况将发生改变,在3个月内,中国的火车也将在晚上运行,这样的话,我们就能在40小时内从汉口抵达巩县。

1905年12月17日从郑州寄回的一封信中,阿道夫提到了他的经济状况。

按照当前汇率,60两白银相当于3.5法郎。这意味着我每月收入为210法郎,加上每月1000法郎的津贴补助,年收入为14520法郎。你们可以看出,这与菲利普每年18000法郎的收入相差很多,并且这里面还没有算入他的保险等。但是,我想我可以把这些钱邮回比利时,那会是一笔不错的积蓄。我们得在中国再生活几个月,才能知道我们需要什么东西。葡萄酒、烈性酒和罐头在这里都十分昂贵。

抵达巩县后,他立即寄出了另一封信,信中详细介绍了那里的气候和他们一家的住宿条件与生活状况,还讲述了他与当地积极参与铁路建设的中国工人的接触。阿道夫明显表现出对中国工人工作态度的轻蔑,他对当地穷困人口的看法也反映出19世纪上流社会瞧不起工人阶级的特点。半殖民主义的西方人对非西方人的种族偏见在中国表现得更加严重,内恩斯的记录中也体现出

▲ 阿道夫·斯普鲁伊特所绘黄土高原示意图
注: 阿道夫·斯普鲁伊特在1905年11月30日的信中描述: "人们居住在A和B这种垂直土墙的洞穴(指窑洞——译者注)之中"。

▼ 如今黄土高原上的梯田

110

类似态度，我们将在下一章谈及。[24]

1906 年 1 月 6 日阿道夫寄给父母的第五封信件的译文。

亲爱的爸爸妈妈：

我们还在忙着修房子。已经进行一个月了，但还没完工。说到工作，借这次写信的机会，我给你们讲讲中国工人。我不得不说，我与菲利普对"天国"的观点相去甚远。菲利普一直生活在城市中，确切地说，那是一座大都市，在欧洲人长期影响之下，那里的中国元素已经发生改变。

……

我们房子的修理费用预计需要 25 万文铜钱，相当于 625 比利时法郎，在这里来说价格非常高。我已经花了 20 万文铜钱，也写信给勒诺瓦（Le Noir），询问是否可以涨到 25 万。我已经修理好我的办公室、我们的卧室、餐厅和厨房。事实上，这些都是家里必不可少的地方。我们还需要建一个病房和一个手术室。如果他们拒绝，或是以后遇到困难的话，我就会揭他们的短，因为他们没有给我建造病房与手术室的必要授权。

原材料的成本相当低。一块砖 6 文铜钱或是 1.5 分，块头大，且质量上乘。石灰每公斤 5 文铜钱，略低于 1.5 分。竹子每磅 16 文铜钱或是 4 分。木材在中国稀缺，因此价格昂贵。竹子主要用来做天花板。他们在地上做好框架，完成后，将其固定在横梁和墙体上。整体大框架由竹竿制成，起支撑作用，小竹条用来做骨架，正如我在下图所画的那样。他们将中国式白纸糊在框架上，这样天花板就完工了。若做得好，天花板就很整洁。我办公室的天花板就是如此，面积为 3 米×5 米，总共花费 12 比利时法郎。我忘了告诉你们，在竹子和纸之间，他们还放入了草席。这可以阻隔空气流通，保持室内温度，同时也能够保证老鼠无法穿过天花板。这些动物常在天花板上窜来窜去，吵得我们晚上睡不着觉。一有机会，我们就借一只猫来。昨天，我们桌上的蜡烛又被啃掉一圈，只剩下中间的烛芯！我们害怕看到这种不幸的事再次发生，害怕看到每天早上都有一件裙子或大衣被咬坏。因此，我准备在一些粮食里放些鼠药，试着消灭这些有害动物。

在这封信中，我将附上我们房屋的平面图。入口处有一个大棚子，其实就是在几根柱子上搭建了一个屋顶。一堵墙将这个棚子围起来，里面是一个封闭空间，用作中国人的厕所，他们就在这样一个简陋的屋顶下方便。其他地方都在图上有所标注。我们的卧室和女儿房间之间有一条敞开式走廊，我把它周围封起来，并加装了两扇门，这样房间就相互连通起来。另一边也有条相似的走廊，我也把它封起来了，但没有装门，用来做卫生间。房子看起来很大，但没有地下室，房间里也没有空间可以存放手提箱、大木箱、食物、煤炭、木材等。屋子旁边的花园只是一块空地，未种植任何植物，并且这里将一直这样，因为他们告诉我土壤里含硝，这在中国很少见。即便如此，能够拥有这所房子还是很幸运的，我们将在这里开启美好的生活。

……

家里每个人都适应得很好。玛丽总是有些发烧，但她的胃口很好，多亏了好天气，她每天都能出门。菲利普写信说汉口的天气很恶劣，但这里就像我说过的那样，我们度过了一段欢快的时光。这里有蔚蓝的天空，白天我只穿件夹克就出门了。当天气很好的时候，我会把温度计放在屋外，测出的实际温度只有6℃。我听说这些现象是因为空气干燥。为了证明这点，玛丽和我们的女儿每两天头发才会变得卷曲，因为头发是反应天气的一项理想指标。夜里的温度会降到-3℃。

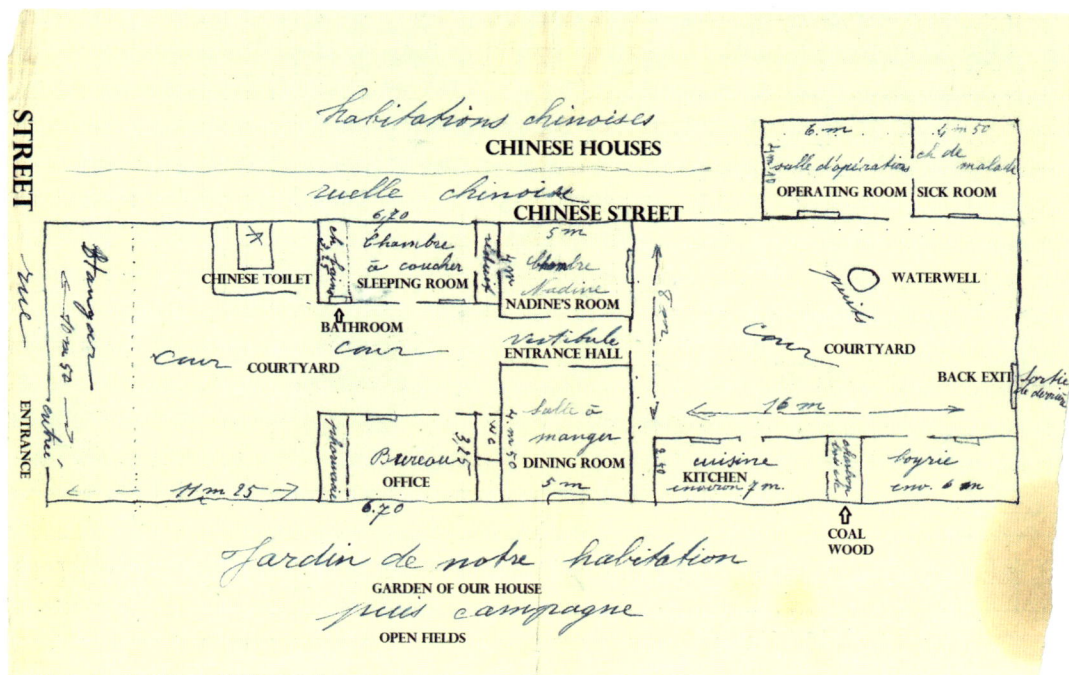

▲ 1906年阿道夫·斯普鲁伊特及其家人在巩义寺庙中的住宅平面图

由衷地送你们一个拥抱

你们的儿子，阿道夫

1906年4月25日从巩县邮回的一封信描述了阿道夫一家前往城外10千米处，参观宋徽宗（1082—1135）和宋钦宗（1100—1161）皇陵的一次短途旅行。很容易想象出，阿道夫在看到历史悠久的、宏伟的中国历史遗迹时，一定心怀敬畏地站在一旁，感触颇深。这些遗迹如今仍能参观。通往皇陵神道上的各种文臣、武将和守护兽的石像把他迷住了。

这些石像给人一种尊贵和悲伤的印象。他们如同忠

▲ 阿道夫·斯普鲁伊特参观宋代
（960—1279）著名陵墓

▶ 阿道夫·斯普鲁伊特妻子玛丽
参观宋陵

诚的哨兵一般矗立着，其中很多还半埋在土里。他们永远精力充沛、永远保持年轻，他们曾多次为华丽的葬礼服务。他们曾目睹无休止的队伍从这两排巨大的石像中间穿过，不论过去还是今天，他们都统治着整个平原，而那里会有一大群人心怀畏惧或憎恨地陪着一位仁慈君主或是一个暴君，以最为奢华的方式最后一次展示他东方式的辉煌。

1907 年年初阿道夫·斯普鲁伊特返回比利时待了一小段时间。我们不清楚他的妻子、孩子是否与他同行，也不知道他回去多久。但很确定的是，他在同年回到中国，还遇到了法国著名的汉学家沙畹（Edouard Chavannes，1865—1918）。沙畹曾将汉朝历史学家司马迁（公元前145—公元前86）[23] 的不朽巨著《史记》的部分内容译成法文。沙畹于巴黎高等师范学院完成学业后，有人建议他研究中国和汉语。之后，他获得了前往中国担任法国驻北京公使馆随员的机会。[25] 俄罗斯汉学家阿列克谢耶夫（Vasiliĭ Mixaĭlovič Alekseev，1881—1951）曾与沙畹一起到中国各地旅行，根据他的记载，阿道夫·斯普鲁伊特与沙畹在1907 年夏天见过面。沙畹患有甲沟炎，这种疼痛的皮肤感染疾病妨碍了他的睡眠和正常工作。因此，沙畹决定改变原计划的路线，去找斯普鲁伊特医生看病。阿道夫对沙畹进行检查后，他们一同出发旅行，但在12天后就不得不踏上返程。[26] 阿道夫·斯普鲁伊特写道：

我有幸能陪同法兰西学院院士沙畹先生参观著名的龙门石窟、北宋皇陵和嵩山等。[27]

1907年8月1日的一封信中，他详细描述了与沙畹参观龙门石窟的过程：

这些巨大的岩壁的每一处都被开凿成岩洞，里面矗立着大小各异的石刻佛。有些佛像高达20米，而有些小佛像还不如站起来的猫大。从远处看，山腰上似乎满是兔子洞……这些岩洞和石刻佛像形成于不同时期。沙畹先生告诉我，这些佛像的雕刻时间分别是5世纪、6世纪、7世纪和8世纪，他还能够考证出每一尊佛像生成的准确时间。除了佛像外，这里还有许多同样精美的碑文和浅浮雕。这些没法拍下来给你们看，因为我所有的照片都是在户外拍摄的。下次我带上镁光灯，就能够在黑暗的岩洞里拍些照片。在最重要的石窟附近有一处陡峭山坡，那上面有一座中国建筑，住着和尚和守护人……这次旅程让我念念不忘。遗憾的是，我没能带玛丽和女儿一起来，因为她们没法在这么热的天气里出门。

在1931—1932年，阿道夫·斯普鲁伊特就他对龙门石窟的考察，发表了一篇图文并茂的文章，题目名为《回忆龙门山之旅》（*Memories of A Visit to the Sacred Mountain of Longmen*）。[28]

随着汴洛铁路工程建设的推进，阿道夫一家也要再次搬家，这次迁至铁路线77千米处。[24] 他们住在一座小村庄的寺庙中，他在1907年10月27日的信中对此有所描述，但未提及寺名。

皇城街道上有两扇大门。大门之间有一个戏楼，楼上是演戏的地方。我将首层用作马厩，顶层用来储存饲料等。这里与任何一座著名的寺庙一样，院子里建有两座塔，分别为钟楼和鼓楼。钟楼一层[25] 摆放着巨型的钟，至少和人一般大，我们还在首层设置了厨房。我的男仆跟他的妻子住在另一座塔中，他们刚刚结婚。庭院旁边有两座15米×3米的长条形建筑，上面供奉有佛像。图上标记的1号房间将被分隔开，分别用作病房和手术室，2号房间是我的办公室和药房。中间是大殿，里面有佛像和非常精美的祭坛，它们均由木头雕刻而成，还刷着金漆作为装饰。这个房间本计划用作餐厅，因为光线太暗，我们不得不改变主意。最好的房子在院子后部。首层有一个满是佛像的房间，但还是很黑。此外，还有一间12米×4.5米的漂亮卧室。两边都设有一个小耳房，其中一间用作餐厅，另一间作为女儿的游戏室。这些房间下面都建有地窖，带来了诸多方便。

同一封信中，阿道夫还提到了他返回欧洲的事情：

因为杰弗里先生（Geoffrey）即将返回欧洲，雅凯先生（Jacquet）将成为我们的主管。我计划趁酷暑到来之前回一趟欧洲，我们可能会和菲利普一起回去。因为我的工作合同还有三个月到期，我相信我的请求会得到批准。

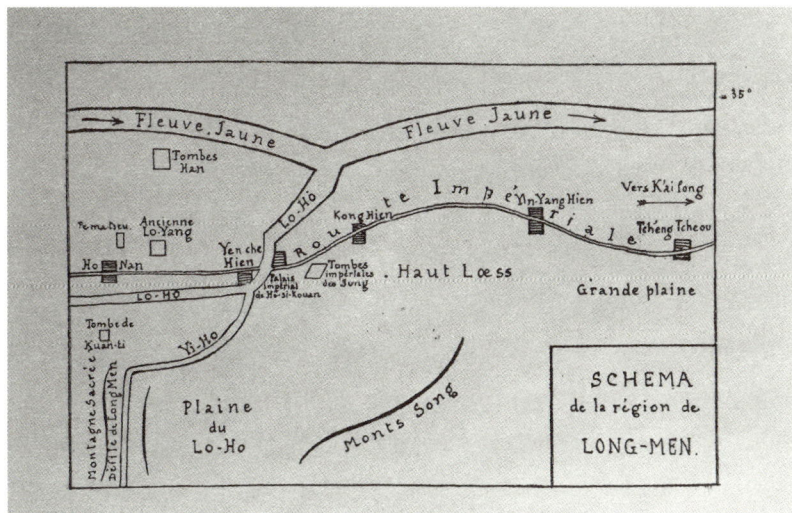

▲ 阿道夫·斯普鲁伊特为龙
门石窟之旅制订的详细计划

Souvenirs d'un voyage à la Montagne Sacrée de Long-men.

par le Dr. A. SPRUYT.

A la fin de l'année 1907, j'eus la bonne fortune d'accompagner Edouard Chavannes et son élève Alexeief dans leur voyage vers le centre de la Chine.

Ils allaient y reconnaître les vestiges qu'un glorieux passé a laissés dans la région du Fleuve Jaune, berceau de la civilisation chinoise. E. Chavannes nous avait initiés à quelques-uns des secrets que cette terre recélait encore, mais notre imagination réalisait imparfaitement ce que nous allions bientôt pouvoir contempler.

J'avais entendu vanter la beauté des sculptures bouddhiques de Ta-t'ong fou, de Long-men et de Kong-hien; je savais tout ce que la religion de l'Inde avait apporté à cet art chinois qui, délivré enfin du rituel plusieurs fois séculaire, s'était emparé avec joie des formules nouvelles offertes si libéralement.

J'ignorais cependant encore jusqu'à quel point Long-men, né de ce grand élan artistique, allait nous éblouir par ses merveilleuses sculptures.

Venant de la ville de Teh'eng tcheou, non loin de K'ai-fong fou, Chavannes et son compagnon me rejoignirent à Kong-hien, sous-préfecture de la province du Ho-nan et nous résolûmes de visiter ensemble les cinq grottes qui se trouvent sur la rive gauche du Lo-ho à quelques kilomètres de la ville.

Ces grottes étaient tombées dans le plus parfait oubli. D'après les inscriptions qu'on y trouve, elles datent du 6ᵉ siècle et furent décorées sous les Wei du Nord.

16

▶ 阿道夫·斯普鲁伊特就他
与沙畹参观龙门山之旅在比
利时发表的一篇文章

▲ 1907 年阿道夫·斯普鲁伊特与沙畹
考察河南洛阳南部的龙门石窟

阿道夫1908年10月27日的信件是我们所能查阅的最后一封信。我们了解到他哥哥死于1908年11月2日，但没有记录显示那时阿道夫是否已经从中国返回欧洲，也无法得知他是否参加了哥哥的葬礼。但我们可以合理推断出，菲利普在中国收集的所有中国物件都交到了阿道夫手中，并最终由阿道夫带回比利时。

阿道夫·斯普鲁伊特当然也对中国人和中国文化有着浓厚兴趣，这一点可以从他的信件中得到证明：

中国人强大而独立，但显然他们不太信任欧洲人，与欧洲人的接触仅限于少量路过此地前往中国偏远地区的传教士，或是一些来华参加铁路建设的工程师。我经常沿着200千米长的铁轨访问附近的小村庄，以及散落在京汉铁路1000千米沿线的村落，所以我近距离接触了各个阶层的中国人。我需要照顾临时工，尽最大可能给他们提供住处，但并不是他们想要的那种住所，他们往往居住在山谷深处、高山之上，甚至是悬崖边缘。多亏了医生的工作，使我能够研究我所处的陌生环境，我可以进入通常谢绝外国人进入的中国人的住所，有些中国人对我的"欧洲医生"头衔好奇，就会请我去治病，允许我迈进他家的门槛，但他们没有抱有被奇迹般治愈的希望。

他在中国期间编写的观察资料收录于一本小册子之中，于1909年出版，书名为《中国人的饮食、卫生和心理状况》（*The Chinese: Diet, Hygiene and Mentality*）。这本小册子主要研究了不同地区中国人的饮食习惯，及其对健康的影响。小册子特别有趣，因为阿道夫从医生视角真实地记录了他对中国人及其饮食习惯、卫生规范的

观察，其中还涉及迷信观念、流行病学等其他话题。[29]这也再一次证明了阿道夫想方设法尽可能多地了解中国，了解她的人民、社会及文化。在小册子的前言中，阿道夫对中国人的描述较为正面，语调不同于早期信件中对中国工人的态度：

我自己能判断出中国人的优缺点、他们的习惯以及心态。我的观察结论是他们是一个非常有意思的民族。中国人在很多方面并不完美，但这一点被他们身上其他值得称赞的品质所弥补。总的来说，无论贫穷富有，他们都彬彬有礼、性情温和，紧密依附于他们所属的宗族。他们不喜欢外国人，但是这种情绪并没有使他们粗暴对待生活在他们之中的外国人，他们也能容忍外国人的行为，这种容忍在欧洲是绝不可能的。当我行至鲜有旅行者踏足的地方时，我找不到可以抱怨他们的地方，因为无论在白天还是夜晚，我都可以安全地穿过这些人迹罕至、与世隔绝的地区，且不会遭到任何形式的迫害。

目前还不清楚阿道夫·斯普鲁伊特何时离开中国回到比利时。在小册子中，他写道："我来过中国两次，第一次待了三年。"这可能指的是1905—1908年。最早提及他回国的是1909年出版的小册子，这本小册子很可能是同年在布鲁塞尔皇家医学院交稿的。他提供的更多资料存放于布鲁塞尔皇家艺术历史博物馆的档案之中。[30]

1910年阿道夫·斯普鲁伊特将三件在中国购买的汉代（公元前206—220）瓷器捐赠给了博物馆。据说，阿道夫以公道的价格[26]出售了一些青铜器和陶俑，它们

▲ 灰色彩绘陶罐

注：由阿道夫·斯普鲁伊特在河南省西部坟墓中发掘。这些陶罐可追溯到公元前206—9年。1910年，阿道夫将其捐赠给布鲁塞尔皇家艺术历史博物馆。至今仍在该博物馆内展出。照片由布鲁塞尔皇家艺术历史博物馆范·勒伯格（Anja Van Lerberghe）提供。

来自修建汴洛铁路时巴肯斯医生（Fernand Buckens）发现的古墓。巴肯斯出生于布鲁塞尔，是另一位中国铁路建设项目的医生，他在开封至西安段的铁路线提供医疗服务。与斯普鲁伊特兄弟一样，他也热衷于古代文化。他跟其他同胞一样，也有充足的空闲时间从事考古勘探，并在1911—1917年参与了汉墓发掘活动。如今，布鲁塞尔皇家艺术历史博物馆仍然保存着巴肯斯的收藏品，主要是这位医生收集的艺术品。[31]

1938年这家博物馆从阿道夫·斯普鲁伊特手中购得一件明代（1368—1644）小型罗汉陶瓷雕像，两年

后，阿道夫又卖给他们一把青铜勺。1941年博物馆又购得一套绘有赛马的花瓶，并在1953年最后一次购买了三足青铜瓶。[32]在皇家艺术历史博物馆的公报中，阿尔特纳伯爵（J. de Borchgrave d'Altena）对阿道夫的评价如下：

他是艺术界真正的倡导者。他的教学享有盛誉，我们感激他在布鲁塞尔皇家考古学会活动中所做的讲座并将铭记于心。[33]

之后，在1953年，阿道夫决定将他剩下的大部分藏品捐赠给根特市博物馆，1956年根据他的遗愿，最后一部分收藏同样遗赠给同一家博物馆。[34]收藏品包括青铜器、家具、漆器、绘画、瓷器、陶器和织物，分别具有宗教、装饰、社交等不同功能。大多数藏品出自17~19世纪，有些甚至可以追溯至汉代。[35]这批藏品足以证明阿道夫·斯普鲁伊特对中国艺术情有独钟。

回到比利时后，阿道夫的职业仍与中国有所联系。1929年8月他协助创办了比利时高等汉学研究院，成员包括波尔佩（Bruno Belpaire）、波莫（Jules Bommer）、巴肯斯、古埃及学家卡帕（Jean Capart）、亨茨（Carl Hentze）、蓬图斯将军（Raoul Pontus）、建筑师斯托克雷特（Adolphe Stoclet）、范·邦伯根（Marthe Van Bomberghen）和范·西（R.P. Louis Van Hee）。1949年他担任研究院副院长，直至1956年10月10日去世。[36]1937年中国驻比利时大使馆授予66岁的阿道夫勋章，是一枚"白色红蓝镶领绶采玉勋章"。[37]此外，他还是布鲁塞尔皇家艺术历史博物馆东方艺术委员会的副主席。[38]伦敦大英博物馆的档案中也保存了有

▲▶ 菲利普·斯普鲁伊特医生的汉口住宅内部
注：约摄于 1905 年，展示了他的部分中国藏品。

关阿道夫1931年5月27日在印度学会讲座的往来信件。

　　除了根特大学图书馆收藏的立体玻璃板照片外，斯普鲁伊特家族档案中还有另外47张照片，现由根特城市历史博物馆保存，馆内还藏有他的部分原始摄影器材。有些照片拍摄于北京，因为有几张照片记录了袁世凯于1912年（临时政府）或1913年（北洋政府）成为中华民国临时总统或第一任总统时的就职典礼情况。这意味着阿道夫第二次访华是在袁世凯就职典礼前后，同时，前文提到的阿道夫的医生同事巴肯斯也在同一时期活跃于中国，使该假设进一步得到证实。针对这一独特影像收藏的学术研究刚刚开始，有望在未来几年内取得令人感兴趣的成果（见第七章）。

《中国人的饮食、卫生和心理状况》——阿道夫·斯普鲁伊特

出版社：Belgian Royal Academy of Medicine

地址：Rue de Louvain 112, Brussels

印刷商：Hayez

出版时间：1909 年

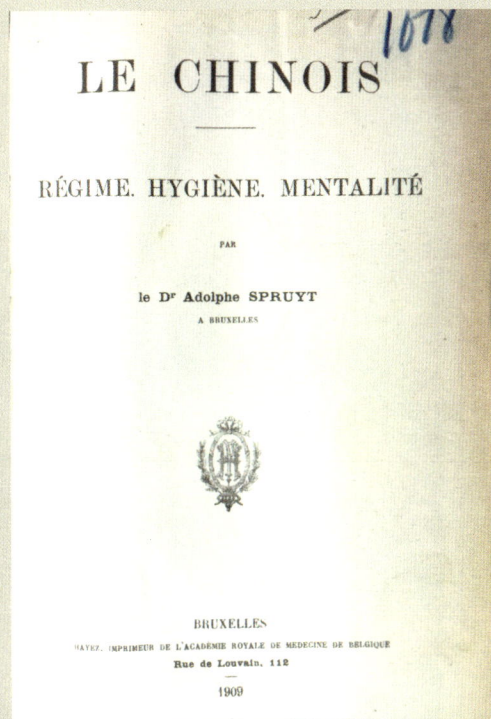

小册子部分摘录：

第 5 页： 中国人的态度和习性在某些方面常常会遭到批评，但他们身上拥有许多值得称赞的品质，可以弥补这些不完美之处。

第 6 页： 中国人吃饭很慢，与他们做其他任何事情一样。对他们来说，用餐是一种乐趣，就餐时间也会持续很久。

第 12 页： 为了长期保存，鸡蛋会被浸泡在熟石灰中，并且只有在经过10年甚至更长时间之后才食用。到那时，鸡蛋变成了浅灰色的球，外部沉积物不断累积，厚度至少达1厘米，而内部变成了一种绿色的凝胶状物质，让人联想到杏子果酱。它散发着一种臭鸡蛋的味道，但可以放心食用。此外，这种气味绝不像人们想象的那般令人厌恶，你很容易就能习惯。[27]

第 15 页： 中国人喝的一切东西几乎都是热的，我只见过几个人喝冷水，完全可以忽略不计。即使在仲夏，走得很累了，他们仍然喜欢喝一杯热茶。这种习惯极其重要，正因为中国人只喝热开水，他们才免于患上许多由环境水源感染引起的疾病。泉水在中国确实少见，并且储水箱几乎都被污染了。

第 15 页： 被感染的最大危险在于中国没有公墓这一事实，或者说，到处都是墓地。中国没有指定的地方用来埋葬去世的人，所以坟墓位置的选择十分多样。有人说中国是一个巨大的墓地，这并不夸张。人

们可以在任何地方看到坟墓，有时见到孤零零的一个，有时能见到相当多的坟墓摆在一起。这种安排毫无秩序，主要根据堪舆师的推算。在死者家属的要求下，堪舆师参照他的罗盘，准确算出死者最后安息地的位置与方向。这就造成山谷里、山上、房屋旁、水井旁、河边、耕地中间或是灌木丛中随处可见坟墓。

第24页：中国中产阶级从不利用炉火抵抗严寒，他们一般依靠食物或衣物来增加身体的抵抗力。

第32页：中国女人普遍来说很善良，身材中等，但看起来比真实身高要高一些，因为裹脚导致足部变形，不得不踮起脚尖走路。她们生活简朴，沉默寡言。女人比男人干活少，因此有些肥胖。她们爱自己的孩子们，对他们精心照顾，直至他们学会走路，能和周围的其他孩子一起玩耍。母乳喂养时间很长，一般到婴儿3岁才断奶。这大概就是她们的孩子们身体健康、没有肠道疾病的原因。

第34页：中国人看不起西方女人。她们认为西方女人爱享乐，道德败坏。中国人认为西方女子并没有我们说的那般感情细腻。中国人批判西方女人的自由和独立，因为这些似乎触犯了东方人的情感。东方人认为女人即便不是奴隶，也应该表现得谦卑、顺从，她们必须要扮演好家庭主妇的角色，不能抛头露面，也不能为人所知，并且要尽

可能少地占用空间。中国人认为欧洲女性着装不雅，他们谴责西方女性露出胳膊、穿着透明衬衫，并且不理解我们为何会允许自己的妻子在一群男人的注视下半裸着参加一些聚会。没有任何一个中国人会邀请他的妻子参加晚宴或是聚会，他们根深蒂固地认为女人不属于那种场合。

第44页：年轻女孩会梳辫子，将头发一缕一缕打成结。但女子一旦结婚，她就不能再梳辫子。她需要剔去前额头发。眉毛和面部所有毛须也都需要剃干净。中国崇尚女子皮肤白皙。这也是她们唯一羡慕欧洲女子容貌的方面。因此，中国女人不得不涂抹厚厚一层白色和玫瑰色的脂粉，以遮盖她们的黄皮肤。

第45页：皮肤病常常发生，类型也多种多样，这种疾病主要是因为缺乏护理、个人卫生差及家庭环境过于肮脏。由于头皮经常受寄生物感染，中国男性和女性在40岁以后，秃顶现象很普遍。在这个年纪之前，对于那些没有受任何感染的人，他们头发非常浓密。中国人胡须稀疏，胡根不发达，因此他们直到40岁才开始留胡子……中国人从不自己刮胡子，而是请理发师剃须。毫无疑问，理发师并不清理他的剃须刀，并且长时间使用同一盆热水。我认为头皮和头部传染病正是通过理发师这个主要媒介得以传播。

第 46 页：中国新生儿大多数皮肤白里透粉，非常漂亮，这种肤色状态一般能维持到16 岁。

第 48 页：性器官感染在中国极其常见，淋病和梅毒都很常见。但中国人几乎不接受任何正规治疗来对付这些疾病。尽管如此，中国人仍精力充沛，有些格外健壮，尤其是在中国北部。我常常想知道，一个民族完全缺乏卫生和预防措施，并且频繁面临性病，本应该日渐衰弱乃至退化，为何还能如此美丽。

第 49 页：中国的另一种祸患是狂犬病，这主要是因为大量流浪狗的存在。迄今为止，中国尚未采取任何措施消除这种威胁，人们经常被感染的狗咬伤。只有中国人对狂犬病更加畏惧，他们才可能迅速射杀那些疑似感染的狗。然而，他们对这种疾病的本质和危害性一无所知。中国人容易相信各种超自然现象，并且将灾祸归咎于凭空想象的原因。他们认为在被疯狗咬伤后不久，这个人身体里会入侵一群小狗，这些小狗必须通过病患的喉咙从身体中被驱赶出来。这样做有可能让人死于窒息。他们还相信在病患身边制造出巨大的声响，会有利于把小狗排出体内。让我们想象一下，如果基于这种发病机理，那应该把病人埋至脖子位置，然后在周围发出震耳欲聋的噪音。

第 51 页：中国几乎不存在外科手术。我曾遇见过几位勇敢的医生，他们给我讲述了一些外科手术的精彩场面，但在我看来，他们只是在复述从我们这些国家听说的传言，而并非实际发生的情况。我曾在沿海城镇读到一些文章，讲的是某些中国医生尝试用狗骨头替换病患肢体的某部分，但无法获得该手术的具体信息。因此，我倾向于相信这场手术从未发生过。

第 52 页：如果有人问我作为一名欧洲医生，治疗中国病人是否轻松愉快，我会毫不犹豫地回答："不。"这些中国民众多受迷信观念困扰，这些观念会阻碍我们实施正确的、令人满意的诊治。我这里指的是中国偏远地区，这些民众还未接触欧洲人而受其影响。如果中国人向我们求医，他们会疑心很重但又引以为荣，以至于他们相信我们被赋予了某种神奇的力量……一般来说，中国患者很容易治愈。他们是天生冷漠的宿命论者，这使他们长期受苦。他们从未表现出担忧和不安。他们顺从地忍受着考验和磨难。人们关于中国人对疼痛的耐受力一直争论不休，但以我的经验，这点中国人和我们并无区别。中国人就像我们国家的病人一样，也害怕注射、伤口等。我经常遇到病人不让拔牙或是切开脓肿的情况，一些病人常因为无法做出接受手术的决定而离开我的手术室。

阿道夫·斯普鲁伊特拍摄的山西铁路照片

▲ 两个橘红色坟墓陶俑

注：头部造型为中国十二生肖。
早于 10 世纪的作品。图片版权
属于根特城市博物馆。

▲ 青铜佛狮香炉

注：造型独特的青铜香炉由一只成年狮子
与一只幼兽构成。汉语中的"狮"与"师"
同音，"老狮"与"小狮"暗含知识传承之意。
16~17 世纪作品。图片版权属于根特城市
博物馆。

▲ 笑佛或弥勒佛像

注：布袋与念珠为弥勒佛特征。青铜像，12 厘米 ×11.2 厘米 ×67 厘米。图片版权属于根特城市博物馆。

▲ 玄天上帝真武像

注：玄天上帝真武为掌管寿命之神，北极星及脚边的卧龟与蛇为其特征。青铜像。图片版权属于根特城市博物馆。

▲ 释迦牟尼青铜禅坐像

注：15 世纪作品。20 厘米 ×10.7 厘米 ×6.3 厘米。图片版权属于根特城市博物馆。

▲ 两个蓝瓷花瓶

注：瓶身上绘有一群人物形象。
16.7 厘米 ×13 厘米 ×3.6 厘米。
图片版权属于根特城市博物馆。

▲ 两个五彩瓷花瓶

注：每件瓶身都刻着三幅画面。17 世
纪作品。图片版权属于根特城市博物馆。

◀ 两个多彩珐琅卧象花瓶

注：意为吉祥平安。18 世纪作品。图
片版权属于根特城市博物馆。

◀ 侧卧妇女状颈枕
注：砂岩石材质，混有白泥，为铅釉器。17 世纪
作品。图片版权属于根特城市博物馆。

▶ 陶瓷颈枕
注：22.3 厘米 ×39 厘米 ×19.7 厘米。
图片版权属于根特城市博物馆。

◀ 绿绸绣花上衣
注：142 厘米 ×187 厘米。图片
版权属于根特城市博物馆。

▲ 绣有龙、海洋动物及花卉等植物的蓝绸上衣
注：缀有黄铜盘扣。135 厘米 ×210 厘米。图片
版权属于根特城市博物馆。

◀ 深蓝绣花上衣
注：丝质，缀有玻璃盘扣。110 厘米 ×153 厘米。
图片版权属于根特城市博物馆。

▶ 中国将军的军服

注：配有头盔和靴子。用料包括丝绒、金属丝线、丝绸及黄铜。19世纪作品。图片版权属于根特城市博物馆。

▲ 2018年2月中国著名艺术品收藏家吴培在比利时鉴定阿道夫的藏品

注：图片版权属于根特城市博物馆。

译者注

[1]此段话出自Preet S. Aulakh 与 Michael G. Schlechter 编写的《反思全球化：从企业跨国主义到地方干预》（*Rethinking Globalization(s): From Corporate Transnationalism to Local Interventions*），Palgrave Macmillan UK，2016，第101页。

[2]中国史学界一般将鸦片战争视为"半殖民地半封建"时代的开始。

[3]此为模型铁路。

[4]指吴淞铁路。

[5]根据历年铁路兴建里程表可知，1895年中国所有铁路（包括民营、省营和国有铁路以及台湾地区的铁路在内）累计长度为467千米。参见宓汝成《帝国主义与中国铁路：1847—1949》，经济管理出版社，2007。

[6]指汉阳铁厂。一般中国学者认为汉阳铁厂于1893年建成投产。

[7]京津铁路又称"津卢铁路"，由天津至北京西南郊卢沟桥，1895年动工建设，1897年6月通车。

[8]一般认为卢汉铁路干线全长是1214.49千米，干支线全长为1311.4千米。

[9]习惯上将开罗及其以北的尼罗河三角洲地区称为下埃及，即国家的北半部分。

[10]义和团运动中慈禧太后与光绪皇帝逃往西安。《辛丑条约》签订后，慈禧太后一行由西安返回，出陕西，入河南，沿黄河一路往东走到开封，然后折向北，从安阳进入直隶（今河北），最后乘火车由保定返回北京。

[11]指临城煤矿。

[12]下刚果省是刚果民主共和国的一个旧省，2006年后称中刚果省，是该国唯一拥有海岸线的省份。

[13]实际上是只有汉族妇女缠足，男人和少数民族妇女并不缠足。

[14]指正太铁路。

[15]殖民主义者初到中国时的观察，一般带有个人感情色彩的负面描述，请读者批判看待。

[16]原建筑现已不存。

[17]应为鳌。

[18]指医生不得向他人透露患者的病情。

[19]今越南北部地区。

[20]指中国。

[21]指巩县北宋皇陵。

[22]指黄土高原特有的窑洞居住方式。

[23]关于司马迁的生卒年代，史学界说法不一。一说根据王国维《太史公系年考略》及《太史公行年考》，认为司马迁生于汉景帝中元五年（公元前145），卒于汉武帝后元二年（公元前87）或至汉昭帝始元元年（公元前86）；一说司马迁生于汉武帝建元六年（公元前135），卒于汉武帝太始四年（公元前93）或汉武帝征和三年（公元前90）。

[24]距郑州77千米处。

[25]中国的二层。

[26]正如本章作者前面所说，在斯文·赫定完成中国探险之旅后，大批外国探险家、旅行家、冒险家和所谓学者涌入中国寻找盗掘我国的艺术珍宝，或以极低的价格半骗半买，然后运往西方和日本出售。所以，所谓"公道的价格"在中国人眼里是不存在的。

[27]此为松花蛋的制作方法，但制作所需时间根据季节温度变化，一般为半个月到一个月。

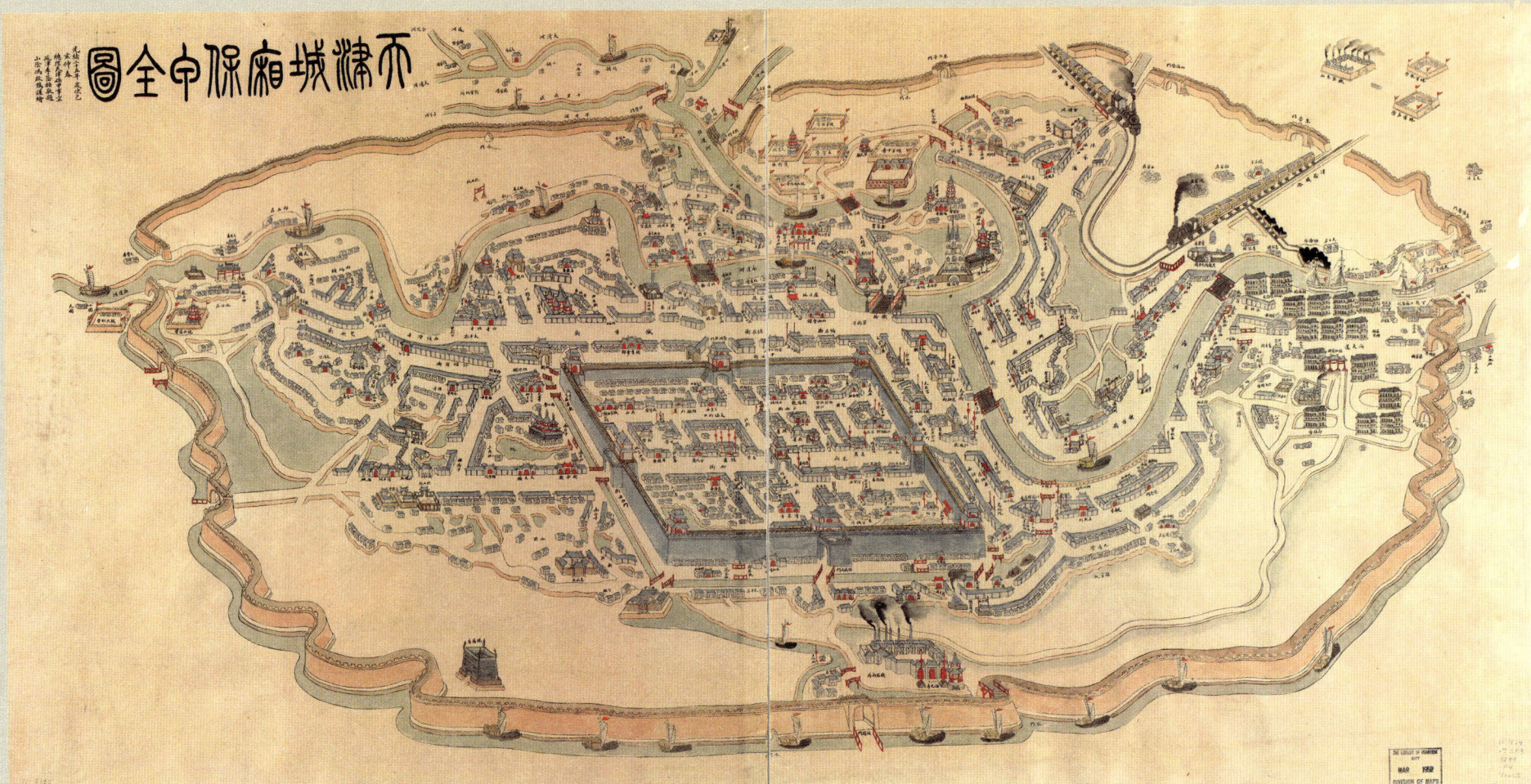

▲ 1899 年天津城厢保甲图

注：作者冯启鹣。现藏于美国国会图书馆。

第四章　　内恩斯与天津比商电车电灯公司

众人拾柴火焰高。

——中国谚语

本章将重点介绍天津的旧租界、城内基础设施有轨电车的建设以及比利时在此过程中所起的关键作用。依据各种主要的历史资料，本章将详细描述天津比商电车电灯公司成立、发展到解散过程中的标志性事件。第二部分全面叙述了内恩斯崭露头角的时代背景。内恩斯是比利时铁路项目雇员之一，被派遣至天津旧比利时租界发挥所长。从 1905 年至 1908 年，内恩斯与家人一起在天津工作与生活，这是他余生为之自豪的经历。他对此仿佛有所预感，于是在日记里记录了自己的感想，而这本日记经受住了时间的考验，得以保存至今。内恩斯的记述让我们能够从一个独特的视角深入了解那个时代的天津、中国和整个世界。

天津比商电车电灯公司

作者：罗兰·杜萨特－德萨特

有轨电车特许经营权（1901—1904）[1]

在1899—1900 年的义和团运动中，西门子公司在北京建设的中国第一条电车轨道被拆除。[1]首都城墙下的电车轨道象征着可恶的外国人，成了义和团摧毁的主要目标。然而，这场运动使天津得到建设电车的机会。义和团成员利用天津老城的城墙抵抗前往北京的多国联军，阻止他们解救被围困55 天的使馆区。[2]英国、法国、奥匈、德国、意大利、俄国、日本、美国组成的联军用炮火猛轰天津老城，在 1900 年 8 月 14 日占领了天津。[2]

自此，直到1902 年8 月15 日，天津一直处于都统衙门管理之下。都统衙门第一项决定就是拆毁旧城墙，取而代之的是修建包括排水系统、下水道在内的环城大道，后来又铺设了电车轨道。1901 年11 月11 日天津电车电灯的建设权被授予了天津电车电灯公司（Tientsin Electric Lighting and Traction Syndicate），由德国世昌洋行（E. Meyer & Co.）的海礼（E. Heyl）负责。但这家公司没有电车建设与管理的相关经验。此外，考虑到修建电车交通网所需的投资金额、政治局势以及完工的不确定性，天津电车电灯公司将建设权卖给比利时东方国际公司（Belgian Compagnie Internationale d'Orient）。这家公司在华代表是比利时领事法郎基，前面章节提及过他。法郎基也是远东颇有权势的恩帕恩集团的代理人。比利时东方国际公司还曾在香港和新加坡的电车建设中拥有权益，但没能跻身于汉城（今首尔）的电车建设项目，它的经营范围还包括铁路和煤矿。

该公司于1902年6月14日在布鲁塞尔正式成立，公证师为佘文（Auguste Scheyven）。该公司存在了30年，目的是在天津修建和运营有轨电车网络和电灯照明系统，并为城市提供必要的发电服务。梅（Adolphe May）和后来的兰伯特·沙多受法郎基委托，为电车建设做筹备工作。与欧洲不同，规划师没有统计数据以评估城市的需求量和人口规模，唯一估算交通需求的方法就是统计在册黄包车师傅的人数，当时天津的老城有5300名，法租界有2500名，英租界有2400名。因此，梅做出的首次评估报告在很多方面都是错的。例如，他估计天津有80万人口，而实际大约为50万。他还建议设置两种不同等级的车厢（头等车厢的计划很快就取消了），并且修建25节货车车厢用来运输货物（又是一项从未实现的提议）。他对所需电车总数的预估同样也错得离谱。他估算需要25辆有轨电车、15辆挂车，而实际需要的数量分别为40辆和20辆。但梅当时涉及的是一个未知领域，因为中国其他地区还未有电车系统运

Residence des ambassadeurs français et anglais a Tien-tsin, en 1858. — Dessin de Doré d'après M. de Trevise.

营，他没有资料作为参考。[3]

1902 年 6 月 14 日比利时海外银行（Banque d'Outremer）与东方国际公司成立了天津比商电车电灯公司（下文简称比利时公司或比公司）。公司总部设在布鲁塞尔国会大街6号，天津设有分公司。公司资本总额为625万比利时法郎，共发行面值500法郎的股票12500股，还有2000股创始人股权。1902年6月20日兰伯特·沙多任公司总经理，他的哥哥让·沙多此前曾参与修建京汉铁路。兰伯特立即着手寻找建造仓库和发电厂的地方。显然，他们从开始就很清楚，这些建筑彼此

需要相隔一段距离。仓库的位置最重要的是要靠近交通网络，选择较为廉价的土地，且要留有空间以备未来扩展。发电厂位置需要便于获取干净、便宜的供水，并靠近相关设施，以尽可能低的成本运输煤炭。

起初，比商电车电灯公司不得不抑制兰伯特·沙多的热情，因为公司还不确定是否能够完成这项工程。1903年11月，鉴于中国已从八国联军手中收回行政管理权，阿诺德·卡尔伯格公司（Arnold Karlberg Company）企图暗中从天津政府获得一项单独的专营权。为此，比商电车电灯公司负责人法郎基于同月启程前往中国，任务是将该公司的专营权售卖给英国长江公司（British Yangtse Valley Company），这家公司曾对此表现出兴趣。但重要的是，比商电车电灯公司尚未与收回行政权的中国达成协议。中国在义和团运动期间颜面扫地，现在希望重新批准曾经由临时军政府授予的专营权。天津老城重归中国政府管理受到许多条件的限制，包括确保将供水、电车和公共照明的建设权利正式批准给两家拥有专营权的公司。在比商电车电灯公司的律师们看来，公司所签订的合同属于自力更生，但项目启动的基础必须建立在与中国政府的牢固关系上，因为这段合作关系要持续50年。

批准授权过程中，谈判的焦点集中在以下问题上：专营权的期限问题（50年），电车最早购回年限问题（15年，而不是20年），以及双行轨道问题（因为这对商业、居住甚至是公开处决等街道活动都造成了妨碍）。另一个令人关切的问题是，新电车的通行势必会影响黄包车的生意，持照车夫的数量会随之减少，为弥补这笔公共收入的损失，应该支付多少赔偿金。其他带有政治色彩的问题更为严重。例如，直隶总督不同意在成立公司时使用"国际"一词。总督还要求公司接受他的好意，受其庇护。这意味着发生任何争端，比利时领事和公司股东代表都不能介入，所有争议都要通过仲裁解决。[4]

中国正式批准合同

商讨合同期间，比商电车电灯公司主要依靠总领事嘎德斯（Henri Ketels）的帮助，他负责管理比利时在天津的这块小租界。除了代表官方的正式接触之外，总领事还通过非正式的方法"贿赂"中国要员，在参加天津海关道唐绍仪先生和候补道蔡绍基先生的牌局上，他主动输送了巨额钱财。在1904年，领事为此损失了至少1400墨西哥银圆！他的妻子礼貌地告诉兰伯特·沙多，她并不赞成这样的花销！但对她来说，幸运的是，比商电车电灯公司最终对这种"非正统"的开支进行了补偿。此外，这两位中国官员后来还被授予了比利时的荣誉勋章，唐绍仪荣获利奥波德军官勋章（the Croix d'Officier de l'Ordre de Léopold），蔡绍基先生获得利奥波德骑士勋章（the title of Chevalier of the order of Leopold）。1904年4月26日天津地方当局最终认可了合同，并在光绪三十年三月十一日（即1904年7月7日）正式批准该合同。[5]

专营权主要规定

合同规定，以天津老城的鼓楼为中心，方圆6里（3千米）内的电车、电灯兴建与运行事业，由比公司专权承办，期限50年。电车线路如下：

（1）三岔口—河沿—东北角—西北角。

（2）西北角—西南角—东南角—东北角。

（3）北门—西沽。

（4）西北角—城墙与大运河交界处，靠近城市自来水厂。

专营权所有者负责轨道之间以及此外19英寸（约半米）范围内的街道区域。海河沿岸与东北角、北门和大运河之间的大街允许设置双行轨道，其余线路可兴建单轨道和错车环道。总收入的3.5%和按股息应支付给股东的红利需要交给中国当地政府。新年及太后、皇帝诞辰期间，需要在万寿宫安装200多盏大于16烛光的电灯。慈善机构用电价格减半。直隶总督、盐转运使、海关道、天津知府、天津道台和天津审判庭的衙门也享受电力价格减半的优惠。合同中其他条款规定了最高关税问题，还涉及未使用货物的运输关税。天津政府同意在20年之后购回该公司。最后，合同要求成立一个地方委员会，由具有影响力的中国市民和外籍人士组成，与比商电车电灯公司的经理共同商讨涉及当地利益的问题。这个委员会是获得某些城市权贵支持的一个好方法，它虽从未对比商电车电灯公司的经营产生过重要影响，但在一些情况下有助于了解当地社会舆情。

海河东岸租界：奥匈、意大利和俄国租界的情形

在天津老城修建电车轨道仅仅是迈出的第一步。为了让它成为整座城市名副其实的交通系统，或是更具有商业价值，电车网络需要延伸至繁荣的其他外国租界内。所有的基本设施、仓库、车间和发电厂都位于天津的老城，也都为未来50年的发展做好了安排。接下来就需要一段时间与各个外国租界进行谈判，每个租界都是一个独立的自治区域，或多或少都处于本国政府的严格管理之下，包括维也纳、罗马、圣彼得堡、东京、巴黎、伦敦、柏林和布鲁塞尔。[3]从天津海河西岸的中国城到海河对岸租界内的主火车站（东站），最短路线需要穿过奥地利、意大利和俄国租界。这三个租界于1905年11月16日同意签署合同，相关条款和条例与中国当地政府签订的完全相同。在当时的中国能够签订如此一致的合同也是件很了不起的事情！奥地利与意大利（不包括俄国）于1905年12月30日进一步与中国当地政府和比商电车电灯公司签订合同，共同承担修建东浮桥（平转桥）的费用，从而使电车可以跨过海河抵达对岸。6

海河西岸租界：法国和日本租界的情形

经过漫长的谈判，在1906年8月24日，比利时公司与法国领事、著名作家保罗·克洛岱尔（Paul Claudel）[4]签订了另一份合同，1906年11月巴黎方面正式批准。克洛岱尔在写给另一位更为出名的作家安德烈·纪德（André Gide）[5]的信中抱怨说，他几乎没有时间处理租界内他所负责的电车、下水道系统和账目。一年前，兰伯特·沙多曾在报告里说："法租界的居民对法国领事的固执感到非常愤怒，正因为他，所有居民都无法享受电车服务。"但是，主要问题出在日本租界。某位费先生签了合同，获准在日本租界建设马拉有轨交通系统。这样的系统建在如此有限的地界完全不现实，于是有人怀疑费先生曾向法国领事克洛岱尔施压，以便将他的计划扩展至相邻的法租界。日本人很清楚电车所具备的优势，他们决定充分利用日租界在海河西岸所处位置（天津老城以南，法、英、德租界以北）的战略重要性，为这段仅800米的轨道定下非常昂贵的价格。兰伯特·沙多不愿意屈服于这种勒索。于是，他决定将法租界电车线路避开日租界，

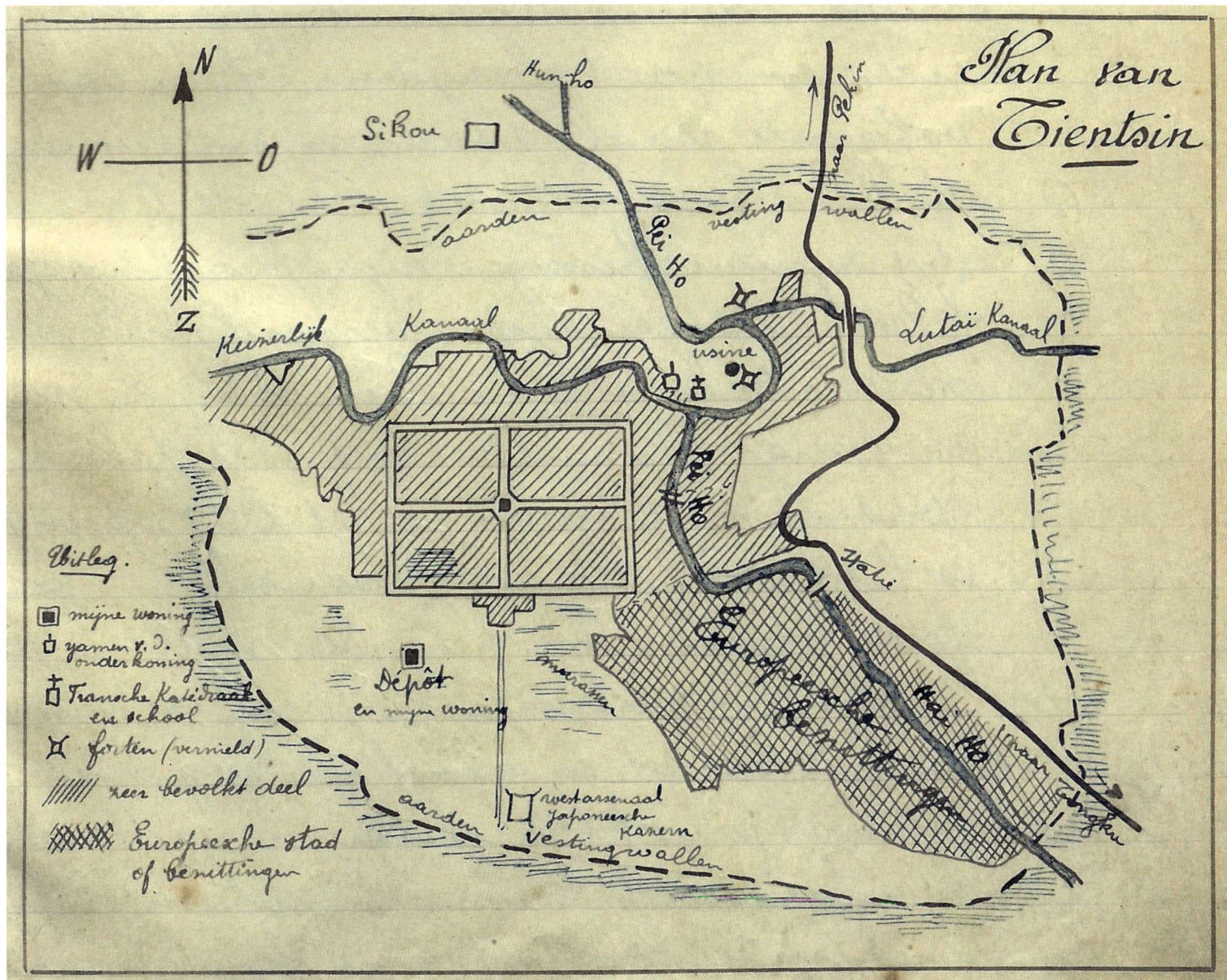

▶ 内恩斯绘制的天津地形图
注：旧城墙拆除的砖用于修建大沽路、塘沽路（今琼州道东段）及旅顺道（今保定道一带）。地图中原标注文字为弗拉芒语。

通过另一座桥，即法租界内的"万国桥"（今解放桥）与天津老城的轨道相连，经万国桥通往海河对岸的火车东站和俄租界。因此，日租界周围的轨道工程开始了（但没有穿过日租界），直到一位重要的实业家、银行家和金融家涩泽荣一（Baron Shibusawa Eiichi）出现。他作为比利时东方国际母公司的董事会成员之一，说服他的同胞，使其态度有所缓和。1907年5月24日日本人最终签署合同，共支付现金5万墨西哥银圆。[6]此后，比商电车电灯公司与日本人未再出现矛盾，但与法国人签订的合同陷入长达30多年的无休止的争执、仲裁和拜占庭式[7]的讨论。[7]

从未存在的英国租界电车和"受害者"德国

英租界位于法租界以南，在1902年，美租界并入英租界。早在1902年4月30日，法郎基就强调比利时要争取英租界头面人物的支持，其中包括狄更生先生（J.M.Dickinson），以获准在其地界修建电灯系统和电车轨道。后来，比商电车电灯公司经理格雷瓜尔（Georges Grégoire）在纳森少校（Major Nathan）的帮助下，开始与英租界当局进行商谈。纳森是英国人，在整个谈判过程中起了不少作用。比利时公司计划修建一条1850米的电车轨道，从法租界延伸到英国菜市场，然后沿着码头扩展至德国租界边缘。英国人认为这项计划过于宏大，他们不愿意将轨道延伸至市场之外。这种态度就意味着要将电车线路一分为二，也因此不能扩展到德国人的地界。此外，英租界工部局坚持的要价远远超出这段缩短线路的预期收益。在这种情况下，比公司处事不得不小心谨慎，在未获准在英租界修建电车轨道之前，他们不敢与德租界当局进行任何商谈。

比利时租界

比利时租界的面积只有大约44公顷，主要包括俄租界以南的码头。这片区域人口稀少，因此比利时公司不打算将电车线路延伸至那么远的地方。然而，公司要为比租界提供电力和照明，并购置土地建造一座新的发电厂。发电厂的选址非常理想，正好能够满足城南地区的用电需求。1931年比利时自愿将租界归还中国时，专门要求中方保障比利时公司在原比租界的正常运营。[8]

建设有轨电车轨道网络（1904—1906）

签订合同后，比公司于1904年12月开始订购设备。由于缺乏当地供应商，几乎全部材料都由比利时工业企业提供，唯一的例外是西门子舒克特公司（Siemens Schuckert），它负责提供电车车辆和发电厂的所有电气设备。发电厂的主体结构和高架电线杆全部由金属制成，总共花费25万比利时法郎。仓库砌砖工程于1905年5月22日完工，三天后，两名西门子工程师离开德国前往中国，负责监督发电厂的安装工程，发电厂于同年10月开始运营。其实，最初封顶的车库空间足够容纳第一批电车车辆。不过，随后每次订购车辆也会相应追加扩建车库的预算。

由于日俄战争爆发，许多物资的运输遭到延误，还增加了额外支出，但工程计划没受太大影响。到1905年9月，3千米长的线路修建完毕，每根铁轨长18米，每米重45公斤，铺设在纵列轨枕之上。兰伯特·沙多曾经建议临时提供马拉电车服务，但是在较短时间内实行这一方案，几乎毫无利润可言。1906年2月比利时公司获悉在贝尔格莱德（Belgrade，塞尔维亚）为比利时

I

CONCESSION FOR ELECTRIC LIGHTING AND TRACTION GRANTED BY THE
TIENTSIN PROVISIONAL GOVERNMENT.

THIS INDENTURE made the 11th day of November 1901,
Between the Tientsin Provisional Government of the one part
and E.HEYL of the firm of E. Meyer & Co. trading at Tientsin
in the Empire of China agent and attorney of the Electrical
Lighting & Traction Syndicate of the other part:
WHEREAS by a Resolution of the Council of the Tientsin
Provisional Government herein called the Council passed
at a meeting held 12th July, 1901, certain conditions were
laid down and terms stated subject to which the said Gov-
ernment would be willing to grant a franchise for the estab-
lishment of an Electric Lighting Plant and Traction plant
in Tientsin Native City to a company to be organized by a
local syndicate, AND WHEREAS a local syndicate has been
formed for the purposing of establishing an Electric Light-
ing Plant and Traction Plant in Tientsin Native City, and is
called the Electric Lighting & Traction Syndicate, AND
WHEREAS the said Syndicate consists of the following members,
that is to say, M.D.Batouieff, G.Baur, A.W.H.Bellingham,
O.Buchmeister, Chas.Denby Jr., G.Detring, W.W.Dickinson,
E.Heyl, R.Oswald, A.Philippot, H.R.Robertson, J.Stewart, and
H.W.Walker hereinafter called the promoters AND WHEREAS
in a letter dated 13th July 1901 Major E. von Falkenhayn, on
behalf of the Council, offered to the said promoters a
Franchise on the terms and subject to the conditions refer-
red to above AND WHEREAS in order that the promoters may
successfully float a Company to carry out the work of lay-
ing down Electric Lighting & Traction Plant, it is necessary
that the Franchise offered to the said promoters should be
granted and clearly defined, AND WHEREAS the said promoters
have appointed the said E. Heyl to be their true and lawful

电车系统工作的格雷瓜尔已做好迎接新挑战的准备。因此，1907年，比公司聘请他担任中国业务的负责人。兰伯特·沙多返回比利时，出任电车公司董事会成员。天津首条线路是围绕老城大街的环线，[8]在1906年2月16日开始试运营，共有18辆电车低速行驶，以使中国人适应这种新的交通方式，第一天共载客约1万人次。所有这些事情都发生于内恩斯在中国生活和工作的那三年里。

有轨电车通车仪式（1906—1907）

1906年2月27日电车通车仪式正式举行，场面隆重、声势浩大。两辆有轨电车围着天津老城绕行。兰伯特·沙多和直隶总督的两位秘书坐在电车上。电车最终运行到仓库结束，人们在那里打开香槟庆祝。最初商定在这次通车仪式上同时引进新的照明系统（原定于8月开始），但最后并未提及此事。1906年2月28日《中国时报》（*China Times*）对这一事件做了如下报道："在远东，几乎没有地方比天津更好地安装或更成功地启用新的电动有轨电车。"

不幸的是，在1906年3月3日，一个6岁女孩成为新电车系统的首位受害者。司机解释说，在事故当天他接到指示说要首次使用电车驱动电机的并联挡位，目的是将环绕老城一周的时间从45分钟缩减到33分钟，由于车速变快而导致事故发生。多亏了兰伯特·沙多从中协调，这名司机才免于被绞刑处死，仍需要接受竹棍鞭

◀ 天津比商电车电灯公司与中国签订的合同
注：图片版权属于比利时国家档案馆屈弗利耶（Cuvelier）收藏库。

比利时电车所需材料来源明细表

项目	公司	数量	价格 （比利时法郎）
铁轨	Aciéries d'Angleur	2200 吨	234190
连接器	Aciéries d'Angleur	80 吨	8516
道岔	Aciéries d'Angleur	76 套	25396
螺栓	Blanchisserie	100000 个	9996
钢轨垫板	Joseph Legrand	16000 件	22169
接头	Felten & Guillaume	7525 个	12408
支架	Baume et Marpent	215 吨	47000
机车	BM and Ragheno	20+20 辆	210800
拖车	Baume et Marpent	20 辆	73500
发电厂、高架、电机	Siemens Schuckert 等		1286700
工具	多家公司		7000
总计			1937675

Via Vittario Italian Concession Tientsin

路馬大界租利太伊

▲ 意大利租界独有的马路中央的高架电线杆

注：在意租界以及邻近的奥匈租界，大多数建筑物建造之前已有电车线路，以吸引商人进一步开发。图片版权属于罗兰·杜萨特－德萨特（Roland Dussart-Desart）。

打 50 次的惩罚，还要坐 3 年牢。内恩斯曾在记录中描述这些惩罚与处理措施。事故发生后，电车司机士气有所下降，西门子教官也拒绝在街上对司机进行培训，担心受到进一步处罚。后来，经过一番运作，电车司机们得以在发生类似悲剧时免于受到类似的刑罚，这主要是通过重金拉拢警察并向受害者或其亲属提供慷慨赔偿的政策。但困难不止于此，电车在长达几个月的时间里遇到了黄包车夫协会秘密组织的激烈抵制活动。

如果有轨电车运营只限于环城大街，以及到北大关和海河沿岸的短支线，电车就不能提供真正的服务，至多只能吸引乘车取乐的人。因此，有人把它形容为玩具电车。头等车厢仅仅在运营三天之后就停止售票了，因为双重收费标准让售票员犯糊涂，最严重的是，有些诋毁者甚至声称玩具电车是苦力和妓女常使用的工具，这使得当地男学生不敢坐电车。

起初几个月的艰难很快被人遗忘，交通量稳步增长。1906 年 12 月 1 日，一条 1.2 千米长的轨道通过布鲁日公司设计、合资建造的平转桥，横穿海河。这条线路穿过奥地利、意大利和俄国租界，途经以意大利国王维托里奥·伊曼纽尔（King Vittorio Emanuele）和俄国彼得格勒市命名的两条大街直抵火车东站。1907 年 1 月 7 日又一条 2.1 千米长的线路将法租界与东站相连，通

▲ 1906 年的有轨电车，20 世纪 20 年代进行升级

注：原始电车获得关键升级的部件：A. 新型弹簧减震器；B. 电车支架顶部起固定车顶作用的金属接头；C. 车顶的新型金属前端；D. 保护驾驶员的挡风玻璃；E. 避免造成损伤的车头圆形面板；F. 新型加固车门；G. 方便驾驶员进入驾驶室的宽门；H. 上次翻修的日期。图片版权属于比利时国家档案馆屈弗利耶收藏库。

过葛公使路（今滨江道：张自忠路至大沽北路段）、巴斯德路（今赤峰道：解放北路至和平路段）和万国桥（今解放桥）越过海河。不久环城大街线路的成功便说服中国当地政府修建双行轨道。最后，天津老城通过日租界旭街（今和平路：南马路至锦州道段）与法租界连接起来。比公司现在运营总长11.5 千米的电车网络，并且几乎全部完成双轨铺设，后来法租界的水师营路（今赤峰道：张自忠路至解放北路段）又增设了2 千米长的线路。法郎基领事是比利时接手电车专营权时的最初负责人，也曾是比商电车电灯公司董事会成员。他于1909 年重返中国，负责监管几家比利时企业。参观天津电车

后，他向比利时发回了一份综合性报告，对电车速度、头等车厢的需求等方面做出了评价。比公司承担了他旅行费用的16%，共计4934 法郎。经理格雷瓜尔因健康状况不得不返回比利时，因此，比利时公司董事会一致同意让他乘船回国，而不必乘坐跨西伯利亚铁路的火车。1909 年10 月7 日马沙尔（Albert Marchal）接替他的位置。1910 年1 月工程师盖拉德（Georges Gaillard）担任其助理。[9]

1908 年内恩斯返回比利时后，写道：

在我离开天津时，有轨电车已经运营得如火如荼，这导致黄包车价格降低。中国人已经非常熟悉不同颜色的电车目的地标牌，也能够区分不同线路的信号灯。乘客们对各种票价了如指掌，票价因距离远近而有所不同。收取标准车费会简单得多，但这里习惯按路程远近付费。横跨奥地利、意大利和俄国租界的北大关—海河东岸—火车东站的电车线路非常繁忙。提高速度可以增加总收益，但鉴于当地居民（对电车鸣笛的提醒）置若罔闻、注意力不集中，司机必须安全驾驶，才能避免发生事故。双轨运营可以减少轨道上运行的电车数量，带来的收入也是相等的。[10]

内恩斯离开后的天津比商电车电灯公司——马沙尔的忙碌岁月（1910—1912）

马沙尔一头栽进中国社会的现实之中。1910 年他以大规模欺诈为由解雇了所有售票员。随后，他了解到中国著名商人欧阳先生有收购该公司的想法，开始与其进行商谈。然而，在众多候选人中，欧阳先生是唯一一

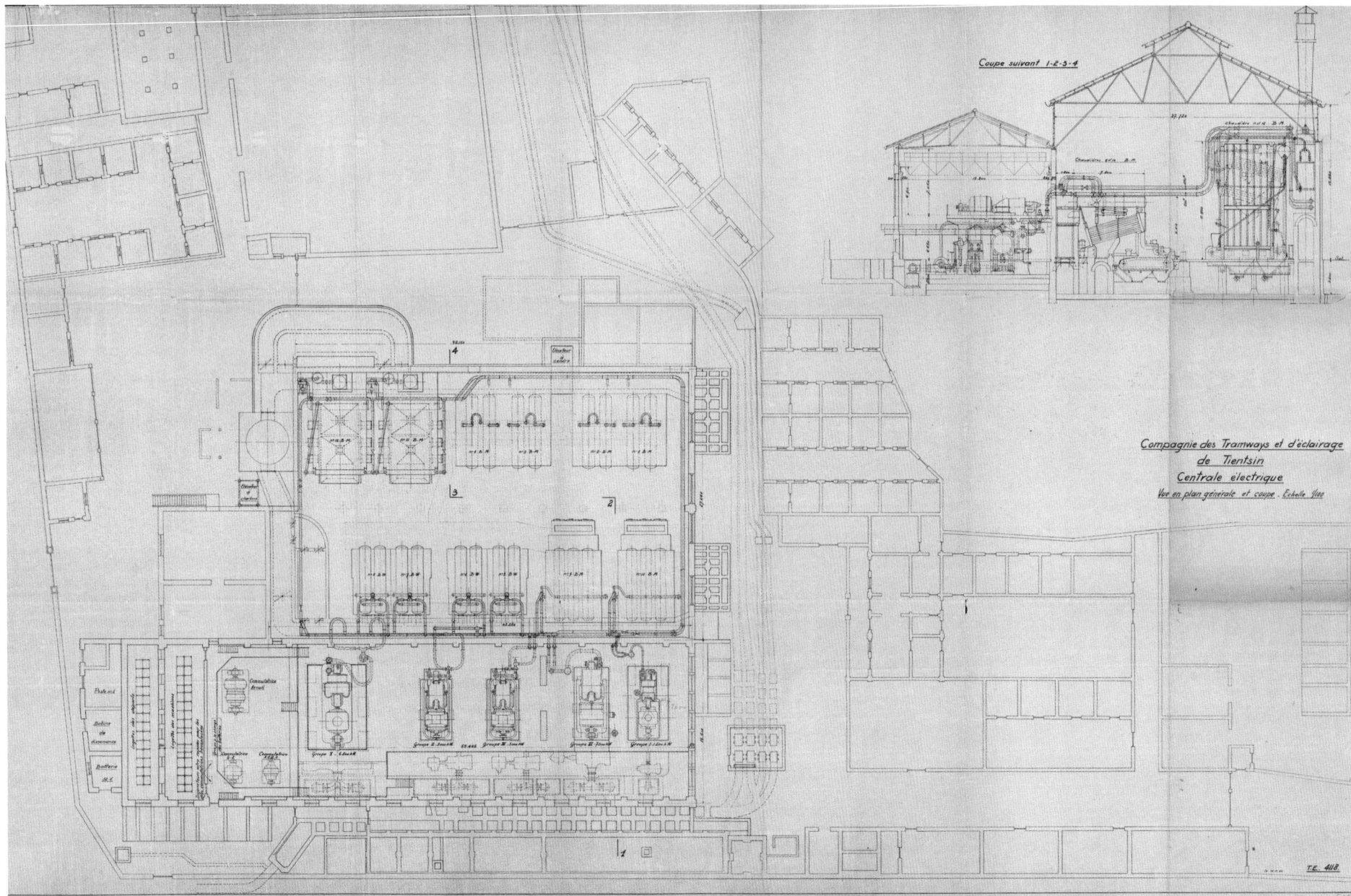

Coupe suivant 1-2-3-4

Compagnie des Tramways et d'éclairage
de Tientsin
Centrale électrique
Vue en plan générale et coupe. Echelle 1/100

T.E. 4118.

▲ 电车交通网的发电站平面图（比例尺 1/100）

注：图片版权属于比利时国家档案馆屈弗利耶收藏库。

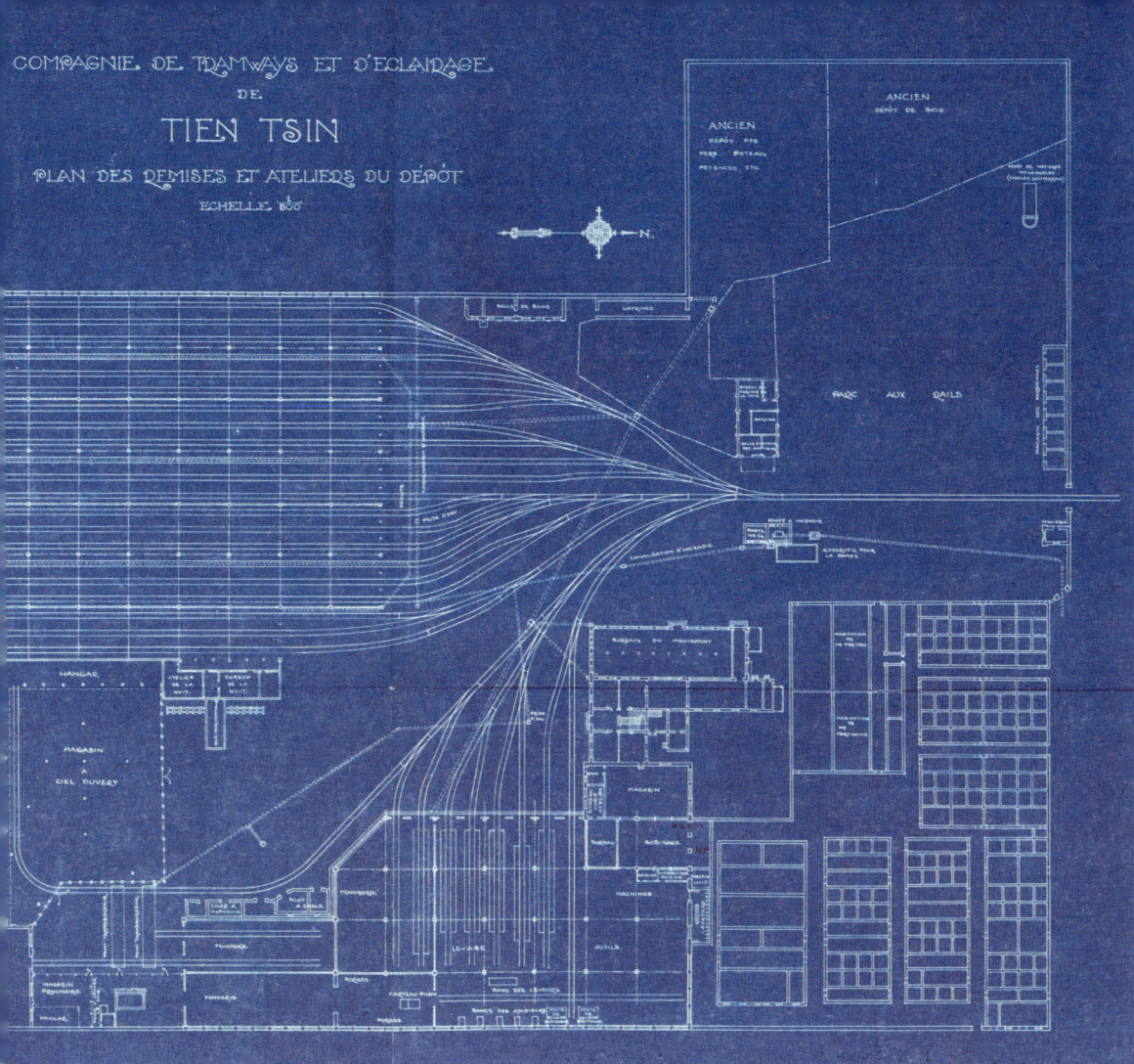

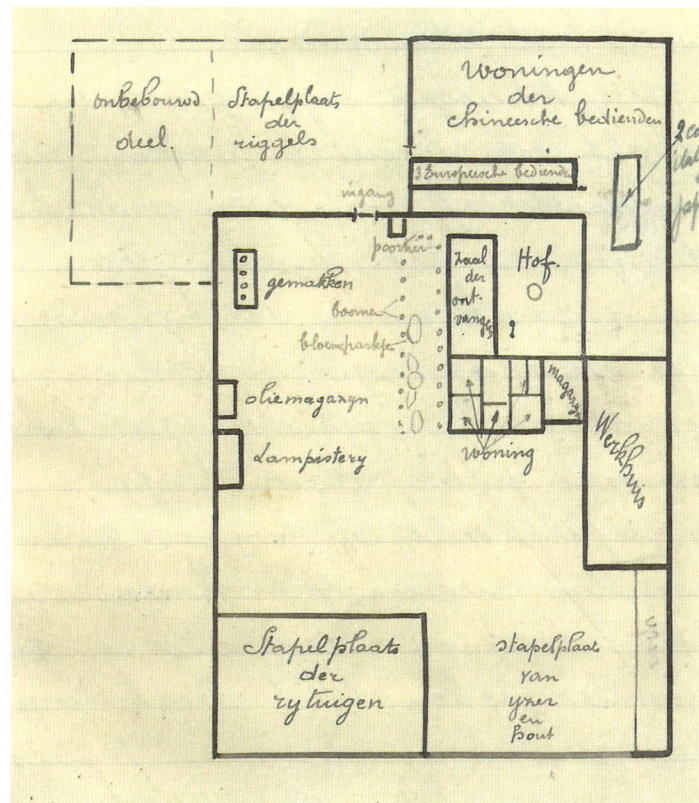

▲ 1931 年车库及车间地区的电车轨道蓝图（比例尺 1/500）
注：图片版权属于比利时国家档案馆屈弗利耶收藏库。

▶ 车库、工棚、车间、内恩斯住宅与花园以及其他欧洲和中国职员住房的平面示意图
注：摘自内恩斯日记中的速写。

个没有提出高额现金报价的人，因此没有引起比公司的注意。后来，为在天津采用更好的电车，马沙尔考察了上海有轨电车及他们的运营方式。他还要着手解决与法租界产生的第一次冲突，起因是合同中有关保障黄包车牌照费条款的解读问题。

1910 年 6 月 2 日马沙尔奉命将电车网络从北大关延伸至津浦铁路西站。这条 1.5 千米长的线路需要在大运河上修建一座平转桥，还要铺一条新街道。该项目的预算为 15 万墨西哥银圆。然而，随着辛亥革命和中国民族主义的觉醒，实施延伸项目的可能性变得非常渺茫。此外，在处理涉及一名警察的事故期间，比利时公司的声誉受到损害，其他警察甚至对某些电车进行了武装袭击。

1912 年 3 月天津发生了严重暴乱。[9] 某些军队哗变，一场大火烧毁了部分老城。秩序恢复后，作为一

种尝试，有轨电车的运行尽量避开公共场所。尽管困难重重，但想不到的是，1912年对公司来说收获颇丰。电车线路延长了12.8千米，共载客580余万人次，比1911年增长38.6%。1913年前7个月，收入增长了24.6%，乘客人数增长了31%。取得这些成绩的原因是比利时马彭特机车制造厂（Baume et Marpent）生产的10辆1912型有轨电车投入使用。车辆总数包括65辆电车、1辆货车（据说是由1906年的一辆电车改装而成）和32辆拖车。

1912年，比商电车电灯公司批准在万国桥和英国福公司（Peking Syndicate）仓库之间的俄租界内兴建1.2千米的延长线，但该项目未能实现。公司档案中记录了几件这一时期的趣闻，其中有一张便签上写着给警察局长送去了价值630比利时法郎的礼物，感谢他曾在1913年1~2月为不少于5起致命事故纠纷积极进行调解。公司与法租界当局再次发生了几起纠纷。首先，他们反对在万国桥修建双行轨道，然后关闭了码头上当作终点站的300米长的轨道。其次，他们希望比利时公司立即开始修建可通往法租界扩展界的1000米长的电车线路。简言之，法国对现有通往码头的线路不太满意，也不喜欢改进另一条已有线路的方案，同时还批评比利时公司未修建第三条线路！

电厂的升级（1913）

第一次世界大战前夕，比公司对其商业前景持乐观态度。乘坐有轨电车的人数与使用电灯照明的客户数量呈上升趋势。因此，发电厂亟须把直流电改造成交流高压电，以实现升级换代。该项目预算相当高，为51.5万比利时法郎，其中包括13万法郎的运输费用，相当于比

公司1904年初期总投资（近220万法郎）的四分之一。[10]

比利时电车电灯公司升级电厂明细表

发电厂更新明细	价格（比利时法郎）
变压器	50000
电线	80000
配件	65800
贝利—马托特（Bailly-Mathot）过热器（2）	18000
管道	17000
西门子舒克特仪表	7800
灯、风扇和开关	140000
其他	6400
到中国的运费	130000
总计	515000

丢失的财产——新线路和新型电车

1914年1月从北大关以北延伸至火车西站的计划（1911年初次提出）和另一项从环老城大街的东北角延伸至火车东站的计划再次陷入无休止的争论之中。即使现有电车线路保持不变，但随着交通量的增加，仍需要增加更多的有轨电车。马沙尔争取到董事会的同意，以25万比利时法郎的预算订购10辆带有中间车门的大型机车，"类似巴黎正在运营的电车"。然而，在1914年5月14日，订购计划减少至5辆，每辆价值12800法郎；一个月后公司又订购了5辆西门子舒克特电车，总成本为43000法郎。但后者并未交付，因为在1914年8月，其他带有战争色彩的德国军事设备涌入比利时。[11]

马沙尔认为在祖国面临战争的时候，他不能仍留在中国。因此，他于1914年11月9日提出辞职，并在1915

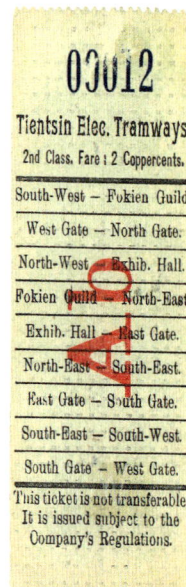

天津电车客票公司
头等客处先买一张补票
可两不构远进再票
也铜拘先子远买二等往票
一张补票何

此票不得转给别人须本公司规章而发须照本公司须知

03012
Tientsin Elec. Tramways.
2nd Class. Fare : 2 Coppercents.
South-West — Fokien Guild.
West Gate — North Gate.
North-West — Exhib. Hall.
Fokien Guild — North-East.
Exhib. Hall — East Gate.
North-East — South-East.
East Gate — South Gate.
South-East — South-West.
South Gate — West Gate.
This ticket is not transferable.
It is issued subject to the
Company's Regulations.

▲ 有轨电车车票
注：电车曾短暂开设头等座与二等座，这些标有"二等票"的属于早期电车车票。图片版权属于德塞尔。

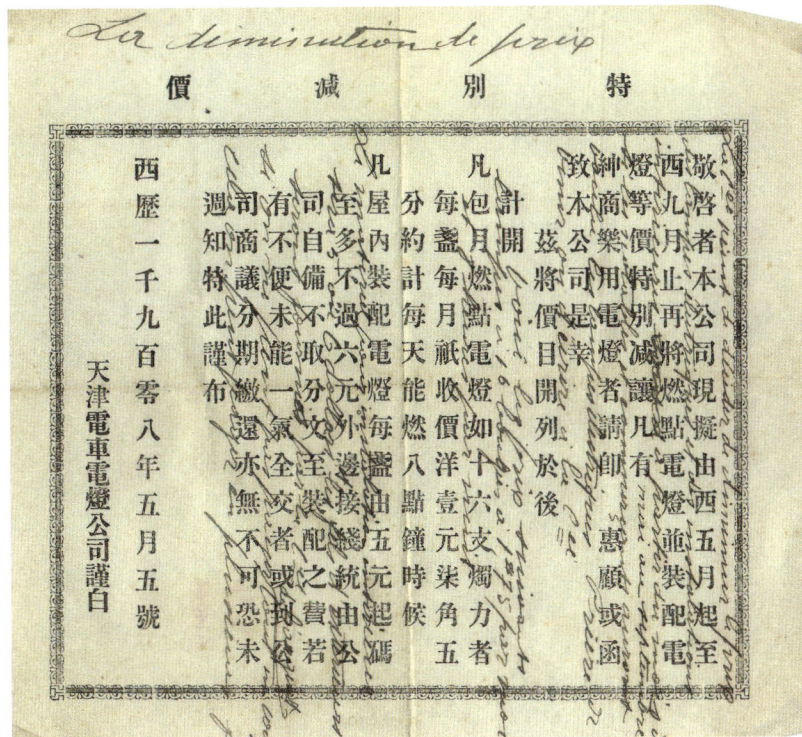

▶ 天津电车电灯公司电费降价通知
注：内容为："本公司现拟由五月起至九月将燃点电灯价格特别减让，以鼓励市民和经商者使用电灯。乐用电灯者请即惠顾或函致本公司。兹将价目开列于后：凡包月燃点电灯如十六支烛力者，每盏每月只收一元七角五分，约计每天能燃八钟头。凡屋内装配电灯，每盏由五元起，至多不过六元，外边接线统由公司自备。若未能一次全交者，可至公司商议分期交还。"

▲ 电车车厢上提示乘客注意安全的汉字
注：内容包括："车行动时，上下最险。各客小心，碰着已晚。"

年1月正式卸任。他的助手盖拉德接替了他的位置，自1910年以来，盖拉德就一直在天津供职。到1914年年底，比公司董事会所在地已经被占领。但因为中国属于中立国，商业关系仍可以继续保持。1915年比公司甚至从安格勒钢铁公司（Aciéries d'Angleur）订购了100个车轮，通过中立港口鹿特丹运到中国。1916年50个有轨电车车轴和400多个车轮也以同样方式抵达中国。然而，战争确实阻碍了原定的5辆法比合资车辆的交易，因为它们需要的不仅仅是车轴和车轮，还需要更为复杂的材料。在1916年，比公司将视线转向美国，以11240美元的价格从通用电气公司订购了一台940千瓦的旋转变流器。

在天津，敌对国的租界之间发生了一场纯粹的音乐之战！英国和法国管弦乐队在与德租界接壤的地方演奏起他们的国歌，德国也以同样方式做出回应。比利时一些工作人员效仿马沙尔，离职返回家乡，投身战争前线。盖拉德任命工程师乔治·鲁法尔（Georges Rouffart）担任他的新助理，鲁法尔是比公司前董事会成员阿曼德·鲁法尔（Armand Rouffart）的儿子。1917年局势发生了翻天覆地的变化。中国加入协约国，接管了奥地利和德国租界。兰伯特·沙多当时寓居伦敦，但始终关注着中国发生的大事。[11]

1917年9月天津遭遇大洪水。大运河的水流涌入老城和南开地区（电车车库所在地），并一直向南泛滥至英租界。全部电车车辆得以及时撤离，暂时停靠在意大利和俄国租界的铁轨上。仓库的维修车间位于地势稍高

◀ 一辆电车途经天津官银号门前，街对面建有一座火灾瞭望塔

注：照片来自内恩斯的相簿。

的地带，比较安全，损失不超过20天的收益。后来，在1923年，比公司自愿提供2000美元的资金用于加固大运河堤坝。

天津比公司在这一时期收入颇丰，乘客量激增，不利的国际局势也未增加运营成本。即使在某些情况下，当地管理团队被迫寻找其他供应商，但很快，公司就在日本和美国找到了替代品。瑞士布朗·博韦里公司（Brown Boveri）供应了大量涡轮发电机（1918年1月订购的一台3000千瓦机组，价值510760瑞士法郎，从巴登装车运出）。在德国入侵前夕，用于替换的一批新发动机和锅炉从比利时运出，这也使天津当地的管理层可以卖掉一些被淘汰的库存。中国公司在上海和哈尔滨（当时尚未开通）经营的有轨电车网络就购买了一些比公司的旧发动机和锅炉。战后，扩张计划仍在继续。1919年公司新购置了两台374平方米换热器的巴布科克·威尔克克斯（Babcock & Wilcox）锅炉，并打算修建新电厂，或接手法租界发电站。比公司生意日益兴隆，在天津的"美好时代"一直持续到20世纪20年代。

在战后的第一个10年里，电车网络继续蓬勃发展。比公司从布鲁日公司购置了12辆转向车辆和35辆拖车，实现了全部机车的更新换代。1927年公司共有130辆电车，每年运送乘客900万人次。

可悲的是，10年后，也就是1937年，电车线路被入侵的日本人征用，1943年12月日本实际控制了比公司，并将公司比利时籍的董事会成员及其家属送往集中营。第二次世界大战后，比公司无偿交还到中国人手中。1956年7月10日，公司董事会召开特别会议讨论公司清算问题，并指定了三名清算人。最后于1975年3月21日董事会通过公证决定，应当由比利时兴业银行（Société Belge d'Entreprises en Chine）进行清算。这项决定于1975年4月16日在比利时政府公报的附件中公布。直到那时，公司才算停止存在。

1945年中国接管公司后，在天津又修建了两条线路，但在1972年整个电车网络被拆除。

一本关于天津的儿童读物

大约在1930年，1898年出生的特卡拉夫雷斯（Emil Tercalavres）前往中国，为天津比商电车电灯公司工作了16年之久。在二战结束返回比利时后，他以笔名特克拉韦伦（P. E. Terklaveren）[12]专为儿童编写了一本书，名为《天津废纸收藏家》。书中主要围绕一个中国男孩和他的两个朋友，讲述他们在马路上捡废纸的故事。路途充满着乐趣与冒险，此外，故事里还讲述了一些关于中国风俗与传统的细节，极具可读性。作者在前言中写道："我在中国居住了16年。我不喜欢这个幅员辽阔的国家，但我着实喜欢在那里生活着的人们。如果要谈论这些出色的男人和女人，我可以说上几个小时。我并没有非常怀念东方，但我内心有种冲动要告诉大家：中国不是一个神秘的国家，中国人也不是一个神秘的民族。[12]他们和我们一样，其中既有好人也有坏人。虽然他们的风俗习惯和外表与我们有所不同，但是内心深处如同其他民族一样，有一颗温暖跳动的心。"这本书获得了安特卫普省文学奖，被评选为1955—1957年度最佳儿童读物。

DE PAPIERRAPER VAN TIENTSIN

P.E. TERKLAVEREN

内恩斯：工程师、绘图员与日记作者

内恩斯背景介绍：其人及其日记

1878 年 3 月 12 日，弗朗索瓦·内恩斯出生于根特莱德贝赫市（Ledeberg）。他是比利时国家铁路公司高级官员亚瑟·内恩斯（Arthur Nuyens）和菲洛米娜·范登维盖特（Philomène Vandenweegaete）的儿子。我们对内恩斯早年生活几乎一无所知，但可以推断出一点，他父亲对青年时期的弗朗索瓦影响很大，特别是在促使他做出了前往中国的决定上。亚瑟·内恩斯是一个富有冒险精神的人。1864 年亚瑟加入了一支人数达 2000 名的比利时志愿军团，他们被派往墨西哥，成为皇家军队的核心力量。从 1864 年至 1867 年，这些比利时军人负责保护"被诅咒的"夏洛特公主（Princess Charlotte）的安全，她是利奥波德一世的女儿，长大后嫁给了奥地利大公马克西米利安（Archduke Ferdinand Maximilian）。在列强之间错综复杂的政治博弈下，马克西米利安迫于法国皇帝拿破仑三世（Emperor Napoleon III）的压力，成为墨西哥君主。然而，整个事情以悲剧告终。在后来的墨西哥革命中，马克西米利安被处死，他的妻子返回比利时。志愿军被起义军彻底击败，剩余军队只好撤出。内恩斯的父亲是平安回到比利时的幸运儿之一。我们虽不能确定，但很容易猜测到，老内恩斯给儿子讲述了自己在墨西哥的冒险经历，并由此激发了年轻的弗朗索瓦的想象力和对于旅行的渴望。[13]

我们对内恩斯的教育背景不甚了解。迄今为止，并未在比利时重点高等教育学校的档案里找到他的名字。尽管如此，弗朗索瓦以父亲为榜样，在比利时国家铁路公司找了份工作。1900 年 2 月 24 日他与玛利亚·路易莎·埃克曼（Maria Louisa Eeckman）结婚。这对新婚夫妇起初在莱德贝赫市居住，后来搬到根特布吕赫（Gentbrugge）。[14] 根特布吕赫的人口登记册中包含了许多内恩斯职业生涯的信息。根据多年记录，内恩斯所从事的职业包括：政府职员、绘图员、结构工程师，并最终成为领取铁路公司退休金人员。档案文件中还提到，1905—1908 年，他离开了比利时。那时候应该在天津为比商电车电灯公司工作。[15]1951 年 9 月 7 日内恩斯在妻子去世几年后，于根特布吕赫逝世。

1902 年这对夫妇的第一个孩子在出生时就夭折了，后来又生了一儿一女。儿子小弗朗索瓦·内恩斯（François Clement Georges Nuyens）在1905—1908 年与父亲一起在中国生活，但在二战爆发前，不幸过早地离开人世。这对内恩斯所写日记的归属产生了影响。女儿玛丽特·内恩斯（Mariette Caroline Nuyens）嫁给了加斯顿·达恩斯（Gaston Dhaenens）。他们的孩子

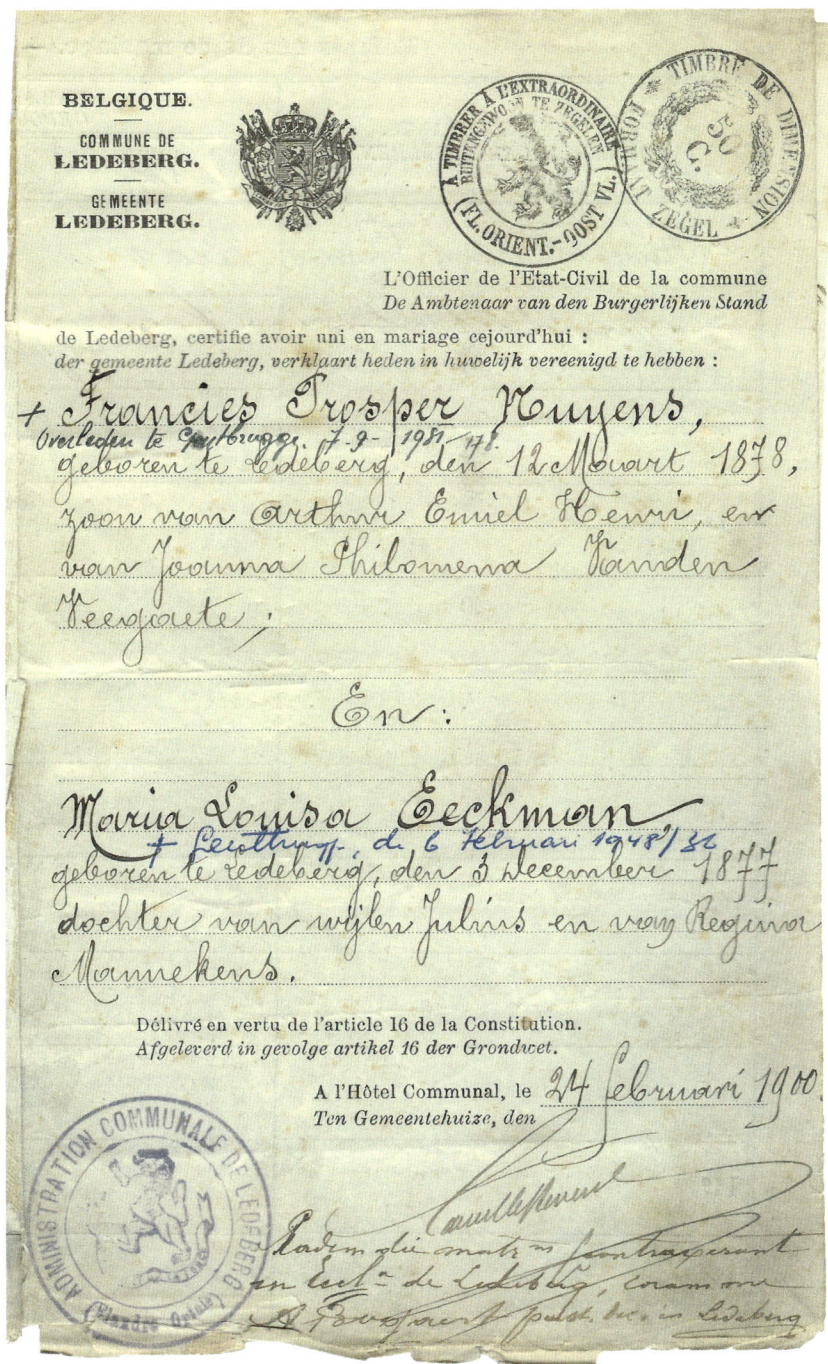

BELGIQUE.

COMMUNE DE
LEDEBERG.

GEMEENTE
LEDEBERG.

L'Officier de l'Etat-Civil de la commune
De Ambtenaar van den Burgerlijken Stand

de Ledeberg, certifie avoir uni en mariage cejourd'hui :
der gemeente Ledeberg, verklaart heden in huwelijk vereenigd te hebben :

Francies Prosper Huyens,
Overleden te ... 7-9-19...
geboren te Ledeberg, den 12 Maart 1878,
zoon van Arthur Emiel Henri, en
van Joanna Philomena Vanden
Veegaete ;

En :

Maria Louisa Eeckman
+ Ledeberg, d. 6 Februari 1948/52
geboren te Ledeberg, den 3 December 1877
dochter van wijlen Julius en van Regina
Mannekens.

Délivré en vertu de l'article 16 de la Constitution.
Afgeleverd in gevolge artikel 16 der Grondwet.

A l'Hôtel Communal, le 24 Februari 1900
Ten Gemeentehuize, den

◀ 弗朗索瓦·内恩斯与玛利亚·路易莎·埃克曼的结婚证日期为1900年2月24日

注："François" 误写成了 "Francies"。据结婚证记载，他们于同一天在莱德贝赫教堂举行了宗教婚礼仪式。

雅克·达恩斯（Jacques Dhaenens）娶了珍妮·博诺（Jeanine Bonneux）为妻。

在1935年12月24日的日记第一页，内恩斯提到将日记献给他的儿子小弗朗索瓦，以纪念他们在中国的生活。1939年儿子弗朗索瓦不幸去世，1940年他在日记原稿的第42页中写道，将日记重新赠予他刚出生的外孙雅克。[16] 如今，这本日记、相簿和一些附加照片都归雅克·达恩斯的孩子，即维姆·达恩斯（Wim，内恩斯的曾孙）和安诺克·德罗斯（Annoek Deroose）所有。多年以来，这些资料一直珍藏于家族档案中，基本上未受损害。

早在20世纪30年代，内恩斯在中国的历险经历和他的日记就引起了一位报社记者的兴趣，但相关细节不得而知。在1934年9月2日至1935年8月25日，《根特公报》（Gazette of Ghent）每周都会刊登这本日记的内容。从那之后的几十年的时间里日记都默默无闻，直到内恩斯的档案引起了大学生万达姆（Toon Vandamme）的注意。1989年万达姆在天主教鲁汶大学提交的汉学硕士论文正是以内恩斯文献作为研究对象。[17] 近年（2019）另一位根特大学中国语言和文化系的硕士研究生多贝尼（Fien Dobbenie）参阅内恩斯的资料，撰写了她的学位论文。[18]

内恩斯与天津比商电车电灯公司的合同

1905年5月内恩斯与比公司签订了为期三年的合同，担任天津维修车间和仓库的经理。这份合同如今仍保存完好，是内恩斯档案资料的一部分，其中包含工作职责和财务方面的有趣细节。内恩斯于1905年6月24日离开根特，并在1908年8月3日返回家乡。从6月1

Wekelijksch Mengelwerk der "Gazette van Gent"
(Streng verboden Nadruk)

CHINA in 1905-1908

Van Gent naar Tientsin langs de Zee

REISINDRUKKEN
door F. NUYENS

"Beloïte maakt schuld" zegt het spreekwoord en daarom beginnen wij heden de reisindrukken die M. Nuyens schreef gedurende zijn reis naar China en zijn verblijf in dat land van 1905 tot 1908.

Wij had het groot geluk het Oostersche volk van dichtbij te leeren kennen en was getuige van allerlei voorvallen die ons treffend

beeld zullen schetsen van de zeden en gewoonten van land en volk dat wij maar in valsche cinema-scenario's gezien hebben.

Wij eerbiedigen den origineelen tekst volkomen omdat de schrijver er ons de gelegenheid geeft vergelijkingen te maken met de hedendaagsche manier van reizen, die zeker op vele punten niet meer

overeenkomt. Wij zullen ook des te beter mede begrijpen welke verandering het moderne leven heeft gebracht in een land van eeuwenoude tradities.

Het zijn bijzonder die tradities die wij zullen terugvinden in dat reisverhaal.

Het is hier geen roman waarin de schrijvers allerlei uitvindingen en toestanden scheppen die niets te maken hebben met het alledaagsche leven van waarheid.

Het zal dus een soort beschreven film zijn van over bijna dertig jaar, afgezien en wedergegeven in sobere eenvoudige lijn, maar die er dus des te aangenamer zal door worden.

Wij bedanken op voorhand M. F. Nuyens, een onzer flinke Liberale werkers van Gendbrugge, die het Bestuur der "Gazette van Gent" een blijk van genegenheid heeft gegeven met voor de lezers te zorgen.

Dat reisverhaal zal van nu af alle Zondagen verschijnen.

VERTREK UIT GENT
24 Juni 1905

Den 24 Juni 1905 vertrok ik uit Gent met den trein van 10 uur 's morgens. Verscheidene vrienden waren reeds in de sta-

tie, onder anderen Jules; Praet; Van de heer Antoine die insgelijks twee maanden later naar China vertrok. De heeren Praet en Van Hecke namen mij tot in Brussel mede. Het afscheid was duur. Ook mijn vrouw met mij, maar het was te laat.

Te Brussel aangekomen, be-

De Bruyn; J.-B., die Enfin, het lot was geworpen en er viel niets meer aan te kijken. Het was geschreven: "Mectoum", zooals de Araben zeggen. De vrienden, die mij vergezelden, wisten mij alras op te beuren.

Franske was geestig der anders en wuifde me handjes, niet wetende dat zijn vader zoo ver weg.

Toen de trein zich in beweging zette, kon ik mijn tranen niet meer weerhouden, en lang bleef ik door 't raampje kijken.

gaf mij seffens naar de bureelen der maatschappij, daar men mij gevraagd had een boodschap voor den heer consul Ketels naar Tientsin mede te nemen. Niets was gereed, en ik

De "Sydney" waarmede de schrijver naar China vertrok.

◀ 1934 年 9 月内恩斯的日记刊登于《根特报》上
注: 报纸上 "悉尼" 号 (M.S Sydney) 的照片有误。

▼ 1908 年 2 月 11 日天津《回声报》对法租界义勇消防队的年度晚宴进行报道
注: 内恩斯用红笔在报纸上圈出原文。

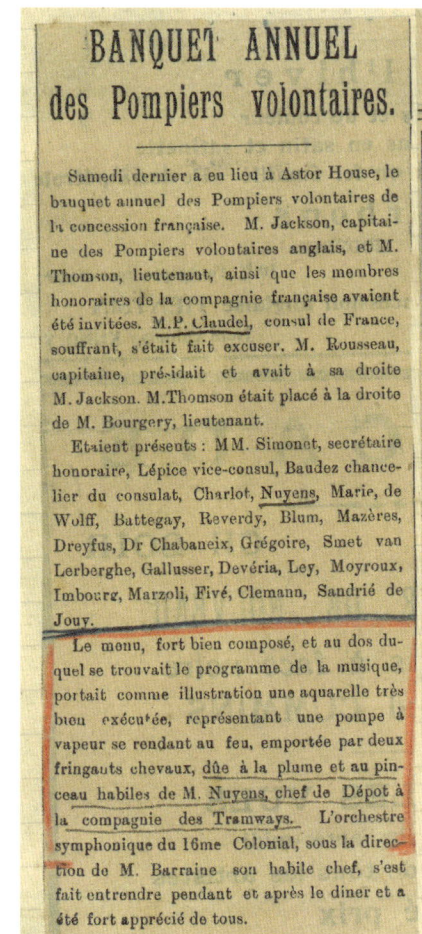

BANQUET ANNUEL des Pompiers volontaires.

Samedi dernier a eu lieu à Astor House, le banquet annuel des Pompiers volontaires de la concession française. M. Jackson, capitaine des Pompiers volontaires anglais, et M. Thomson, lieutenant, ainsi que les membres honoraires de la compagnie française avaient été invitées. M. P. Claudel, consul de France, souffrant, s'était fait excuser. M. Rousseau, capitaine, présidait et avait à sa droite M. Jackson. M. Thomson était placé à la droite de M. Bourgery, lieutenant.

Etaient présents : MM. Simonet, secrétaire honoraire, Lépice vice-consul, Baudez chancelier du consulat, Charlot, Nuyens, Marie, de Wolff, Battegay, Reverdy, Blum, Mazères, Dreyfus, Dr Chabaneix, Grégoire, Smet van Lerberghe, Gallusser, Devéria, Ley, Moyroux, Imbourg, Marzoli, Fivé, Clemann, Sandrié de Jouy.

Le menu, fort bien composé, et au dos duquel se trouvait le programme de la musique, portait comme illustration une aquarelle très bien exécutée, représentant une pompe à vapeur se rendant au feu, emportée par deux fringants chevaux, dûe à la plume et au pinceau habiles de M. Nuyens, chef de Dépôt à la compagnie des Tramways. L'orchestre symphonique du 16me Colonial, sous la direction de M. Barraine son habile chef, s'est fait entendre pendant et après le diner et a été fort apprécié de tous.

日到 24 日离开, 他在当月得到了 200 法郎的薪水。可自他抵达天津的那一天起, 他每月工资为 600 法郎, [19] 并在 1906 年 6 月 1 日之后, 增加至 700 法郎。此外, 自到达后, 他每月可得到 40 墨西哥鹰洋的住宿补贴, 直至公司为他提供住处。公司还为他报销旅费, 因此, 内恩斯收到了 900 法郎, 以及 1750 法郎用来报销乘坐轮船二等舱位的旅行费用。后来他的妻子与儿子来天津与他会合, 他得到了相同金额 (1750 法郎) 的旅行津贴。但是, 其家属的旅费在他完成天津的任期后才能报销, 且需满足以下条件: "他在天津的整个任期赢得上级完全满意。" 1908 年内恩斯夫妇坐火车经西伯利亚的铁路返回比利时, 每人得到了 1200 法郎的补贴。

绘图天才内恩斯

透过日记, 显而易见的是内恩斯天生具有绘画天赋。其中最为出色的几张速写是他来中国时在海上漫长的旅程中所画。他还为船上遇到的人画了几张肖像。此外, 他为天津、自己的住所和工厂绘制的平面图同样给人留下深刻印象。内恩斯的绘图技巧不久便闻名天津。1908 年 2 月 11 日天津《回声报》(Echo de Tientsin) 中的一篇文章提到, 当地消防队年会晚宴菜单上印有一幅美丽的水彩画, 由 "电车公司仓库经理内恩斯先生" 所画。那张菜单上点缀着一幅插图, 绘制着两匹烈马正拉着蒸汽驱动的消防泵奔向火灾现场。

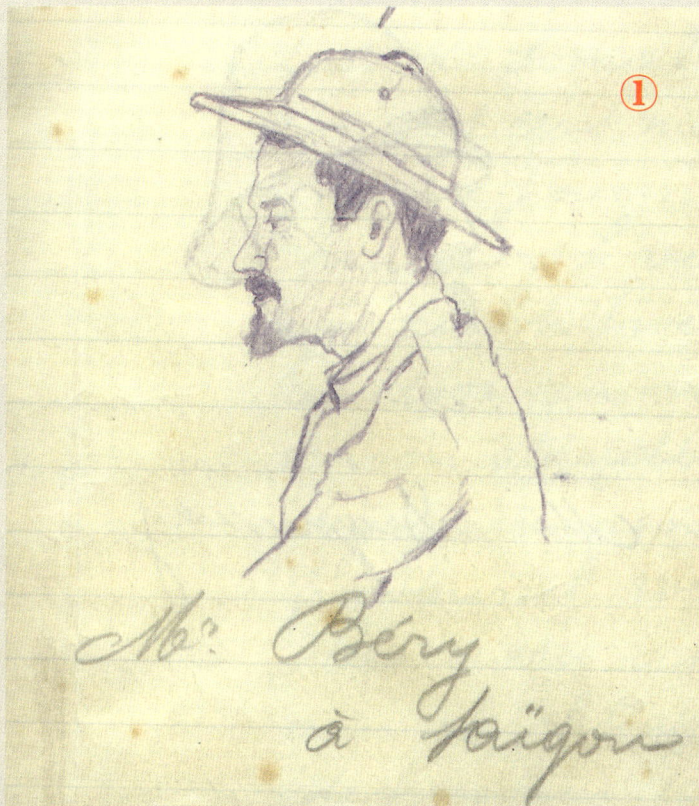

▲▶ 内恩斯在"悉尼"号上画的人物速写

注：①贝里（Bery）先生，他曾是一名退伍军人，画于西贡。

②"悉尼"号上的一位水手。

③乌尔伯格（Ulberg）神父，来自匈牙利，画于越南北部。

④巴苏（Basu）先生，画于西贡。

⑤德马雷（Demarez）先生，画于西贡。

⑥诺埃尔（Noël）先生，来自西贡海关。

⑦德古尔奈（Degournay）先生。

⑧乔利（Joly）先生。

⑨来自西贡的印度马拉巴（Malabar）人。

- CONTRAT -

Entre

1° La Compagnie de Tramways et d'Eclairage de Tientsin, société anonyme, ayant son siège à Bruxelles, représentée par M. M. Francqui et Liénart, administrateurs délégués, de première part,

2° Monsieur Nuyens, F. demeurant actuellement rue du Nord, n° 37 à Ledeberg, de seconde part,

Il a été convenu ce qui suit:

1° La soussigné de première part engage le soussigné de seconde part en qualité de chef d'atelier et de dépôt à Tientsin, se réservant le droit de lui assigner toute autre fonction qu'elle jugerait en rapport avec ses facultés, connaissances et aptitudes.

2° Le soussigné de seconde part accepte l'engagement qui précède et, en conséquence, il s'oblige, sauf cas de force majeure, à s'embarquer à partir du Ir Juin 1905.

Dès son arrivée à Tientsin il se mettra immédiatement à la disposition du Directeur de la Compagnie qui lui assignera le lieu de sa résidence ainsi que ses attributions, lui indiquera ses devoirs et lui donnera les instructions nécessaires à l'accomplissement de ses fonctions.

M. Nuyens s'engage à consacrer tout son temps au service de la Compagnie; il ne pourra accepter aucune fonction ni s'occuper d'aucune affaire s'il n'y est autorisé par ses chefs.

3° Le soussigné de seconde part déclare s'être mis au courant et s'être rendu compte des conditions d'existence, d'habitation, de campement, de climat, d'hygiène, de voyage et de sécurité en Chine, et il est expressément stipulé, comme condition préalable et essentielle des présentes, qu' aucune responsabilité quelconque ne peut être mise à charge de la Compagnie de Tramways et d'Eclairage de Tientsin du chef des inconvénients, maladies, accidents ou infirmités qui pourraient résulter pour lui de son voyage, de son séjour en Chine et de son retour.

- 4 -

droit aux frais de rapatriement et à l'indemnité de retour, mais n'aura droit à aucune indemnité du chef de la résiliation de son engagement.

I2° Le montant des frais de rapatriement est fixé à I200 francs.

Si la Compagnie estime qu'il est impossible de rentrer en Europe par le transsibérien, elle portera à I750 francs le montant alloué à M. Nuyens pour ses frais de rapatriement.

I3° Dans les cas prévus aux art. 5, 8 et 11, les frais de rapatriement et, s'il y a lieu, l'indemnité de résiliation d'engagement, seront payés à M. Nuyens au moment où il quittera le service de la Compagnie en Chine.

Par contre, l'indemnité de retour lui sera payée à Bruxelles et seulement s'il est revenu en Europe dans le délai de six mois après avoir quitté le service de la Compagnie en Chine, sauf cas de force majeure.

I4° Toutes contestations auxquelles donnerait lieu l'exécution des présentes seront réglées conformément à la loi Belge et nous appelons un tribunal de trois arbitres, chacune des parties en désignant un, le Consul de Belgique nommant le troisième.

I5° Les paiements à faire au soussigné de seconde part s'effectueront intégralement en espèces or. Toutefois, celui-ci pourra faire effectuer le versement d'une partie de ceux-ci par la soussigné de première part à la Banque Nationale de Bruxelles.

Ainsi fait à Bruxelles, le

COMPAGNIE
DE
TRAMWAYS & D'ECLAIRAGE DE TIENT

▲ 内恩斯与天津电车电灯公司签订合同的第 1 页和第 4 页

内恩斯的日记与其他历史文献

如前文所讲，公司为了在天津修建和运营有轨电车线路与发电厂，招募了许多比利时工匠和工程师，内恩斯是其中之一。内恩斯很有可能是从 1900 年 3 月 20 日开始为比利时铁路公司工作，他那时年仅 22 岁。1901 年据他的岗位说明是"绘图员库中的一员"。到 1911 年，他成为一名"国家绘图员"，1931 年时，他被称为"比利时国家铁路公司（1926 年成立）绘图员"。1948 年，也就是他去世的前三年，他被称为"建筑绘图师"，在其讣告中，他又被定为"建筑师"。头衔称号的一系列变化似乎暗示着内恩斯通过努力逐渐登上其职业生涯的顶峰。

既然他已结婚生子（指小弗朗索瓦），那么或许他本不是前往中国完成工作任务的最佳人选，但可能是他的技术和组织能力先前就获得了铁路公司上级领导的认可。不管出于何种考虑，"绘图员"内恩斯被派往远东，担任维修车间和仓库经理。

在当时，旅行至中国这样遥远的地方是一种冒险，通常需要花费好几个星期的时间。由于没有洲际航空，完成如此长距离旅行就只有乘坐火车或轮船。内恩斯从未经历过这种长途旅行，因此海上航程对他来说极具挑战性。乘火车或是乘轮船，都面临危险。沉船事故并非少见，且仅仅是热带地区的高温，甚至仅仅是旅途的单调乏味，都会严重影响不太强壮的旅行者。幸运的是，内恩斯很快就适应了这些情况。他对遇到的各色人等，在船上欣赏到的风景，以及停留期间参观的城市都颇感兴趣。弗朗索瓦很轻易就在船上的旅客中结识了一些新

朋友，为了消磨时间，他开始为几个人画像。所有这些新世界、新朋友和新经历都使内恩斯非常着迷，他觉得有必要把这些记录下来留给后代。出于此种考虑，他在乘船期间还忙于写日记，在中国的三年里也一直保持着这个习惯。甚至在他乘火车经后来加以改善的西伯利亚铁路返乡时，仍然仔细记下途经莫斯科、柏林，直到布鲁塞尔的整个旅程。他以讲述诸多趣闻的方式描绘了他在天津的真实生活，内容的准确性以及对细节的把握使他的日记别具一格。他承认自己不是一个伟大的"纯文学作家"，但日记内容非常翔实，尽管其文体、学识及其他方面的欠缺不可否认，但它足以与同时期的中国游记相媲美，例如法国医生、民族志学者及作家谢阁兰（Victor Segalen，1878—1919）的著作，他在弗朗索瓦返乡后不久曾访问中国。

抵达天津后，内恩斯仅仅是在各种旅行中做笔记、绘画和收集资料。直到后来，他才把所有材料整合成一份美观易懂的手写原稿。内恩斯的日记按时间顺序编写，以他乘火车离开根特为起点，一路经过巴黎到达马赛。随后，他讲述了怎样登上法国邮轮公司"悉尼"号汽轮，沿着地中海和红海航行，然后穿越印度洋和东南亚的广阔海域，最终到达中国。他生动地描绘了锡兰、西贡、上海、香港等经停城市，以及抵达天津的情景。我们可以推测出，在天津的头几个月里，妻儿不在身边，他有充足的时间组织和改写这趟海外旅行的笔记和资料。日记的第一部分以1906 年1月5日到达天津为结尾。从第114 页开始的中间部分，结构有些松散，内容直接从内恩斯拜访袁世凯（1859—1916）开始，显得比较突兀。袁世凯当时是直隶总督，后来成为清朝覆灭后的中华民国第一任大总统。在整部日记中，内恩斯像是

读万卷书不如行万里路。

——中国谚语

一位满腔热忱的观察者，对中国生活的方方面面都很感兴趣，尤其是那些他认为绝妙和奇特的地方。例如，他非常详细地描述了当地的交通工具，包括中国古老的独轮手推车、黄包车和马车。他还谈到外国人在中国的生活状况，提到了住房、饮食、戏剧等问题，以及中国社会的诸多其他方面。最后，日记里有重点段落专门介绍了北京之行，细致描述了京城的不同区域。

从第190页起，内恩斯开始记录他从天津沿西伯利亚铁路返回根特的旅程，首先详尽叙述了1908年3月10日和7月18日为他举行的告别聚会。[20] 回到家乡后，他于1908年8月10日在莱德贝赫完成了总共235页的日记。在后记中，他对各种主题附加了注释，包括天津电车系统、中式婚礼、中国式的自私，以及中国人如何过年等。他还用天津的报纸粘贴成有趣的剪报，并加上一些关于中国官员的照片和评论。

内恩斯在天津的工作与生活

1905年8月1日内恩斯抵达天津，当时正值嘎德斯担任比利时领事。1905年9月6日在必要的技术设备运到之后，他正式上任维修车间和仓库的经理，负责车厢组装工作。全部56节车厢在11月15日前完工，并计划在1906年2月农历新年举行通车仪式之后即投入使用。对此，内恩斯写道："中国新年是中国子民唯一休息的日子。他们一整年都忙碌于艰苦的工作，因为中国没有星期天的概念，所以他们几乎从不休息。"11月15日之后，内恩斯集中精力建设发电厂和安装交流发电机，同时还要为行政部门安排宿舍、设置接待问询台和储藏柜等。所有工作都是在比利时人指导之下由中国工人完成。作为在津生活的比利时人，内恩斯比较孤单，也因

为"外侨"的身份，他的社交生活很有限，接触的人较少。此外，大多数欧洲人都居住在属于安全地带的外国租界内，但内恩斯住在租界之外、靠近仓库属于公司的房子里。但从好的方面看，生活在靠近天津老城的地方使得内恩斯能够更好地描述中国人的日常生活。他对中国文化和宗教颇有兴趣，但他不喜欢中国城市街道上的灰尘、污物和垃圾。

从内恩斯的各种陈述中，明显可以看出他对中国的生活方式评价不高，尤其对中国人故作轻松、自私自利的态度感到恼火。究其原因，内恩斯作为那个时代的人，不可避免地被灌输了保守专断和殖民主义的心态，这种观念以西欧白人至上主义为中心。

在许多篇日记中，尤其是有关外出旅行的记载中，内恩斯感性的特质显露出来。与妻儿的分离使他非常苦恼，在天津的头几个月里，他满心盼望着亲人的到来。从他收藏的儿子的众多照片中可以明显感觉到他作为父亲的自豪感。然而，在有些场合，特别是描述对罪犯的残酷处决时，他似乎相当客观冷静。从内恩斯亲笔书写的日记中可以看出他为了解中国宗教和哲学狠下了一番功夫。他甚至将孔子弟子和宗教领袖的中文名字翻译成拉丁文，这也意味着他在天津期间曾尝试学习一些汉语字词。这点非常了不起，尽管他的外语能力总体上相当有限。荷兰语显然是内恩斯的母语，他法语讲得也很好，因为这是当时比利时资产阶级使用的语言。相比之下，他的英语知识匮乏，在海上航行期间，他不得不靠乘客中的同胞与英语母语者进行交流。阅读他的日记之后，我们发现相对于英语，似乎他对汉语的兴趣更大。其实，对于在天津的工作性质来说，他并不需要主动学习汉语。内恩斯手下有位名为李树堂的译员，协助

▲ 内恩斯日记中有关中日先贤名字的西式注音

注：这些手写笔迹足以证明内恩斯学习中国宗教与哲学的刻苦程度。他将孔子弟子及其他先贤的名字全都翻译成西方语言。

他将法语翻译成汉语。[21] 与之前来华的众多西方人一样，他为自己取了一个中文名"牛老爷"，便于同中国员工交流。

内恩斯的日记为弗拉芒语（比利时荷兰语），带有20世纪初期独特的写作风格，现在看起来有些古老。手稿使用的也是当时的拼写方式（荷兰语的拼写方法在1946年和1947年有所更改）。此外，内恩斯的拼写远非完美，日记中存在大量书写错误和笔误。但由于日记如今已被翻译成英文，我们可以忽略这些瑕疵。最初，日记中的时态大多使用现在时，使内容更具即时感。同时，内恩斯风格偏说教型，他经常以教师的口吻写作，就像他在描述北京之行时一样（见第212页）。但重要的是，阅读他的日记可以让我们更接近真实的内恩斯这个人物。虽然他很少表达对妻子的爱慕之情，但他明显深爱着他的妻子。可他似乎更钟爱他的儿子小弗朗索瓦，小弗朗索瓦一到天津，内恩斯就带着他到处参观，要比和妻子出门频繁得多。内恩斯也非常节俭，但不吝啬。他经常记下当地日用品的价格，就像到天津后，他仔细地列出了家具花费清单。同样，在他乘西伯利亚铁路的火车回家后，他详细列举出所有开销。内恩斯讨厌支付小费，他认为这是贿赂。如果说他对金钱的态度比较吝啬的话，他并不吝于奉献自己丰富的情感。这一点从他描述离别天津的场景时可以感受到，当时他不仅要安慰同事兼朋友克罗斯先生（Cros），还需要强忍住自己的泪水。简言之，内恩斯是一个复杂而有趣的人物，这也是他的日记读起来如此引人入胜的原因。

译者注

[1]据《北京志·公共交通志》记载，1899年西门子公司在北京引进了中国最早的有轨电车，修建了连接郊区的马家堡火车站与永定门之间的轨道、线网。后于1900年义和团运动中被拆毁。

[2]还有一种说法是使馆区被围困56天。

[3]国际政治中，常常用各国首都的名称，即政府所在的政治中心，来指代各国政府。

[4]保罗·克洛岱尔（1869—1955）是法国著名诗人、剧作家和外交官，1895—1909年先后在上海、天津和福州担任法国驻当地领事。作为法国天主教文艺复兴时期的重要人物，他的大部分作品都带有浓厚的宗教色彩和神秘感，他创作了许多戏剧、诗歌，以及宗教与文学评论。

[5]安德烈·纪德（1869—1951）是法国作家，1947年诺贝尔文学奖得主。纪德的文学早期带有象征主义色彩，直到两次世界大战的战间期，逐渐发展出反帝国主义思想。

[6]指赎买并拆除那段800米轨道的费用。

[7]形容过于复杂且难以了解和改变的事务。这个含义主要源于拜占庭复杂而不透明的政治体系。

[8]八国联军临时政府在管理天津期间，为防止天津人民的反抗，拆除了天津旧城墙，代之以环城大街，即东马路、北马路、西马路和南马路。

[9]指1912年"壬子兵变"。1912年3月2日，北洋军阀曹锟的士兵哗变，肆意劫掠商民。商铺集中的北大关、河北大街和老城内外受害最为严重。

[10]此处数字有误。文中数字经译者重新计算而得。

[11]此处指一战中德国侵略比利时。

[12]此处有误。中国人不是一个统一的民族。这里作者意指人数最多的汉族。

20世纪初经海路与铁路来华
——内恩斯的日记与集邮

中国不是一个神秘的国家。中国人也不是一个神秘的民族。他们和我们一样，其中有好人也有坏人。

——特克拉韦伦
《天津废纸收藏家》[1]

20世纪之初，任何想去中国旅行或从中国返回的欧洲人都有两个交通选项：

——坐火车经西伯利亚铁路走陆路（路程约14天）；

——乘船经苏伊士运河、红海、锡兰（斯里兰卡）和印度支那（越南）走海路（路程为33~41天）。

邮寄信件也是走同样的路线。

陆路

西伯利亚铁路全长9288千米，是世界上最长的铁路线。俄国人于1891年从符拉迪沃斯托克（Vladivostok，海参崴）附近开始修建。起初，中俄双方达成一致，可径直穿越中国东北（即著名的中东铁路）修建外贝加尔地区到符拉迪沃斯托克（海参崴）的铁路线。这条横贯东北的铁路于1901年完工，但在1904—1905年日俄战争之后，俄国害怕日本会侵占东北，因此决定继续修建一条更长、更艰难的铁路线。这条铁路名为阿穆尔（Amur Railway）铁路，同样以符拉迪沃斯托克（海参崴）为起点，与现存的西伯利亚铁路相连，但铁轨都建在俄国领

土上。因此，西伯利亚铁路有两个完工日期，1904年莫斯科经东北到符拉迪沃斯托克（海参崴）的所有路段连接完成；1916年阿穆尔延伸线最终建成。最初，所有火车都需要乘轮渡穿过贝加尔湖（Baikal Lake）及安加拉河（Angara River），火车每天要在贝加尔湖和梅索瓦亚（Mysovaya）之间穿梭两趟。这种模式一直持续至1905年沿湖岸的环贝加尔湖铁路建成，后来被称为"俄罗斯钢铁腰带上的金扣"。环湖铁路线建成后，两艘轮渡仍在运营，但只用作不时之需。1916年10月哈巴罗夫斯克（Khabarovsk）附近建成一座横跨阿穆尔河的桥梁，这标志着西伯利亚铁路最后一段工程完成。

海路

前往中国时，乘坐频率最高的航运公司为法兰西火轮船公司（Messageries Maritimes）。该公司经营的定期班船由马赛出发，经停塞得港（Port Said）、苏伊士（Suez）、亚丁（Aden）、科伦坡（Colombo）、新加坡、西贡（Saigon，今越南胡志明市）和香港，最终抵达上海。当时法兰西火轮船公司旗下的邮轮包括"亚马逊"

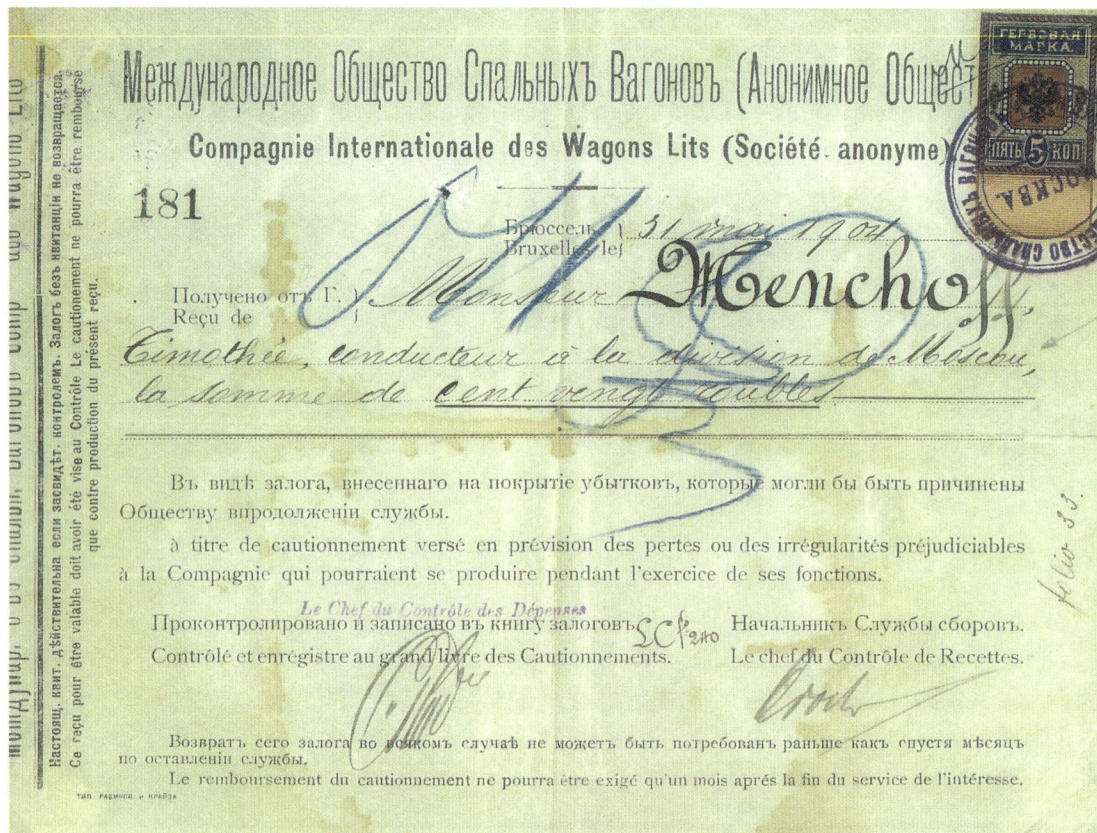

◀ 1876 年比利时工程师纳吉麦克斯创办的国际卧铺车公司签发的俄文收据

注：图片由马赛里斯提供。

号、"悉尼"号（内恩斯搭乘此船前往中国）和"阿尔芒勃西"号（Armand-Behic），航程大约需要33天。另一条海上航线从汉堡出发，属于北德意志劳埃德船运公司（Norddeutscher Lloyd），大概需要44天。1906年斯普林格尔德正是乘坐后者的轮船返回安特卫普。第三条，也是最后一条海上航线，由铁行渣华船运公司（Peninsular and Oriental Steam Navigation Company, P&O）经营，从英国港口行至上海（旅程需41天）。1900—1910年，无论旅行者选择哪条航线，前往中国之旅都像一次小型探险。以内恩斯为例，他用了38天才抵达天津。

国际卧铺车公司和东方快车

这家公司通常被称为卧铺车公司（La Compagnie Internationale des Wagons-Lits），由比利时工程师纳吉麦克斯（Georges Nagelmaeckers）于1876年12月4日创立。公司旨在提供国际铁路服务，包括西伯利亚铁路的运营。纳吉麦克斯的创办资金为400万比利时法郎，另外还有国王利奥波德二世的资金支持。公司总部设在布鲁塞尔。

从根特到天津的海上之旅印象

（内恩斯1905年日记第38~99页内容）

（第38页）这本书不是一部文学作品，仅仅是我在往返中国的旅程中以及在中国生活期间所记录的感想和笔记。有些材料是从报纸和杂志（照片）剪下的内容。写这本书只是一种消磨时间的方式，用以熬过漫长的海上航行，以及我独自在中国度过的单调乏味的几个月。返乡之前，我把所有内容都记在笔记本上，便于回家后把所有东西誊写下来。针对更多细节、诸多重大事件和有趣的事情会有所补充。我随后就会进行这项工作。书中不时会出现语言和拼写错误，我在此表示歉意。图画都由我亲手绘制。

1928年1月

因为我儿子已经去世，这本书目前仍归我所有。但它之后会被交由我们的外孙雅克保管。

1940年2月

（第43页）*1905年6月24日，离开根特*

1905年6月24日，我乘坐上午10点的火车离开根特。在我到车站之前，我的几个朋友都已经聚集在那里了。其中包括德·布鲁因（Jules De Bruyn）、普拉埃特（Praet）、范·赫克（Van Hecke），以及在两个月后同样要去中国的安托万（Antoine J.B.）。普拉埃特和范·赫克同意陪我坐火车至布鲁塞尔。告别的话总是很难说出口。我妻子本想和我一起出发，但有些仓促。我的小儿子弗兰奇（Franky）比平时还要高兴，挥动着他

这本书不是一部文学作品，仅仅是我在往返中国的旅程中以及在中国生活期间所记录的感想和笔记。

——内恩斯日记第38页

▲ 内恩斯日记（第41页）

的小手，完全不知道他的父亲即将启程前往那么遥远的地方。火车开动时，我再也控制不住自己的泪水，透过车窗向外望了许久。既然是命中注定，谁也无法改变。就像阿拉伯人所说，Mectoum。[2] 随后，同行的朋友们想办法让我振作了起来。

布鲁塞尔至马赛

到达布鲁塞尔后，我立即前往公司办事处，因为有人请我给驻天津的领事嘎德斯先生（Ketels）捎个信。但是，东西并未提前准备好，大老远跑这一趟只是浪费时间。

（第44页）在那慕尔城门处，我们喝完最后一杯啤酒，便起身前往布鲁塞尔火车南站。普拉埃特和范·赫克陪着我直到分别的最后一刻。这场景就像与亲兄弟们话别，他们不停地挥舞着手帕，直到火车消失在视野之中。现在我孤身一人。因为我不止一次来过巴黎，所以路上没有遇到任何困难。早上5点左右，我抵达巴黎。随后立即搭乘马车前往巴黎—里昂—地中海铁路公司（P.L.M. railway station）的火车站。我到达车站的时间太早，于是趁机在车站里的餐厅吃了一顿像样的饭，这里自然比其他地方价格要贵。晚上大约7点，我乘车前往马赛，预计第二天早上9点到达。这段旅程也未遇到任何实际困难，但我几乎无法入睡。法兰西共和国卫队的乐团也在火车上。早上6点左右，火车忽然停下来。发生什么了？所有乘客出于好奇都把头伸出窗外。列车长从火车上下来，安慰大家说火车头和车厢都未出现任何故障。同时，他们请求所有人不要下车，因为火车很快就会再次出发。我们当时在蒙特利马尔（Montélimar）附近。

（第45页）即便如此，一些共和国卫队的士兵还是冒险跳下车跑到铁轨上，我从他们口中才得知究竟发生了什么。原来是火车以雷霆之势驶来时，遇到两个人在铁轨上打架，他们都被轧死了。我们看到一个女人走了过来，身后跟着一个小女孩，她们是其中一位死者的妻子和女儿。在短暂耽搁之后，火车继续向前行驶。接下来直到马赛的旅程都平安无事。同包厢内有一个人其实就在马赛居住，当他知道我即将乘坐轮船时，开始谈论海上可能出现的各种状况，这使我格外紧张起来。火车到达目的地后（延误一小时），天空正在下雨。我再次搭乘马车前往若列特（Joliette）港口。这时，我才发现带的行李太多了（唉，当我意识到时，为时已晚）。

1905年6月30日

早上5点45分，我们抵达塞得港。周围的海水有段时间变成了黄色，水流挟沙，看起来分量很重。风卷起小小的浪花，但并未起沫。人们可以看到远处的大陆。

（第53页）我们现在走近两条长长的木制栈桥，它们通向一组高高的欧式房屋。这些房子属于塞得港港务局。在房子的左侧，有许多漂亮的黑色桅杆，与蓝天形成鲜明对比。

1905年6月30日　塞得港

最重要的是，这里有一大片黑煤灰云，因为所有船只都需要在这里补给燃煤。自从德·雷赛布（Ferdinand de Lesseps）建成苏伊士运河后，这座从海岸升起的城市如今已有8万居民。他创造了这座城市，修建了宽阔笔直的街道，现今大量马车和骡车交错而行，后面跟着的是车夫。这些赤脚车夫不停歇地为各色人等提供服

Dit boek is geen littérair werk.

Het zijn enkel opmerkingen en bestatigingen gedaan gedurende de heen en terugreis en tijdens mijn verblijf in China.

Zekere gegevens zijn knipsels uit dagbladen of tijdschriften (photo's).

Het schrijven van dit boek was een tijdverdrijf gedurende de lange zeereis, tijdens de eentonige maanden dat ik in China alleen was. Voor de terugreis schreef ik nota's in mijn zakboekje om dan alles over te schrijven by myne tehuiskomst.

Veel zou er nog kunnen aan toegevoegd worden, ernstige en ook veel kluchtige voorvellen. Misschien dit nog wel eens later.

Vooral zal men hier en daar de gedane taal of spellingsfouten willen verontschuldigen. De tekeningen met de hand werden door my zelf gemaakt.   Januari 1928.

Door het overlijden van mijn zoon is het boek terug in mijn bezit. Het zal nu voor onzen kleinzoon Jacky zijn.
                         Februari 1940.

Personeel der bureelen en Controle der Sa des Tramways Electriques de et à Tientsin
China (1907)

Aan mijn Zoon François als herinnering van ons verblijf in China van 1905 tot 1908   24.12.1935
† 11-1-39

▲ 内恩斯日记第 37 页与 38 页——天津比商电车电灯公司领导层和调度员（1907）

注：右页文字为：献给我的儿子弗朗索瓦，以此纪念我们 1905—1908 年在中国的生活。

1935 年 12 月 24 日 内恩斯 （他深爱的儿子逝于 1939 年 1 月 11 日）。

43

Van Gent naar Tientsin
langs zee.
Reisindrukken.

Vertrek uit Gent.
24 Juni 1905.

Te 24ᵉ Juni 1905 vertrok ik uit Gent, met den trein van 10 uren 's morgens. Verscheidene vrienden waren reeds in de statie, onder anderen De Bruyn Jules, Raet, van Hecke alsook den heer Antoine J.B. welke 2 maanden later insgelijks naar China vertrok. De heeren Raet en van Hecke vergezelden mij tot Brussel. Het afscheid was duur, gaarne had mijne vrouw met mij vertrokken, maar het was te laat. Mijn klein Fransken was geestiger dan anders en wuifde met zijn kleine handjes, niet wetend dat zijn vader zoo ver wegging. Toen de trein zich in beweging zette kon ik mijne tranen niet meer weerhouden en lang bleef ik door het raampje kijken, enfin het lot was geworpen en er viel niets meer aan te veranderen het was geschreven "Mectoum" zooals de Araben zeggen. De vrienden welke mij vergezelden wisten mij alras op te beuren.

Brussel.
Te Brussel aangekomen begaf ik mij seffens naar de bureelen der maatschappij waar men mij gevraagd had een boodschap, voor den heer consul Ketels naar Tientsin mede te nemen. Niets was gereed en ik had dus nutteloos den weg

务。这里的房屋都很高大，装有多扇窗户，通常带有宽阔的阳台和外廊。仓库、集市和咖啡馆遍地都是。

（第54页）仓库里可以找到热带地区所需的任何物品。集市里，各式各样来自日本、中国和印度的物品都有出售。咖啡馆是高消费的场所。在上述这些地方，激烈的讨价还价是日常生活的一部分。法国工程师德·雷赛布的雕像高高耸立在大广场正中心的位置，以纪念他缔造了这座城市和运河。再往高处走去，越过最后一栋房子，就进入埃及沙漠了。目所能及的只有黄沙，运河两岸与港口码头都是沙黄色。远处停泊的是进出运河的船只。我们所乘坐的远洋班轮刚抛下锚，就被运煤船包围了。不计其数的阿拉伯人赤身裸体，搬运着煤炭，他们边工作边吹着牛皮，大声叫喊。煤炭贸易是塞得港的核心业务。任何船只都会在这里加煤后离开。运河对岸就在城市跟前的地方，是一片巨大的煤堆，旁边摆着许多大型油罐。

（第55页）我与莫古尔先生（Maucourt）一起乘小船上岸，这花费了0.5法郎。我们要做的第一件事就是到邮局寄送明信片和信件。之后，我们到大商店采购各种物品，包括一套睡衣、一个头盔和几双白色鞋子，价格为：头盔5.5法郎，鞋子4.5法郎，睡衣5法郎。当地很多人讲法语，法国货币也可以用于交易。你在这里可以遇见来自各个国家的人，包括英国人、意大利人，最常见的是阿拉伯人，还有许多乞丐、小偷。商人对每件商品的要价都会翻倍。这里的官方语言是英语。有些阿拉伯人会不停地追着你乞讨，或请求你搭乘他们的骡车，或帮你拿行李（靠这种方式趁机带着包裹偷偷溜走）。其中有人想帮我提行李，我不断告诉他里面没有贵重东西，不需要帮助，他仍不放弃，直至我给了他一枚"mossela"^[3]。

（第56页）有些阿拉伯人会提供淫秽照片。之后，他们会带着你在街上转来转去，直到你迷路，最后来到一个声名狼藉的地方（妓院）。莫古尔先生帮我在德·雷赛布的雕像旁拍摄了一张照片。之后，我们回到船上。船上及周边围着成群的歌手、杂耍演员、魔术师，但最多的是商人。年轻的阿拉伯人围着轮船游来游去，搜寻乘客投掷的硬币。这些人像鱼一般擅长游泳和潜水。他们会一直喊着："船长，请扔一枚硬币到海里吧！"如果抓到了硬币，他们会向你展示一番，然后丢进嘴里，就像放进钱包里一样！我们的船9点半离开码头，我已经迫不及待地想看到苏伊士运河了。在入口处（右手边是要去苏伊士的船）停泊着几艘英国军舰。我们的轮船行驶得很慢，以免卷起太多水浪，破坏运河两岸的河堤。轮船只能以每小时4节的速度航行。虽然入口很宽，但我认为整条运河的大部分宽度在60米或70米。不时就会遇到停靠站或交错点，那里的运河更为宽阔，允许轮船双向同时通过。

（第57页）首先进入运河的船舶不需要等待。随后到的其他船舶将在某个停靠站等候，直至前面轮船通过。军舰有优先通行权，所有船只都需要为它让路。船舶根据信号灯依次前进，以免造成混乱。这就跟铁路一样，一旦发出信号，火车就必须停止。整条运河共设有12处船只交错点或停靠站。运河还穿过提姆萨湖（Lake Timsah）与大苦湖（Great Bitter Lake）。在运河旁，有一条淡水运河，以伊斯梅利亚（Ismailia）为起始点，通往塞得港。在那条运河沿岸还建有一条窄轨铁路系统，与苏伊士至开罗的铁路线在伊斯梅利亚相连。这条铁路就在运河边，在运河某些地方还能看到蒸汽火车经过。

（第58页）运河两岸只能看到沙子，时而还有几棵枝叶稀疏的树木。一位欧洲人带着妻儿前来迎接我们的轮船，他们住在沙漠中央。这个人很可能参与过运河修建工程。这里让我体会到了真正的殖民地生活。偶尔会有年轻的阿拉伯人跟在轮船旁奔跑。他们原本半裸身体，现在为了跑得更快，完全脱光了衣服。船上的人朝着他们扔面包、钱币和橘子。一个橘子正好砸中某人的光头，尽管橘子上粘着沙子，那个人还是尽情享用了一番。在某个停靠站，我们的轮船为了给远东驶来的几艘军舰让路，不得不等了4个小时。当他们打开探照灯时，那真是蔚为壮观。其中有一艘是从旅顺港逃出的俄国军舰，当俄国人经过时，我们船长请求所有人保持绝对安静。我们还看到了阿拉伯著名的西奈山（Mount Sinai）。据《圣经》记载，摩西正是在此处跨过大海，而未沾湿双脚。但现在，这很难实现！他必须得租条船过河。

（第59页）船上生活单调乏味。男人们散步、看书、聊天或是玩一些专为乘客提供的游戏。女人们躺在椅子上，做针线活或是闲聊（一般都是后者）。她们的服装已经尽可能的轻薄，都是领口很低的短袖。透过她们身上的衣服几乎能看到她们的胴体。我们经常看到飞鱼，它们的鳞片为白色，前面长长的胸鳍看起来很像翅膀。人们可以看到三四十条飞鱼成群结队地跃出水面，在空中持续飞行50~100米的距离。它们就像是在海面上滑翔的白燕。如果它们的胸鳍或者说翅膀变干了，它们就无法继续飞行，需要潜回海里。这些鱼试图通过跃出、潜进的方式，躲避那些捕猎它们的生物。

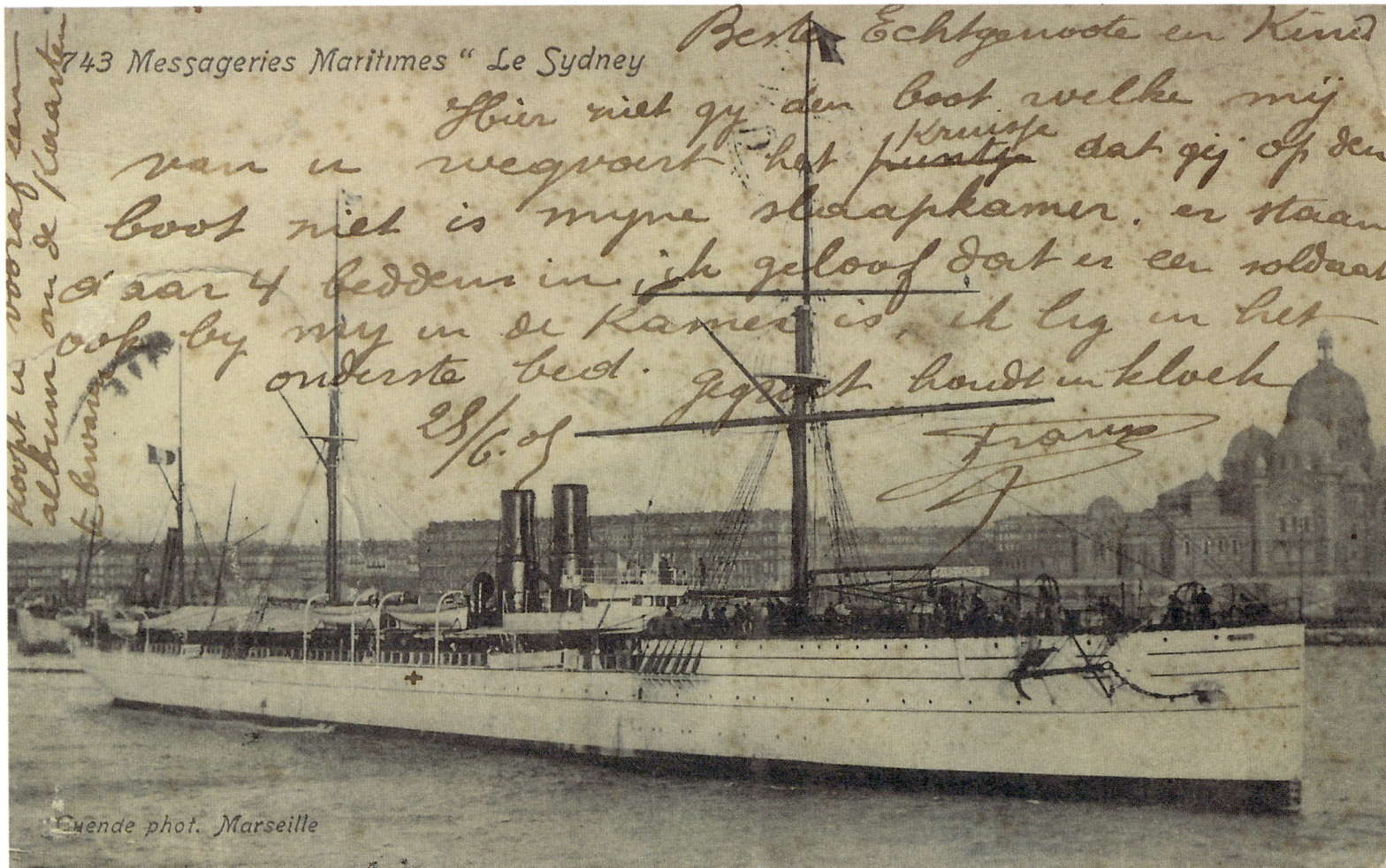

743 Messageries Maritimes " Le Sydney

Berta Echtgenoote en Kind

Hier ziet gy den boot welke mij
van u wegvoert het puntje Kruisje dat gij op den
boot ziet is myne slaapkamer, er staan
d'aar 4 beddens in ich geloof dat er een soldaet
ook by my in de Kamer is, ik lig in het
onderste bed. gegroet houd u kloek
28/6.05
Frans

Guende phot. Marseille

▲ 内恩斯在马赛给莱德贝赫的家人邮寄了一张
印有"悉尼"号轮船的明信片
注：他在自己客舱的位置标了一个十字记号。

1905 年 7 月 11 日 科伦坡

我们下午4点抵达,乘邮轮公司的汽艇上岸。我们现在位于锡兰岛[4]的首府,据说这里的居住人口超过10万。汽艇靠岸的地方下船很方便,从码头到城市的沿途景色非常优美。

（第 69 页）随后,我们刚走进一条宽阔的街道,立即就被锡兰人围住了。但幸运的是,相比亚丁的索马里人,他们的打扮稍微干净些。我们在这里首次看到了黄包车,这些在西贡和中国也遍地都是。黄包车就是小型的两轮人力车,由一位车夫在前面拉着。我们看到了一座壮观的维多利亚女王雕像。跟往常一样,我们先去了邮局,但要走很长一段路。邮局设在一栋干净、设施完备、设计风格很现代的建筑里,人们可以在里面舒舒服服地工作。我们在环球酒店住了一晚。酒店经理是法国人,他告诉我们不要对酒店期望太高。即便如此,我们还是享受到了很好的服务,2卢比（约合3.4法郎）的价格也不算太贵。许多船上的乘客在这里过夜。之后,我们返回城里,但迷路了。过了一会,我们发现自己走到了公共广场附近,位于城市的最远端。这里的环境非常惬意,但不知何时我们被一些黑人围上了,他们的态度并不友善。因为以前遇到过这种场面,所以有些经验,于是,我们拿起棍子、握起拳头,一边向前走,一边紧盯着周围的动静和所有人。10点左右,我们沿路回到港口,全部登上同一艘汽艇（第 70 页）返回我们的轮船。夜晚独自或徒手外出并不明智,因为在这种情况下,黑人[5]会向你索要3~4法郎,然后才带你回到目的地。事实上,在我们离开"悉尼"号之前,船上有位职员就提醒过这个事情。莫古尔先生要登上另一艘驶往印度本地治里（Pondichéry）[6]的轮船,我们便决定先护送他到那里,这样会比较安全,因为回程时我们仍是一群人同行。夜里装卸货物的嘈杂声以及海浪撞击堤岸的声音使人们无法入睡。海水涨高了几乎10米,这景象令人叹为观止。

1905 年 7 月 24 日 香港

我们于凌晨1点半抵达,但必须在港口外抛锚停泊。自西贡开始,我一直睡在甲板的座位上,但之后要回床上睡觉,因为船舱只剩我们两个人了。早上5点半左右,我们的轮船驶入港口。海水呈绿色,可以看到两米深的地方。这座城市就像一个圆形露天剧场,建在500~600米高的半山坡平地上。我们乘坐一种叫"舢板"的小船上岸。跟所到的其他地方一样,我照例先去邮局将明信片和信件寄往比利时。

（第 88 页）这里的明信片价格昂贵。和科伦坡一样,这里也有电车,但干净得多。这座城市采用泛光灯[7]照明,在夜间会形成一道神奇的景观。所有岩石和山坡都有植被覆盖。人们上山可以坐轿子、步行或乘坐小型有轨缆车。若是乘轿子,就无法直达山顶。因为气温极高,人们只能在那里待4个小时。

香港是个岛屿,曾是中国领土的一部分,但现在是英国的租借地。它地处广东湾,是该地区最重要的贸易中心和军事据点之一。[8]这里有16~17万居民。港口周围的山上布满了兵营和大炮,有些隐藏在绿色植物之中。

我们轮船的轮机长在西贡至香港之间的航行中病倒了,他被安排到同一家公司的另一艘船上返回法国。显然他病得很重。

（第 89 页）一艘英国医疗船也停泊在港口。

...en de schepen toe te laten
...het schip of de schepen
...t kanaal komen moeten
...andere stoppen, in eene
...voorbij zijn. Oorlogsbooten
...le andere moeten hun
...De schepen worden
...semaphoren aangekon-
...ene verwarring mogelijk
...op den spoorweg, als
...en is moet men stoppen.
...sch de lengte van het
...ingsplaatsen - Het ka
...het Tinsah meer,
...ere meren (lacs amers)
...naal loopt een roet-
...welke begint aan den
...n naar Port Said gaat.
...al loopt een spoorweg
...welke zich aan den
Ismailia met de spoorbaan van Suez naar
Cairo verbindt. Deze spoorbaan loopt ook
nevens het kanaal en op sommige
plaatsen ziet men de treinen voorbij-
stoomen -

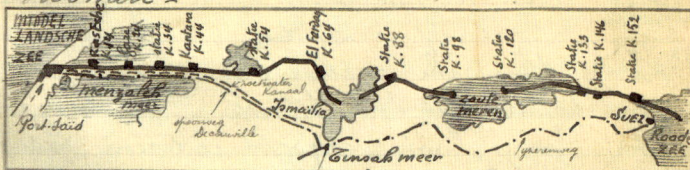

Monsieur Ferez
officier de la police indigène
Indo Chine Hanoï

Kanaal van Suez.
In en uitgang der schepen op 26 Juni 1905

Natie	Bestemming	Tonnemaat	Lading	Passagiers	Rechten	Komende van
Engeland	Liverpool	3513.36	5000 versch.	14	30043.56	Yokohama
Duitschl.	Antwerpen	3456.62	4250 versch.		24341.57	Kurrachie
	Marseille	3364.88	1600 versch.	4 buign	3573.43	Hamburg
Engeland	Yokohama	4580.10	6300 versch.	134	40055.35	Bremen
	Londen	4691.45	2000 versch.	230	41035.77	Sydney
	Liverpool	2454.75	4000 versch.		15315.55	Surabaya
	Shanghai	4264.45	4000 versch.	4 buign	57047.33	Genua
Fransch	Marseille	3136.74	3140 versch.		26357.72	Saigon

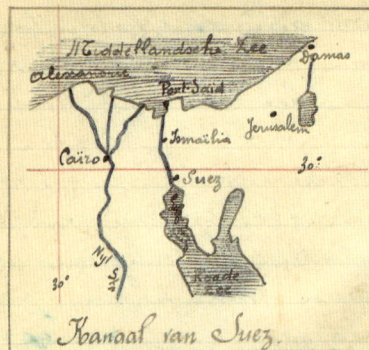

Op de oevers van
het kanaal ziet
men niets dan
zand. nu en dan
eenige magere
boompjes. Een
Europeaan met
vrouw en kinderen
kwam onze boot
groeten. Zij wonen hier midden de woestijn
misschien is het een man gehecht aan de
werken van het kanaal. Dit geeft mij reeds
een voorsmaak van het kolonieleven. Nu
en dan loopen jonge Araben mede met de
boot, zij zijn slechts half gekleed en dan
spelen zij nog alles uit om beter te kunnen
loopen. Men werpt hun brood, geld en
appelcienen. Een krijgt zelfs een appelcien
op zijn naakten bol, dat hij er van barst
maar hij smult hem toch op met zand
en alles. Aan een der staties moeten wij
4 uren blijven liggen om verscheidene
oorlogsbooten te laten voorbijvaren.
Zij kwamen van het verre Oosten Het was
een schoon zicht toen zij hunne elektrische
lichtwerpers deden werken. Er was een
Russische oorlogsboot bij welke ontsnapt
was uit Port-Arthur. De bevelhebber van
onze boot verzocht iedereen het grootste
stilzwijgen in acht te nemen bij het
voorbijvaren der Russen. Wij zien de
gekende Sinaï-berg in Arabie, het is
in deze omstreken dat volgens de heilige

Kanaal van Suez.

▲ 内恩斯日记（第57页与58页）

eene baar over haar en willende roepen
kreeg zij veel water in den mond. hetgeen
haar nog zieker maakte. Haar man
haar willende ter hulp snellen viel en
kwetste zich aan handen en knieën.
Weldra zijn wij maar met slechts met 10 passa-
giers van 2e klas meer op dek. Ik wil
niet naar beneden want ik zou dan
nog zieker worden door de onverdrage-
lijke hitte welke daar heerscht, inderdaad
al de vensters zijn dichtgeschroefd om
geen water in de kabienen te komen.

7e Juli   Ik ben heden wat beter en dit door de
heeren Ferez en Dusseldorp (zie schetsen) die
zij niet te neer te laten slaan
gen over en weer te loopen
zij en inderdaad ik word
Wij wandelen op dek
toe gespannen kiabels
. De 9e Juli verstilt het
ipt nog wel maar men
gewoon, men krijgt de
(pied marin) en nu ben ik
Maucourt opbeur en hen
Gedurende al dat slecht
aan boord zijnde, Fransch
van hunne gekende
llen. In het ergst van het
zij soldatenliedjes: le
ine enz. enz. Zij waren
s en op sommige oogen
wij hen bijna niet, mee
it de zee maakte. De
heerlijkste is hier aardig, men mag he

en van dit tegengewicht ho
ze booten goed recht op wate
zee te gaan worden er zeilen
vestigd zooals aan andere
uiten.
een witte slaapkostuum ge
voor 10 franken. er kunnen er
ree gelijk ik in.
aan boord gekomen koop ik
met het gedacht ze later in
of oorbellen te doen zetten. Ik
maar 3 roupies zij 5.10f.—
De bevolking van Colombo is vuil en
diefachtig, zij dragen slechts een klein
zakte om hun middel. De vrouwen
en wit hemd maar me
het er de helft af. De
ingericht en op zijn br
d. Men heeft hier elek
er het algemeen is de
goed onderhouden, he
de verafgelegen kwa
t wat vuil is. Kraaie
vervloed.
boot Duplesc vertrek
et aan de heer Mau
familie Stekeyer en on
ok het anker. Wij v
ier liggende oorlogsboo
1 Portugeesche) Nu ga
naar Singapoo
sche bezitting
sch soldaat die altijd
en en kask aanvi no

Mr Blanc
à
Saïgon

Tonkin

Yokohama
Japon

▲ 清朝入关后的第一位皇帝，名福临，年号顺治

注：他曾下令让所有汉族男人削发垂辫，以示对新政权的归顺。绘于 17 世纪。藏于北京故宫博物院。

中国人的"长辫"

三个多世纪以来，即17~20世纪初，中国男人要将头发扎成辫子。这种发型需要将前额和四周的头发剃光，把剩下的头发梳在一起，编成一条长长的辫子垂在身后。对西方世界来说，长辫男人的形象实际就代表着中国。但出乎意料的是，这种发型并不起源于中原。它最初是女真或满族的发式，源自当今中国的东北部。1644 年，一支满族军队击败了汉人建立的明朝，征服了中国。满族曾受雇于明朝廷，对当

时发生的大面积内乱进行军事镇压，但最终他们还是站在了雇主的对立面。[9]满族占领北京，建立了一个新的统治王朝，国号为清。这是中国最后一个封建帝制王朝，一直持续到1912年。

顺治（1638—1661）是清朝第三位皇帝，也是清入关后的第一位皇帝，他统治中国的时间是1644—1661年。他下令让所有汉族男人剃发留辫，以示对新政权的归顺。剃发令的唯一例外是佛教与道教弟子，佛教须剃光头，道教则不必剃发。顺治帝的剃发令在中国引起了汉人们的强烈反抗。为了赢得支持，汉族人引用明朝礼乐制度和孔子学说，孔子曾写道："身体发肤，受之父母，不敢毁伤。"[10]根据传统，成年的汉族男女要任头发自然生长，并将其扎成不同发式。

满族统治者制定出"留头不留发，留发不留头"的政策，任何拒绝剃发留辫的人都被判为违抗皇命的叛国罪，将处以死刑，这场讨论立即被终止了。为了保持辫子发型，男人们大约每隔十天就要剃一次前额与四周的头发，其结果是在1832年，仅广州地区就有大约7300名理发师！

有趣的是，满族统治者并没有针对女性发式颁发任何相同的法令。他们也没有干涉汉族女性的缠足习俗，尽管满族女性从未采取这种严重损害身体健康的做法。[2]

长辫是满族统治的有形象征，最终被整体中国人民接受。从这一点来说，这一政策是成功的。1768年，有传闻说"怪物"正四处游荡，要剪掉人们的辫子，还引起了一片恐慌。[3]

1840年，来自德国的梅珍博士（Meijen）在报告中写道："长辫是中国男人最重要的个人装饰物。如果某人的长辫被剪，他会觉得蒙受耻辱，自寻短见……令人奇怪的是，男人的长辫非常长、非常浓密，比中国女人的头发还要美丽，甚至比我们国家女人中最好看的头发还要漂亮。此外，长辫都会涂上黑漆。如果头发还未长得足够长，他们会感到不自在，并把黑色丝绸缠进发辫里，直到头发长到脚后跟。"[4/5]

阿道夫·斯普鲁伊特医生也曾提到中国理发师所扮演的角色，认为他们是传播头部传染病的主要媒介。[6]

◀ 汉口附近的中国理发师
注：照片由菲利普·斯普鲁伊特拍摄。

86

21ᵉ Juli.

Wij zullen dezen morgend vertrekken. Wij gaan vaarwel zeggen aan de passagiers welke nog een andere boot nemen en welke naar Haïphong gaan om dan vandaar hunne bestemming te bereiken. Zy vertrekken

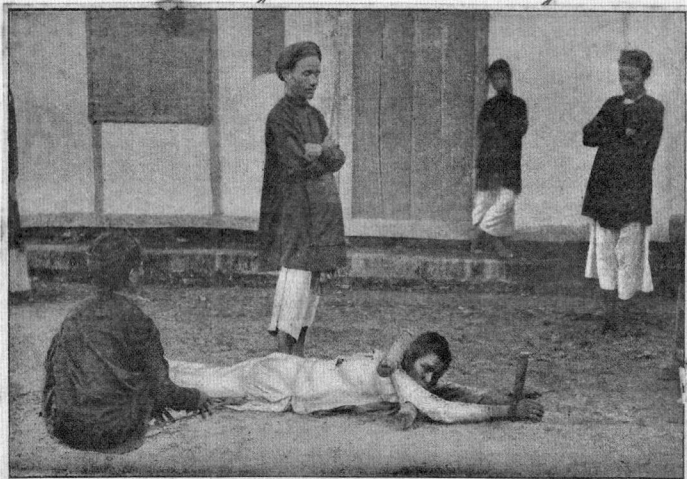

Anamiet gestraft met cangue en cadouille.

om 7 uren. Wij vertrekken om 8 u 20. Tot ... uren varen wij reeds voorby ... vertrokken. Een ... L. Jh. Ma. Tong ... zakdoek en kask ... van één maand ... zich verdwenen ... de heeren Béry, Joly ... te Saïgon en hebben ... komen zeggen. ... ik ondervonden dat ... der Franschen goede ... lieden zijn. De oevers der rivier zijn zeer schoon, bezoomd

... vergast er zich aan want ... uren zal het weer niets zijn ... zee, water en overal water ... art hier met gewone snel- ... is hier wel 300 meters

... van 21 tot 22ᵉ zien wij ... zijn de Kusten van Annam en ook de vuurtorens. Den 22ᵉ s'morgens zien wij ze nog, ditmaal zeer duidelyk.

23ᵉ Juli Het is weer eens Zondag en nu is die dag nog Doeviger dan wanneer wij met zooveel passagiers waren. Nu zijn wij slechts nog met 60 waaronder 3 dames. Een dezer (eene Engelsche) reist met 3 kleine kinderen. Ik maak kennis met de heer Habène van Saïgon welke naar Tientsin gaat voor handelszaken.

Hongkong 24ᵉ Juli 05. Wij komen hier om 1½ uur s'morgens toe, wij moeten buiten de haven blijven liggen. Tot Saïgon sliep ik altijd ... stel op dek maar nu ... zijn bed slapen, daar ... maar met 2 in zijn. ... uren varen wij de haven ... Het water is hier klaar ... ziet wel 2 meters diep ... gt in amphitheater op ... welke wel 500 tot 600 m ... hier gaat men weer aan ... zeilbootje sampan ... al overal gaan wij ... en vooral naar het ... om onze kaarten en

▲ 内恩斯日记（第 86 页与 87 页）

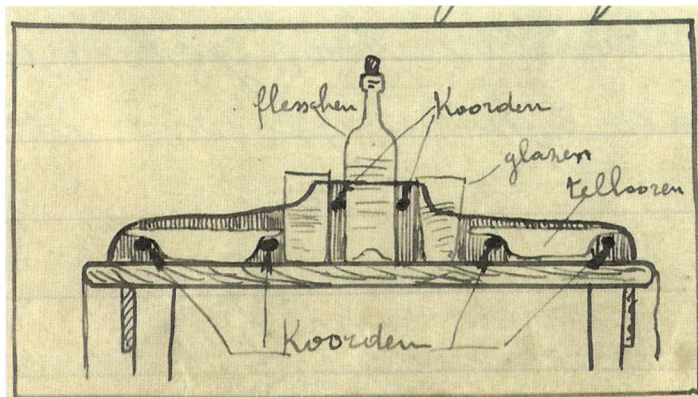

▲ 海上天气恶劣时被用来固定刀具、餐具及瓶子的"小提琴"

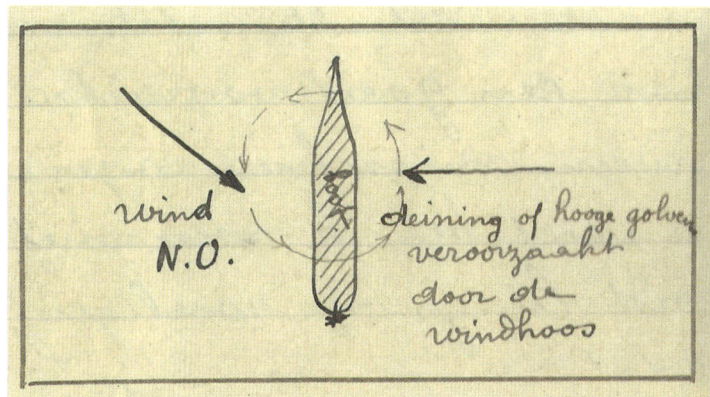

◀ 旋涡由旋风形成

1905年7月25日

早上6点出发，我们最后一次欣赏了这座城市与港口的美丽。下午3点左右，所有水手都被召到甲板上，具体原因我们也不清楚。大海变得波涛汹涌，船员们将甲板上所有东西都搬走了，帐篷也被撤走。一艘救生艇也已准备就绪，每位乘客都被告知晚上不得在甲板上停留。船长、二副和所有下级海员都被叫到驾驶舱，站在那里注视着海平线。忽然，二副巴瑟勒米先生（Bartholemy）从楼上走下来。因为我是他的好朋友，就向他打听这些人来来去去的原因。他回答说："我亲爱的朋友，让我们跳支欢快的舞吧，因为我们担心台风就要来了，但我会设法避开它，绕道航行。"他说这些话时带着马赛口音。但有一件好事，也可能是个好兆头：这是我们第二次遭遇恶劣天气，应该比第一次更糟，尽管海面越来越汹涌，轮船一直在剧烈颠簸，但我似乎没有晕船。士兵们就像我们第一次遇到暴风雨时那样唱起歌来。但糟糕的是，"小提琴"再次被安装到桌子上。它们被称为"小提琴"，是因为它们由一系列带有六根绳的木板组成，被用来固定盘子和餐具。

（第90页）第一根和第二根稳住盘子，中间两根用来固定瓶子。在这中间，玻璃杯也被捆了起来，所以就不会有东西从桌上滑落。这样一来，吃喝就变得很困难。如果有人喝汤，为了避免洒到膝盖上，就不能盛太满。喝饮料时，最好倒半杯而不是满杯。通常"小提琴"的出现就是遇到恶劣天气的先兆。船舱外面的甲板上还拉了绳子，以防人们落水。十分幸运，在船长等人的成功驾驭下，我们得以避免在台风中穿行。如果按照既定航道行驶的话，我们现在将处于台风正中心。台风一般是直径约8千米的热带风暴，从东北方向而来。它移动速度惊人，所以常常无法躲避。旋风形成旋涡，对附近航行的船只危害很大。

1905年7月26日

夜里，我们的轮船剧烈地颠簸、摇摆，我从床头被晃到床尾。

（第91页）早上醒来时，我的头颅里就好像插进了一颗钉子。我感到头疼，并且闻到了一股酒味。刚开始，我还未意识到酒味从何而来，后来才想明白原因。

昨晚，在一位餐桌服务员的建议下，我买了一瓶白兰地，以防晕船，但他告诉我只能喝一杯，我的确照做了。之后我把酒瓶放在床下旅行包的后面，就把这事忘了。船的晃动使旅行包有所挪动（就像我在床上被移动一样），把酒瓶弄碎了。朗姆酒因高温挥发至空气中，我也因此醉了。[11]我从未拿起酒杯，却醉酒睡着了！最不可思议的是，尽管天气变化无常，我一直没有生病。显然我已经成为一名经验丰富的海上旅行者。天气变得平稳下来，明天我们就会抵达上海。甲板上的一切也逐渐恢复了秩序，这场台风很快就会被大家遗忘。

1905 年7月27日 上海

早上6点半，我们抵达黄浦江入海口，离吴淞很近。轮船抛锚停泊，不久有一艘小汽艇靠了过来。除了那些要去日本旅行的乘客外，所有人都下船了。

（第92页）我们全部带着行李箱换乘到小汽艇上。有人通知我们说将航行3~4小时才能抵达市区。河岸杂草丛生，河流本身相当宽阔、蜿蜒曲折。我们遇到了许多船只，并在其间穿梭而行，其中既有中国的单桅帆船也有大轮船。天空开始下雨，就像在香港一样，数不胜数的船只彼此相距如此之近，以至于每当汽艇要进入或离开港口时，都要在它们之间进行一场障碍赛，这令人们大开眼界。这里像一座水上城市，成千上万的人民在这里出生、生活并死去。有些轻型船只在中国最大的河流上航行，甚至还会沿着海岸线行驶。它们一律是平底船，以便在河流中行驶，船上搭载着货物和旅客。尽管这种船的行驶速度慢得令人头疼，但它是这里一种便捷的旅行方式。我还听说（第93页）因为中国河流众多，城镇和村庄之间缺少道路与铁轨，它们非常受欢

迎。船长在举行完祭拜水神的各种仪式之后才会起航，这些仪式一般都会伴有大量的焰火和焚香。唱歌和奏乐也必不可少，而这些都是为了保佑船长本次航行一路平安。船只后部涂着漂亮的颜色，船头总会绘制两只大大的眼睛。中国人坚信如果没有这些图案，船只将会找不到正确的行驶路线。尽管带着这双警觉的眼睛，船只还是无法躲避大海和河流上的暴风雨。当我们抵达码头时，雨下得很大，但我们穿着白色西装，看起来依然很潇洒。之后，我们前往法租界的密采里饭店（Hôtel des Colonies）。将全部行李存放在自己房间后，达贝内先生（Dabène）、科尔松先生（Colson）和我一同游览了这座城市。

1905 年7月31日

我与驻在当地的陆军洛必达中尉（L'Hôpital）正静静地坐着玩游戏，忽然瞭望员大声呼喊发出警告。船长跳起来跑向驾驶室，看到二副和轮机长都拿着步枪站在那里。我问他们发生了什么事，我能做些什么。他们指向大海……"砰"！我们朝着示意的方向（第97页）看过去，仔细搜寻之后才看到一个红色球形物体在距离50米远的地方，正朝我们而来。船长带上头盔，命令轮船向左转，然后再往后退，之后他又第二次下令向左转，以避开红色物体。这是一个不折不扣的锚雷，用来封锁与保卫港口。有人对我说它是从旅顺口漂来的。当时，我们能够看到大竹山岛。[12]让轮船转向的目的是为了让水雷换到我们左侧，那一侧装有哈奇开斯机枪（Hotchkiss machine gun），子弹已上膛，一切准备就绪。在距离100米时，机枪队开始朝水雷射击。但可惜的是，这位中国机枪手真是太没有经验了，他射击了五

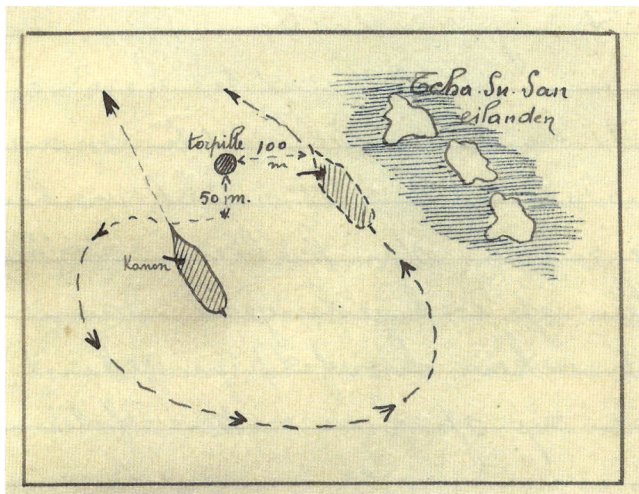

◀ 轮船规避水雷的路线图

▶ 内恩斯绘制的北直隶湾示意图（即渤海湾以及大沽与塘沽的位置）

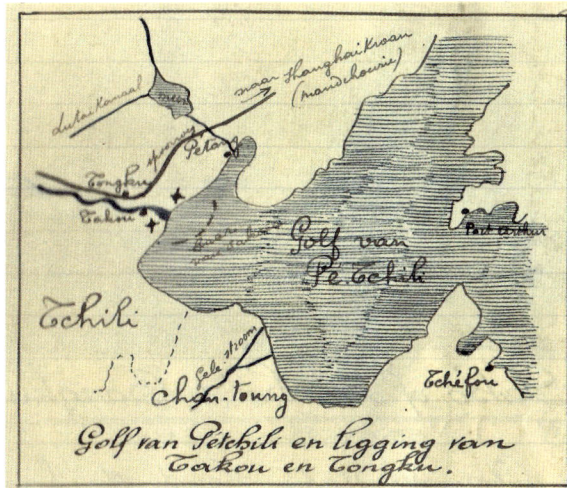

次，只有最后两颗子弹击中了目标。很快，水雷冒出一小股烟雾，逐渐沉没。所有人都以为会爆炸，但幸运的是并未发生。这可能是因为水雷没有发生倾斜就快速下沉了。这枚水雷的直径约为1米，附着在一根浮标线上。浮标线被涂上了（**第98页**）红色，这意味着之前肯定还有第二颗海底水雷。船长对此番操作感到满意，准备继续航行。上午9点半发现了水雷，10点便被击沉了。我描述得很简单，但我们所有人的心都悬了半个小时。下午有位高级船员找到我们，给我们看了一份《天津信使报》（*Le Courier de Tientsin*），上面一篇文章用蓝色铅笔做了标记。我们从中了解到另一艘"新丰"号轮船曾击毁四枚水雷，其中三枚都带来了严重后果。最后一次时，他们在距离大约200米的地方朝水雷射击，引发的爆炸将船舱里所有的窗户都震碎了，船上每个人都头疼了三个星期，而这次我们仅仅距离水雷100米！如果发生爆炸，在抵达天津时，我们头上都会带着肿块。经历这番刺激之后，接下来的航程很平静，虽然在7月31日晚上，我们看到天津方向有很大的闪电。8月

1日我们抵达渤海湾的大沽口，轮船在这里抛锚。大型货船停泊在我们旁边，它们必须在卸载货物之后，才能沿河流而上驶向天津。下午来了一艘汽艇接我们所有人和行李上岸。

（**第99页**）海面波浪起伏，换船的过程并非没有危险。我们沿着一条窄小的跳板从轮船跨到汽艇。我们非常小心，最终都成功登上了汽艇，很快就安全地驶向塘沽。汽艇行驶缓慢，因为潮水较低，很容易卡住。船头站着一个中国人，他手里拿着一根长棍，不停地测量着水深，大声地朝后面的舵手发送指示，他的叫喊声就像一首歌！忽然，传来一声巨响，"乓"，我们陷进沙堤里了！舵手试图摆脱沙子，但只是白费力气。我们不得不在那里待了3~4个小时，直到涨潮后，汽艇才重获自由。之后，汽艇全速前进。我们驶过大沽口的北炮台和南炮台，1900年，八国联军的军舰曾攻占这里。自那时起，炮台就被拆毁了。我们现在正沿着白河（海河）驶往塘沽，船只准时抵达，我们坐上3点开往北京的火车。[13] 下午3点半左右到达天津。

从天津经西伯利亚大铁路返回根特

（内恩斯1908年日记第190~235页内容）

西伯利亚大铁
路，沙皇皇冠上最美
的宝石。

——西蒙·里士满
（Simon Richmond）[14]

1908 年7 月18 日

今天，我们即将离开中国，更确切地说，是天津。黎明时分，我们就已经起床了。在离开办公室前，我最后一次去问候电车售票员和调度员们。今天的工作任务已经下达，我在文件里感谢了所有人对我的帮助。他们都深受感动。列车员在部门经理的帮助下安排了一辆崭新的电车送我们最后一段路程。车座上铺着重大场合才用的毯子和软垫。车内点缀着鲜花，还挂着中国与比利时的国旗。

10 点，在克罗斯家吃过早餐后，我最后一次巡视库房，然后去车间与中国工人告别。这一趟，我不禁热泪盈眶。我工作这么久，将一切安排得有条不紊，如今却不得不把这些全部抛在身后。派驻发电厂的两名中国警察也来与我道别。

现在10 点半了，我也该离开了。有轨电车已经就位，所有检票员、办公室职员、工人，以及中央办公室和库房的欧洲人在院子里站成了几排。

（第198 页）除了车间工人外，其他人都陪着我们去火车站。首席驾驶员亲自开车，他不想将电车交给别人掌管。为了这个场合，他特意穿着最干净的制服。工人们都来和我握手。克罗斯哭得很伤心，我只能把他拉到一边，让他平静下来。看到他因我离开而如此难过，我也深受感动。虽然他是我的下属，但他对我意义重大，他是我手下唯一一个与我有诸多共同点的职员，我们与克罗斯夫妇一起度过了大部分闲暇时间，他是一个

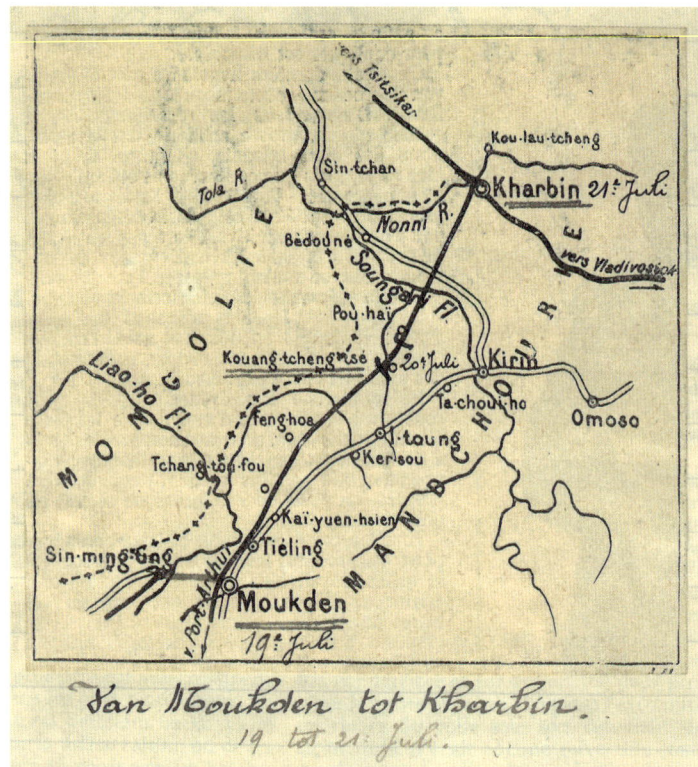

▲ 沈阳至哈尔滨的铁路线示意图

勤奋工作、心胸开阔的人。

电车开动时，工人们挥舞着他们的草帽或制服帽告别。电车开出了一段距离后，许多人仍在挥舞致意。有人在入口处燃放鞭炮，并且轨道上每隔200 或300 米就有一个苦力拿着一根绑着鞭炮的长棍。电车开近时，他就会点燃鞭炮，然后追着我们跑。这也是我们最后一次驶过天津的中国老城。之后，电车沿着西马路、北马路、东马路三条大街行驶，穿过日、法租界后，到达火车站。到处都有人好奇地看着我们经过，好像是库房的

▲ 哈尔滨火车站

▶ 1908 年 7 月 30 日，内恩斯在莫斯科邮寄的明信片

注：照片中为哈尔滨的俄国消防队，明信片下部手写字意为："再见，中国！"

Харбинъ, Пожарная Коммандa — Charbin, Städt. Feuerwehr.

每一位职员都把我们要离开的消息告诉了他们。

（第 199 页）我们的许多朋友已在火车站等候，男士们包括德福兹（De Fooz）、勒古（Lecourt）、莱斯克（Lesque）、沃尔夫（Wölff）、最年轻的德雷富斯（Dreyfus）、列瓦克（Levêque）、鲁索（Rousseau）、法国炮兵队的加罗（Garreau），以及巴特盖夫妇（Battegay），还有克罗斯、施林斯（Schleins）、卡穆瓦（Carmoy）、平田（Hirata）、戈菲（Goffi）等先生们，以及许多与我们同乘电车而来的中国人。天空当时正在下雨，虽然只是蒙蒙细雨，但因为天气闷热，大家都穿着白色衣服。我们再次握手告别，上午11点27分，我们在法国人布吕姆先生（Blüm）的陪同下离开天津，他也要返回欧洲。包括克罗斯在内的许多朋友、中国人和其他人都哭了。我从来不知道有这么多人与我意气相投。

我在唐山碰见了同样按期返乡的莱伊先生（Ley）。我们还遇到了贝尔坎斯（Berkans）一家，这对夫妇带着年轻的孩子正准备去欧洲度假。晚上6点半左右，我们到达山海关，打算在那里的铁路饭店住一晚。看过房

间后，我们步行去游览了长城。天又开始下雨了。8点钟，我们用晚餐，不久后都回到了各自的房间。我给克罗斯写了封信。天气酷热难耐，周围还有好几百只蚊子，我们很长时间都难以入眠。

1908 年 7 月 19 日

早上5点半，我们就起床了，因为7点15分时，我们要动身前往奉天（今沈阳）。

（第 204 页）奉天地区的发展受益于许多优惠待遇。这座城市以及所在省份比中国其他地方拥有更大的自治权。它既是盛京省或奉天省的省会，也是总督府的所在地。[15] 这里的街道宽阔，但很脏，与中国各地的情景一样。猪狗们以各种污物和垃圾为食，街道清洁队对此也无动于衷。这里是谷物和皮毛贸易中心。城里皇宫的屋顶铺着黄色琉璃瓦，但众多官府衙门只能使用青瓦。不远处的郊外矗立着一座藏传喇嘛庙，寺内有座瓶型宝塔。

9点半左右，天又开始下雨了。我们收到了南满铁路的火车票，目前这条铁路线由日本人经营。自丰台方

向开来的火车抵达车站。这趟火车使用的是一台崭新的美国机车，当它驶进站台时鸣起一阵汽笛声。我们在二等车厢就座。但倒霉的是，车座没有软垫，只是铺着油布的木凳。我们需要将这些座位改装成睡觉用的床铺。当我正为妻子和孩子忙活这些时，（**第205页**）车厢里来了其他乘客，我不得不坐在长凳一角，这完全无法入睡。但即便如此，我还是在凌晨3点左右睡着了，但早晨7点就醒了，感觉比昨天还累。

1908 年7 月20 日

我们早上9点抵达宽城子（长春）。我们需要在那里度过一整天，因为按计划晚上10点才能离开。更糟糕的是，我们不可能进城，只能在车站等候着。街道上的湿泥及膝深，连两三匹马拉动的车子都难以走动。此外，除了（**第206页**）哥萨克（Cossack）兵营和中国人的棚屋之外，什么都看不到。车站内也有哥萨克士兵驻守，但他们大部分时间都在睡觉。他们就像中国人一样躺在地上，身上仅裹着大衣，他们时不时过来看看我们。在这期间，我给朋友写信，整理各种费用明细。车站里的其他一些人走来走去，但后来也睡着了。总而言之，这真是太无聊了。终于等到天黑，我们拿出车票。我打开车门，把所有东西都妥善存放在包厢里后，我们走到月台的尽头。一部分哥萨克人站在火车前面。他们的枪支都已检查就绪，处于子弹上膛的状态……发生什么了？随后，令人惊讶的是，每节车厢也都安排了两名士兵把守着车门。另外还有8名士兵布置在首节车厢里。看来我们即将经过的地方一定不安全。其实我们早就听说过，这里是"红胡子"[16]土匪出没的地方，（**第207页**）他们经常袭击火车。

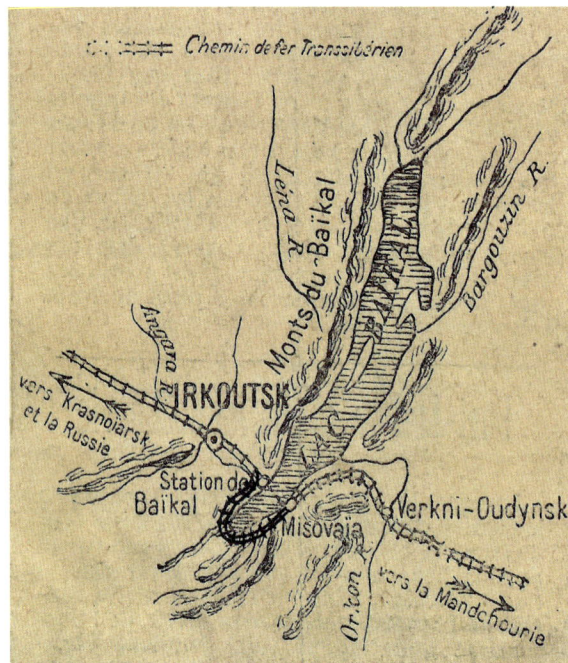

◀ 贝加尔湖铁路路线示意图

夜间，我们将从宽城子行至哈尔滨，我说不上话，也无法改变这种局面，所以我们只能听天由命了。火车一开动，我们就将危险和保护的军人抛在脑后，很快就睡着了。这一次，每个人都在像样的卧铺包厢里有个床位，我们都已经筋疲力尽了。车厢里点着蜡烛，所有旅行包都必须存放在走廊的挂网里。早晨，我们看到的地方已不再是荒无人烟。（我忘了说，抵达宽城子时的车站属于日本人，但我们是从200米以外的俄国车站出发前往哈尔滨。）

1908 年7 月21 日

早上8点半左右，我们到达哈尔滨。不久以前，这里仍是一座满族人的城市，大约有6万居民，他们

▲ 身穿法兰绒西装的内恩斯

▶ 火车转弯路线图

的主要活动是种植谷物以及与松花江流域（Soungazie valley）的住民进行贸易。莫斯科至符拉迪沃斯托克（海参崴）铁路干线的修建推动了这座城市的贸易扩张，在通往旅顺和北京的铁路线（**第208页**）建成后，哈尔滨成为这两条铁路线的交会点，哈尔滨也因此成为整条西伯利亚大铁路上设施最佳、规模最大的货物仓储中心。现在，这里人口超过10万，其中五分之四是满族人或迁徙而来的汉族人。火车站的建筑风格相当典雅，为旅客提供的便利设施也比欧洲大多数车站多。这里总是人来人往，因为俄国火车站普遍建有散步长廊。抵达后，一位向导向我们推荐去他的旅店过夜。他法语讲得很好，是一个波兰人，曾在法国外籍军团服役。他安排人将我们的旅行包送往酒店，我们乘三驾马车跟在后面。在下一班火车出发前，我们需要在东方酒店（**第209页**）住上7个半小时。在此期间，我们需要购买西伯利亚大铁路前往莫斯科的火车票。

哈尔滨分为三个部分：老哈尔滨、新哈尔滨和港口。因为一直下雨，我们无法去观光，也就没看到多少市容。我们吃过午饭，在酒店附近的一个办事处购买了车票。比利时领事馆位于街道稍远的地方，所有领事馆的旗帜，包括我们的三色国旗都飘扬在各自屋顶之上。看着这些建筑物，我们意识到哈尔滨将会发展成为欧洲城市那样。这里的一切都很贵，我理发、剃胡子共花费了50戈比[17]。6点左右，我们离开酒店前往车站。那里仍然熙熙攘攘，人群包括市民、军人以及他们的妻子和孩子。

1908年7月22日

我们乘火车穿越了一条大约5千米长的隧道，共花费了8分半的时间。大约上午10点半，我们又经过了一个小隧道，之后，火车转弯，沿着斜坡往上，不久它再次转弯，又一次绕上另一个斜坡。

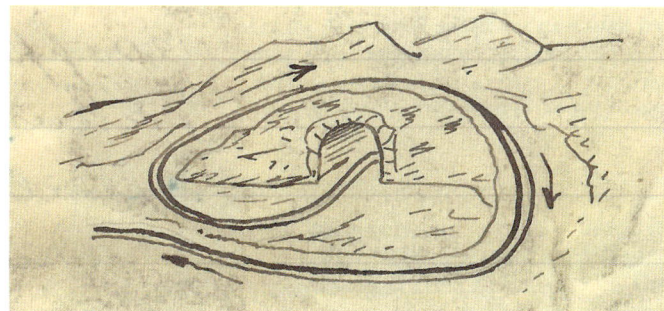

1908年7月23日

在抵达赤塔（Tchita）[18]之前，我们沿途望见高山上种植的云杉，在看惯了中国缺少绿意的沙质平原与岩石山脉之后，能有一片绿色的风景是多么令人赏心悦目。这里天气很好，车厢内温度为25℃。但夜里很凉爽，我们的床单正好派上了用场。

大约在上午10点15分，我们开始沿着一个大湖泊的岸边行驶。湖水像海水般碧绿。下午1点左右，火车停了下来。另一辆火车也在旁边停靠下来，尽管这里未设火车站。那是一列从欧洲驶来的卧铺火车。所有人都下了车，抱着能遇见一位家里来的朋友与熟人的希望，在火车周边四处走着。几分钟后，火车再次开动。我们将所有白色或卡其色的棉布衣服进行打包，换上一套法兰绒服装和羊驼毛夹克（见左图我身着西装的照片）。

（**第215页**）凌晨5点，我们到达贝加尔湖，火车沿着日俄战争时期修建的一段铁路线行驶。在这之前，火车必须穿越湖泊。整列火车都需要装到渡轮或破冰船上被送往遥远的对岸。除了这些火车驳船，还有一整批汽船在贝加尔湖与梅索瓦亚（Mysovaya）之间航行，这段60千米的旅程需要4个小时。在冬季，冰层厚度超过1.2米时，"安加拉"号（Angara）与"贝加尔湖"号（Baikal）破冰船将会为过往船只凿出一条航道。这两艘船都是钢造的，长97米，宽19米，吃水深度为6.5米，载重可达4200吨，船上安装有三个动力强大的引擎，时速可达22节。下层甲板铺设了三条轨道，上面可以停放25节满载的货车车皮。上层甲板舱室最多可容纳1250名旅客。简单来说，船头和船尾都保持（**第216页**）在冰面以上，轮船仅靠自身的重量，就可以打破1.2米厚的冰层。若冰层变得更厚，就需要乘雪橇穿过湖泊。这将耗费5个小时，通常又会因为车站结冰而再耽搁21个小时。乘雪橇过湖的季节较短，因为繁忙的车流导致冰上出现了大裂缝（宽1米），气温稍有回升便会面临危险。

贝加尔湖是世界上最大的湖泊之一，面积仅次于美国最大的密歇根湖（Lake Michigan）与休伦湖（Lake Huron）以及非洲的维多利亚湖（Lake Nyanza）。它的面积约为35000平方千米，相当于法国总地表面积的十五分之一。湖长600千米，宽28~90千米。[19]（**第217页**）在某些地方，湖水深度超过1000米。以梅索瓦亚为起点的环湖铁路线长达260千米。整段旅程，火车都沿着湖岸行驶。铁轨一侧只有湖水，而另一侧为了建设铁路，不得不炸开陡峭的岩壁。因此，火车经过大量隧道。餐车列车员告诉我，这里总共有48条隧道（有些长，有些短）。我们到达贝加尔湖时已经下午2点了。在那里工作人员发现，2号车厢转向架上的一个大螺栓坏了，需要将它拔出来换掉，这耽误了半个小时。随后，我们出发前往伊尔库茨克（Irkutsk）[20]，于下午3点半抵达。

▲ 贝加尔湖上的"贝加尔湖"号破冰船
注：甲板铺设了三条轨道，上面可以承载25节火车车厢。由阿姆斯特朗·惠特沃思（Armstrong Whitworth）在英格兰泰恩河畔纽卡斯尔（Newcastle-upon Tyne）建造，于1899年下水。

1908年7月24日

到这里后，我们需要换乘另一列并排停着的火车。我们的卧铺车厢和座位与前一趟火车相同。因为在贝加尔湖耽误了半个小时，但列车计划在下午3点45分出发，所以换乘时间很短暂。现在我们已经在去莫斯科的路上了。伊尔库茨克车站是全新的，宽敞整洁，主楼和铁轨之间留有充足的空间。我们离开时，天开始下雨，并一直持续到第二天晚上10点半。

（**第219页**）下午3点，我们的火车经过欧亚大陆分界点（一座方尖纪念碑）。这座纪念碑呈白色，碑上刻着"欧洲"与"亚洲"的黑字，从很远的地方就能看到。火车开始驶入乌拉尔山脉（Ural Moutains），沿着陡峭起伏的山坡蜿蜒前行。有时，我们能同时看到铁轨的三四道弯。

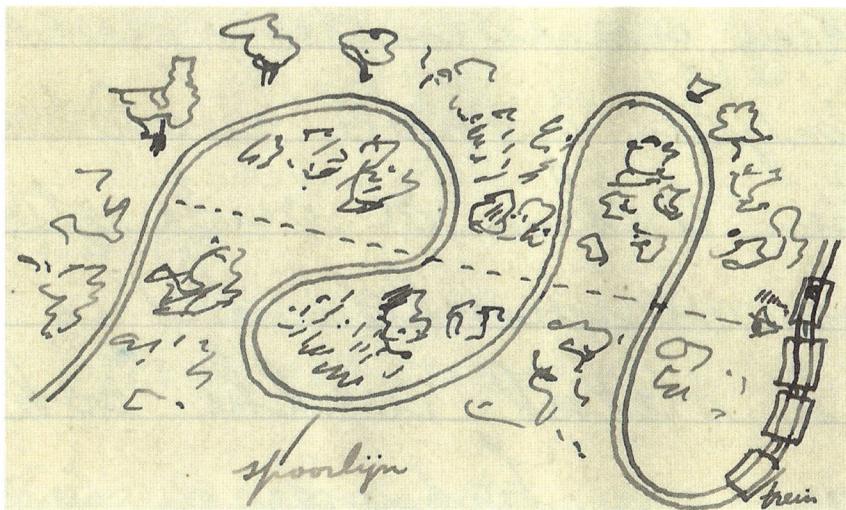

▲ 内恩斯绘制的乌拉尔山脉的铁路弯道图

▼ "我们的小军官"
注：1908 年 6 月摄于天津。

1908 年7 月30 日 莫斯科 [7]

晚上7 点半，我们到达莫斯科。天气很好。城市里的有轨电车和马车并驾齐驱，令我们尤为惊讶。离开车站时，我们与一位哥萨克中尉道别，自符拉迪沃斯托克（海参崴）开始，他就与我们一路同行。路上，我们和他聊过几次天，甚至还教了他一些法语单词（在施密特的帮助下，我之前提过，施密特精通俄语）。

（第222 页）我们的小弗兰奇穿着他的全套军官服，也说了再见，看到他行军礼向哥萨克告别，着实令人高兴。施密特先生带我们去了希拉维斯基巴扎（Slavianski Bazar），即斯拉夫酒店（Hotel Slav），他和拉图尔先生（Latour）往返俄国时总住在这里。这个酒店面积大，外观美丽。宽敞的餐厅里放着一个巨大的大理石水池，里面养着各种各样的鱼。如果有人想以此做晚餐，他只需要用小网亲自捕捉一条，之后就会按照他的口味把鱼做好。餐厅里还挂着两个3~4 米高的巨型通电照明的吊灯。我们回到自己房间的时候已经9 点

了，吃晚餐的时间到了。我们喝了带有奶油的冷汤。饱餐一顿后，我们都已经疲惫不堪，直接上床睡觉了。我们房间的位置很好，价格也不贵。到酒店时，需要交出护照（第223 页）才能登记入住。护照必须由警察加盖印章，否则我们不能出境。酒店肯定从中牟利了，因为印章上没有提及收费事宜，但我们必须支付2.2 卢布。

1908 年7 月31 日

早上6 点钟我们离开酒店。吃过丰盛的早餐后，我们去城里观光。莫斯科作为大型商业和仓储中心，也是俄国最大、最重要的贸易中心。我买了包含不同城市风景的相册，里面还有两幅彩色版画，我（第229 页）把版画镶了框。

中午时分，我们用午餐。这顿饭只花了1.5 卢布，但费用不包括伏特加或叫作格瓦斯（kwask）的啤酒。"冰"的俄语是"marochnie"，"信件"是"pismo"，"不"是"njet"，"好的"是"karacho"。在询问"什么？"时，他们会说"kak？""什么都没有"或"什么都没做"是"nitchevo"。"Pou ni mai rouski"的意思是"你会说俄语吗？"

午餐过后，我们开始收拾行李，付清房费之后，酒店才把护照还给我们。在给各种服务人员付完小费后，我们乘马车从酒店去火车站。我们购买了前往布鲁塞尔的车票。我没有为小家伙买票，因为给火车列车员1 卢布小费比买车票划算。下午5 点，我们从布列斯特（Brest）车站起程。

1908 年8 月1 日

晚上9 点我们到达华沙（Warsaw）。在车站餐厅吃了一顿相当不错的晚饭。随后，在10 点零8 分，我们乘

Москва - Moscou Воспитательный домъ - Maison des Orphélins.

▲ 1908 年 7 月 31 日内恩斯从莫斯科寄往莱德贝赫的明信片
注: 图中大型白色建筑为俄罗斯帝国孤儿院。

坐环城火车前往位于城市另一侧的火车总站。天已经黑了，我们看不清任何东西，只是在火车经过许多房屋和工厂时，留意到这座城市很大，一片繁忙的景象。

我把余下的俄国货币兑换成了法国金币。我们在午夜准时离开。火车上人满为患。

1908 年8月2日 柏林

上午11点半到达弗雷德里希大街车站（Friedrichstrasse station），我们把行李放在包裹寄存处。喝完一杯啤酒后，我向莱德贝赫发了一封电报，（第 231 页）将我们抵达的消息告知家里人。电报于12

► 1908 年 8 月 1 日内恩斯
从华沙寄往莱德贝赫本人
住址的明信片

点15分发出，1小时后比利时那边就会收到。我们在车站餐厅吃饭，这顿饭既令人不快，又价格昂贵。没有从天津带上我们的"大师傅"[21]，真是非常遗憾。

晚上9点50分，我们从弗雷德里希大街车站出发。这里火车的数量及其运行频率令人难以置信，尤其是大都市铁路线。无论哪个方向的火车抵达，几秒钟后就会有另一列火车到达相同站台。这次我们不是卧铺车厢，所以睡得很难受。为了与施密特和拉图尔先生同行至列日（Liège）[22]和布鲁塞尔，我们跟着他们做出了如此选择。

1908 年 8 月 3 日 科隆

早上8点抵达科隆（Cologne）[23]。我们只剩下几分钟的时间换车。这主要是因为贝尔坎斯一家，他们搬行李时动作太慢，无精打采，致使我们差点错过换乘。留给我们的时间仅够将行李放进最后一节车厢，勉强跳上车去。这趟火车开往巴黎，我们必须把所有行李搬到前

一节车厢里，火车上挤得水泄不通，我们只好与施密特和拉图尔先生坐进一间头等包厢。幸运的是，列车员在另一个包厢为贝尔坎斯一家安排了座位。

（第233页）早上9点45分我们到达列日。经人介绍，我们认识了拉图尔先生一家人……贝尔坎斯的某个兄弟来接他们，但他们的四个孩子明明都在这座城里住着，而且已经四年未曾见面了（却没有来车站）。真是怪人！

几分钟后，我们动身前往布鲁塞尔，在上午11点21分抵达。我们在那里见到了施密特先生的妻子和孩子。小弗兰奇肯定感到非常意外，他从一个人的怀抱被递到另一个人的怀抱，猝不及防地被陌生人亲吻、轻抚。但是，随着最初的惊慌过后，他很有风度地接受了这一切。我们把行李放在行李寄存处，与施密特夫妇一起喝了杯不错的比利时啤酒。之后，我们去吃了晚饭。我往莱德贝赫发电报时，弄错了我们的到达时间。因此，当下午5点半到车站时，没有人来接我们。尽管如此，我们还是非常高兴，在旅行这么久之后，终于可以不再坐火车了。

我们搭乘马车去往莱德贝赫，大约6点钟抵达。我计划在接下来的几天里拜访朋友和老相识们，因为在铁路公司恢复职务之前，我可以享受三个月的假期。

（第235页）这些是我们三个人的开销。成年人至少每人花费1100法郎。我们花钱很谨慎，但购买需要的东西时，毫不迟疑。公司一次性为每人报销1200法郎，所以我们最后还小赚了一笔。

1908 年 8 月 10 日，莱德贝赫
弗朗索瓦·内恩斯

Reiskosten van Tientsin naar Gent.

Aanduiding der uitgaven	Biljetten	Hotels en eten	Dragers	Verschillige
Tientsin tot Shanghaikwan	$26,50			
Hotel Shanghaikwan		$16,35		
Shanghaikwan tot Moukden	$39,50	$4,15	$0,10	
avondmaal te Moukden		$2,54		
Moukden tot Kwangchentze 5,16 yen per persoon	23,18	0,25		
Kwangchentze roubels		1,80		
Kwangchentze tot Harbin 1 Kl.	r.18,00			
Kharbin		5,30	4,45	0,60
supplement voor slaapwagen vermeerdering der prijzen	33,20			
te Tientsin betaald voor de slaapwagen	$435,14			
Kharbin tot Irkoutsk roubels		28,40		0,40
Irkoutsk tot Moscou		32,61		2,10
Moscou		22,54	4,10	7,75
Moscou tot Brussel	127,96			
id tot Varsovie		3,20		
Varsovie (ringspoorweg)	1,50	2,80	1,08	0,73
½ biljet Alexandrovo tot Berlijn	m.10,20		0,80	
½ " Berlijn - Brussel (mark)	20,50		1,50	

Te rekenen van Varsovie heb ik geen nota meer gehouden der uitgaven voor eten, dragers en andere (aankoopen van speelgoed, enz.)

Totalen: treinbiljetten $ 501,34 — yen's: 23,18 roubels 180,66
          mark: 30,70
   eten $ 23,04   " 0,25 roubels 96,65
   dragers $ 0,10   roubels 11,93

   524,48 $ dollars @ 2,50 f. = 1311,20
   23,43 yen @ 5,00 f. = 70,29
   288,94 roubels @ 2,70 f. = 780,14
   30,70 mark @ 1,25 f. = 38,175
     volledig totaal f. 2199,805

Dit zijn de uitgaven voor ons drieën. Men moet op zijn minst 1100 frank per volwassen persoon rekenen. Wij hebben zuinig geweest maar ons toch van niets beroofd. Daar de som door de Cie betaald 1200 frank voor 1 persoon bedroeg hebben wij dus nog gewonnen.

Ledeberg, 10 Oogst 1908.

Vervoeren van vrachten in China.
coolies Kisten vervoerende met een "duivel"

Wintruniform der bedienden

▶ 大清邮政津局
注：照片由内恩斯拍摄。

▼ 大清邮政津局

比利时与中国之间的邮政通信

作者：帕特里克·马塞利斯

通常来说，中国现代邮政服务始于 1878 年 5 月 1 日，清政府海关提供的海关邮递服务向民众开放。[24] 当时，海关邮政局发行了中国第一套邮票，有三个面值，俗称"大龙邮票"。面值以银两计算，分为一分银、三分银和五分银。

1900—1914 年，天津邮局众多。除了中国邮局，还有德国、法国、俄国、美国、英国和日本等国的邮局。

▲ "大龙邮票"
注：面值以分银计算，分为一分银、三分银和五分银。

当时，中国还不是世界邮政联盟成员，这意味着中国邮局无法寄送国际信件。中国邮局可接受来自国外的信件，但只负责将这些信件运送至中国境内的外国邮政局。这就是一封国际信件既盖有中国邮票（信件送往外国邮政局的运输费），也盖有外国邮票的原因。1906年比利时政府也决定在天津比租界开设邮局。

▶ 信件背面贴有面值9分的中国邮票
注：1896年6月20日在天津加盖邮戳。该邮资包括天津到上海法国邮政局的内陆运输费用。信封前面贴有面值25生丁的法国邮票（中国寄往比利时的信件邮资），由上海法国邮政局于1896年6月28日加盖邮戳。这封信随后海运到欧洲，于1896年8月4日抵达韦尔维耶。来自马赛里斯收藏品。

▼ 1899年12月30日从埃及亚历山大寄出的信件
注：封面写着："致比利时驻天津领事布尔（Bure）先生及其夫人"。信件于12月31日途经苏伊士运河（见背面标注日期），于1900年2月11日抵达天津。由于该领事已调往香港，信件可免费转寄至香港，该信件于1900年2月25日抵达。

在华比利时人邮递物品的不同选择

1. 经由比利时驻天津领事馆邮寄

比利时在天津比租界设立领事馆之前，先把领事馆设在了法租界。19世纪末，信件在法租界的比利时领事馆加盖邮戳。

下图为寄往领事馆的信函。

▲ 1898年2月9日比利时领事馆发往北京法国公使馆的挂号信
注：于当天送达。信封贴有面值15分的中国邮票，这是内陆挂号信的邮资。请留意两张邮票中印有红色"R"（已登记）的那张是一枚加字降低面值邮票。来自马赛里斯收藏品

▲ 1911 年 1 月 4 日从北京俄国邮政局寄往天津比利时领事馆的挂号信
注：封面盖有一排壮观的邮戳。俄国邮票标记有"КИТАЙ"，意为"中国"。

▼ 1901 年 11 月 19 日从天津德国邮政局寄往根特的明信片
注：由于寄出时少贴一张邮票，送达时需要加收 20 生丁。明信片于 1902 年 1 月 6 日送达根特。

2. 经由天津德国邮政局邮寄

前文提过，天津有多家外国邮局相互竞争。如果本国设有邮局的话，大多数外国人偏爱选择本国邮局。因为在1906 年之前，比利时未设邮局，所以寄件人喜欢选择一家即将有船从港口出发的外国邮局，希望他们的邮件能够及早抵达。在这方面，德国邮局是最受欢迎的邮局之一。

◀ 1900 年 12 月 31 日寄往布鲁塞尔的信件
注：于 1901 年 2 月 16 日送达。这封信件贴有两枚德国邮票，面值总计 20 芬尼。其中一张加盖"中国"字样。两张均加盖有"天津 / 德国邮政局"邮戳。

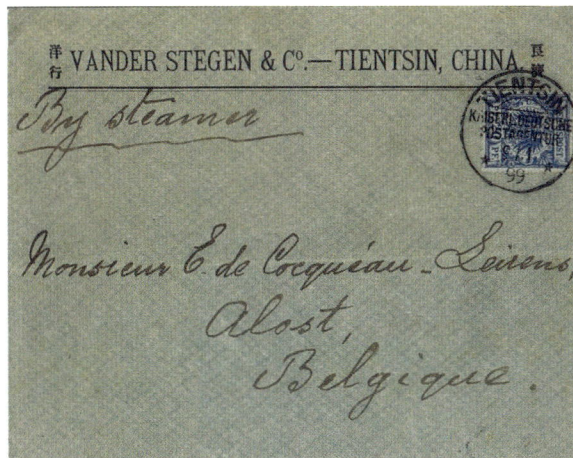

◀ 1899 年 1 月 9 日由天津寄往阿尔斯特（Aalst）的信件
注：贴有一枚面值 20 芬尼的德国邮票，未加盖"中国"字样。这封信于 1899 年 2 月 19 日送达阿尔斯特。邮票上写着"天津 / 皇家德国邮政局"。

◀ 经海路运输寄送的明信片

注：这张明信片经海路运输，花费了许多时间才得以送达。1904 年 5 月 28 日，明信片从天津德国邮政局寄出，贴有面值 40 芬尼的德国邮票（套印 "中国" 字样），并于 7 月 10 日送达布鲁塞尔。邮寄时间长达 42 天，很可能搭乘北德意志劳埃德公司的轮船。

▲ 由比利时寄往天津的明信片

注：1903 年 12 月 27 日从沙勒罗瓦（Charleroi）寄出，1904 年 1 月 18 日送达天津德国邮政局。邮寄时间非常短（仅 23 天），这意味着该明信片通过西伯利亚大铁路运输，因此节省了大量时间。然而，这条路线使用期限很短暂，仅从 1903 年 10 月至 1904 年 2 月。

3. 经由天津法国邮政局邮寄

以下三张图为比利时人从法国邮政局寄送的信件。

▶ 1911 年 7 月 4 日从天津法国邮政局寄出的明信片

注：贴有法国邮票，加盖 "4 分"（法文和中文）。明信片经 "西伯利亚大铁路" 运输，于 1911 年 7 月 18 日抵达布鲁塞尔。这张明信片先被送到了海斯特海滩（Heist-aan-zee），随后又免费寄往布拉斯哈特（Brasschaat），于 1911 年 7 月 20 日送达。

▶ 贴有法国邮票的明信片

注：印有法文 "CHINE"（中国）的字样。1905 年 11 月 28 日从天津法国邮政局寄往列日省昂斯。这张明信片由法国邮船运输，途经布鲁塞尔和列日，于 1906 年 1 月 10 日送达昂斯。但在两次投递失败后，它又经由伦敦退回天津，于 1906 年 3 月 12 日抵达目的地。

4. 经由天津日本邮政局邮寄

日租界也设有邮局，比利时人偶尔使用，但频率较低。

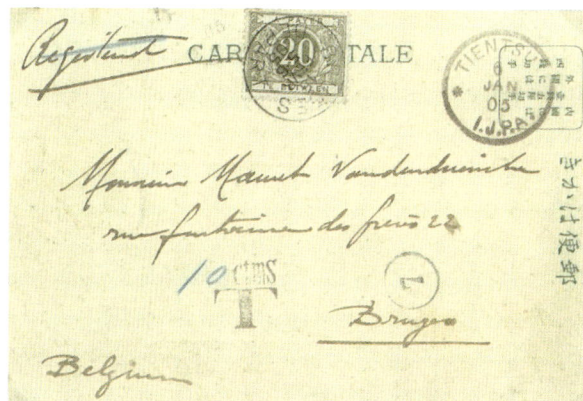

▲ 1910 年 1 月 18 日从天津日本邮政局寄出的挂号信

注：这封信件经"西伯利亚大铁路"运输，于 1910 年 2 月 3 日送达奥德尔赫姆（Auderghem，布鲁塞尔）。

5. 经由香港邮寄

一条更罕见的邮寄路线是通过香港的英国邮政局。这条路线绕行很远，但香港和英国之间联系频繁，可能会节省时间。

◀ 1905 年 1 月 6 日从天津日本邮政局寄出的明信片（未贴邮票）

注："挂号"字样已被删除，加收费用为 10 分（相当于日元 2 钱或者 20 生丁）。1905 年 2 月 15 日送达布鲁日时，该"欠资"明信片加收 20 生丁。

6. 经由上海邮局邮寄

上海的情况与香港类似。因为上海与欧洲联系密切，有时加急信件会经由这座城市邮寄。

▶ 1900 年 10 月 7 日从天津大清邮局寄往上海法国邮政局的信件

注：贴有面值 10 分的邮票。抵达上海时，信封加贴了一张面值 25 生丁的法国邮票，加盖法文红色"中国"字样。这封信件途经法国马赛，于 1900 年 11 月 15 日抵达目的地根特。

◀ 天津经香港寄往比利时的明信片

注：这张明信片贴有两张面值 2 分的中国邮票（天津寄往香港的邮资），于 1899 年 2 月 6 日由天津大清邮局加字降低面值，1899 年 2 月 12 日经上海寄往香港。这张明信片从香港寄出时，加贴了两张香港邮票，支付寄往比利时的邮资，最终在 1899 年 3 月 18 日送达。

▲ 唯一被保留下来的天津
比利时加戳邮票

加印"中国"字样的比利时邮票

共有六个国家在天津的本国租界设有邮政局。1906年，比利时政府未征求中国意见，即自行决定开办邮政局并发行邮票。此外，无论邮票上的新邮资"分"能否生效，比利时都决定在邮票表面印上"中国"二字。比利时总共试发行了三种加盖邮票。德国当局发现比利时的计划之后，立即提醒中国政府注意比利时"邮票双重面值"的行为。该计划被中断，所有加盖"中国"字样的邮票都被销毁了，只有极个别被保留了下来，能够有幸收藏其中一张邮票的集邮收藏家屈指可数。

类型I：加盖字样的长度为9毫米，邮票表面没有加盖新的邮资。同时，印有"样票"字样，表明这只是试用版本。

类型II：加盖字样的长度为11毫米，新邮资加盖的第二行标注为"分"，印刷精美。同时，"样票"的字样再次表明这也是试用版本。

类型III：加盖字样的长度为10毫米。新邮资加盖的第二行字体为粗体。印有"样票"的字样，表明这同样是试用版本。

自1908年8月起，发行的第三种套印邮票不再标有"样票"一词，也正是从那时起，它们开始具有真正邮票的功能。随后，邮票被寄往天津，在比利时领事馆组织的一次重要活动前夕抵达。比利时领事引以为荣地向客人展示了新邮票，通过这种方式向德国人表明了比利时人打算开设本国邮局的想法。在德国人看来，比利时人无权在中国展示任何形式的主权（发行邮票被视为主权权利），因为对他们来说，比利时租界纯属商业企业。德国人抗议之后，所有邮票被送回比利时，并被销毁。仅有一枚邮票幸存下来，极有可能就是比利时领事赠予英国驻天津领事的样本邮票，恰好这位英国领事是一位集邮爱好者。

▶ 类型 I

▶ 类型 II

▶ 类型 III

译者注

[1]比利时工程师特卡拉夫雷斯（Emil Tercalavres），大约在1930年前往中国，为天津比商电车电灯公司工作了16年之久。在二战结束返回比利时后，他以笔名特克拉韦伦（P.E. Terklaveren）专为儿童编写了一本名为《天津废纸收藏家》（*The Paper Collector of Tientsin*）的书。

[2]意思是就这样吧！

[3]一种小面额当地钱币。

[4]今斯里兰卡。

[5]斯里兰卡人与其他南亚国家人一样属于白色人种，因肤色黝黑被很多人认为是黑人。

[6]印度南部城市，深受法国文化的影响，曾经是法国的殖民地。

[7]泛光灯是一种可以向四面八方均匀照射的点光源。

[8]香港历史上曾分三次被英国割占。1842年中英签订《南京条约》，割让香港岛；1860年签订《北京条约》，割让广东新安县（今香港界限街以南）的九龙半岛；1898年签订《展拓香港界址专条》，将九龙半岛及其附近岛屿租给英国，作为展拓香港界址，租期为99年，后将该条约划定的新的租界地区称为"新界"。1997年7月1日中国收回全部香港主权。香港是著名的贸易港和金融中心，但不是一个军事要塞。

[9]满族并非直接附属于明朝。明朝末年，农民起义进入高潮。驻守山海关的明朝总兵吴三桂，在李自成领导的起义军占领北京时，曾向在山海关外的清政权"乞师"，即请求对方出兵援助。摄政王多尔衮假意再三推辞后终于同意了吴三桂的请求，进兵山海关、攻占北京，驱逐了农民军，使清朝成为统治中国的新政权。

[10]出自《孝经·开宗明义》。关于该书的作者，清代纪昀在《四库全书总目》中指出，该书是孔子"七十子之徒之遗言"。

[11]原文中如此。看来内恩斯确实醉得不轻。

[12]大竹山岛位于山东半岛北部的黄海里。

[13]塘沽至北京的火车，中间经停天津。

[14]里士满是现代旅游指南系列《孤独星球》的长期作者和摄影师。

[15]盛京，是清朝（后金）在1625—1644年的首都，1644—1912年的陪都，即今辽宁省沈阳市。广义上盛京地区还包括今辽宁、吉林、黑龙江三省在内的整个东北地区。奉天，是清代至北洋政府时期辽宁省旧称，今沈阳市。广义上奉天是清末和中华民国北洋政府时期的省级行政单位之一，简称"奉"，省会奉天府。

[16]"红胡子"是出没于东北地区土匪的民间称呼。一种说法来自明代或清代汉人，是对从北方越界掠夺的外国或外族人的一种蔑称"胡儿"演化而来；另一种说法是指土匪抢掠时为掩人耳目而戴着的有红胡子的面具。

[17]俄国货币，1卢布=100戈比。

[18]赤塔是俄罗斯外贝加尔边疆区首府，位于赤塔河、音果达河与西伯利亚铁路交界处，建于1653年，1851年设镇。由于是十二月党人的流放地，故被称为"流放者的城市"。

[19]今贝加尔湖面积约3.15万平方千米，湖长636千米，平均宽48千米。

[20]伊尔库茨克（Иркутск）是俄罗斯伊尔库茨克州的首府，拥有300多年的城市史，是西伯利亚最大的工业城市、交通和商贸枢纽，也是东西伯利亚第二大城市。伊尔库茨克市位于贝加尔湖南端，是离贝加尔湖最近的城市。

[21]指厨师。

[22]列日省省会，比利时第三大城市。

[23]德国西部莱茵河畔历史文化名城和重工业城市。

[24]1878年，经清政府同意，总理衙门责成海关总税务司赫德（R.Hart）在海关试办邮政。赫德授权天津海关税务司德璀琳（G.Detring）以天津为中心，在北京、天津、烟台、牛庄、上海五处海关开始试办邮政。3月23日，天津海关书信馆开始收寄华洋公众信件，标志着中国近代邮政的诞生。5月1日，天津海关发布《邮政公告》，公布了邮件封发时刻表、邮寄资费和收寄范围等。

▲ 天津老城中心的鼓楼

注：图片来自内恩斯的相簿。

第六章　内恩斯的天津生活与印象（1905—1908）

> 像我这样的人写日记是件很奇怪的事情；不仅因为我之前从未这样做过，也因为在我看来，我和其他人对此都不感兴趣。

> ——安妮·弗兰克[1]
> （Anne Frank）

生活在天津[1]

天津　1905年8月1日

克罗斯先生先前接到达贝内（Dabène）的通知，所以我们到车站的时候他已经在那里等我们了。我向他询问公司与经理办公室的地址，他派人将我的行李送到他的家里，然后带我去参观坐落在维多利亚道上（今解放北路）的公司办公室。在那里，我向兰伯特·沙多董事[2]做了自我介绍。我在该公司的任期从今天，也就是这个月的第一天开始算起。

这趟旅程共耗时38天。如果我能穿越西伯利亚，时间会更短些。

沙多先生是位年轻男士，非常开朗，善于交际。他和我一样，曾是比利时国家铁路公司的工程师，被临时借调到中国。

（**第101页**）沙多先生向我介绍了公司总会计师西莫内特先生（F. Simonet），以及秘书维穆伦先生（Vermeulen），他们都是比利时人，自2月开始在这里任职。西莫内特先生奉命为我寻找一家酒店，我们俩徒步走过几个欧洲国家的租界，在维多利亚酒店（Victoria Hotel）订到了一个单人间，靠近英租界码头：7号房间，每月90美元（包食宿）。房间内的设施一应俱全：床、洗脸盆、床头柜、书桌、餐桌、两把椅子、一把摇椅、一把扶手椅、一个带镜子的衣橱和书架。

按计划，我会在这里住一个月左右，因为公司为我在仓库附近安排的房子正在准备之中。

欧洲租界非常干净，宽阔的街道铺着柏油，（**第102页**）别墅布局整齐，并且大部分带有前院。街道绿树成荫，这些前院使街道变得格外敞亮。晚上，我和西莫内特、维穆伦等人共进晚餐。

1905年8月2日

今天，我与西莫内特先生参观了中央供电车间，我们还去了即将建成仓库和主维修车间的地方。这两个地方都离欧洲租界很远，位于天津老城的南方，但发电厂即将建在法国天主教会望海楼教堂的东北部，那里正是著名的天津黑炮台曾经所处的位置。1900年义和团运动期间，这个炮台发射的炮弹曾重创欧洲租界。这座教

de Peiho of Hai-ho te Tongku.

Tientsin
1: Oogst 05.

Aan de statie stond de heer Cros,
welke door Dabène verwittigd, hem af-
wachtte. Aan hem vroeg ik het adres
der Cie en bureel van de bestuurder.
Mijne reiszakken werden ten huize van
Mr Cros gesteld en hij leidde mij dan
naar de bureelen der Cie Victoria Road.
Ik stelde mij voor aan den heer
Lambert Jadot, bestuurder. Mijn
dienstterm begint dus juist op 1: Oogst.
Mijne reis heeft dus juist 38 dagen
geduurd, hadde ik langs Siberië
kunnen komen dan hadde ik het
hier bijna al gewoon geweest.
De heer Jadot is een nog jonge man
zeer voorkomend en spraakzaam.
Hij was ook ingénieur aan den Staats
spoorweg en is in verlof evenals ik

schoone huizen waarvan meest allen de
hof voor de woning is. Dit maakt dat die
hoven veel bijbrengen om het zicht der straten
te verlevendigen, en te verfraaien. Op den
boord der plankieren staan overal boomen.
S'avonds dineer ik met de heeren Simonet,
Vermeulen, enz. enz.

2: Oogst.

Heden ben ik met Mr Simonet de Centrale
of midden-elektruck werkhuis en naar de
plaats gegaan waar de Dépôt en werkhuis
zal komen. Beiden zijn evenver van de
Europeesche stad gelegen. Werkhuis en stapelpl
ten Zuid-Westen der Chineesche stad, de
centrale ten
Noord-Oosten,
voorbij de
Fransche
kathedraal;
op de plaats
waar het
beruchte
'Fort Boir'
van Tientsin
stond. Het
was dit fort

van Takou tot Tientsin.

welke in 1900, tijdens de Boxerstroebels zooveel
kwaad berokkende aan de Europeesche
stad. De Kathedraal hiertegen werd gebouwd
in herinnering der zendelingen en andere
Franschen in 1870 vermoord. Tijdens de
onlusten van 1900 werd het achterdeel der
Kathedraal weggeschoten maar seffens weer
herbouwd nogmaals op kosten van het
Chineesch gouvernement. Er is ook eene school

▲ 内恩斯日记（第100页与102页）

注：介绍关于海河由三岔口到大沽口的情况。

▶ 望海楼教堂明信片

注: 1870年"天津教案"期间，望海楼教堂被烧毁。随后重建，但在1900年义和团运动中再次被毁。

堂的修建是为了纪念1870年被谋杀的传教士和其他法国人。[2] 在1900年的运动中，望海楼教堂后部被炸毁，其后由中国政府出资重建。教堂有一所耶稣会附属学校，中国人可在那里学习法语和其他知识。

（**第103页**）所有这些知识都是西莫内特、维穆伦先生讲给我的。我未来的住所就在法军、日军曾为攻打天津老城而"英勇作战"的地方附近。同时，我也打听到更多关于新住所的情况。

天津对应的法语为"Le Gué du Ciel"，意为天子的渡口，弗拉芒语为"Hemelsondiepte"。1858年，在第二次鸦片战争后，清政府被迫签订条约，开辟天津为通商口岸。[3] 天津位于北纬39°3′55″，东经117°3′55″，[4] 坐落在白河沿岸，白河也称为海河。白河指的是河流源头到东浮桥这段流域，第二个名称"海河"意为"通往大海的河流"，指的是东浮桥到入海口的这段河流。"Pei-Ho"译为"北河"或"白河"。但事实上，因河水携沙，河流总是呈黄色。京杭大运河与海河在天津交汇。天津海河的宽度为70~80米。河水深度随季节不同而变化很大。自1900年之后，为确保船只通行至天津

城区，海河不断进行清淤疏浚工程。

大沽到天津的直线距离只有50千米，但河流弯弯曲曲地穿过灰色田野，使（**第104页**）行驶路程增加了一倍。开往天津的船只都需要在大沽口等候涨潮，同时轮船上的部分货物必须卸载到指定的货运驳船上，由这些驳船将货物运往德租界、英租界和法租界。

气候：天津及中国北方的气候通常极为干燥，虽然这种天气能够阻止传染病传播，但对于易烦躁的人来说，仍然难以忍受。这里四季分明，春天很短暂，伴随着数不清的大风与暴风雨，这之前为阴冷的冬季，其间河流结冰三个月。有时北风刮来，就别指望身体能暖和起来了。4、5月份会进入夏天，一直持续到9月底，有时酷暑令人痛不欲生。阴凉处的平均温度可达40℃。夜间温度高达22℃的情况并不少见，因此，人们经常睡在床单上，还需要将电风扇调至最大挡。幸运的是，秋天气候宜人，一直从10月初持续到11月，气温保持在18℃~22℃，这也是前后两个极端季节的良好过渡。夏冬两季的温差可达60℃，甚至是75℃（7月份温度为35℃~40℃，1月温度为−20℃~−15℃）。秋季肯定是来到这里最美好的时节。我到这里的时候正赶上夏天，所以我很清楚我在说什么。这里每年（**第105页**）都会有大量疟疾和霍乱的病例。

自1900年以来，甚至更早，众多欧洲人就已经在这里生活。其中大多数备感压力，这既因为中国人的习性（他们总是设法跟你对抗），也有气候本身的因素。

酷暑时期，许多欧洲人会去沿海地带避暑。一般来说，他们会前往北戴河、山海关或者秦皇岛，但只有那些有假期的人才能去，而我的工作让我无法离开。每个

人都会遭受的痛苦之一是发烧。夏季时，人们不得不撑上蚊帐睡觉，以免被"吸血害虫"蚊子叮咬，但蚊帐并不能完全将它们挡在外面。让它们无法靠近的最佳办法就是使房间越黑越好，并把房门紧闭。

天津老城有一点与巴黎非常相似，那就是熙熙攘攘的人群。尽管这里比中国大部分城市干净得多，还是很肮脏。环老城大街的位置曾建有城墙，但现在修成了多条排水沟，城市内产生的所有污水都流入其中。这些流出物几乎无法排出，于是形成了真正的沼泽地带。未来的发电厂距离其中一条水渠很近，我们将挖一条（**第106页**）排水沟与其相连。

我抵达时，这里正在铺设老城的大街。但实际上只有四条马路以及横穿老城南北与东西的两条大道能被称为真正的"街道"。（后两条大道在市中心交叉，这个交会处有一座巨大的正方形瞭望塔，称为鼓楼。）其他街道只是狭窄的小巷，有些巷子的宽度只够一个人行走。

据估测，天津的人口在80万~90万。（1908年，城市人口约为100万。——作者注）

义和团运动之后，老城墙被拆毁，天津城区范围大幅度扩展。大多数房屋都是木质结构，墙板均为高粱秆（稻草）抹上黏土灰泥固定而成，用灰砖盖的平房随处可见。显然，中国人不喜欢住多层楼房，因为那样会使别人轻易看到屋内发生的事情。出于同样原因，我发现外人永远不能直接进入中国人的房屋。在第一道和第二道门之前（我画了一幅中国房屋入口的图），通常（**第107页**）会建一道墙，作为影壁将内部遮蔽起来。

当天晚上我去英国公园（维多利亚公园）听每周五举办的音乐会，碰到了贾弗雷罗中士（Sergeant Jaffrelo），我曾在马赛偶然遇见他。有另一位中士陪他而来，他介绍给我认识。这位中士的名字叫布勒（Victor Boulle），是个好人，一看到他就觉得跟我有共同语言。我晚上经常去看他，我们会在城里四处走走，谈天说地。经布勒引荐，我认识了马祖中士（Sergeant Pierre Mazou）。贾弗雷罗后来从二连调往东局子兵营（团部所在地），但我依然与布勒、马祖保持着友谊。马祖聪明能干，他写过几本书，我在军营的图书馆中看到过。他还和天津一家法国报社有联系，我们每周至少见两次面。

▲ 1905 年 12 月 9 日内恩斯寄给即将乘船抵达的妻子的一张天津德租界街景明信片
注：信里他嘱咐妻子别忘记买些烟草。

1905年9月6日

来自欧洲的电车车厢陆续运达。如今，我正在努力工作，因为除了组装电车之外，所有其他工作也要同步推进。首先需要组装牵引车，随后是拖车。

我不时收到妻子的来信，也有朋友和熟人的信件，但我真心希望能够收到更多书信。为了消磨漫长的夜晚，我也经常写信。有时我会和查票员共度晚饭后的时光，或者我会去找布勒和马祖，他们也会来看我。

1905年11月15日

全部60辆电车已准备就绪，木工们正忙着完成收尾工作。这批电车全部将在2月中国农历新年投入使用。之后，为了安装维修车间所需的机器和辅助设备，我忙得不可开交。我还需要搭建餐厅，为里面添置橱柜、餐桌和配套的长凳。

1905年12月9日

几天前，我收到了一张我妻子和孩子的照片。我的小弗兰奇变化竟然这么大！他现在看起来像个小坏蛋！收到这封信，见到孩子天真可爱的样子（**第 110 页**），眼泪不禁夺眶而出，他全然不知与父亲相距多么遥远，但这一切都是为了保证他未来能过上幸福生活。12月7日我接到消息，我的妻子和孩子已经启程，将在月底抵达上海。现在，我的生活变得愉快了些，不会那么令人难过，尤其是在两名查票员返回欧洲之后，我孤身一人生活在这里。

晚上，我把这个好消息告诉了我的朋友布勒与马祖。因为是戏剧之夜，我和他们一起住在兵营里。晚些时候，我们去散步，走了很远。他们以为这是最后一次见面，因为我妻子正在来天津的路上，他们认为我以后不会再来看他们了。虽然我想去上海迎接家人，但这并不可行，因为我负责的工作很复杂，况且让工人处于14天无人监管的状态也很困难。经理帮忙给上海的乔纳斯先生（Jonas）发了电报与一封信，请他在我妻子抵达（上海）之后、登上开往天津的轮船之前，将信件转交给我妻子。（**第 111 页**）一切都按计划进行，12月29日我收到一封电报，通知说我的妻子和孩子已经离开上海。随后，经理准许我于12月30日前往秦皇岛，冬季所有轮船都会在那里的港口靠岸。当天晚上6点，我抵达秦皇岛。然而，由于天气恶劣，轮船在1906年1月3日才到达。早上7点，轮船进港，汽笛响起时，我还在睡梦中。被吵醒后，我迅速穿戴整齐跑到车站。

我带着妻子与孩子坐上了开往塘沽的火车，在那里可以转乘去天津的火车。此刻我的心情难以描述。我幼小的儿子号啕大哭，因为他已经认不出我了。但这些我早有预料，提前为他准备了玩具，这使我们再次成为好朋友。从12月30日到轮船抵达的1906年1月3日，我一直住在秦皇岛的法国兵营里。因此，当我们乘火车离开时，所有法国士兵都在车站为我们送行。后来，我们邀请其中某些人来天津参观，包括特里克特（Terlicot）、滨（Pin）、贝拉尔（Bérard）和维纳雷（Venère）。每次我登上法国军舰时，他们总会让军需官勒德雷（Ledret）望风，前来和我见面。

（**第 112 页**）我们一路坐了8个小时的火车，最终在4点左右到达天津。我的门卫在车站等候着，帮我们搬运行李箱和旅行包。他很高兴能第一个见到"老板的太太"。电车公司的劳伦（Lauron）先生也来到车站迎接我妻子。

我们坐黄包车回家，5点左右到家，一切都安排得很到位。我们享用了仆人们准备的丰盛晚餐之后，在院子里散步，又享受了一段美好时光。房子布置得井然有序，所有房间也都已经打扫好，家具齐全。为此，我特别感谢马祖先生，他以最佳、最经济的方式订购了全部物品，就像花费自己的钱一样精打细算。倘若我买了红酒，他也会帮我带回家，用瓶子装好。换句话说，他就像我的兄弟一般。我们回到天津的第二天，我邀请他和布勒先生来家里做客。我把他们介绍给我妻子，大家共同度过了一个轻松愉快的夜晚。

日记先就此搁笔。在未来的日子里，我或许会突出强调一些我遇到的最值得注意的事情，之后，也将继续描述我的返程之旅。

1906年1月5日，天津
弗朗索瓦·内恩斯

1906年1月5日内恩斯完成了天津日记的第一部分，页数截至第112页。从第114页往后，他开始描述对中国生活各个方面的印象。

（第114页）　拜访直隶总督袁世凯阁下

昨晚适值慈禧太后寿诞，我们受到了总督邀请。他的衙门或府邸位于天津老城的东北角，我们先经过三四道有警卫把守的大门，随后来到一个装潢精美的大厅。这地方很嘈杂，我们把大衣和帽子脱下来递给侍者，加入受邀前来的客人之列。总督坐在大厅的尽头，身边围着众多要员、道台和其他高官。总督阁下与每个人握手，所有人都鞠躬回礼，然后退到一侧，或者去隔壁房

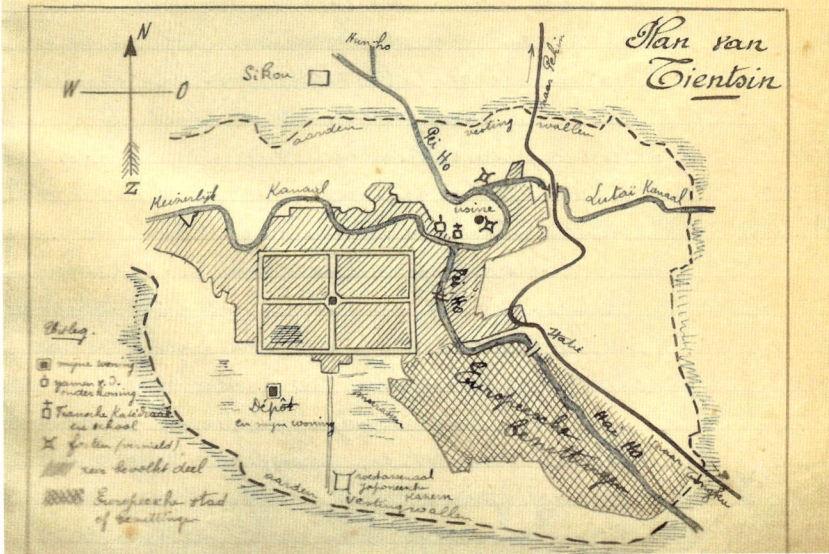

▲ 内恩斯日记（第113页）

▲ 袁世凯在天津的衙门
注：照片来自内恩斯的相簿。

▶ 直隶总督袁世凯
注：1912 年他成为中华民国大总统。照片来自内恩斯的相簿。

间。我们在那里遇见各自的朋友和熟人，所有中国人都身着漂亮的丝绸服装，上面缀着表示官阶与等级的标志，衣服里都用皮毛做了雅致的内衬。最先吸引眼球的是舞台，墙上的壁挂让我们想起了火焰和马拉磨坊。舞台之上，表演者们高腔叫喊，含义不明。仿佛还嫌声音不够大，琴师们或敲打着鼓与木制板条，或全力吹奏着精心调好的（**第 115 页**）喇叭。[5] 老实说，似乎有什么东西困在他们的身体里面，并不断试图冲出来。我听一个记者说，这些声响似乎比歌剧女武神的嘶喊声动静还大。文官一律穿着三件式套装、佩戴黑色领带，或是身穿长礼服大衣。身穿制服的武官们就像星星一般闪闪发光，每个人的衣服都有很大一股樟脑和卫生球的味道，

说明这些衣服没被穿过几次。

侍从们拿着香槟四处给客人们斟酒。这让人觉得，中国人认为客人来参加宴会就是为了喝酒、抽烟和吃饭。我看见总督仍在与新到的客人握手问好。

我遇到了电车公司的经理、德福兹、勒韦迪（Reverdy）、德·莱斯克（De Lesquen）、沙伯奈克斯医生（Chabeneix）、比利时驻天津领事迪西埃雷（Disière），以及我认识的一些法国军官。

忽然，舞台上的场景有所变化。表演者们和踩高跷的人上场了，但我不理解这些演员出现的原因，他们似乎只是在大喊大叫。接着来了一帮乔装打扮的男孩们，也大声吼叫着。紧随其后，另一群小男孩们开始疯狂地

咆哮，最后年纪更小的男孩们击打着小铜钹走上场。每组表演者都使原本的喧闹声更加震耳欲聋。随后，表演者们、踩高跷者再次回到舞台。一个穿着像孔雀（**第116页**），另一个像条鱼，两人都带着花盆似的头饰。我们不停地互相询问这是什么意思，但没有人知道答案。总督的乐队[6]同时在隔壁房间里演奏。

在两间最大的客厅里，餐桌上摆满了各种冷盘。你可以尽情享用，很多人都趁机饱餐一顿，尤其是日本人。全部餐食都由大来饭店（Hotel de la Paix）准备，非常精致，正所谓英国人口中的"一流"。

11点时，客人们开始随处走动。总督休息了一会儿，正在边欣赏艺术家的演出，边与受邀客人寒暄。之后便是握手告别时刻，是时候说再见了。

外面的天气寒冷彻骨，我乘坐最后一班电车回家。其他路途较远的客人坐黄包车。

▲ 中国轿子

（第128页）　交通方式

轿子

轿子的使用非常普遍，尤其在乡下，妇女和政府官员也经常乘坐。当然，轿子的式样繁多，主要取决于主人的富有程度。有些轿子内部装饰着昂贵的绣花丝绸，但大多数只衬着一层蓝色麻布。如果主人正在服丧或要参加葬礼，内衬要换成白色亚麻布。以上这些轿子有些需要四名轿夫，有些只需要两名苦力。

黄包车或人力车

这种车常见于北京、天津、汉口、上海等大城市。它是一种靠苦力拖拉的双轮轻便马车，有时还会配个帮手，从后面推车，使前面的车夫轻松一些。

（**第129页**）有些中国人和欧洲人会自行购置这种车辆，有些人选择长期租用。通常只有下层妇女才会坐黄包车，大多数女性都乘坐封闭式轿子外出。

黄包车费用按每千米4分钱，或每小时15分钱计算。如果车夫看出乘客是初来乍到的外国人，他总会漫天要价。因此，新来者几乎总要多付额外的费用。

为了避免漫天要价，中国人在告诉苦力去哪里之前，总会先询问价格。但即使乘客认路，车夫也会对走哪条路争执一番，这着实令人费解。听到车夫喋喋不休的争论声，让人感觉天都要塌下来了！当乘客在黄包车里舒服地坐好后，车夫就小跑着出发了，并保持着相同速度直到目的地。车夫们很少减速，除非要穿过难走的路段，或是为了避开街道上的障碍物，否则会造成翻车，摔落乘客（我们的电车轨道似乎就是严重的障

▲ 我的朋友马祖扶着小弗兰奇
在独轮手推车上的照片

◀ 中国传统马车

碍）。很难想象车夫们是如何始终保持这样的速度，尤
其是在夏天。

（第130页）不过，需要说明的是，虽然他们能够
小跑10千米，但在未载客、不挣钱的情况下，他们几
乎不会保持这种速度超过100米。

天津的中国城内至少有1万辆黄包车。在有轨电车
通行之前，仅法租界就有3000~3500辆。

独轮手推车

独轮手推车也是这里普遍使用的一种运输工具。它
们通常在上海，尤其是城市周边用来运送旅客或者货
物。令人惊奇的是，一名中国人借助这样一辆独轮车竟
能运载如此沉重的东西。一般来说，从市场出来的乘客
会坐在独轮车一侧，将他们购置的货品放在另一侧，有
时会是活猪。这一点跟我们国家的农民差别很大——他
们会沿路赶着牲畜，或在牲畜腿上绑一条皮带牵着走。
但中国人会把它们绑在独轮车上，或放进大筐里运回
去。

其他种类的独轮车用于运送泥土、建筑材料等，也
有些商贩用来运输肉类、馒头等食品。这种独轮车如左
侧照片所示，图中你们还可以看到我的小弗兰奇正被我
的朋友马祖扶着。

（第131页） **马车**

许多富人拥有马车，如左侧照片所示。这种是用来
旅行的，车厢盖着一层蓝色或灰色的麻布，有钱人使用
丝绸代替麻布。有时马车顶部会再盖一块麻布，避免阳
光照射，或雨水渗进，同时也为了保护乘客。这些马车
不像欧洲马车那样装有弹簧。（第132页）它们的车轴

▲ 中国运货马车

▲ 中国旅店的庭院

▲ 骑毛驴的小弗兰奇与李树堂、毛伟汉（音译）

用硬木制成，通过螺栓固定在车架上。乘坐这种马车旅行无疑会非常颠簸。

运货马车

这种车辆很像未装车厢的马车。有时，需要五匹骡子或马这样的驮畜牵引。这些运货马车自然要比载人马车坚固得多。车夫通常对自己的驮畜很残忍，经常用鞭子狠狠地抽打它们。如果车夫想让它们向前走，他会嚷道："得儿！得儿！"当车夫想让它们停下来时，他会大喊："吁！吁！"想要掉头时，他会高声喊："对儿！对儿！"实际上，前两个指令正好与我们相反。

这里马和驴用途广泛，（第133页）因为它们相对比较便宜，饲养费用也很低。你会需要一个马夫，每月工资12~15元，其中包括喂马的饲料。花费60~250元就可以买到一匹好的中国马，驴的价格在8~12元。

雪橇

冬季月份里，所有河流和运河都被冻得很结实，船运也会暂停，这时雪橇就会大量派上用场。它们由两个条状滑行木梁制成，上面装着一块木板和两个中间垫片。木梁上覆着垫子和山羊皮，雪橇夫坐在后部，拿着一端装有铁尖的棍子。车夫推动雪橇后，它跑得很快，甚至比黄包车速度还快。乘客坐在或躺在山羊皮上。冬天时，我们偶尔会乘坐这种交通工具。

（第134页） 天津外国人的生活方式

房屋

欧洲人甚至日本人的住宅都非常漂亮，很像我们在欧洲的房屋，所有房间都宽敞透气。通常，整栋房子四周都有露台和外廊，天热的时候，阳台上的卷帘可以放下来遮挡阳光。一般前院用一面墙或栅栏与街道隔开。

英国、德国与法国租界的居住环境宜人。需要自己购房的人自然对高昂的房价怨声载道，但许多人都住在公司安排的房子里。我们也是如此。

我们的住宅

我们居住的房屋面积很大，通风很好。（见日记第134页照片）

（**第135页**）我们的房子包括：卧室、客厅、餐厅、吸烟室、浴室，儿童房、厨房、用人房、大型地下室以及楼梯间各有一间。卧室、客厅和餐厅均为6米×6米；吸烟室为3.5米×3.5米；浴室和弗兰奇的房间为6米×2.75米。浴室与卧室是套间，换句话说，这两个房间相连，不需要走楼道。木地板、门窗和壁板都涂有清漆。（见日记第135页：内恩斯画的自己家平面图）

起初，家里没有抽水马桶。1907年我在二楼安装了坐便器，配有一条粗的污水管，顺着房子侧面流入桶内，苦力负责每天把桶清空。

我们的私人房间都建在二层。首层包括：

· 通往我书房的走廊（客厅正下方）；

· 接待室（餐厅正下方）；

· 我的书房（浴室正下方）。

厨房、用人房和地下室的入口都在一栋单独的建筑里。房子后面建有（**第136页**）一个大花园、夏季住的木屋、秋千等。夏天住的屋子采用电灯照明，周围还可以布置彩灯（例如，开办聚会）。（见日记第136页和137页上面照片：我们花园东侧的景色）

花园一端有扇门通往用人房，另一端装有木门，可通往大门附近的庭院。花园面积很大，种满了花草，打

▲ 我们的餐厅

注：摄于1907年10月。

理得当。晚上坐在外面吃饭或喝杯酒非常惬意。只要天气适宜、仆人们不在厨房忙活，我们每晚都会这样，但若条件不允许，就只能作罢。我们通常会坐在我办公室前面的大庭院里，（**第137页**）喝杯咖啡或清爽饮料（柠檬水或啤酒）。花园里种植着各种树木，还有几个花池子（其中有个花池子中间挂着一个带翅膀的车轮，象征着我们公司）。这些花池子由门房和办公室职员负责照顾，但我们需要提供花草。（见日记第137页下面照片：西南侧的秋千）

（**第138页**） 饮食

你会发现欧洲商品在这里应有尽有。有些很新鲜，有些经过处理可以保存。在英租界和法租界，青菜、沙拉、土豆、布鲁塞尔甘蓝、花椰菜等蔬菜以及各种肉类都能在市场上买到。这里所有东西都比家乡便宜很多，

但罐头和果酱只能从欧洲商人那里购买，价格也比较昂贵。这里水果品种繁多，而且价格低廉。葡萄、香蕉、橘子、梨和苹果都有，每斤香蕉只要4分钱，每捆只卖10分钱，一斤土豆价格为3分钱。根据习俗，每次参加聚会要给主人送水果。因此，我们发现有时家里一个月都不需要花钱买水果。其实，我们偶尔不得不拒收这些礼物，但这会让送礼的人感到尴尬！

早晨睡醒后，可以喝杯咖啡，吃些早点，早餐通常包含三到五种不同的食物（不含汤）。晚餐同样有三四种菜品和一些汤，通常和甜点一同食用。用餐时可以搭配葡萄酒，比啤酒还便宜。我们存有价值40~45元的优质葡萄酒，相当于100~115法郎，总共320~325瓶葡萄酒。一箱48瓶装的啤酒至少需要12元。虽然用于出口的啤酒口感不太好，但是花费不多。

（第139页）在鲁索先生家里或者领事馆，我们偶尔会喝一瓶来自比利时的贵兹兰比克[3]（Geuze Lambiek）啤酒（我们是特邀客人）。

这里的人也喝香槟，通常作为饭前开胃酒，苦艾酒也有。此外，这里能够买到各种饮料，如醋栗、柠檬、石榴汁等。

用人

每个欧洲人至少雇用一名厨师，中文叫"大师傅"，他们除了准备餐食外，别的都不需要做。他通常有一名学徒或帮厨，称作"二师傅"。此外，正常情况下，会有一两名用人在餐桌旁伺候用餐，并负责清理房间。他们整理床铺，擦拭家居灰尘，采购日常用品。家里还雇用一两名工人或苦力，他们承担所有重活和脏活，例如打扫厕所、扫地、拖地、打水、烧锅炉等。

餐桌用人被叫作"伙计"。苦力们和伙计们一般住在房子里，有些人晚上也回家（如果他们家在城里）。早上，厨师去市场采购一天所需的全部食材。虽说他们很清楚每天可以花多少钱，但交代清楚买什么和买多少仍然是明智的做法。尽管如此，他们仍然知道如何从中谋利。伙计们也从裁缝、鞋匠等人手中赚好处费，通常在4%左右。如果这些商贩忘记打点他们，伙计们会立即提醒他们。这些店铺主人也知道（第140页）必须和他们搞好关系，否则他们再也不会来了，店主也就没生意了。这些支出自然总是由欧洲人买单，除非他们会说中文，并了解所买东西的真实价格。

◀ 弗兰奇日常散步后回家
注：摄于 1905 年。

用人每月工资

伙计或女佣	9~12 元
苦力	7 元
厨师	10~16 元
阿妈（保姆）	5~10 元
马夫	15 元（包括喂马的饲料）

家具价格（内恩斯购置的物件）

马赛克瓷砖洗碗槽	30 元
碗橱（按件）	15 元
餐厅餐柜（带镜子）	40 元
餐厅餐桌	12 元
客厅圆桌	5 元
椅子（按件）	2.5 元
床头柜	2 元
床头壁橱	1.5 元
带弹簧、床垫和枕头的英式金属床	90 元
带镜子、置物架的客厅碗橱	15 元
客厅家具 （1 张沙发、2 把扶手椅、4 把椅子）	55 元
漂亮的骆驼毛地毯，4 米×4.5 米 （1948 年仍铺在我的办公室）	43 元
镀锌浴缸	5 元
书桌（晚上在卧室写信用）	22 元
中式衣柜	10 元
炉子（美式）	28 元

我几乎所有的家具均由一个中国木匠制作，因此，家具价格比任何一家欧洲商店（**第 141 页**）都便宜一半，但质量看起来完全一样。当然，这需要事先做出最好的选择，因为家具质量完全取决于木材的质量和木匠的手艺。我们的地毯打理得很好，返回比利时的时候，我会把它带走。在离开之前，其他家具将被出售。

服装与鞋子

这里的中国裁缝也能制作出高级服装。一件蓝色高领夹克衫需要11元。我花55法郎就能买到一套海蓝色三件式西装，剪裁精致，堪比比利时的裁缝。

天气暖和时，我们只穿白色和卡其色的衣服。白色服装需要8~9元，卡其色只需7.5元。

这里鞋子的做法与欧洲一样专业。我用20法郎买了一双漂亮的青铜色靴子。我还购置了一双由干净的棕色皮革制成的奶油色靴子，花费了40法郎，这两双鞋比我从比利时买来的那些工艺更好，舒适性更强。夏季穿的白色麻鞋价格为5~6元。

至于女装，如果是中国裁缝制作，需要支付10元左右。丝绸、布料及辅料需要另外购买，这样你便可以得到一身像样的衣服。如果去欧洲商店的话，价格更贵，因为他们的经营费用比中国店高得多，尽管制衣工作仍由中国人完成（在欧洲人的监督下）。礼帽、普通帽子等物品都相当贵。

（第 143 页） 娱乐活动

大部分外国人都是俱乐部成员。会费从20元到30元不等。在俱乐部里，人们可以玩游戏，学习击剑、拳击等。唯一的问题就是，费用很高。每个人都会骑马打

Levenswijze der vreemden te Tientsin.

Woningen.

De woningen der hier verblijvende Europeërs en zelfs Japoneezen zijn zeer prachtig gemaakt en hebben niet onder te doen voor onze huizen in Europa.

Alle kamers zijn groot en openluchtig. Dikwijls is gansch het huis omgeven door terrassen en verandah's, welke dan gedurende het warme seizoen met rieten rolstoren worden voorzien. Gewoonlijk heeft men voor de woningen een hof van de straat door muren en hekkens gescheiden.

De Engelsche, Duitsche en Fransche bezittingen zijn zeer fraai. Zij die hun huishuur zelf moeten betalen weten natuurlijk aan wat prijs, maar velen zijn gehuisvest door het huis waar zij in bediening zijn. Dit is met ons ook het geval. Het huis welke wij bewonen is ook zeer groot en openluchtig

Onze woning -

Wij hebben: 1 slaapkamer, 1 salon, 1 eetplaats, 1 rookkamer, 1 badkamer 1 slaapplaats voor de kleine, keuken, kamer voor de knechten en een groote diepe kelder en een kamertje onder de trap. Slaapkamer, salon en eetplaats hebben 6 meters op 6 meters, de rookkamer 3.50m op 3.50 m — de badkamer en slaapkamer van Fransken 6 meters op 2.75 m.

Slaapkamers en badkamer zijn allen in gemeenschap, d. w. z. dat men van de eene naar de andere gaat zonder op den palier te komen. Alle plankenvloeren enkel vernist evenals de deuren vensters en bekleedsels. Vroeger was geen gemak aan het huis. in 07 deed ik een gemak

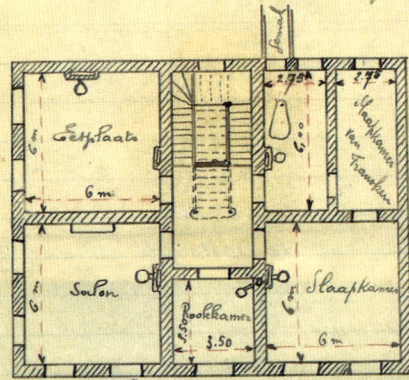

Plan van onze woning.

aan het huis zetten (1: verdieping) met eene groote buis naar beneden waar de coolie dagelijksch kwam wegnemen.

Al onze appartementen waren op het 1: verdiep. het gelijkvloers was genomen 1: door mijn bureel (gelijk met salon) bureel der ontvangsten (eetplaats) bureel der tickеtten (ond. badkamer) De keuken en kamer der knechten evenals ingang van de kelder was in eene aanhoorigheid gelegen

▲ 内恩斯日记（第 134 页和 135 页）

schoone groote tuin, met lommerhuisje,
balançoir. enz. het lommerhuisje
was elektrisch verlicht en rondom kon
men lampjes plaatsen. (verlichting voor feest)

Zicht op de oostzijde van onze hof.

Eenerzijds was aan den tuin een uitgangs-
deur naar het kwartier van het personeel
anderzijds een houten afsluiting met deur
op den koer nabij de groote poort uitkom
Zooals de hierbijgaande zichten het laten
zien was den tuin groot, goed beplant
en onderhouden. 's avonds was het er zoo
goed om te eten of na het eten een
glas te drinken hetgeen alle avonden
zoo gedaan werd wel te verstaan als
het seizoen der moustieken er nog niet
was want dan was het er onverdrae

of bier) op den grooten koer voor mijn bureel.

Zicht op de west zijde en lommerhuisje.

Daar ook stonden boomen en waren er
parkjes aangelegd (waarvan het middenste
een gevleugeld wiel, zinnebeeld der Cᵉ, voorstelde)
Deze parkjes werden onderhouden door de poortier

猎。打猎格外受欢迎，因为这里的猎物很充足，包括野兔、鹧、鹅等。我有时也去打猎、骑马，但因为我不擅长骑术，所以大部分时间都在遛马，对我来说，这比骑马飞奔要愉快得多。每到星期天，我们乘马车四处转悠。此外，我和布勒、马祖、克罗斯还会一起玩陀螺、举重、扔铁饼等游戏，我们也会荡秋千、踢足球、打手球。我们有时会散散步，抽烟聊天。我们在车间工作的时候经常在院子里做这些游戏，因为不允许我们休假。事实上，我工作日和星期天都要值班，但在洋行工作的外侨都有假期。

（第 144 页） 关于中国风俗习惯的几点看法

中国人认为，为死者衣服缝上珍珠，他或她来世会生活得更好，并且珍珠能为他们照亮前路。

此外，他们会在逝者右手放一块金子，有时还会在左手放个银块，在舌头下放一片金箔。

妇女们自己动手缝制寿衣。对社会底层的人来说，通常他们在40岁左右开始着手准备后事。对于更富裕的阶层，他们在20岁左右就开始了。越富有，这些事情就越要提早准备。中国富人旅行时，常常会随身带着棺材。举个例子，李鸿章出访欧洲时，就带着棺材。

中国人去世后，逝者的棺材会在自己家中存放至少40天，然后才会下葬；有时放在庭院里，有时会摆在其他较为开阔的地方。

比利时人斯普林格尔德[4] 曾被任命为清军旅长，他于9月去世，但次年4月才下葬。（我保存有他的讣告，可以证明。）有些中国富人甚至不会入土安葬。他们住宅的某部分会用作最后的安息场所，不作他用。[7]

家人去世后，家属们会举办丧事，其间需要穿白

◀ 我们的客厅
注：摄于 1907 年 10 月 4 日。

衣、白帽和白鞋（帽子和鞋子上缀有红球）。[8] 在父（**第145 页**）母去世后的前几天，子女们需要将一根麻绳缠进自己辫子之中。如今以一条带绒毛的白色丝绳替代。葬礼结束后，家人们会丢弃白衣，有时会换上灰色衣物，但白鞋还要再穿一段时间（取决于死者在家族的地位）。

葬礼期间，送葬队伍会携带纸房子、各种用纸扎成

的物品甚至纸人（富人家纸人会穿上丝绸衣服），这些代表着逝者拥有的财产、仆人、女佣、马车等，全部纸质物品都将在棺材下葬的坟墓前烧掉。这种传统起源于一个非常古老的习俗：在遥远的过去，当皇帝或富人去世时，他们的妻子以及仆人将随同死者被关进坟墓中，最终都会因饥饿而死。为了防止这种事情再次发生在如今较为开明的时代，这些"私有财产"以纸扎品替代。这显然是一种进步……

中国古人的观念中，农历五月五日（恶日）出生的孩子会生出白发。话虽如此，这里很难找到金发中国人。我在中国生活期间只见到过一个金发本地人，其余全部留着乌黑的头发。

如果有人被疯狗咬了，据说会让他的"肚子里有小狗"。

月食时，所有中国人都会敲打平底锅等，制造出震耳欲聋的响声。他们认为这是因为天狗要吃月亮，而响声能吓跑它。当然，他们每次都成功了——在月食结束时。

（第 146 页）遇久旱无雨，人们会求神降雨。若无效果，龙王庙中的铁制牌位将被搬到祈求之地，有时甚至会拿死刑犯作为祭品。1906 年就发生过一次。共有7名囚犯在西门外被斩首处决。只有清政府基本确信会下雨时（按晴雨表所示），他们才会这样做。这也是证实牌位与龙王（中国人的主神）神力的好办法。[9]

当中国人侵犯或袭击太子或其他皇室成员时，他自然会受到严酷惩罚，整个家族也将遭到株连。他所拥有的一切都将成为祭品，包括亲属以及猪、狗、鸡、马和驴。所有人和所有牲畜都将被砍头。

有人去世后，逝者的母亲会来到一处公共场地，或在她家门口或城市里的其他地方。她跪下，头伏地，放声哭泣，一边呼唤着已故孩子的名字，一边念叨着他品质的好坏之处，这一幕令人难过。当这位母亲哭了一阵子之后，邻居或朋友会搀她起来，扶她回到家里。但只要逝者的尸体仍停留在家中，同样的悲伤场景就会反复发生。[10]

棺材的选择以及葬礼仪式等方面都有种种严格的制度。**（第 147 页）**为避免冒犯神灵，祈求他们宽恕亡灵，有时需要听取天文学家的建议（这当然只针对有钱人）。

在某一特定日子，和尚与道士们会被请到逝者家中念经，向神灵祷告，驱赶邪魔，以及赞颂逝者的良好品质。他们会祈求一位神灵照顾逝者，另一位神灵为逝者引路，带他走进更美好的世界。

当中国人在工作或在家时，他通常会把头发包起来。但每次见上级或欧洲人时，他需要将头发扎成辫子垂于后背，否则就显得非常不礼貌。但我在车间来回巡查时，他们并不会这样，因为这样做过于浪费时间。然而，每当有用人或工人因为各种原因来我办公室时，他们总会把辫子扎在脑后。

若你结识了一位中国富人，他会出于礼貌询问你的年龄、住址、年薪等。中间人一旦介绍完毕，他就会问这些问题，也只有在回答完这些礼节性问题之后，真正的交谈才算开始。

这里鲜有人使用手帕，若带着手帕，也仅仅是用来擦拭脸上的汗水。他们会用手指捏住鼻子往下刮，将鼻涕擤出。

中国人并不使用厕所。**（第 148 页）**他们在路边或某个拐角处排便。但这不会产生问题，因为收集粪便（用作肥料）的人非常多。

米饭、油炸面团、玉米饼、洋葱、糕点和鱼在这里很受欢迎。他们只在公共假期食用猪肉。夏天时，他们会吃各种蝗虫，就像我们国家卖的炸薯条一般。

中国天主教妇女去教堂时，会用一件黑色披风遮住头。女性跪在地上，如果位置够多，男性会坐在长凳上。第一次去中国天主教堂的经历非常有趣。与中国各地情况相似，你首先会闻到一股浓烈的麝香味，他们所有人的衣服都满是这种味道，这与中国人本身的气味混杂在一起。他们身上的味道很难解释清楚，一部分可能是他们头发的怪味，一部分可能来自他们吃的食物，还有很大一部分是因为吸食鸦片。看到所有人都虔诚地弯腰鞠躬，令人甚为吃惊，他们后背下部被垂下的发辫一分为二，这些辫子如檀木一样黝黑，并都涂抹了很多油脂或油膏。他们发出嗡嗡声，好似梦呓，但似乎都在非常虔诚地进行祷告。当女人们离开教堂时，你就可以看到她们娃娃般的面容。她们的裤子、（第149页）短上衣和那些引人注目的各种颜色，真是一道令人赏心悦目的风景！你确实可以认为自己看到了来自另一个世界的人或是中国古代传说中的偶人。[11]这一切似乎都和中国本身一样古老。随后，我还有关于中国女性及其服饰的更多描述。

（第150页）中国式晚餐

我们的仓库管理员傅金榜（我们称他为"弗朗索瓦"）邀请我、我的译员李树堂、克罗斯以及勒古先生去泰洛饭店（Hotel Té'yloo）共进晚餐。我们乘坐电车沿日租界的线路前往那里。

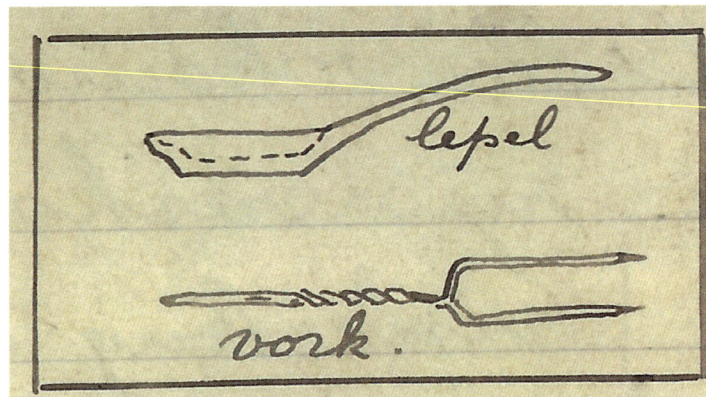

◀中国汤勺与叉子

进入酒店时，侍者会大声喊叫，以便让客人能够听见并看到他们（这些尖叫声会持续很长时间，并不断重复）。之后，客人会被领到邀请者的私人包厢，但房间门实际只是个架子，上面挂着一块布与主间隔开，这样外人就无法看到房间内部。

等待上菜期间，餐桌上摆着干果与西瓜籽。

晚餐通常先供应各式各样的果脯、苹果、梨等。换言之，就是我们欧洲人的甜点。随后有炖鱼、鲜虾、腌虾、鱼翅、鲸鱼精子[12]、鹿脊髓、海龟、燕窝、藕和莲子等。所有菜品均为水煮，带着汤汁被端上来。接着为无骨鸭，或炖或炸，然后就是所谓的汤，但实际上又是煮过各种食物的汤汁。因此，这里吃东西的顺序与我们的习惯正好相反。

每位（第151页）客人都会上一碗熟米饭，同时端上来，并浇有某种调味汁。在两道菜肴间歇，客人可以喝些米酒或高粱酒。酒是温热的，盛在小锡壶里，你可以倒进极其小的酒杯里再喝下去。这种酒的味道像杜松子酒。吃饭时使用的筷子，均由骨头、竹子或黄檀木制成。每人还有一把瓷勺，用来舀酱汁或汤，此外，还有一把两齿叉子。这种叉子是铜制的，用来吃水果等。

轻轻拿住筷子，用拇指将一根筷子压在中指上，另一根靠着拇指，在前两个指头之间摆动。因此，可以说总有一根筷子保持不动。用餐过程中，所有菜品或盘子都不会撤走，全部都会摆放在桌子上，必要时，会把一个盘子堆在另一个上面。你根本无法想象高级饭店里晚餐的菜品数量和种类的丰富程度。与我们国家相同，侍者会询问请客的人要点哪些菜肴。出于餐桌礼节，中国人喜欢将自己认为好吃的菜夹给客人，但客人经常不得不将其扔于桌下。若被人看到，你可以装作笨手笨脚，不善于使用筷子。其他东西都是预料之内的常规食物，基本上每次都一样，有些非常可口。

通常离开酒店时，客人会被叫回来，（**第 152 页**）提醒给予一些赏钱。但是，当欧洲人作为中国主人的客人时，他不需要给酒店服务员赏钱。

戏院

按惯例，晚餐之后要去看戏，这并不代表欧洲人非常喜欢这类活动。这里与欧洲剧院唯一的相似之处就是走廊里设有包厢。所有戏院都是正方形，布局通常井然有序，如右图所示。

就戏曲本身的情节而言，几乎无法解释。你只有亲耳听到、亲眼看到才行。全体演出人员都只是在大声尖叫，并且似乎大部分时间都在跳来跳去。伴奏乐器包括琴、鼓、铙钹、喇叭、竖笛或长笛（法语为"claquebois"）。[13] 所有伴奏者都坐在一张桌子旁（如右图A位置所示）。在图中双B位置有两扇门，是演出人员进出舞台的地方（从右侧进入，左侧退出）。舞台

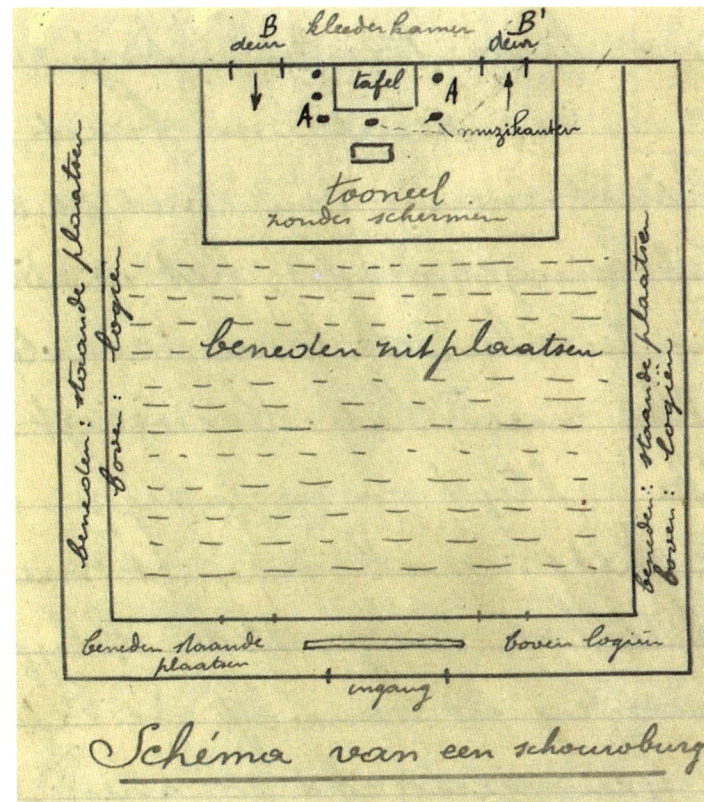

▲ 戏院布局

上还有许多无关紧要的"客人们"，他们是乐手或演员的朋友。[14] 简而言之，在演员们还未露面之前，一半舞台都被占满了。戏曲一般晚上5点开始，到凌晨一两点才结束。（**第 153 页**）戏曲中的每一幕（共五六幕）相互连贯，一幕紧接另一幕，没有间隔。这样就会造成混乱。当一位演员表演完毕，蹦跳够了满身是汗之后，会（有人）给他奉上一杯茶，他会静静地喝完后离开舞台。如果哪位艺人能够一口气喊得时间特别长且声音洪

亮的话，观众会认为这是一位很好的表演者，他会得到大家的喝彩（"好！""好啊！"）。

戏服上绣满了金线与宝石，当然全是假的。尽管如此，一件这样的戏服仍然需要2000元。

所有演出剧目都与古代传说、神话故事和民间故事有关。演员会在脸上画上颜色，使他们看起来像个红皮肤的人（准确说，这是过去的做法，他们现在佩戴面具）。[15] 在我记忆中，小弗兰奇一直很害怕他们。

舞台上的乞丐和小偷会在鼻子上抹一种白膏，用以标识身份。至于其他人，为了让你们明白所有动作的含

▲▲ 中国戏剧舞台人物造型

注：照片来自内恩斯相簿。

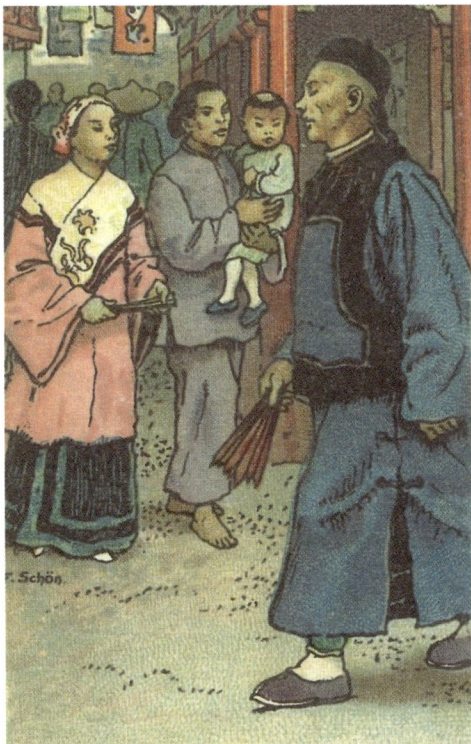

▲ 中国服饰

▲ 身穿棉服的清朝大臣
李鸿章在巴黎

随后，其他演员进入舞台加入战斗，同样边跳跃边转身，直到最终被胜者击败。老实说，描述这些毫无意义。如果你想知道何为戏曲，只能亲自来看。

如果想坐在可容纳6~8人的楼上包厢内，每人需要支付5元或3.5元，其他座位的价格为3.5元。

演出期间，戏院服务员会售卖坚果、干瓜子、茶水等，同时还会分发毛巾，这些毛巾浸在温水中，被紧紧地拧在一起，中国人主要用来擦脸和手。毛巾用过之后，服务员会收回，将毛巾再次放入热水中，拧干，然后重新分发给其他观众。这一幕整晚不断重复。这些毛巾摞成一大堆，服务员们互相扔来扔去，从戏院一边抛到另一边。

自1906年起，人们在看戏之后，会观看电影。依我看，最好不要播放某些电影（那些描写抢劫、谋杀等内容的电影），因为这些会让中国人对我们的道德水准产生误解。

（第155页） 服装

男士：他们的裤子宽松肥大，没有裤门。裤腿上宽下窄，里面穿着内裤。裤腿口缠着宽绑带。裤腰翻折，用棉布或丝做的腰带系住。

他们的衬衫是一种类似于马甲的短衣，为白色棉质，衬衫为侧面系扣，衣长至中腹部，立领设计，始终敞着口，与其余服饰的款式搭配有致。衬衫外面，他们套着棉质、丝质或其他布料的长袍，颜色一般较为鲜艳，有紫罗兰、天蓝等。有时，长袍外面再套着一件短上衣，类似教士穿的长袍，衣长至腰部，多为黄、红或其他醒目的颜色，并镶着黑色或蓝色的衣边。

如左页图中所示，冬季帽子在帽顶中间缀有一颗红

义，有必要对此解释一番。举个例子，如果某位演员要登船，他仅是走上摆在舞台的一条木板，最后再表演轻轻一跳，这就意味着他已经跳下船了。如果演出者需要骑马，这将全靠想象，他们会继续向前走着，同时上下甩动一个小号马鞭。两根木棍连上一块布代表一扇门。武将后背总是插着许多旗帜，代表他所指挥的部队。当两位军事指挥官交战时（**第154页**），他们彼此对打，舞台动作包括来回跳跃、军刀碰撞作响、晃动长矛等。

De vrouwen dragen een soort band om de boezems op te houden. Deze wordt met een lint om den hals opgehouden en langs achteren toegebonden.

— lint rond de hals
geborduurde band
borduursel
— lint

Schoeisels voor

Verminkte voeten.   gewone voeten

tartaarsche vrouwen.

◄ 内恩斯在日记中所画的中国女性穿戴的束胸

◄ 内恩斯在日记中所画的中国缠足妇女的弓鞋、未缠足妇女的软底鞋和满族妇女的花盆底鞋

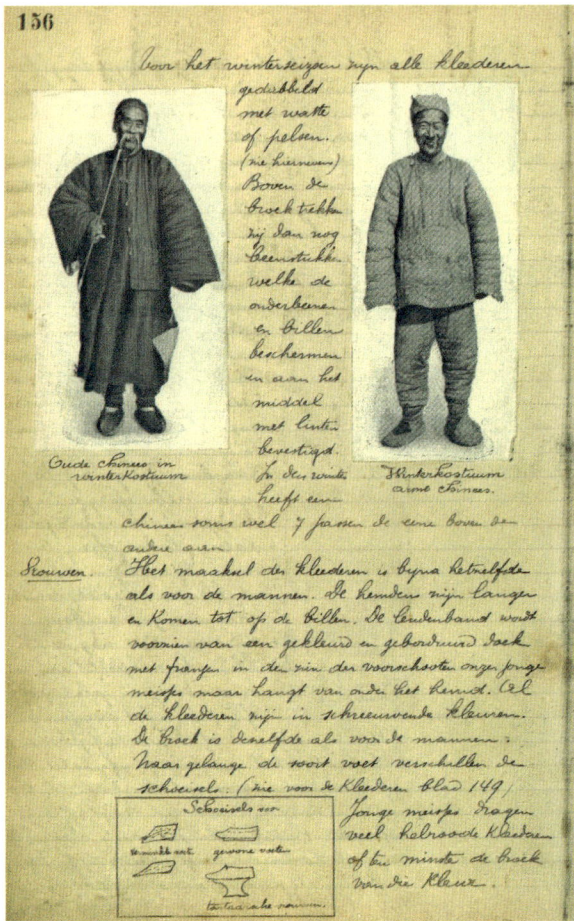

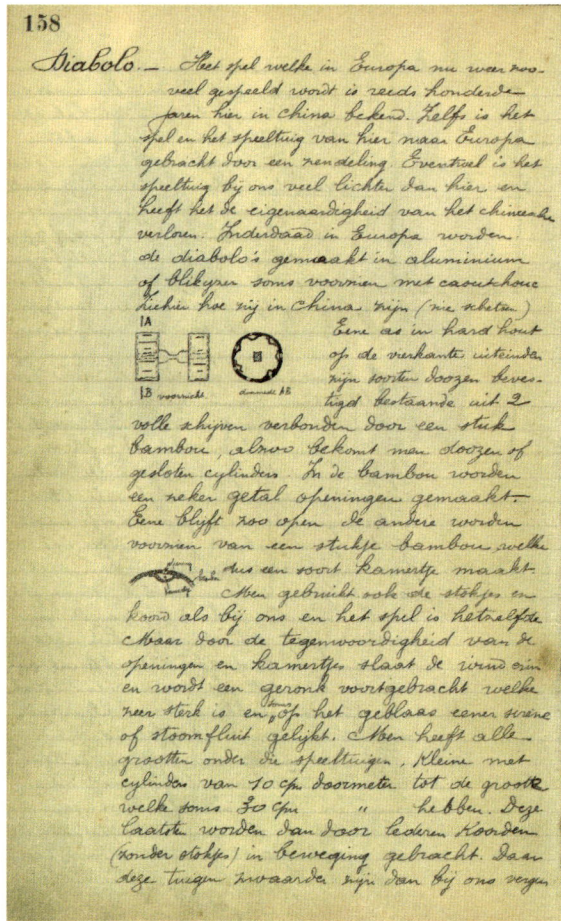

156

Voor het winterseizoen zijn alle kleederen gedubbeld met watte of pelsen. (zie hiernaar)

Boven de broek trekken zij dan nog beenstukken welke de onderbeenen en billen beschermen en aan het middel met linten bevestigd. In den winter heeft een chinees soms wel 7 jassen de eene boven de andere aan.

Vrouwen — Het maaksel der kleederen is byna hetzelfde als voor de mannen. De hemden zijn langer en komen tot op de billen. De lendenband wordt voorzien van een gekleurd en geborduurd doek met franjes in den zin der voorschoten onzer jonge meisjes maar hangt van onder het hemd. Al de kleederen zijn in schreeuwende kleuren. De broek is dezelfde als voor de mannen. Naar gelange de soort voet verschillen de schoeisels (zie voor de kleederen blad 149). Jonge meisjes dragen veel helrroode kleederen of ten minste de broek van die kleur.

Oude chinees in winterkostuum

Winterkostuum arme chinees.

Schoeisels voor

tartaarsche vrouwen.

158

Diabolo — Het spel welke in Europa nu weer zooveel gespeeld wordt is reeds honderde jaren hier in china bekend. Zelfs is het spel en het speeltuig van hier naar Europa gebracht door een zendeling. Eventueel is het speeltuig bij ons veel lichter dan hier en heeft het de eigenaardigheid van het chineesch verloren. Inderdaad in Europa worden de diabolo's gemaakt in aluminium of blik zooals soms voorzien met caoutchouc hiehier hoe zij in china zijn (zie schets)

Eene as in hard hout op de verkante uiteinden zijn soorten doozen bevestigd bestaande uit 2 volle schijven verbonden door een stuk bamboe, alzoo bekomt men doozen of gesloten cylinders. In de bamboe worden een zeker getal openingen gemaakt. Eene blijft zoo open de andere worden voorzien van een stukje bamboe welke aldus een soort kamertje maakt. Men gebruikt ook de stokjes en koord als bij ons en het spel is hetzelfde maar door de tegenwoordigheid van de openingen en kamertjes slaat de wind erin en wordt een geronk voortgebracht welke zeer sterk is en op het geblaas eener sirene of stoomfluit gelijkt. Men heeft alle grootten onder de speeltuigen. Kleine met cylinder van 10 cm doormeter tot de groote welke soms 30 cm " hebben. Deze laatste worden dan door lederen koorden (zonder stokjes) in beweging gebracht. Daar deze tuigen zwaarder zijn dan bij ons wegen

▲ 内恩斯日记（第156页与158页）

色、蓝色或白色的扣子。

他们的靴子均由丝绸制成，或长或短。长袜多为白色亚麻布或棉布材质。

（第156页）冬季时，所有衣物之外都会披上一层又一层的棉衣或皮毛，裤子外也套上保护小腿和臀部的护腿片，用丝带将这些护腿系在腰上。到了冬天，中国男性会套着一件又一件的大衣，有时多达7件。

女士：她们的着装基本和男性相同，衬衫更长，可遮到臀部。衬衫下摆缝有彩色绣花褶边，类似于我们国家年轻女孩穿的围裙。她们所有衣物的颜色都较为鲜艳，裤子和男性一样。她们的鞋子因脚型不同而有所区别。

年轻女孩经常穿着亮红色的衣物，或者说，她们的裤子起码是这类颜色。（第157页）妇女们带着束胸，功能与胸罩相同。束胸一般依靠脖子处和后背系着的丝带加以固定。

对女性脚部的残害

这种野蛮的风俗几乎消失了，但没有完全根除。

这种蓄意残害始于5~6岁，裹脚过程如下：将四个脚趾叠在脚底，用麻布或棉布制成绷带将其固定。当脚趾能适应至这个位置时，进一步收紧绷带。这基本上阻碍了脚部发育。因此，有些年长女性的脚长可能不超过10厘米，脚宽也仅为6~7厘米。这也导致她们只能用脚跟行走，不能脚掌着地。这就很容易理解为什么这些女人认为走路艰难了。事实上，中国女性很难行走，有时只能互相搀着或者扶墙才能走路。出于相同原因，她们行走时步态摇摆，臀部和胸部向外翘着，以此保持上身挺直，甚至向后倾，这是一种最不自然的姿势。广州

地区的妇女也是小脚，但她们脚趾并不压在下面。看到这种裸露在外的畸形的脚，令人不寒而栗。脚部颜色为蓝色，看起来就像是需要阻止大量出血时，被勒住的肢体。尽管现实中已经采取多种措施制止这种可怕的风俗，但许多人仍然一如既往地坚持。他们认为，女性脚部越小，看起来就越迷人。[5]

访问北京

　　北京，也叫北平、北平府，意为"北方安宁平定"。未受过教育的中国人将其称为"京城"或"天子脚下"。大约公元前1100年，[16] 这座城市首次出现于中国历史记载之中，自此后，它前前后后被赋予了十个不同称谓。

——内恩斯日记第160页

中国的首都不再是一座神秘的城市，关于它的传言和著作已不胜枚举。

　　（第160页）欧洲国家的士兵曾两次侵犯北京，占领数月，自此，它所有的秘密和奇异之处都展露于世人面前。紫禁城被彻底探索，现在甚至连它最隐蔽的角落也已经为人所熟知。如今进入北京城，人们再也不需要担心会丢失性命。宫城或"紫禁城"之外所有可进入的地方都已有详细记载。在联军占领期间，北京城这些地方遭到侵犯，在经过一番考察之后，许多曾经只是传说而非现实的部分都厘清。

　　这座城市占地6341公顷，四周高墙环绕，城墙总长33千米。[17] 据称，北京城人口比直隶省其他城市的数量要少，例如天津。

　　北京，又称北平、北平府，意为"北方安宁平定"。未受过教育的中国人将其称为"京城"或"天子脚下"。大约公元前1100年，这座城市首次出现于中国历史记载之中，自此后，它前前后后被赋予了十个不同的称谓。

　　北京分为两个不同地区，每部分都建有高墙，与周围隔绝。（第161页）北京北部为鞑靼城（内城），南面是外城。在鞑靼城内建有宫城或紫禁城，同样也是高墙深院，随时有士兵严密把守。正如名字所说，内城位于城市北面，基本住的都是满族人，而南部则完全为汉人。现在是清王朝，他们统治中国已有350年左右。[18] 在清朝统一中国之后，部分居住在北方的汉族人迁到南方省份，而取得胜利的少数民族定居在北方。北京正是

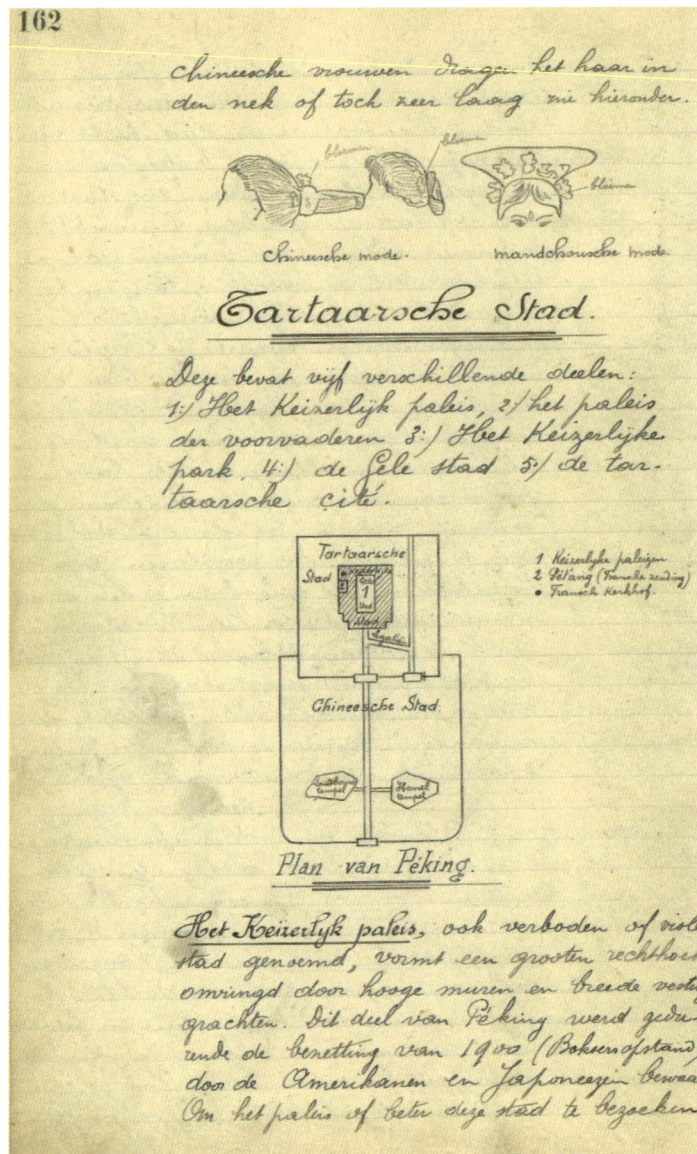

▲ 内恩斯绘制的北京城示意图

注：其上是清朝汉、满族妇女的发型示意图。

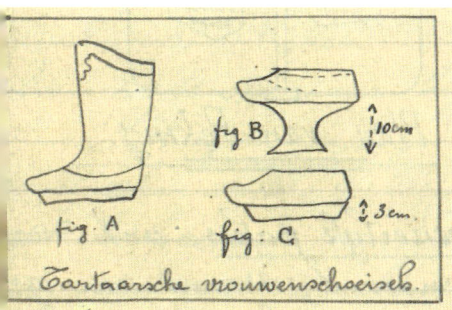

▲ 满族女鞋
注：图 A 为丝质或天鹅绒材质
女鞋。图 B 和图 C 为其他女鞋。

▼ 20 世纪初近代北京城示意图

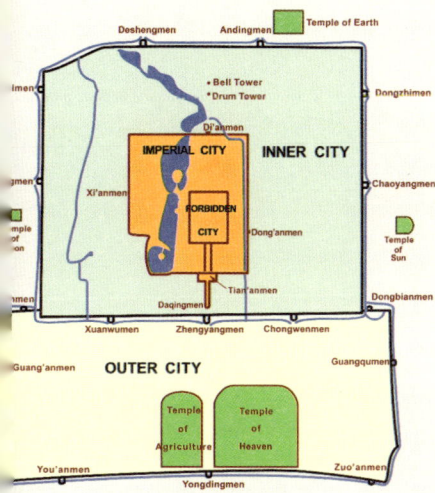

如此。由于被征服的汉族人口数量众多，满族人不得不接受了他们的礼仪与习惯。但即便如此，这两个民族仍有许多不同之处。满族妇女的脚并不畸形，她们穿木底丝鞋，或绒鞋（A 形），或图片中所画的 B 形及 C 形鞋子。女性越年轻，她们的鞋底就越厚，从 3 厘米到 10 厘米不等。

她们各自的发型也有区别。满族妇女将头发盘在一个塔楼形状的东西上；[19]（第 162 页）汉族妇女将头发束在脖后甚至更靠下的位置——见前页图示。

内城

共由五个不同部分组成：（1）皇宫；（2）庙；（3）皇家园林；（4）皇城；（5）内城（又称鞑靼城）。

皇宫

皇宫又称紫禁城，形似长方形，四周环绕着高墙与宽阔的护城河。在 1900 年八国联军占领期间（义和团运动之后），北京皇宫由美国人和日本人派兵把守。若想要参观皇宫或者皇城，（第 163 页）需要得到占领国某一位高级军事指挥官的许可。

今天，官员们正带着来访者进行参观，四周围着一群宦官，他们总担心来访者接触到某位皇室成员，看到这些西方"野蛮人"在城内街道行走，他们感到非常愤怒。来访者先被领到接待室，随后再去正殿。这里所有房间都硕大，天花板很高。这些房间用白色大理石、彩绘和镀金件做装饰。过去这里一定是个美丽的地方，但现在相当破败，明显没有受到妥善维护。铺地面的石板

之间长满杂草，窗户和屋顶瓦片都已残缺不全，垃圾扔得到处都是，看起来已有很长时间没有打扫。许多乌鸦栖息在庭院内，靠在垃圾中觅食存活，有时还会吃死尸。

接着参观的是皇帝的各种私人房间，满屋的家具保养得当，相当奢华。每间屋里都是昂贵的雕花家具和装饰品，一定花费了好多代艺术家很长时间才制作出这些精品。房间内还摆放着很多大镜子、景泰蓝、青铜神像（佛像）、香炉和其他贵重物件。（第 164 页）此外，中间还混着一些欧洲家具和物品，例如钟表和尺寸惊人的音乐盒。在穿过多条长走廊之后，终于来到了一个小房间，它仅有一扇门、一扇窗和一张凹室里的床，这就是皇帝的卧室。他的私人庭院内种着多种多样的树木。

除了正室夫人（皇后）之外，光绪皇帝[20]还可以纳多房妾室。她们都是富贵人家的女儿，对大臣们来说，能够将女儿嫁给天子具有无上荣光。这些妃子受到严密监视，因此，她们更像生活在监狱中，而不是宫殿里。其中最有名的两位妃子当属"西宫"和"东宫"。

慈禧太后，或者满族那拉氏操纵一切事务，不仅限于皇宫内部，还包括整个国家。由此看来，皇帝显然无足轻重，更糟的是，在执行太后想做的事情时，他必须格外谨慎。否则的话，他也会像其他人一样，受到惩罚。

皇城

皇城四周建有厚厚的围墙。形状类似于大长方形，被相连的红墙包围，城内居住着各种为皇室服务的人员。在城墙内部边缘曾有一座法国教会的大教堂，被称

作"北堂"。[21]但慈禧太后无法忍受在宫城内能望到这座教堂，于是，经过长时间争执，她下令将传教士驱逐出城，并赐予他们另一片地皮和充足的资金用来修建新（**第171页**）教堂。新教堂就是当今的北堂。[22]废弃的教堂仍留在原地，慈禧太后命人在旁边修建了一座漂亮的新宫殿，里面有许多装饰华丽的画廊。

这座新教堂距离大理石桥[23]通往城门的主街不远。教堂旁边现建有修道院、印刷厂、学校和其他建筑。北堂前面和四周都非常干净，整齐地种植着玫瑰和果树。我与德斯梅特（Desmet）、勒弗朗（Lefranc）先生参观了教堂及其附属建筑，他们是在北京生活的两位比利时人。

1900年东交民巷使馆区和北堂被围困时，教堂墙面遭到严重破坏，十字架被爆炸的弹片切掉，但法国国旗始终飘扬于上方，今天仍能看到墙上的弹孔。修女院几乎被完全摧毁，在其周围还有许多1900年6—7月那段激荡人心的日子留下的痕迹。清军挖地道埋炸药进行爆破，炸出了一个口径约25米、深7米的坑。总共有240人丧生，其中包括50名中国儿童〔见皮埃尔·洛蒂（Pierre Loti）的《在北京最后的日子》（*Les derniers jours de Pékin*）及安图华尔（Baron d'Anthouard）的《义和团》（*Les Boxeurs*）〕。

（**第172页**）大教堂北面建有几个帝国仓库，存放着纸张、茶叶、铁、丝绸等。1900年"暴乱"中，这些建筑也被烧毁。附近还有一处法国公墓，里面埋葬着法国士兵与水手。这段历史可参阅前文提到的书籍，《现代讲座》（*Les lectures Modernes*）中节选的《中国人的忧虑》（*Nos Angoisses en Chine*）也记录有相关内容。

如前文所述，皇城和内城由一堵城墙隔开，墙上设有三道大门。在皇城内，人们可以随便闲逛，参观所有值得一看的地方，因为皇城与紫禁城之间也隔着一堵城墙。

以上皇宫相关的信息均来自吉略特中校（Lieutenant-Colonel Guillot）的著作。故宫至今仍可以入内，1908年5月9—11日，我在范德斯特根（Laurent Vanderstegen）、德斯梅特、勒弗朗先生的陪同下进行了参观。

（**第173页**）内城

内城位于皇城外围，布局严整。皇门附近的端亲王府，曾是义和团运动的大本营。这里曾经是一处美景，但欧洲联军攻入城内，将其焚毁。

"定王府"坐落于附近，仍保存完好，值得一看。

欧洲使馆区也处于内城，距离前门（南门）不远。

如今，整个使馆区已进行大规模重建，同时，因预料到可能来自南边的攻击，防御能力也大幅度增强，以保护驻扎使馆区的数百名士兵和我们的外交官。

下面这张图是大道上修建的众多牌坊之一。在使馆街（东交民巷）入口处矗立着一座牌坊。

使馆区与城内其余地方完全不同。这里街道两旁铺设了人行道，所到之处都很整洁，几乎所有的建筑都是新建的，带有现代风格。使馆区建筑的屋顶上飘扬着各个国家的国旗，院门口都有哨兵把守。1900年大部分使馆都被毁坏，其中包括比利时和奥地利使馆。法国使馆遭到最猛烈的攻击，守卫士兵在战斗中拼到最后一颗子弹，但最终，使馆几乎被彻底摧毁。如今，比利时使馆已经重建，红白砖相间、带塔楼的外观具有佛兰德斯风格。使馆卫队有21名士兵，不过其中2人已被派到天津。

▲ 北京使馆区街景
注：照片来自内恩斯的相簿。

▶ 北京欧洲使馆区入口处的
牌楼

如前文所讲，内城四周高墙环绕，墙体大约20米高、15米宽。城墙由灰色大石块修建而成，并配备有步兵与炮兵所需的全部防御装备。城墙多处地方仍能看到遭受炮轰的痕迹，有些地方的城墙甚至已经（**第178页**）倒塌。每扇城门上方都建有40米高的塔楼，宽度不尽相同，装备有老式大炮。西门上面的大炮最为引人注目，全部为青铜制造，和我们欧洲古代的武器非常相似。城门又厚又重，外部蒙着一层铁板。

（第179页） 外城

从远处看，外城与内城颇为相似，但街道及房屋布局没有后者规整有序，街道和小巷也肮脏不堪，冬季路面满是泥泞，夏季街道尘土飞扬，几乎看不清路。在城南地区，雨水积成了一个大水坑。

从前门走出内城，一侧是北洋铁路公司（North China Railway）的火车站，另一侧是京汉铁路车站，这条铁路线以前被称为"平汉"，现在改为"京汉"。

一条铺着方形大石块的大街，表面凹凸不平，直通南城。这条街上有两座汉白玉石桥。曾经有一座是城里乞丐的聚集地，因此过桥并不容易。如今这里的情况有所改变，但乞丐桥的名字仍然保留下来。这条街的终点通往天坛和先农坛，这是外城最著名的两处观光景点。

天坛

天坛及其周边公园占地面积至少有1700平方米。皇帝每年要在天坛举行三次祭典。第一次是向上天禀告过去一年的情况；第二次是接受上天旨意，祈求来年国泰民安；第三次是祈求雨水充足、（**第180页**）粮食丰收。

参观天坛时，要先走过左边宽阔的街道，进入一扇大门。先交钱，后开门。进每扇门都要付费，参观过天坛的人都知道，门票价格不固定，你需要不断掏腰包。慷慨之士大有人在，每次给5分或10分钱。但如果你了解这种习惯，并且会说中文，你只需要支付1分、2分或3分钱。

进里面之后，要沿着一条铺着石板、平整完好的通道穿过一大片草地。左边树梢之上，露出一个非常特别的寺庙圆顶。这座大殿为圆形建筑，建在雕栏环绕的汉白玉大理石圆台上。要想登上平台，需要爬28或30个台阶。这个最为壮观的台阶的中间部分（**第181页**）没有铺设阶梯，而是在坡道上放置了带巨龙浮雕的巨石。这是专为皇帝（或称天子）铺设的御路，使其免于爬楼梯。巨龙浮雕的鳞片与爪子能起到防滑作用，主要是因为皇帝都穿丝绸靴子。对我们来说，走斜坡并不如皇帝那般危险，我们都是皮革鞋底。我也想像其他游客那样在斜坡上走，但这个行为让我们的向导大为恼火。

圆台顶部有个中国人，想打开大殿门仍要向他付钱。奇怪的是：在没有人伸手要钱的地方，反而任何人都不能靠近大殿门10米之内的地方。

祈年殿内，粗壮的柱子撑起穹顶，这些柱子涂着红漆，上面有大量的金色装饰图案，穹顶的净高给每位参观者留下深刻印象。从建筑角度来说，这座寺庙是北京最出色的建筑。大殿中央摆放着一个雕刻精美的宝座，两边都是漂亮的高背椅子，这些椅子是为陪同皇帝进行祭祀的大臣们准备的。宝座和椅子周围设有木制栅栏，防止普通人坐上去。从官方意义上来说，皇帝守护国家所有宗教，在佛教和道教寺庙里，他仅仅行鞠躬礼。然而，在孔庙或天坛，他需要行大礼，也就是说他需要下跪（**第182页**）叩头。

仔细欣赏过祈年殿之后，我们沿着皇帝过去常走的通道离开那里。接着需要穿过两扇不同的大门，走向另一处圆台。这两扇大门和圆台都为白色大理石建造。第二个圆台位于一座建筑物之前，除了皇帝本人外，任何

▲ 北京天坛
注：照片来自内恩斯的相簿。

人都不得进入。人们可以穿过公园走进另一座建筑，那里是皇帝来天坛祭祀的时候休息和用膳的地方。这里面只有宝座值得一看。公园里有个大香炉，直径约1米，雕刻得非常精美。

（**第185页**）外城同样有高墙环绕，但城墙并不像内城如此之高。1900年后不久，正是从这些防御城墙上炸出了两处开口，京汉铁路线才得以穿过城墙直至终点站。城墙上的金属大门只能在火车接近时才打开。当火车经过皇家宫殿时，司机不得鸣汽笛。如果鸣笛，他们将被处以5元罚款，若再犯，罚款金额就会更高。

北京一大特点就是用灰砖盖房屋，而天津的大部分房屋还都为黏土建造。对于后者，首先需要用高粱秆编成一个木制框架，然后再将收割来的稻草混入黏土，覆盖于木架之上。

La 3: porte de la ville impériale

Peking.   Third Gate in the Imperial City.

◀ 北京皇城的第三道城门明信片
注：如今为天安门城楼，内恩斯寄出的明信片。

◀ 北京城墙
注：照片来自内恩斯的相簿。

▼ 北京城墙处的铁轨
注：1900 年后不久，为使京汉铁路线穿过城墙抵达终点站，城墙被炸出了两处开口。

　　另一方面，北京的警察系统及卫生服务都不如天津组织有序。

　　如果空闲时间较多，去北京郊外散步很有意思。其中一项活动是参观皇陵或明陵。因为路途遥远，人们可以乘坐马车、黄包车或者骑驴前往。这个地方零散建着一些大理石门和牌坊。第四道牌坊尤为精美，共有六根方形柱子托起顶部，每根柱子下的方形基座上都刻着龙的图案，前面还有卧在地上的石狮。

　　（第 186 页）整个陵区的景象非常震撼。人们从很远就能看到雕刻得栩栩如生的方尖石碑，随后映入眼帘的便是狮子、骆驼、大象以及士兵的石雕，每种动物均是四个为一组：两个直立，两个横卧或坐卧。士兵雕像身着明代的盔甲和服饰。人物或动物的所有雕像都由大理石雕刻而成，他们似乎在守卫着通往陵墓的道路。这应该是有意为之。如果你从远处看这条道路，一定很壮观，因为它如箭一般笔直。

快到陵墓区入口时，道路两旁矗立有武将、文臣等雕像，这些雕像至少是正常人的两倍大。大殿建在平台之上，有大理石走廊相通，与天坛相似。上面还有一座类似堡垒的垛墙，呈锯齿状、双层屋檐。这里绿树成荫，草木茂盛。一栋建筑与另一栋之间都有小路相连。

中国官员

很多人以为中国官员身居高位，几乎与皇室成员身份相同。而事实上，官员仅仅是一名公职人员。即便如此，这些官员仍拥有重要的社会地位。有些人为总督或省长效力，另一些则忙于邮政管理、海关等事务。但是，大部分人无所事事，只是在炫耀身份，让穷人觉得他们比普通市民更为尊贵。

中国的政府官员共设9等，装饰性顶珠与补子是区别等级的标志。顶珠含义与我们国家不同。它并不是服饰上的那种纽扣，而是一种固定于螺钉之上的小球，拴在官员的官帽上。它是一种"官方帽饰"，象征着官员的官阶与职位。

一品：珊瑚顶珠（纯色）；
二品：珊瑚顶珠（上面刻着"幸福长寿"）；
三品：蓝宝石（透明蓝色）；
四品：青金石（不透明蓝色）；

五品：水晶（无色玻璃珠）；
六品：珍珠；
七品：金；
八品：镀金银；
九品：银[24]。

皇室亲王也可用宝石作为顶戴装饰，但在皇帝或慈禧太后出席的场合，所有亲王都需要佩戴红宝石顶珠。

顶珠由三部分组成：
· 如图中A部分的螺钉；
· 顶珠本身B；
· 安放顶珠的C部分及C'部分的托架。

顶珠B中心有穿孔，可插入螺钉。托架C上有个螺丝孔，螺钉A能扣入其中，并拧紧固定，从而使顶珠B扣紧在官帽之上。A和C为铜或金制，取决于主人的富有程度（见右图）。

大臣们的传统服饰为纯色官帽或是一顶小帽，顶珠上还拖有一束丝质红缨。任何人都可以佩戴红色、蓝色或白色的顶珠，但地区不同，官帽的样式也有所不同。通常官员们冬天戴暖帽（带皮毛），夏季戴凉帽。

补子是一种刺绣装饰织物，官员的官阶不同，装饰图案各有区别。

任何在华经营公司的欧洲人都有可能被授予五品官员的头衔，他只需要支付颁发证书的费用就行。[25] 如果你对此有兴趣，并执着追求，你可以用钱买到任何等级的官衔。

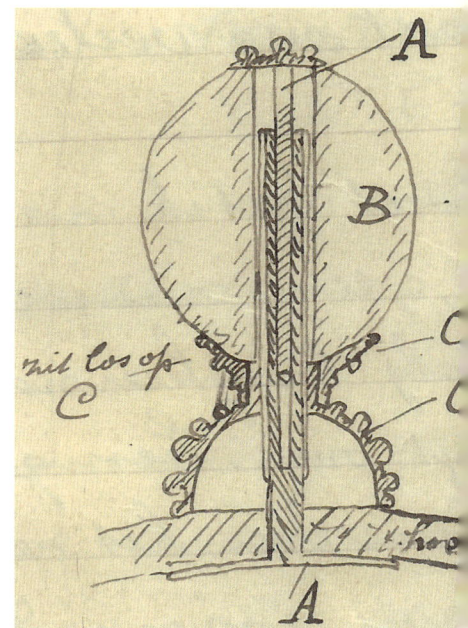

▲ 官员顶戴结构示意图

▶ 身穿朝服的清朝大臣
注：照片来自内恩斯的相簿。

▼ 身穿冬季棉服的清朝大臣
注：照片来自内恩斯的相簿。

▲ 中国武官
注：照片来自内恩斯的相簿。

◀ 当地九品官员
注：照片来自内恩斯的相簿

启程之前发生的事件

（第 190 页）

1908 年 3 月 10 日

所有职员都清楚，三年合约期满之后，我无意续约，将按期返回比利时。所有人对此都深感遗憾。有些人还亲口对我说起此事。他们甚至希望我们回去休假一年，然后再回到中国。克罗斯夫妇也因我们不会留下来而感到沮丧，毕竟我们已经成为朋友。再加上克罗斯现在是库房的出纳，我们的关系甚至比之前更近了。

职员们决定要赠给我礼物，让我以后能时常想起在中国生活的日子。

（第 191 页） 我的继任者是一位阿尔及利亚人，今天刚签约。乍一看，他似乎并不适合这项工作，他对电力知识一窍不通。与他交谈之后，我担心他甚至还未搞清自己的基本工作内容，不得不依靠已经掌握知识的工人，这将会使他陷入非常困难的境地。他以前是一名铁路检票员，后来成为锯木厂的主管。他经历了 1900 年的义和团运动，但不久后就丢掉了工作。我每天让他工作 1 个小时，但他似乎没有按时这样做。

1908 年 6 月 13 日

工人和电车司机们计划明天送我礼物。赠礼仪式定于早上 6 点半，因为首班电车 7 点开始运营。

1908 年 6 月 14 日

早上 6 点 15 分左右，库房经理傅金榜前来接我。他请我去大门口，迎接即将来送礼物的职员。我走到大门

先有司，赦小过，举贤才。[26]

——孔子

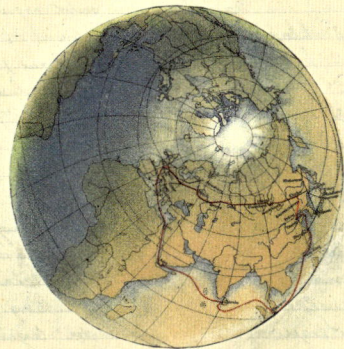

▲ 内恩斯日记（第 190 页）

口时，听到远处传来了中国音乐的声音，一群人向我们走来。一看到我，就有人点燃了一连串的鞭炮。噪音太大，什么都听不见了。这群人走到跟前，先是几个小男孩拿着大铜盘或铜钹，不停地敲着（**第 192 页**）。接下来是一些举着旗子与罗盖伞[27]的人，其后跟着吹喇叭的

▶ 献礼队伍

乐手，和我拜访袁世凯时见到的一模一样。紧随其后，有人举着两顶非常好看的黄色丝旗，上面绣着黑丝绒汉字，其间还有一把官员专用的丝质罗伞。这些都是电车售票员们赠送给我的礼物，他们走在职员队伍的前列。所有人都穿着1号制服。正、副主管穿着他们最好的西装、戴着最漂亮的配饰，他们走在队伍最前面，向我敬礼。从我身边经过时（**第193页**），他们一边朝我的方向向右转头，一边继续直挺挺地向前迈步。他们的态度与着装堪比阅兵，士兵们也不可能比他们表现得更好。售票员后面跟着一顶装潢精美的镀金轿子，至少有8人

抬着。上面摆放着一块硕大的匾，盖着红绸，绣着漂亮的黑丝绒汉字。后面还有两名苦力扛着两块小匾，也都盖着红绸，绣着黑字。队伍最后跟着白班与夜班的所有工人，主管走在前面，他们脸上都露着喜悦。我深受感动的是：

第一点：他们对我表达感激的方式。

第二点：他们穿着整洁、行进有序。

我认为能把他们训练得如此优秀，是我的功劳。

按照当地游行习俗，队伍首先要横穿天津老城，以便让所有人都看到并知晓这些是赠予谁的礼物。整个队

伍行进过程中，始终伴有音乐，直至走到我的住所，将旗帜与罗伞竖在前院。匾被挂在一层楼梯之上的墙壁上。

在此时，我站到了他们中间。一名库房工人代表其他所有人赠送礼物，并按稿发表讲话，内容虽短但文笔优美。

（第194页）我深受感动，也向他们表示衷心感谢（请看告别大合影！），告诉他们这对我来说是莫大的荣耀，是我从下属那里得到的最好礼物，这次也是我远离家乡完成的第一项任务。我还说道，我将永远珍藏这些礼物，它们会让我不断想起你们这些忠实的职员。仓库经理把我的一番话翻译成优美的中文（当然！）。随即，他们大喊三声"好啊"，喊完之后，每个人都跪下叩头。他们看起来都很开心。

后来，我请他们一起吃早餐，包括车站列车长、工厂工人。我专门在仓库办公室为部门领导和仓库经理准备了一顿特殊的美味佳肴。

以下是匾、罗伞和旗帜上所写内容：

大匾：同甘共苦

　　　他在华工作期间，对工人关怀备至。

罗伞：永谋慈悲

　　　（第195页）他始终对职员呵护有加，就像细心浇灌花朵一般。

旗帜：第一面旗：情义如山

　　　　　　　　他是职员们如山般的坚强后盾。

　　　第二面旗：同沾雨露

　　　　　　　　他如雨露般滋润万物。

每处地方都写着我的名字、天津所属省份及其市名和我们公司的名字（电车公司）。

◀ 车间工人用早餐

注：第一排自左至右：赵松林（音译），夜间领班；傅金榜，仓库管理员；马太成（音译），领班；李成和（音译），首席铁匠。

罗伞上装饰着五颜六色的丝带，每条上面都写有一位电车售票员及其上级的名字。

起初，上面的文字对我来说如同天书，但其实他们想表达的就是我对员工很友好，对他们的工作教导有方，并且经常为他们挺身而出。电车公司几乎没有经理级或者管理层人员曾收到过这样的礼物，这些仅献给有声望的高级政府官员。所有礼物都将摆在我们比利时的客厅里作为精美的装饰，也能让我一直看到它们。

1908年7月3日

今天，中国职员、检票员、调度员，以及我的译员李树堂，由检票员和两三位调度员作为代表向我赠送礼物表示感谢。大家选礼物的时候听取了李树堂的意见，他希望这些**（第196页）**礼物能让一位欧洲人高兴。

☞ Nous apprenons que M. Nuyens, de la Cie des Tramways, vient de recevoir la médaille d'argent de l'Alliance française, pour services rendus pendant son séjour en Chine. Nous nous faisons l'écho de ses nombreux amis en lui adressant nos plus sincères félicitations.

l'Echo de Tientsin 16 Juillet 08.

☞ Nous apprenons avec regret le départ de l'ami Nuyens, rentrant en Belgique à l'expiration de son engagement. Il partira dans quelques jours par le Transsibérien, avec sa femme et son fils. Tous ceux qui le connaissent vont le regretter en souhaitant de le voir bientôt revenir parmi nous après un congé bien gagné. Nos vœux vont les accompagner, lui et son aimable famille, tout le long de la route, en espérant qu'il donnera souvent de ses nouvelles.

Le Courrier de Tientsin 16 Juillet 08.

Départ de Mr Nugens.

Nous apprenons le départ pour le 18 de ce mois, par le transsibérien de Mr Nugens le sympathique chef de dépôt à la Compagnie des tramways de Tientsin. Mr Nugens retourne en Belgique mais nous espérons bien que ce départ n'a rien de définitif et qu'il reviendra à Tientsin où il laisse de réelles sympathies et d'unanimes regrets.

l'Echo de Tientsin 16 Juillet 08.

EN DEHORS DE LA CONCESSION
Echo de Tientsin du 16 Juillet 08

Beaucoup de drapeaux aux maisons dans toutes les concessions. On voit que tous sont heureux de pavoiser en l'honneur de notre fête nationale et chacun s'est surpassé.

Pas d'accident grave à signaler. Une vive alerte s'est produite chez l'ami Rousseau pendant le dîner d'adieu qu'il offrait en l'honneur du brave camarade Nuyens. Une lueur, rappelant l'incendie de l'Arcade, a jeté le trouble parmi les convives, tous pompiers. L'un empoigne sa hache, l'autre coiffe son casque... Mais pas de sifflet, les policemen dorment-ils déjà? On se précipite... ce n'est qu'un lampion facétieux qui a voulu voir si chacun veille. Inutile d'ajouter que l'incendie fut immédiatement éteint. Un seul blessé avec une légère brûlure à un doigt.

DEPARTS

M. Nuyens, chef de dépôt aux Tramways, est parti hier matin par le train de 11 h. 17 qui l'emmène, lui et sa famille, vers le pays natal, où il prendra un repos bien mérité. Ses nombreux amis et camarades avaient tenu à l'accompagner : M.M. de Lesquen, Rousseau, Wolff, Schleins, Lecourt, de Fooz, Dentsi, M. et Mme Cros, M. et Mme Battegay, Dreyfuss, Halbroun, Bochin, Garreau etc, j'en oublie certainement et des meilleurs ; le personnel chinois de Nann-K'ai au complet, mécaniciens, contrôleurs etc. qui avaient amené M. Nuyens à la gare, dans un tramway décoré par leurs soins de guirlandes de fleurs et de drapeaux. Plus d'un avait les larmes aux yeux.

Départ tout intime mais qui montre combien était grande l'estime de tous pour l'excellent homme qu'est Nuyens, pas un ami n'a manqué.

L'affluence était d'autant plus considérable qu'un autre camarade, l'ami Blum, rentrant en France, prenait le même train et une bonne partie était venue pour lui.

Les regrets de tous les accompagnent et chacun fait des vœux pour que le voyage s'accomplisse sans difficulté, avec l'espoir de les voir nous revenir bientôt.

Tous deux étaient membres actifs de la Cie des pompiers volontaires de Tientsin ; A qui le gant ?

所有礼品均为景泰蓝工艺品，包括一个水果盘、一个茶壶、一个牛奶壶、一个糖盘、六个高脚杯或茶杯、六条餐巾、两个烟灰缸、一个盒架、一个卷纸架、两个花瓶和一个雪茄盒。他们再次穿上了1号制服（白色西服）。接受礼物之后，我对他们表示感谢，请大家喝了一杯啤酒或柠檬水，这是他们唯一想要的回礼。随后，他们心满意足地回到了各自的工作岗位，我能体面地收下礼物让他们很开心。所有人都对我们即将离开表示遗憾，但希望日后还能再次相见。

1908年7月15日

今天，我将全部工作职责移交给继任者。看到我离开，有些人可能会很高兴，但我想并不是中国人，应该是某些欧洲人（查票员）。在我任职期间曾经阻止他们做一些事情，如今他们更加自由，可以随心所欲地去做了。克罗斯先生很伤心，变得郁郁寡欢。我们已经开始与比利时领事迪西埃雷、鲁索、德福兹、沃尔夫等人一一告别。他们为目睹我们离开而感到惋惜。领事说他已经向外交部递交了一份表扬信，并请求将其转交给比利时国家铁路管理部门。

（第 197 页）在最后的日子里，我们每天都和克罗斯夫妇共进晚餐。

◀ 内恩斯收集的有关他离开天津的剪报（粘在日记第 242 页）

附属文件

中国新年

中国新年是中国人唯一休息的日子。他们一整年都忙于工作与采购，因为中国没有星期日的概念，所以他们几乎从不休息。从年初至年末，每天都是相同的重复，正好与我们欧洲的谚语内容相反。但随着新年到来，一切都变了：不论贫穷富贵、年老年少，全都在庆祝一场盛大的聚会。远离家乡的工人们即使花光所有积蓄，有时甚至冒着失业的风险，都要借此机会回家与家人团聚。一家人将共度新年，只有在特殊情况下，中国人才会在（**第 257 页**）正月十五前离开家乡。所有行业的活动都将停止，全部商业交易也会推迟至新年过后。人们在自家屋檐下，好好地休息一段时间。

在庆祝那天到来之前，每个中国人都忙着为春节做准备。首先最重要的是还清所有债务，以免受债主的纠缠和折磨。新年那天所有赊欠账目都将归零，自那天起，未偿还的债务都将一笔勾销。

之后，人们开始包"饺子"。这是一种裹着肉和蔬菜的馅饼，类似英国圣诞节要准备的葡萄干布丁。饺子一般要在除夕夜包好。中国人认为饺子越大越好，包好后进行煎或炸。[28]午夜12点过后才吃饺子，一家之主会将其分给在场的每个人。

与欧洲相同，庆祝活动于午夜开始，但需要在全家人分享完饺子之后。男士和女士都将穿上最漂亮、通常是新添置的衣服。年轻的男性向兄长行跪拜礼，妹妹们向哥哥姐姐们送上新年祝福，儿子们向父母磕头，等

等，家庭聚会整夜不停。

最特别的新年祝福就是"恭喜发财"。人们也说"新年大吉"，就是"新年快乐"的意思，但这些都是送给（**第 258 页**）外人的问候语。

跟欧洲一样，孩子们非常喜欢过年，因为父母会为他们准备玩具、鞭炮与糖果。来访的客人也肯定会记得给孩子们一点小钱，这是特别受欢迎的礼物。

中国人平常吃喝很有节制，但新年期间，他们会"丧失理智"，有时会不顾一切地把钱花在吃饭上面。房子里必然堆满了各种各样的食品，尤其是在偏僻的村庄里，因为所有市场和商店都关门了，他们必须储备至少能维持10天的食物。在此期间，只有那些出于某种原因无法庆祝的苦力，以及那些为欧洲人或欧洲机构服务的人仍需要工作。即便如此，他们至少可以休息4天。

直到正月十五以后，人们才恢复工作，生活也开始步入正轨。在那之前，时间仿佛停顿：大街小巷都空无一人，甚至连火车都停运两三天。即使火车营运，在10天内，每个方向每天也只发一趟火车。正月头四天，我们的电车也只有每天下午运营。

（**第 259 页**）新年期间，中国人主要是在家里享受，与亲朋好友欢聚一堂。即使有人想搞些花样，也不可能实现。

年关将至，路上挤满了回家团聚、庆贺新年的工人。而新年伊始，家人离开的场面可谓是场灾难。

家庭成员聚在一起吃饺子的同时，还要祭奠先祖，这个纪念仪式对大年初一的欢乐气氛多少有些影响。新年庆祝活动带有很大成分的迷信与宗教色彩。在中国，祖先崇拜对这种家庭团聚有很深的影响，完全可以说起

新年庆祝活动带有很大成分的迷信与宗教色彩。在中国，祖先崇拜对这种家庭团聚有很深的影响，完全可以说起到支撑作用。

——内恩斯日记
第 259 页

到支撑作用。

腊月二十三，中国人要祭灶神或灶王爷。他是执掌灶火的神灵，常年守在厨房，处在满是水雾的环境之中，闻着炉子里飘出的烤肉味。他是每座住宅的守护神，负责监督一家老小的行为。中国人认为，在腊月二十三这天，灶神在做完家务之后，会离开厨房，上天向玉皇大帝汇报。随后，玉帝决定是否保佑这一家人来年吉祥。

在这天，中国人为灶神准备的贡品多为糯米、点心和糖果等甜品，（第260页）正常人吃这些东西后，牙齿都会痛得厉害。向灶神供奉这样的食物主要是为了塞住灶神的嘴巴，让他在向玉皇大帝（也称老天爷）汇报过去12个月里的事情时能嘴下留情。

腊月二十八，人们需要请回一尊新灶神像（雕像、陶俑或泥像），并把它放在炉灶之上，与原先的神像摆在相同的位置。

腊月三十，也就是一年中最后一天，要祭奠逝者。家人们要在家中为去世的亲人准备祭品，他们还要去陵园坟墓前向先祖磕头跪拜。这天需要供奉所有神灵，尤其是财神。

人们要在十字路口给财神烧纸钱，并祈求他能降福给家人。财神神像一般贴在家里某面墙上，每位家庭成员都要在神像前跪拜。每年这个时候都会用到海量的纸钱，[29] 家里更是随处可见：家居用品上，厨房用具上，甚至是人力车的轮子上。他们认为拜这些纸钱或是幸运帖所赐，来年一定能发财。

除夕之夜，人们会不停地燃放烟花爆竹，以驱逐家里的邪灵。[30]（第261页）随后，如前文所述，在午夜时分，人们要煮饺子。这顿年夜饭类似于我们的圣诞大餐，吃完之后，一家人要向逝者和神灵上贡，行跪拜礼，以祈求新的一年幸福如意。

中国人跟我们一样，新年也要给朋友寄送名片贺卡。这些贺卡的样式均为大红纸，上面写着名字与祝福的话语。[31]

通常，收到贺卡的人会将这些红纸贴在墙上，并且保存得越久越好。我手下的工人就把我寄送的名片贴在他们工具设备后面的墙上。

服丧期间的家庭不能在春节拜访他人，因为他们不得进行一切娱乐活动。

过春节，人们会燃放五花八门的烟花爆竹。鞭炮声混杂着长笛和大鼓的声响，这是一年之中最为热闹的时候。

为欧洲人工作的中国雇员在此期间要去拜访上级，行跪拜礼，并送上新年祝福。他们还会赠送礼物，有水果（苹果、梨、葡萄等）、野味（野兔、鸭子等），有时甚至是一整只羊。我们家很快就变成了一间食品仓库。1907年门房送给我妻子7只活鸡。原则上，或者照理说，所有这些（第262页）都是给我妻子的礼物。我认为我不能收任何礼品，这样在对待下属的时候，才能不偏不倚。当然，这无法阻止他们送来各种各样他们认为我会用到的东西，例如雪茄、烟草等，一位电车售票员甚至送给我整瓶香槟。但我当然不能拒绝他们赠送的离别礼物，因为这会让他们很没面子。

腊月二十三左右，每个人都开始大扫除，这每年仅有一次！完全没有夸大其词！人们清扫与洗刷街道、房屋和商店，到处都被擦得锃亮。墙壁被贴上新的墙纸，他们把红色的"福"字和"喜"字贴到各种地方，包括墙上、门上、栅栏上等。屋内也都要贴上这些红纸，就

▲ 拜帖

注：中国人在新年时送给朋友写有本人名字的大红纸，有时还会附上贺词。

像贴吊钱儿一样。

　　店主们习惯在门上挂一条红纸，上面写着："出门见财"，意思是走过此门能带来好运。

　　遍地燃放爆竹就意味着整个国家的年度庆典要开始了，但据说这只是为了吓走瘟神或邪灵。在中国，迷信（更确切地说是民间信仰）助长了这些夸张的习俗。人们将（**第263页**）干稻草堆在院子里，以警告任何想来扰乱庆典的恶灵。人们尤其害怕"皮猴子"，它总会在大年三十的夜里或正月初一来偷饺子。这也意味着午夜敲门来访的客人很不吉利！

　　新年第一天不是从午夜开始，而是从黎明时分算起，也就是早上5点钟左右。新年祝愿"见面发财"意思为"看到你就会带来财运"。"恭喜"就是祝贺的意思。

　　当给至亲送礼物时，通常要付给搬运礼物的人一些赏钱。一些银行会在新年时发行10、20、40和50分的纸币，有些面值为1元，甚至是5元。当你给"无知"的苦力一张这种无标识的10分纸币时，他会异常开心，直到走到城市另一端的银行兑换时才发现上当了。

　　礼物清单列在一张附带的红纸上。接收方可以选择留下喜欢的东西，退回某些礼品。他需要将清单中已收下的礼品划掉，并在底部写上："万分感谢"。然而，拒收某些或全部礼品会冒犯送礼者，接收人通常也会以相同方式送一些礼物作为回礼（再说一遍，这只针对中国人！）。

　　（**第271页**）夏季早晨，我一般最晚6点起床。洗过澡之后，照例每天去车间与库房巡查，看看是否每个人都在岗，电车车厢是否已经清扫干净与检查过。

　　大约7点，有轨电车驶离车库。一名欧洲主管负责

▶ 内恩斯日记（第264页）

注: 上图: 1905年6月20日，前往天津之前。下图: 天津，1906年7月12日。

264

20ᵉ Juni 1905. Voor myn vertrek naar Tientsin.

Tientsin - 12ᵉ Juli 1906.

Juni 1907 - Vader en zoon.

Januari 1906.
Vrouw en kind, korts na de aankomst te Tientsin.

◀内恩斯日记（第265页）

注：上图：1907年6月，父与子。下图：1906年1月，妻儿抵达天津后不久。

监督售票员与调度员的工作表现。他会配备一名中国助手。尽管全体职员都在前一天接受过检查，但仍有必要盯紧他们。否则，服务永远达不到标准。

8点钟，欧洲主管到我办公室汇报前一天的情况，并接收当天的工作任务。售票员主管会将他的报告写在本上，随后会被翻译成法文。我办公室里保存的表格上记录着每天出动电车的数量以及跟车售票员的人数。

9点前完成工作汇报，之后我将其汇总报告给公司经理。之前，我已在早上7点左右吃过早餐（咖啡、牛奶、面包、果酱）。

把每日工作报告归档之后，我回到电车库房检查所有发生"故障"的车辆。

大约11点，我记下每辆电车的行驶里程。有时，我会被叫去解决维修方面的问题，有时会打电话与经理商议事情。

我通常在12点回家吃午饭（**第272页**）。午餐基本上有4~5种不同菜品（也就是法国人所说的"déjeuner"）。吃过午饭，我会睡三四个小时（因为夏季高温令人难以忍受）。

与此同时，一名信使会从办公室带来工作指令或其他文件。

下午，我专心在车间巡查。有时我会去街上看看电车是否正常行驶，并确保所有职员都在岗。

如果发生脱轨，我需要派遣辅助车辆去进行救援。如果发生事故，我每次都得去当地警察局保释售票员，因为即使发生轻微事故，他们也会被逮捕。

晚上7点左右，我们吃晚饭（同样有五六道菜）。之后，我们脱掉日常工作制服，穿上舒适衣物，去院子里聊天，喝杯茶或柠檬水。

我自愿担任法租界消防队的教导员，一般每月去法租界两三次，查看他们的演习情况。每次去的时候，我都会和比利时的鲁索上尉或其他朋友待在一起。

有时，公司经理或者比利时领事迪西埃雷会邀请我们共进晚餐。

这就是我们在这里的日常生活。每个工作日或周日都一成不变。

我们有时会去城外的平原上散步，或者乘马车、骑马出游。在冬天，我偶尔和其他欧洲人一起打猎。（第273页）因为我之前从未骑过马，所以必须得练习，但幸运的是，我挑选了一匹非常温顺、随和的马，降低了从马背摔落的风险。

上述所有活动都给我的生活带来些许乐趣，但对太太们来说，生活枯燥无味，她们的活动与我们男士大不相同。星期天晚上或下午，我们经常去欧洲租界或法国百代公司电影院（Cinema Pathé，权仙电影院）。但无论何时我们去哪里，我总是会吩咐会计主管留意公司业务，并告知他如遇紧急情况，去哪里能够找到我。

这基本上就是我们在中国的生活。

▶ 内恩斯日记（第266页）
注：上图："我的雇员、调度员及领导层，1907年。"
这张照片在日记第一页有放大版。下图："我们在中国的朋友：马祖中士、滨副官、布勒中士。"

译者注

[1]安妮·弗兰克（1929—1945），生于德国法兰克福的犹太女孩，二战犹太人大屠杀中最著名的受害者之一。安妮记录下了从1942年6月12日到1944年8月1日自己的经历，她的记录成为第二次世界大战期间纳粹德国灭绝犹太人的著名见证。1952年，该记录以《安妮日记》之名出版，是全世界发行量最大的图书之一，有多国语言的翻译版本，并被拍成戏剧、情景剧、短片和电影。

[2]此处与史实不符，望海楼教堂并非因"天津教案"而建。望海楼教堂原名圣母得胜堂，由法国天主教会建于1869年，1870年发生"天津教案"，被群众烧毁，直至1897年才重建。

[3]天津开埠实际为1860年签订《北京条约》之后。

[4]现天津地理范围为东经116°43'~118°04'，北纬38°34'~40°15'，市中心位于东经117°10'，北纬39°10'。

[5]这里指的是京胡、京二胡、月琴、笛子和唢呐、鼓板、梆子、锣等京剧演出中常用的乐器。

[6]指袁世凯接收的海关西洋铜管乐队。

[7]此处内恩斯理解有误。中国人传统上讲究"入土为安"。有些人突然离世后要请堪舆师寻找合适的墓地，所以会需要较长时间；还有些富人客死他乡，亲属需要找机会送灵柩还乡安葬，灵柩会暂时停放在某处空屋中，并不是不入土安葬。

[8]缀红球的一般为孙子辈。

[9]此处内恩斯将掌管降雨的龙王与被视为皇族象征的龙混淆了。

[10]内恩斯此处描绘的是"招魂"仪式。据说如果死者客死他乡，他的魂魄就会找不到归途，不能享受香火的奉祀、食物的供养和经文的超度，灵魂也会长久地漂泊，没有投胎转生的希望。除非他的家人替他"招魂"，使他听到那企望着他的声音，他才能够循着声音归来。

[11]这里指女信徒们只露出脸来，所以形容她们像木偶人一般。

[12]原文为"whale sperm"，有一道菜"烧白子"，是河豚精子。

[13]应为唢呐、笙、笛。

[14]指跟包，旧时专为某个戏曲演员管理服装及做其他杂务的人。有时他们在演出间隙为演员递水、整理服装等。

[15]京剧画脸谱，川剧佩戴面具。

[16]北京的历史可追溯到西周初年（公元前11世纪），武王伐纣以后，封召公奭于燕，封帝尧之后于蓟，燕、蓟两个诸侯方国即北京历史上最早出现的行政建制。

[17]现北京城面积约1.641万平方千米，紫禁城占地面积约72万平方米，建筑面积约15万平方米，古城墙总长为24千米。

[18]此处时间计算有误。1616年努尔哈赤建立后金，1636年皇太极称帝，改国号为大清。1644年多尔衮率领清兵入关，开始统治整个中国，至内恩斯来华期间（1905—1908），应为260年左右。

[19]指满族妇女用来固定发型的旗头板。

[20]光绪皇帝在位时间为1875—1908年。戊戌变法失败后，光绪皇帝被幽禁于中南海瀛台。《辛丑条约》签订之后，慈禧太后携光绪帝从西安返回北京，光绪帝恢复以往的地位，生活于紫禁城内，常常临朝，但仍受到严密监视。

[21]指蚕池口教堂。

[22]指西什库教堂。中法战争结束之后，清光绪十一年（1885）慈禧委派李鸿章全权办理有关北堂搬迁与洋人谈判事宜。根据李鸿章和教会谈判的结果，1888年新的北堂在西什库建成。因此在1900年之前，在皇城西北面有两个"北堂"同时存在。义和团运动之后，义和团围攻西什库教堂，教堂部分被毁，后很快重建。

[23]指御河桥，横跨于北海与中海之间。白色大理石在中国又称"汉白玉"。

[24]顶珠的颜色及材料有多种，反映不同官员的品级，按照清朝礼仪：一品官员顶珠用红宝石，二品用珊瑚，三品用蓝宝石，四品用青金石，五品用水晶，六品用砗磲，七品用素金，八品用阴文镂花金，九品用阳文镂花金。顶无珠者，即无品级。

[25]此处应为内恩斯听到的传闻。

[26]出自《论语·子路》。

[27]这里送的应是"万民伞"。在清代，一般地方官离任的时候，该地方的绅商百姓都会送"万民伞"，意思是这个地方官像伞一样遮蔽着一方的老百姓。伞上缀有许多小绸条，上书赠送人之名氏。

[28]中国传统饺子使用蒸煮法较多，偶尔也将煮熟或蒸熟后的饺子煎或炸。

[29]这里的"纸钱"是指"吊钱儿"。农历大年三十，天津卫的大街小巷，不管是居民家庭，还是商家、饭店，都要贴上大大小小的红色吊钱儿，上有各种图案和吉祥话，是我国特有的民俗。

[30]指"年"。民间传说，古时"年"是一个恶鬼，每到春节都要出来吃人，尤其爱吃童男童女，百姓们为辟邪驱鬼，不使孩子遭殃，纷纷燃放烟花爆竹，驱逐和震慑"年"，祈求平安。

[31]指拜年帖。

▲ 阿道夫·斯普鲁伊特医生使用的底片显影黑盒子
注：现藏于根特城市博物馆。

第七章　120年前的中国——未经整理的老照片

除了日记之外，内恩斯还整理出三本在中国期间拍摄的相簿。菲利普及阿道夫·斯普鲁伊特医生兄弟也为后人留下了珍贵的图片库，记录了20世纪初中国人的日常生活。

内恩斯本人不是摄影师，他甚至很可能没有自己的相机。相簿中的大部分照片皆由朋友拍摄，发电厂、电车车厢、职员们的照片也都出自天津电车电灯公司一位无名的管理人员之手。日记中清楚地说明了这一点，此外他还添加了许多绘画和速写，以及众多报纸和杂志剪报。因不是亲自拍摄，内恩斯及其家人经常出现在照片之中，好处是让我们能够清晰地看到他们的相貌。

斯普鲁伊特兄弟俩与内恩斯不同，他们都是狂热的摄影爱好者，并亲自冲洗底片。他们天生具有敏锐的观察力，能够透过一双老练的眼睛捕捉到中国日常生活的精髓，他们就像真正的自由记者。

在他们留下来的资料和相机当中，阿道夫使用过的部分设备仍保存在根特城市博物馆，现存的文件显示他在1909年购置了一台新相机。

你能从我的照片中看出来，我不介意爱上我所拍摄的人。

——安妮·莱博维茨（Annie Leibovitz，美国当代人物肖像摄影家）

▼ 内恩斯其中一本相簿的封皮
注：制作材料包括日本漆制品、象牙制品。

▲ 菲利普与阿道夫兄弟，以及阿道夫的妻子玛丽和女儿娜丁（还有他们的狗！）参观宋陵

斯普鲁伊特兄弟拍摄的照片

根特大学图书馆保存有 500 多张立体玻璃板底片，其中大部分都为菲利普·斯普鲁伊特所拍摄。第三章已采用部分复制的照片，这些摄于 1898—1908 年的照片，能让我们全面了解 20 世纪初的汉口、汉阳和武昌（如今的武汉）这几个中国城市的社会百态以及魅力所在。立体玻璃板底片的优点之一就是中间有个空白竖条，上面通常写着照片的拍摄地。这为照片的识别提供了帮助。可惜的是没有注明日期，但能确定全部照片拍摄于 1898—1908 年（所有照片现收藏于根特大学图书馆）。

来自汉口—汉阳—武昌的照片

街景—城门—外滩—河堤

◄▲ 汉阳街景

▲▶ 三座城市的城门

▲ 在欧洲租界外滩休息的挑水人

▲ 汉口火车站

▲ 汉口德租界外滩

▶ 一座欧式建筑

位于俄租界外滩的"帕诺夫"酒店（Maison "Panoff"）

▶ 英租界警察队伍检阅

注：这些缠包头的警官均
为印度锡克教徒。

▲ 河床上挖土的苦力

▲ 往河堤上运土的数百名工人

汉阳风景

▲ 汉阳码头栈桥上的洗衣女工

▲ 通往汉江的阶梯

▲ 汉口与汉阳间摆渡口阶梯

汉江与长江，河畔与港口风光

▲ 汉江小型牌楼

▲ 长江一处牌楼及"寡妇矶"石碑

▲ 从考科里尔钢铁厂望向船只交错的汉江

▲ 汉江与长江交汇处

▲ 村民乘船进城赶集

▲ 日常横渡汉江所坐的渡船

▲ 潮水至关重要，汉江水位可升至 10 米以上，经常需要划船过江

寺庙、宝塔与牌楼

▲ 汉阳河畔宝塔

▲ 汉口城墙小宝塔

▶ 汉阳通往五百罗汉堂路上的宝塔

▲ 凯旋牌楼

▲ 乡村小宝塔

▲ 汉阳五百罗汉堂养龟池

▲ 汉口城墙小宝塔

◀ 兴福寺大佛塔

注：以无影塔著称，共八角七层，1270年宋朝时期重建。〔兴福寺原名晋安寺，相传建于梁元帝承圣年间（552—555），隋文帝仁寿年间（601—604）改称兴福寺。据塔上所存题记可知，该塔建于南宋咸淳六年（1270），并非重建——译者注〕

百姓的日常生活

街道与市场

▲ 当地人观看皮影戏

▲ 中国老妇人

▲ 当地餐馆前等候的顾客

▲ 街市

◀ 满载而归的乡下
妇女正等候回家

◀ 街边赌博

乡村日常生活

▲ 稻田里的耕牛

▲ 当地乡村市场

注：前景为菜市场，后面男工在锯木板。

▲ 蒙上眼睛的驴在拉磨

▲ 妇女们在简陋的棚屋前准备饭菜

▲ 牛拉磨

各种不同行业、职业与手艺

▲ 算命先生

▲ 卖雨伞和拐杖的小贩

▲ 嗜好养鸟的人士

▲ 木匠

▲ 当地药摊与中医

交通运输与戏院

交通运输

▲ 骑马进城

▲ 运货载人的独轮手推车

▲ 乘骆驼（从照片上看应为骡子或者驴，译者注）赶市集

▲ 在河南运送货物

▲ 农田里的独轮车

▲ 独轮车运货

▲ 有钱人的交通工具——轿子

▲ 黄包车（即两轮人力车）

剧场

▲▶ 剧场观众（请留意那些典型的可以防晒的大檐帽）

▲ 戏剧表演

风俗与仪式

▲ 当地寺庙入口处举行的典礼

▲ 武昌官员行进的队伍

▲ 下葬

▲ 烧掉纸扎宝塔以祭奠先人

▲ 巩义城墙下用于祭祀的纸马

汉口的赛马

▲▶ 汉口赛马会

菲利普·斯普鲁伊特的武昌之行与参观中国军营

▲ 等候拜见总督

▲ 总督问候客人

▲▶ 汉口附近的中国军营与训练间隙的士兵

阿道夫·斯普鲁伊特在北京拍摄的照片

▲ 北京哈德门

▶ 北京五塔寺

◀ 北京黄寺

▲ 德沃斯（Devos）先生、范德斯蒂切伦（Vanderstichelen）先生
在布尔多（Bourdeau）先生的北京住所

内恩斯的老相册

内恩斯及天津比商电车电灯公司

照片必须包含一件事，即当下的人。

——罗伯特·弗兰克（Robert Frank，瑞士著名摄影家、纪录片制片人）

▲ 发电厂

▲ 设备安装（1905 年）

▲ 车间与铸造厂：锅炉制造和装配大厅

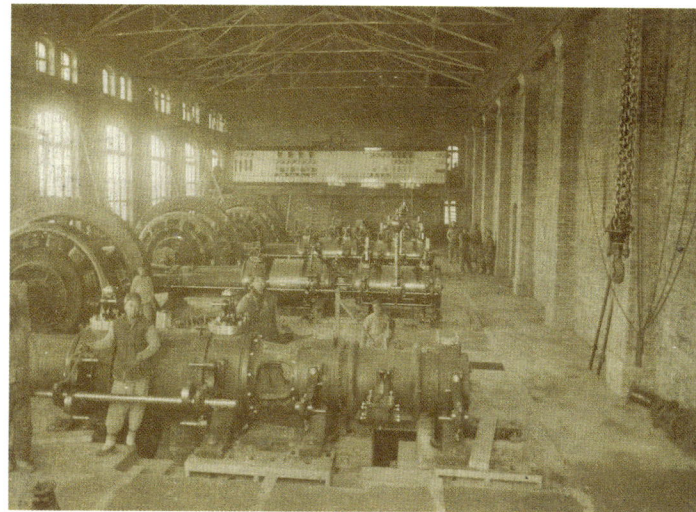

◀ 车库内景

255

▲ 工人在车库前合照（1905 年 8 月）

▲ 天津电车轨道施工现场（1905 年 9 月 19 日）

▲ 27 号电车停在日租界车站

◀ 架设高压线缆
（1906 年 2 月）

▲9号电车在俄租界（火车站）

▲宿舍、办公室与车间

▲调度员毛伟汉（音译）

▲身着1号夏季制服的毛调度员

▲冬季制服

▲天津老城环线电车（1906年2月）

▲ 车库职员合影（1907 年 10 月）

▲ 内恩斯与工人合影（1906 年）

▲ 内恩斯告别之际与调度员、站长合影（1908 年 6 月）

▲ 内恩斯告别之际与库房职员、维护人员及工人合影（1908 年 6 月）

▲ 内恩斯与其继任者职务交接（1908 年 6 月）

天津的桥梁

▲ 天津老城东北部的铁桥

◀▲ 天津比商电车电灯公司修建的东浮桥（1906 年 11 月）

▲ 天津袁世凯桥（后改名金钢桥）

▲ 天津海河周边环境

天津的欧洲机构

▲ 天津义勇消防队

▲ 消防演习

▲ 外国驻津军队的将军与军官（1905 年）

内恩斯及其亲友在天津

内恩斯的家庭生活

▲ 在天津的比利时人合影（1906 年 11 月 11 日）

▲ 贾弗雷罗（Jafffrelo）、马祖（P. Mazou）、滨（Pin）、贝拉尔（Bérard）、多利亚（Doria）

▲ 内恩斯妻儿与朋友合影

注：摄于 1906 年 2 月。

从天津出发的短途旅行

▲ 山海关老城墙

▲ 秦皇岛之旅（1905 年 2 月）
注：从左至右：拉波特（Laporte）、菲尼克特（Fernicot）、内拉夫人
（Mme. Nella）、韦内雷（Vénère）、内恩斯、滨、多利亚、贝拉尔

▲ 长城的终点山海关
注：这是当时天津外籍人士最喜欢的出游地，
可乘火车抵达。

▲ 塘沽火车站

▲ 码头上的锡克兵（远处为塘沽的擦鞋工）

▲ 北京赛马会

▲ 山海关

1905—1908 年的天津

▲ 天津老城西部的清真大寺

▲ 海河以北的"度支部造币津厂"（即北洋造币总厂）

▲ 天津的寺庙

◀ 天津老城西北角（请留意中间的瞭望塔）

武汉日落（摄于 2017 年）

第八章　1971—2021： 新中国与比利时50年的外交与经贸关系

不怕慢，就怕站。

——中国谚语

本书的写作目的是对 1870—1930 年的中比历史关系进行描述，书中插图大量使用了菲利普与阿道夫·斯普鲁伊特医生兄弟以及内恩斯留下的文件。一个多世纪前，这三位都在中国生活和工作了几年，而那是完全不同于今天的时代。

时代在变，政治也在变。第一次世界大战、第二次世界大战、去殖民化运动、1949 年新中国成立等所有事件都深深影响并改变了我们所处的世界，也将中国从中世纪国家蜕变成超现代化的国度，变得斯普鲁伊特兄弟及内恩斯再也无法认出……

1971 年 10 月 25 日中比关系进入了一个新时代，两国以平等、现代的伙伴关系为基础，重新建立外交与经济关系，由此新开启的合作方式进展顺利，并日臻成熟。在这本历史著作的末章，我们对两国关系的未来发展表示乐观，希望以一种对未来的乐观展望和不同于他人的见解来结束这本历史书。

一位比利时青年企业家对今日中国的印象

作者：托马斯·巴埃特

亲爱的中国朋友们：

内恩斯可谓是我们今天所说的"企业家精神"的先驱，其日记《从根特到天津》〔*From Ghent to Tientsin*（*Tianjin*）〕记述了他在中国的个人经历，能让我们深入了解当时新涌现的社会形态。

在旧时代的天津，东方与西方两种文化并存，尽管差异如此之大，但接触越多，就越能发现它们本质上没有太多差别。这种文化碰撞与融合带来了令人激动的新机遇，这在过去根本无法实现，甚至在我们最疯狂的梦中也难以成真。内恩斯的经历展现出他特有的开放心态，以及乐意离开安逸生活的勇气。中华民族亦是如此，她是众多具有包容性的民族之一。这段故事充满各种艰难困苦以及勇敢无畏、锐意进取的精神，令当代人及后人心生敬意。内恩斯的经历在过去、现在以及未来的每一天都将激励我奋发向上。本章的主题也正在于此。

另一位每天激励我的人就是英格·德梅伊（Inge De Mey），我有幸能娶她为妻。1996年这位年轻的佛兰德斯女士在根特大学汉学专业毕业后，决定离开祖国前往东方的未知之地——中国。她当时的任务是在华建立一个荷兰地毯制造商的办事处。她在此过程中遇到了种种困难。母公司为这项工作划拨的预算无法实现他们的雄心壮志。这些困难使她对前往中国的决定产生了怀疑，尤其是在当时传统的欧洲社会看来，年轻女性独自前往新大陆的举动令人震惊。

几乎与此同时，我决定离开美国到上海，实现成为企业家的梦想。无论是过去还是未来，总有出乎意料的事情发生，我从未曾想到自己的生活轨迹被命运抛成了美国人所说的"曲线球"。1997年我和英格相识后成为情侣，我们下决心将一切不确定与迟疑转化为勇气，去探索这个令人魂牵梦萦的国度。抵达上海时，我们谁都没有想到日后我们会成为历史上在中国结婚的第一对比利时夫妇。1999年11月，当家人飞到这座城市参加我们的婚礼，通过我们的介绍，他们惊讶地发现了一个全新的世界。婚礼在上海比利时领事馆举行，领事馆也因此成为两国新型友谊具象化的代表。

此时，中国正处于经济快速发展的初期，取得了近现代史上前所未有的成就。这种令人惊叹的"跃居顶峰"没人预见到，同时也为我们的生命注入了活力。中国的欣欣向荣，让我们看到辛勤的中国人都在为个人成功以及国家的繁荣兴盛而加倍努力。我们欧洲的教育体系中并不强调这些品质，而这在很大程度上也正是我们移居中国的原因。时至今日，我们对当年中国人给予的

▲ 1997年托马斯·巴埃特与英格·德梅伊在上海举行婚礼

教导心存感激。他们让我们明白，真正的幸福在于奋斗与成就一番事业之中。我们也意识到，真正的成就感不仅仅是站在顶峰才能获得，更在于克服攀登过程中所遇到的重重困难。

我们愿在此向中国表达永恒的感激之情，感谢中国让我们有机会加入一支了不起的团队，如今这个团队建立的公司拥有4000名来自世界各地的员工。欧洲为我们提供了坚实的教育基础，美国激发我们敢于追梦、成就大业，但只有中国一直激励着我们，帮助我们梦想成

真。我们要特别感谢我的中国合伙人伍迪·曾（Woody Zeng）和戴维·钟（David Zhong），以及我的欧洲商业合伙人布鲁诺·德坎普斯（Bruno Descamps）与汤姆·范·普瓦耶（Tom Van Poyer），我们并肩走过了每一步。

自很早以前，情况就发生了相当大的变化。今天，世界经济秩序正在经历一场重大的转变。在过去70年里，经济学家们一直倡导全球自由贸易是增加世界财富的最佳办法，自由贸易对参与各方都非常有利。这主要是基于竞争优势理论，取消关税壁垒能够增加贸易与经济规模，进而实现专业化与竞争化，从而进一步提高效率。这个理论使贸易成为经济增长引擎，减少贫困并创造更多需求，让经济车轮带动所有人的利益共同发展。诺贝尔经济学奖得主弗里德曼（Milton Friedman）无疑是自由贸易经济的先驱，自1962年以来，他就不断发表有关该主题的文章。他的自由市场理论得到了全世界政治家们的认可，并且为早期的关贸总协定机构及后来的世贸组织（WTO）等国际经济组织的成立奠定了理论基础。

然而，最近我们观察到贸易保护主义出现苗头（或者说其再次抬头）。关于征收国际关税与限制全球自由贸易的言论越来越多，这主要体现在19世纪和20世纪贸易保护主义的旧论调正在死灰复燃，该论调能够存活至今，很大程度上是因为国际自由贸易所带来的利益较为分散，不易察觉，而保护特定群体的利益不受外国竞争的做法，效果却常常立竿见影。这种错误的观念让人们普遍认为自由贸易有害，尤其是对美国经济。因此，美国政府最近对许多商品，主要是来自中国的商品，强征高额关税。

当前发生这种重大转变并非巧合。哈佛大学教授艾利森（Graham Allison）在TED演讲[1]和著作中曾解释了他认为引起这种巨变的原因。过去100年可以说是"美国世纪"，即美国主宰世界经济。历史证明，当新兴国家威胁到大国的统治地位时，很可能会引起冲突。因此，最近美国发起的针对中国商品的贸易纠纷可以理解为占据统治地位的美国对日益崛起的中国表达不满，华盛顿将中国视为威胁。

这种较量与民粹主义现象不谋而合，当今民粹主义浪潮也正以前所未有的势头冲击着西方民主政治。我们认为，这场冲突在未来十年的时间里将会一直持续，因为现在西方政治家很难依靠主张自由贸易理论竞选成功。显然，民粹主义的目的是取悦某些游说团体以推进政治行动。因此，如今中国一方与美欧一方之间的摩擦与竞争将是未来十年经济方面的主流，尽管可能会有所波动。作为身跨东西方的企业家，面对财富分配新秩序引发的冲突，我们要挺身而出，求同存异。企业家精神与经济合作是促进双方文化融合的极佳方式，也是让世界各国携起手来的关键元素。

当我们满怀希望展望未来之际，我想分享一些深切的祝愿。愿我们携手共建一个更加公平公正的世界，让所有人都能实现自己的梦想和抱负。愿我们在公平竞争、相互尊重、对彼此文化保持正向好奇心的基础上，创建一个东西方永久平衡发展的世界。愿我们一代又一代的后人心胸豁达，乐于接受彼此不同的习惯与思维，即使存在各种差异，他们也愿意努力创建一个属于每一个人的更美好的世界。

从古代的丝绸之路到今天的"一带一路"倡议

如今，中比两国具有前瞻性的经济合作正在大规模展开。在中国进行投资与合作的比利时企业数量众多，但在此只能列举其中几家。

昔日的丝绸之路正在经历一场高效率、现代化的复兴而嬗变为新丝绸之路，即"一带一路"倡议，它将通过铁路和海路加强中国与西欧的互联互通。

记者朋友们，中国需要更多地了解世界，世界也需要更多地了解中国。希望你们今后要继续为增进中国与世界各国的相互了解做出努力和贡献。[2]

——习近平

▼ 列日与郑州之间的中欧班列铁路运输
注：2018 年 10 月，作为新丝绸之路"一带一路"倡议的一部分，一列载有 37 个集装箱的火车启程，标志着列日与郑州之间的直达铁路线正式开通。中国外运、递四方、郑欧班列等中国物流公司也已在列日成立分公司。

泽布吕赫港（Port of Zeebrugge）

2017年12月7日，新任中国驻欧盟大使张明参观了中远海运集团大楼，该集团为泽布吕赫港集装箱码头的所有者及经营者。

▲ 泽布吕赫港

安特卫普港（Port of Antwerp）

2018年5月12日，首列直达安特卫普港的"一带一路"中欧班列抵达比利时。4月26日，满载集装箱货柜的列车从中国唐山港驶出，并在安特卫普港受到热烈欢迎。中国与安特卫普之间这条直达铁路线是中国"一带一路"倡议的一部分，中国希望借此复兴亚欧贸易的古代商路。

▲ 安特卫普港

▲ 2017年6月2日泽布吕赫港务局与中国国家开发银行、长久物流集团签署谅解备忘录

今日中比合作的典型案例

财纳福诺木业——乐迈

▲▼ 财纳福诺木业——乐迈公司中国工厂及职员

▲ 西佛兰德斯省与浙江省建立了密切的兄弟省份关系，2019 年省长德卡卢维（Carl Decaluwé）率领重要代表团访问中国

注：图片版权属于卡斯泰克（Philip Caestecker）。

泰勒维克今创电子（Televic）

▲ 泰勒维克

注：2010年9月11日摄于常州。从左至右：韦斯特拉滕（Thomas Verstraeten）、丹尼尔斯（Lieven Danneels，泰勒维克法定代表人）、布雷恩（Paul Breyne，前西佛兰德斯省省长）、高清（常州市副市长）、俞金坤（今创控股董事长）和戈建鸣（今创控股副经理）。

◀ 泰勒维克

注：2019年3月19日访问常州期间拍摄的照片。从左至右：德卡卢维、俞金坤、马文克（Marc Vinck，比利时驻华大使）、丹尼尔斯以及兰伯特（Paul Lambert，比利时驻沪总领事）。

LVD公司

钣金加工设备制造商LVD公司以世界领先的大型数控折弯机技术而闻名，在2008年，该公司与湖北三环锻压设备有限公司共同合资建立一家新公司，专利使用权转让协定从20世纪80年代开始生效。这家合资企业以LVD公司在中国和亚洲市场的领先地位作为根基，通过2011年投入使用的20万平方米的新制造工厂，扩大了LVD的全球制造基地，进一步巩固了公司的战略地位。

▲ LVD公司高层合影

注：从左到右：勒菲弗（Jean-Pierre Lefebvre，LVD公司董事长）、舒健（三环集团董事长）、卡尔·德沃芙（Carl Dewulf，LVD公司董事及总经理）、万佳思（LVD HD公司总经理）及罗伯特·德沃芙（Robert Dewulf，LVD公司名誉主席）。

温克清洁能源科技公司（Vyncke）

▲ 站于中国温克公司的办公室及车间之前的比利时"温克人"（Vynkeneers）

▲ 签署合作协议

注：2009 年在瓦杜谢城堡（Val Duchesse，布鲁塞尔），德克·温克（Dirk Vyncke，温克清洁能源科技公司前总裁）与廖红海（武汉绿科能源有限公司董事长）签署协议，共同将武汉一家燃煤火力发电厂升级为生物质能发电厂。

沃尔沃（Volvo）

◀ 2017 年 3 月 10 日首批大庆吉利工厂装配完工的沃尔沃 S90-berline 型汽车经铁路运往泽布吕赫港（Zeebrugge）

范德韦尔 (Vandewiele)

　　范德韦尔在中国无锡、南京和太仓均设有工厂，这些工厂负责生产地毯制造设备的零部件，以及各种平织机、横编机、提花及簇绒全套设备的主要部件。

巴可公司（Barco）

2016年9月27日，巴可与中电熊猫公司官方宣布成立合资企业——中电巴可视讯科技（南京）有限公司。

2019年3月，巴可公司正式在苏州开设了新的医疗科技研发生产基地。

▲ 巴可公司首席执行官 Jan De Witte 在开业庆典上讲话

沃尔克公司（Volcke）

自1970年史蒂芬·沃尔克先生（Stephan G. Volcke）创立公司以来，远东就纳入了他的全球商业版图。沃尔克气雾罐公司在比利时、英国、意大利和中国均开设有工厂，负责开发、生产、包装、维修喷雾产品。沃尔克气雾罐公司的产量已超过10亿罐，并因产品质量、创新程度及杰出成就而享誉全球。企业商标分为亚洲商标、欧洲商标和美国商标。亚洲品牌在香港、上海和广州设有办事处，主要为客户提供定制产品。亚洲品牌拥有丰富的中国及亚洲经济知识，能带动内外部有效沟通，这对成功开发新产品至关重要。与主要供应商和零售商建立的长久合作足以证明公司在亚洲长期发展的决心，令人振奋的新投资也将继续加强沃尔克公司和商标品牌的全球营销与商业地位。

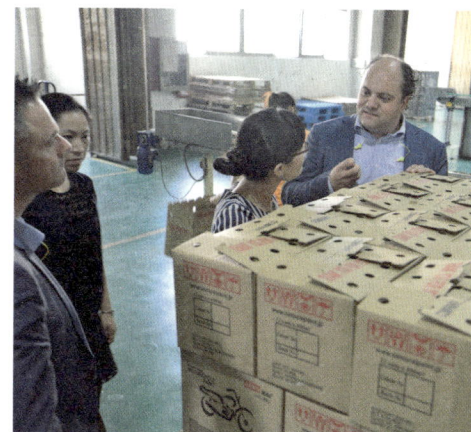

▲ 杰夫·沃尔克（Jeff Volcke）先生参观公司认证的气体喷雾罐供应商：华特气雾罐制造公司
注：图中人物还包括沃尔克喷雾公司销售经理德尔库（Gunnar Delcour）。

◀ 深圳市沃尔克牌（VAC-Goodmark）化妆品工厂

▲ 2018 年第 13 届鲁汶大学南怀仁国际学术研讨会开幕式

鲁汶南怀仁基金会
（The Verbiest Foundation in Leuven）

　　南怀仁基金会成立于1982 年。基金会主要目的是通过对话、文化交流与合作，同中国发展新型友好关系。交流主要集中于学术研究领域，由鲁汶大学（比利时）南怀仁研究中心主办。南怀仁研究中心共举办过13 场国际学术研讨会，共邀世界各地学者进行演讲，并出版了40 卷英文版和法文版的鲁汶汉学研究丛书。第14 届鲁汶南怀仁国际学术研讨会定于2021 年举行。南怀仁基金会主席为天主教梅赫伦– 布鲁塞尔总教区主教德科泽尔（Jozef De Kesel）。鲁汶大学校长塞尔斯（Luc Sels）担任南怀仁研究中心非营利机构的主席。

它们真可爱！
天堂动物园（Pairi Daiza）熊猫繁殖项目

　　2014 年3 月，中国国家主席习近平出席比利时布吕热莱特（Brugelette）天堂动物园的大熊猫园开园仪式，大熊猫"星徽"和"好好"从中国来到这里落户。2019 年8 月该繁殖项目迎来两只大熊猫宝宝——"宝弟"与"宝妹"。

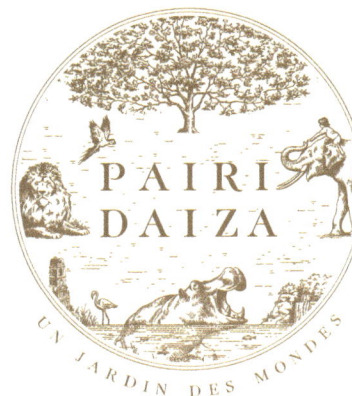

▶ 比利时布吕热莱特天堂动物园的标志

回顾与展望：圆满结局！

如果在115年后的今天，内恩斯或斯普鲁伊特医生兄弟能够魂归中华，重游故地天津或武汉，他们将认不出任何一处地方，甚至在他们所熟知的天津或汉口，可能也找不到家的感觉。正如他们所说，这就是进步！

我想借用尤金·麦特勒博士（Eugène Mattelaer）写的诗歌来概括这本书，并以此作为结尾。

第二次世界大战结束时，他是曾被围困、围攻的克诺克市（Knokke）唯一的外科医生。这首诗歌已被译为750种语言和方言。

约翰·麦特勒

绝不气馁

你若不会飞，跑，
你若不会跑，走，
你若不会走，爬，
但绝不停止
绝不退下，永远上进。
你若不能大笑，微笑，
你若不能微笑，快活，
你若不能快活，满足，
绝不气馁
永远向前。

——尤金·麦特勒

▲ 由王晨阔翻译

▲ 1908 年的天津

▲ 2020 年的天津

▲ 1905 年的汉口

▲ 2020 年的武汉

译者注

[1]TED（technology、entertainment、design的缩写，即技术、娱乐、设计）是美国一家私有非营利机构。该机构以它组织的TED大会著称。会议的宗旨是"值得传播的创意"。2002年起，每年3月，TED大会在美国召集众多科学、设计、文学、音乐等领域的杰出人物，分享他们关于技术、社会、人的思考和探索。

[2]习近平总书记2012年11月15日在十八届中央政治局常委同中外记者见面会上的讲话。

原书注释
END NOTES

Preface

1　Alban van der Straten, De Belgische Ontdekkingsreizigers [The Belgian Explorers]. Tielt: Lannoo, 2016.

Chapter I

1　Luke S.K. Kwong, What's in a name: Zhongguo or 'Middle Kingdom' reconsidered, Historical Journal, vol. 58, n° 3, pp. 781-804, 2015.

2　Patricia Buckley Ebrey, China: A Cultural, Social, and Political History. Boston: Houghton Mifflin, 2006.

3　Robert Bickers, Britain in China: Community, Culture and Colonialism (1900-1949). Manchester and New York: Manchester University Press, 1999.

4　Erica X.D. Hunter, The Persian contribution to Christianity in China: Reflections in the Xi'an Fu Syriac inscriptions, in: Dietmar W. Winkler and Li Tang (eds.), Hidden Treasures and Intercultural Encounters. Studies on East Syriac Christianity in China and Central Asia. New Brunswick/London: Transaction Publishers, 2009, p. 71 ff; see also Chine et Belgique: Revue Économique de l'Extrême Orient, Société d'Etudes Sino-Belge, Vol. 4, p. 39, 1908.

5　Peter Jackson, The Mission of Friar William of Rubruck – His Journey to the Court of the Great Khan Möngke, 1253-1255. London: Routledge, 1999.

6　Hans Ulrich Vogel, Marco Polo was in China: New Evidence From Currencies, Salts and Revenues. Leiden/Boston Brill, 2013.

7　René Grousset, The Empire of the Steppes: A History of Central Asia. New Brunswick/New Jersey/London: Rutgers University Press, 1970.

8　Ross E. Dunn, The Adventures of Ibn Battuta. Berkeley/Los Angeles/London: University of California Press, 2005.

9　Peter Frankopan, The Silk Roads. A New History of the World. London/New York: Bloomsbury, 2016.

10　Florence C. Hsia, Sojourners in a Strange Land – Jesuits & their Scientific Missions in Late Imperial China. Chicago/London: The University of Chicago Press, 2009.

11　Anne-Marie Logan and Liam M. Brockey, Nicolas Trigault S. J.: A Portrait by Peter Paul Rubens, Metropolitan Museum Journal, Vol. 38, pp. 10, 157-167, 2003; Stephanie Schrader, Implicit Understanding: Rubens and the Representation of the Jesuit Missions in Asia, in: Stephanie Schrader (ed.), Looking East: Rubens's Encounter with Asia. Los Angeles: J. Paul Getty Museum, pp. 39-66, 2013.

12　Noël Golvers, Ferdinand Verbiest S.J. (1628–1688) and the Chinese Heaven. Leuven: Leuven University Press, 2003.

13　See Conimbricensis Encyclopedia: http://www.conimbricenses.org/encyclopedia/verbiest-ferdinand/ (accessed on 27 September 2019).

14　Cornelius Wessels, Early Jesuit Travellers in Central Asia, 1603–1721. The Hague: Martinus Nijhoff, pp. 164-204, 1924.

15　'Sa Majesté, après avoir entendu ses prières en langue chinoise, lui fit servir une assiette sur la table afin de voir la propreté et l'adresse des Chinois à manger avec deux petites baguettes d'ivoire à quatre pans et d'un pied long, qu'ils tiennent dans la main droite entre deux doigts' (quoted from Mercure Galant, one of the first French newspapers); see Christophe Van Staen, La Chine au prisme de lumières françaises. Brussels: Académie Royale de Belgique,2016.

16　Jerome Heyndrickx, Philippe Couplet S. J. (1623–1693): the Man who Brought China to Europe. Louvain: Institut Monumenta Serica: Ferdinand Verbiest Foundation, Monumenta Nipponica Monographs, vol. 22, 1990.

17　Michel Hermans and Isabelle Parmentier (eds.), The Itinerary of Antoine Thomas S. J. (1644-1709), scientist and missionary in China from Namur. Louvain: Fernand Verbiest Institute, 2017; Han Qi, Antoine Thomas, SJ, and his Mathematical Activities in China – A Preliminary Research through Chinese Sources, in: Willy Vande Walle and Noël Golvers (eds.), The History of the Relations Between the Low Countries and China in the Qing Era (1644-1911). Leuven Chinese Studies XIV, Louvain: Leuven University Press/Ferdinand Verbiest Foundation, 2003, pp. 105-114.

18　Jonathan D. Spence, The Chan's Great Continent. London: Penguin Books, 2000.

19　Jan Parmentier, Thee van Overzee. Maritieme en Handelsrelaties tussen Vlaanderen en China tijdens de 18de eeuw. Aalst: Ludion, 1996; Jan Parmentier, Oostende & Co: Het verhaal van de Zuid-Nederlandse Oostende Oost-Indiëvaart (1715-1735). Ghent: Ludion, 2002; Gijs Dreijer, Een strijd om erkenning: de onderhandelingen over de Oostendse Compagnie (1713-1723). Journal of Maritime History/Tijdschrift voor Zeegeschiedenis, pp. 1-13, June 2019, cf. https://ore.exeter.ac.uk/repository/handle/10871/37356; Conrad Gill, Merchants and Mariners of the 18th Century. London: Edward Arnold Publishers, 1961.

20　Georges-Henri Dumont, L'Epopée de la Compagnie d'Ostende: 1723-1727. Brussels: Le Cri, 2000.

21　Jacques Marx, Chinoiserie et goût Chinois en Belgique (XVIIIe-XIXe siècles), cf. www.academia.edu/15643443/Chinoiserie_et_go%C3%BBt_chinois_en_Belgique_XVIIIe-XIXe_si%C3%A8cles; Jacques Marx, De la Chine à la Chinoiserie. Échanges culturels entre la Chine, l'Europe et les Pays-Bas méridionaux (XVIIe-XVIIIe siècles), in: Revue Belge de philologie et d'histoire, vol. 85-3-4, pp. 735-779, 2007; Koen De Vlieger-De Wilde and Joke Bungeneers, Kasteel d'Ursel in Hingene: from maison de plaisance to ducal lieu de mémoire?, in: Revue belge de philologie et d'histoire, vol. 88, n° 2, pp. 455-478, 2012.

22　Frank Dikötter, Lars Laaman and Zhou Xun, Narcotic Culture: A History of Drugs in China. London: Hurst & Company, 2004.

23　Zheng Yangwen, The Social Life of Opium in China. Cambridge: Cambridge University Press, 2005; David Scott, China and the International System 1840-1949: Power Presence and Perceptions in a Century of Humiliation. New York (NY): State University of New York Press, 2008.

24　The Dagu forts were also known as the Beihe forts, because they were located on the Hai river or the Beihe estuary in the Tanggu district, some 60 kilometres from the city of Tianjin. Tianjin was the port of Beijing and the city where Belgium obtained its concession on 6 February 1902. The Dagu forts are mentioned by François Nuyens in his Journal. (see pp. 99 and 102)

25　Christoph Dosogne, Le musée chinois du château de Fontaine-bleau. Collect – Arts Antiques Auctions, n°486, 2018-2019, p. 60.

26　Janin Hunt, The India-China Opium Trade in the Nineteenth Century. Jefferson (NC) and London: MacFarland & Company, 1999; Thomas H. Reilly, The Taiping Heavenly Kingkom: Rebellion and the Blasphemy of Empire. Seattle and London: University of Washington Press, 2014.

27 Robert Nield, China's Foreign Places: The Foreign Presence in China in the Treaty Port Era, 1840-1943. Hong Kong: Hong Kong University Press, 2015.

28 Adrian Arthur Bennett, (1967). John Fryer: The Introduction of Western Science and Technology into Nineteenth-Century China. Harvard East Asian Monographs n° 24, Cambridge (MA): Harvard University Asia Centre, 1967.

29 Lanxin Xiang, The Origins of the Boxer War: A Multinational Study. London and New York: Routledge, 2003.

30 Peter C. Perdue, The Cause of the Riots in the Yangtse Valley, reprinting the Illustrations of the Heretical Religion, Hankow (1891). Massachusetts Institute of Technology, Visualizing Cultures, 2013.

31 Barbara Bennett Peterson (ed.), Notable women of China: Shang Dynasty to the Early Twentieth Century. New York: M.E. Sharpe, 2000.

32 Lanxin Xiang, The Origins of the Boxer War.

33 Bruce A. Elleman. Modern Chinese Warfare, 1795-1989. London and New York: Routledge, 2001.

34 Ian Nish, The Origins of the Russo-Japanese War. London and New York: Routledge, 2014 [1985].

35 David Wells and Sandra Wilson (eds.), The Russo-Japanese War in Cultural Perspective. London: Palgrave MacMillan, 1999.

36 David Wolff, Steven G. Marks et al. (eds.), The Russo-Japanese War in Global Perspective – World War Zero. 2 vols., Leiden and Boston: Brill, 2014.

37 Carine Dujardin and Claude Prudhomme (eds.), Mission & Science: Missiology Revisited/Missiologie Revisitée 1850-1940. Leuven: Leuven University Press, 2015.

38 Patrick Taveirne, Han-Mongol Encounters and Missionary Endeavors – A History of Scheut in Ordos (Hetao). Leuven Chinese Studies XV. Leuven: Leuven University Press, 2004.

39 Ibidem.

40 Cf. 'Scheut & China – 30 jaar Verbiest Stichting – 150 jaar Scheut' [Scheut & China – 30 Years of Verbiest Foundation – 150 Years of Scheut], Verbiest Koerier, July/August 2012, vol. 25; see www.kuleuven.be/verbiest/koerier/vk24d2.

41 Ibidem.

42 Schmidt entered the mission seminary at Steyl in the Netherlands in 1883, where Arnold Janssen had founded what became the Mother House of the Society of the Divine Word (Societas Verbi Divini, SVD) in 1875. In 1906, he founded Anthropos as an International Review of Ethnology and Linguistics. This soon became the well-known Journal of Anthropology.

43 Cf. www.kuleuven.be/verbiest/koerier/vk24d2. Jozef Van Hecken, Les réductions catholiques des pays du Ordos. Une méthode d'apostolat des missionaires de Scheut. Schöneck-Beckenried, 1957.

44 Thomas Coomans, Wei Luo, Exporting Flemish Gothic architecture to China: meaning and context of the churches of Shebiya (Inner Mongolia) and Xuanhua (Hebei) built by missionary-architect Alphonse De Moerloose in 1903–1906, Relicta 9, pp. 219-262, 2012.

45 Anne Splingaerd Megowan, The Belgian Mandarin: The Life of Paul Splingaerd. Philadelphia (PA): Xlibris Corporation, 2008.

46 Jozef Spae, Mandarijn Paul Splingaerd. Brussels: Koninklijke Academie voor Overzeese Wetenschappen. Klasse voor Morele en Politieke Wetenschappen, vol. 49, 1986.

47 Koen De Ridder, Congo in Gansu (1898–1906) – Missionary versus Explorer/Exploiter, in: Koen De Ridder (ed.), Footsteps in Deserted Valleys – Missionary Cases, Strategies and Practice in Qing China. Louvain Chinese Studies, vol. 8. Leuven: Leuven University Press, pp.111-160, 2000.

48 See François Nuyens, p. 144.

49 Anne Splingaerd Megowan, The Belgian Mandarin: The Life of Paul Splingaerd; Koen De Ridder, 'Congo in Gansu (1898–1906) – Missionary versus Explorer/Exploiter'; Jozef Spae, Mandarijn Paul Splingaerd.

50 Anne Splingaerd Megowan, The Belgian Mandarin: The Life of Paul Splingaerd.

51 Cf. www.splingaerd.net/

52 Carine Dujardin, Missionering en Moderniteit: De Belgische Minderbroeders in China 1872-1940 [Mission and Modernity: The Belgian Friars Minor in China 1872-1940]. Kadoc studies 19. Leuven: University Press, Ferdinand Verbiest Foundation, 1996.

53 See Part III, Journal of François Nuyens, p. 102.

54 Willy F. Vande Walle and Noël Golvers (eds.), The History of the Relations between the Low Countries and China in the Qing Era (1644–1911). Leuven: Leuven University Press, Ferdinand Verbiest Foundation, 2003.

55 Charles Tytgat, Un Reportage en Chine, p.140, Imprimerie Polleunis & Ceuterick, Brussels, 1901.

56 Ernest P. Young, Eclessiastical Colony: China's Catholic Church and the French Religious Protectorate. Oxford: Oxford University Press, 2013.

57 Nicolas Standaert and R. G. Tiedemann, Handbook of Christianity in China. Vol. 2: 1800 to the Present. Leiden/Boston: Brill, 2010.

58 Jacques Leclerq, Vie du Père Lebbe: le tonnere qui chante au loin. Tournai: Casterman, 1961; Jean-Paul Wiest, The Legacy of Vincent Lebbe, in: International Bulletin of Missionary Research, vol. 23 (1), pp.33-37, 1999.

59 R. G. Tiedemann, Reference Guide to Christian Missionary Societies in China: From the Sixteenth to the Twentieth Century. London/New York: Routledge, 2009.

60 Norman Sherry. The Life of Graham Greene. Volume Two: 1939–1955. London: Pimlico, 2004.

Chapter II

1 Barbara Emerson, Leopold II of the Belgians: King of Colonialism. London: Weidenfeld and Nicolson, 1979; Gita Deneckere, 1900 - België op het Breukvlak van Twee Eeuwen. [1900 - Belgium at the Juncture of Two Centuries] Tielt: Lannoo, 2006.

2 W. F. Vande Walle, 'Belgian Treaties with China and Japan under King Leopold I', in: W. F. Vande Walle and Noël Golvers (eds.), The History of the Relations Between the Low Countries and China in the Qing Era (1644-1911). Leuven: Leuven University Press, pp. 419-438, 2003.

3 Koen De Ridder, 'The first diplomatic contracts between Belgium and China: its background and consequences for politics, trade and mission activity', in Ku Wei-ying and Koen De Ridder (eds.), Authentic Chinese Christianity: Preludes to its Development. Leuven: Leuven University Press, pp. 33-66, 2001.

4 Lin Jinshui, 'Sino-Belgian relations during the reign of Leopold II – A brief account based on Chinese documents', in: Willy van de Walle and Noël Golvers (eds.), The History of the Relations between the Low Countries and China in the Qing Era (1644-1911). Leuven: Leuven University Press, pp. 439-459, 2003.

5 Carine Dujardin, Missionering en Moderniteit, 1996; J. M. Frochisse, La Belgique et la Chine: relations diplomatiques et économiques (1839-1909). Brussels: Edition Universelle, 1937.

6 Elisabet Dooms, 'Le gouverneur d'Anvers demande un drapeau chinois' - Chinees-Belgische diplomatieke relaties : Chinese diplomatieke delegaties in het negentiende eeuwse België. Unpublished M.A. dissertation. Ghent University, 2009.

7 Lin Jinshui, Sino-Belgian relations during the reign of Leopold II – A brief account based on Chinese documents, 2003; Koen De Ridder, The first diplomatic contacts between Belgium and China, 2001; Jenny Huangfu Day, Qing Travellers to the Far West: Diplomacy and the Information Order in Late Imperial China, Cambridge: Cambridge University Press, 2018.

8 Koen De Ridder, The first diplomatic contacts between Belgium and China, 2001; A. Lederer, Michel Arthur Wittamer, Académie Royale de Science d'Outre-Mer, Biographie Belge d'Outre-Mer, T.VII-B, coll. 388-398, 1977; Robert Bickers and R. G. Tiedemann, The Boxers, China and the World, Lanham: Rowmann & Littlefeld Publishers Inc., 2007.

9 Carine Dujardin, Missionering en Moderniteit, 1996.

10 Idem.

11 François Nuyens refers to Li Hongzhang and includes a picture of him in Paris in his Journal, pp. 144 and 155.

12 Baudouin de Lichtervelde, Projets d'expansion Belge en Chine. Mémoire du Comte Baudouin de Lichtervelde, secrétaire de Légation. Peking, June 1903. Dossiers du cabinet du Roi. Royal Archives Brussels, (Cab.II.F 59 a. : 1455).

13 Nicole De Bisscop, De Chinese Verleiding [The Chinese Seduction]. Kunsthal Sint-Pietersabdij, Ghent, 2009.

14 Idem; William Ma, 'From Shanghai to Brussels: the Tushanwan Orphanage Workshops and the Carved Ornaments of the Chinese Pavilion at Laeken Park', in: Petra ten-Doesschate Chu and Jennifer Milam (eds.), Beyond Chinoiserie – Artistic Exchange between China and the West during the Late Qing Dynasty (1796-1911), pp. 268-297; Jacques Marx, 'Chinoiserie et gout chinois en Belgique (XVIIIe-XIXe siècles)', pp. 1-26. See www.academia.edu/15643443/Chinoiserie_et_go%C3%BBt_chinois en_Belgique_XVIIIe-XIXe_si%C3%A8cles_ (last accessed on 10 May 2020)

15 Gail Hershatter, The Workers of Tianjin, 1900-1949. Stanford: Stanford University Press, 1986.

16 Idem.

17 Ginette Kurgan-van Hentenryk, Léopold II et les groupes financiers Belges en Chine: la politique royale et ses prolongements (1895-1914). Brussels: Palais des Académies, 1972; Maurizio Marinelli, 'The Italian production of space in Tianjin: heterotopia and emotional capital', in: Anne-Marie Brady and Douglas Brown (eds.), Foreigners and Foreign Institutions in Republican China. London: Routledge, 2012, pp. 25-51.

18 Koen De Ridder, The first diplomatic contacts between Belgium and China, 2001; Gert Huskens, Maurice Joostens en het Bokserprotocol. Marionet op het diplomatieke theatre? Unpublished M.A. thesis, KU Leuven. Faculty of Arts, Department of History, 2016.

19 See Ginette Kurgan, van Hentenryk, Léopold II et les groupes financiers Belges en Chine: la politique royale et ses prolongements (1895-1914), 1972.

20 Thomas Coomans and Prudence Leung-kwok Lau, 'Les Tribulations d'un Architecte Belge en Chine: Gustave Volkaert, au service du Crédit Financier d'Extrême-Orient 1914-1954', in: Revue Belge d'Archéologie et d'Histoire de l'Art, LXXXI, pp. 129-153, 2012.

21 Anne Splingaerd-Megowan, The Belgian Mandarin Paul Splingaerd. Bloomington (In.): Xlibris Corporation, 2008; Jean Chesnaux, Marianne Bastid and Marie-Claire Bergère, China from the Opium Wars to the 1911 Revolution, New York: Pantheon Books, 1976.

22 Michel Bedeur, 'Les membres belges de la colonie de Lanzhou (1906-1911)', www.goens-pourbaix.be (last accessed 10 May 2020).

23 Jonathan Clements, Mannerheim, President, Soldier, Spy. London: Haus Publishing, 2009; Eric Enno Tamm, The Horse that Leaps through Clouds. A Tale of Espionage, the Silk Road and the Rise of Modern China. Vancouver/Toronto/Berkeley: Douglas & McIntyre, 2011.

24 Patricia Buckly Ebrey, China – A Cultural, Social, and Political History. Boston/New York: Houghton Mifflin Company, 2006.

25 Gu Xingqing, Mijn Herinneringen als Tolk voor de Chinese Arbeiders in WO I. Tielt: Lannoo, 2010; Dominiek Dendooven and Philip Van Haelemeersch, Vive Labeur. Veurne: Hannibal, 2017.

26 Chinese Ministry of Information, China Handbook. 1950; Henry S. Kaplan and Patricia Jones Tsuchitani, Cancer in China. New York: A. R. Liss, 1978.

27 Patricia Buckly Ebrey, China – A Cultural, Social, and Political History. 2006.

28 Nicole Bensacq-Tixier, La France en Chine de Sun Yat-sen à Mao Zedong (1918-1953). Rennes: Presses universitaires de Rennes, 2014.

29 Anne Vansteelandt, 'Lu Zhengxiang: a Benedictine Monk of the Abbey of Sint-Andries', in: Jerome Heyndrickx, Historiography of the Chinese Catholic Church: Nineteenth and Twentieth Centuries. Leuven: Ferdinand Verbiest Foundation, KU Leuven, pp. 223-230, 1994; Benoît Peeters, Hergé, Son of Tintin. Translated by Tina A. Kover, Baltimore (MD): The Johns Hopkins University Press, 2012; Marcel Van Nieuwenborgh and Clarie Chang, China in Kuifje [China in Tintin]. Leuven: Davidsfonds, 1993.

30 Hsi-huey Liang, The Sino-German Connection – Alexander von Falkenhausen between China and Germany 1900-1941. Van Gorcum's Historical Library, No. 94. Assen: Van Gorcum, 1978.

31 Qin, Bo, 'The history and context of Chinese-Western intercultural marriage in modern and contemporary China (from 1840 to the 21st century)', in: Rozenburg Quarterly – Asia Studies 3; 'A story of World War II heroism comes home to China', see www.china.org.cn/english/2002/Apr/30512.htm, April 2002; Zhang Yawen, A Chinese Woman at Gestapo Gunpoint. Translated by Chen Haiyan and Li Ziliang. Beijing: Foreign Language Press, 2003.

32 John Jae-Nam Han, 'Han Suyin (Rosalie Chou) (1917-)', in: Guiyou Huang (ed.), Asian American Autobiographers: A Bio-Bibliographical Critical Sourcebook. Westport (CT)/London: Greenwood Press, 2001, pp. 103-109; Gerald Marcus Glaskin, A Many-Splendoured Woman: A Memoir of Han Suyin. Singapore: Graham Brash, 1995.

33 Idem.

34 Simon Leys, 'The double vision of Han Suyin: On the character of a trimmer', in: Quadrant, vol. 24, issue 11, 1980, pp. 3-8; Gerald Marcus Glaskin, A Many-Splendoured Woman: A Memoir of Han Suyin, 1995.

35 See www.chinasquare.be/vereniging-belgie-china-60-jaar/; Elisabeth Grisar, Retour de Chine. Antwerp: Imprimerie L.A., 1953 ; Elisabeth Grisar, La Femme en Chine. Broché, Paris: Buchet Chastel Edition, 1957.

36 See www.chinasquare.be/vereniging-belgie-china-60-jaar/.

37 Geert Roelens, How successful can you be in China? A recipe for success, Lannoo Tielt, 2013.

38 Idem; cf. https://global.chinadaily.com.cn/a/202001/08/WS 5e153288 a310cf3e35583 208.html.

Chapter III

1 John Harold Clapham, The Economic Development of France and Germany, 1815-1914. Cambridge: Cambridge University Press, 1968.

2 Hankou, formerly written as Hankow (Hangkow), was one of the three towns (together with Wuchang and Hanyang) that were merged to create the modern-day city of Wuhan, the capital of Hubei province, China. It stands north of the Han and Yangzi Rivers, where the Han flows into the Yangzi.

3 Bruce Elleman and Stephen Kotkin (eds.), Manchurian Railways and the Opening of China – An International History. London/New York: Routledge, 2015; see also Chapter 2.

4 Charles Tytgat, Un Reportage en Chine. Brussels: Polleunis & Ceuterick, 1901, p. 208.

5   Thomas Johnstone Bourne, 'The Construction of the Lu-Pao District of the Lu-Han Railway', in: Minutes of the Proceedings of the Institution of Civil Engineers, Vol. 152, Issue 1903, pp. 157-184; Xiucheng Le, The Struggle for Autonomy from the State: Professionalization of Engineering in China. New York: Cornell University, 1989; Koen De Ridder, 'The first diplomatic contacts between Belgium and China: its background and consequences for politics, trade and mission activity', in: Ku and De Ridder, Authentic Chinese Christianity: Preludes to its Development (Nineteenth and Twentieth Centuries), pp. 33-66, 2001; Joseph Marchisio, Les Chemins de Fer Chinois – Finance et Diplomatie (1860-1914). Paris: Éditions You-Feng, 2005.

6   Tim Wright, Coal Mining in China's Economy and Society 1895-1937. Cambridge: Cambridge University Press, 1984; Julian Arnold et al. (eds.), Commercial Handbook of China. Vol. 1. Washington: Government Printing Office, 1919; Joseph Marchisio, Les Chemins de Fer Chinois – Finance et Diplomatie (1860-1914), 2005.

7   Lugouqiao is situated 15 kilometres south of Beijing (where the so-called Marco Polo bridge can now be found) and Boading is situated 145 kilometres further to the south.

8   Mary H. Wilgus, Sir Claude MacDonald, the Open Door, and British Informal Empire in China, 1895-1900. Routledge Library Editions: The British Empire. London: Routledge, 2019; Xiucheng Le, The Struggle for Autonomy from the State: Professionalization of Engineering in China. 1989.

9   Ginette Kurgan-Van Hentenryk, Jean Jadot, artisan de l'expansion belge en Chine. Bruxelles: Académie Royales des Sciences d'Outre-Mer, Vol. XXIX-3, 1965.

10   Ginette Kurgan-Van Hentenryk, Jean Jadot, artisan de l'expansion belge en Chine. 1965.

11   Ginette Kurgan-Van Hentenryk, Jean Jadot, artisan de l'expansion belge en Chine, 1965.

12   S.n., Annales de l'Association des Ingénieurs sortis des Écoles spéciales de Gand. Bruxelles: Association des Ingénieurs sortis des Écoles spéciales de Gand, 1938; H. Thiry-Van Buggenhoudt, Biographie Nationale. Bruxelles: Académie Royale des Sciences, des Lettres et des Beaux-Arts de Belgique, 1957; Ginette Kurgan-Van Hentenryk, Jean Jadot, artisan de l'expansion belge en Chine, 1965.

13   Prince Russel (ed.), The African World: Angola – Katanga Special Edition: A Comprehensive Survey of Development and Progress in Two Great European Colonial Possessions. London: Salisbury House, 1934.

14   J.J.L. Duyvendak, Nécrologie, T'oung Pao. Vol. 27 (1930), Issue 1, pp. 451-459; Koen De Ridder, 'The first diplomatic contacts between Belgium and China: its background and consequences for politics, trade and mission activity', in: Ku and De Ridder, Authentic Chinese Christianity: Preludes to its Development (Nineteenth and Twentieth Centuries), pp. 33-66, 2001; Paul Pelliot, Carnets de Route: 1906-1908. Paris: Indes Savantes, 2008.

15   Peter Hopkirk, Foreign Devils on the Silk Road – The Search for the Lost Treasures of Central Asia. London: John Murray, 2006.

16   Clio, Léopold II à l'heure de la vérité. Ses chinoiseries? Les voilà!, Pourquoi Pas, 23 January 1985, pp. 56-62.

17   Thanks to the efforts of the staff of Ghent University Central Library, all the stereoscopic photographs from the Spruyt collection have been digitized and can be accessed through the online catalogue: https://lib.ugent.be/en/catalog?q=adolphe+spruyt (Last accessed 26 May 2020).

18   In a telegram to King Leopold dated 14 August 1901, Maurice Joostens writes to the king: 'Siffert hopes to obtain a concession in Hankow for 110,000 taels. He still has 200,000 francs in deposit. Claim seems enormous. I am awaiting your orders. Signed Joostens.' Royal Archives Brussels, file 556. In the end, there was never a Belgian concession in Hankou.

19   Andrew D. Blechman, Pigeons: The Fascinating Saga of the World's Most Revered and Reviled Bird. St. Lucia: University of Queensland Press, 2007.

20   We are grateful to Fien Dobbenie for sharing her data after her consultation of the archive of the Université Libre de Bruxelles (Free University of Brussels) on 11 April 2018.

21   Luoyang was called Loyang at that time. See Charles D. Pettibone, The Organization and Order of Battle of Militaries in World War II: Volume VIII. Bloomington: Trafford Publishing, 2013.

22   This assignment can be seen in the light of Sino-Belgian cooperation for constructing a railway network in China. After many months of negotiations, La Compagnie Générale de Chemins de Fer et de Tramways en Chine was prepared to offer a loan through the Banque Belge pour l'Etranger and the Banque de Paris et des Pays Bas for this construction to take place. As part of the compensation for the loan, Belgium was granted the exclusive right to construct the network and sent out many engineers; for example, from the Cockerill Company in Seraing. See Ginette Kurgan-Van Hentenryk. Léopold II et les groupes financiers belges en Chine, Bruxelles : Académie Royale de Belgique, 1972.

23   Zhengzhou was previously written as 'TsenTchéou', which is, in fact, an old French transcription. The city is the intersection for the Beijing-Hankou and Kaifeng-Henan railway lines.

24   Andrew Hees and Lynn Hollen Lees (eds.), The Urbanization of European Society in the Nineteenth Century ('Problems in European Civilization' series). Lexington (MA): D. C Heath and Co., 1976.

25   Henri Cordier, 'Edouard Chavannes' in: Journal Asiatique, XIth series, t. XI (1918), pp. 197-248.

26   Serge Elisseeff, 'В старом Китае. Дневники путешествия 1907 г. Русские путешественники в странах Востока. Академия Наук СССР, Институт Китаеведения.' (In ancient China. Journal of the 1907 journey. The Russian travellers in the Orient series); Ed. de Littérature Orientale. T'oung Pao Second Series, Vol. 50, Livr. 4/5, 1963, pp. 475-492; Henri Cordier, 'Edouard Chavannes', in: Journal Asiatique, 1918.

27   Adolphe Spruyt, Le Chinois: Régime, Hygiène, Mentalité (The Chinese diet, hygiene and mentality). Brussels: Belgian Royal Academy of Medicine, 1909.

28   Adolphe Spruyt, 'Souvenirs d'un voyage à la montagne sacrée de Long-Men', in: Mélanges Chinois et Bouddhiques, pp.241-261, 1931-1932.

29   See note #27.

30   See the Archive of the Royal Museum of Art and History. We are grateful to Jean-Marie Simonet for collecting this information.

31   Fernand Buckens, Les antiquités funéraires du Honan central et la conception de l'âme dans la Chine primitive. Bruges: Imprimerie Sainte-Catherine, 1947.

32   The Spruyt collection is not currently exhibited in the museum but it can be consulted in the inventory of the museum by appointment. The inventory locations are inv. EO.673-675, inv. EO.1296, inv. EO.1304, inv. EO.1308-1309 and inv. EO.1666.

33   Rose Houyoux, Le docteur Adolphe Spruyt, Bulletin des Musées Royaux d'Art et d'histoire, 4e série,29ième année, p.133-134, 1957.

34   The Bijloke Museum is now known as STAM (STAdsMuseum Gent). As a result of a dispute with the Brussels Museum and a quarrel with his daughter, in 1953 Adolphe Spruyt decided not to donate his collection to the Brussels Museum, but to the Bijloke Museum in Ghent.

35   We are grateful for the contribution of Fien Dobbenie, who consulted the archive of the STAM on 26 April 2018.

36 Rose Houyoux, ‹Le docteur Adolphe Spruyt', in: Bulletin des Musées Royaux d'Art et d'Histoire, series 4, year 2 (1957), pp.133-134.

37 The original text in French – 'Cravate blanche aux bordures rouges de l'ordre national du jade' – was consulted in the archive of the Royal Museum of Art and History.

38 Even so, he had several disputes with the Royal Museum of Art and History in Brussels. This was one of the reasons he decided to donate his collection to the Bijloke Museum in Ghent and not to the Brussels Museum.

39 For the entire collection see: https://stamgent.be/nl_be/collectie/kunstwerken?search=spruyt.

Chapter IV

1 The first part of this chapter is based on a number of sources: Archives of the CTET in Archives générales du Royaume, folder 374, files 1-15, 25-32, 44-49, 67-77, 362-369, 438-457 , 560-567, 832-846; Belgian Ministry of Foreign Affairs, diplomatic archives, file MAEB 2817, Chemins de fer et tramways en Chine; Le Moniteur géographique, 1902 (columns 303), 1904 (col. 241), 1905 (col. 285), 1906 (col. 257), 1913 (col. 466); Caroline Six, Inventaire des archives de la CTET. Bruxelles, 2006. We would also like to thank Peter Boehm (†), Philippe Dussart-Desart, Ray de Groote Jr., Ken Mac Carthy, Allen Morrison (†), Pierre Meeuwig and John Rossman for their assistance. These sources are supplemented with a number of other references (see below).

2 Gail Hershatter, The Workers of Tianjin, 1900-1949. 1986.

3 Ginette Kurgan-Van Hentenryk, Léopold II et les groupes financiers belges en Chine: La politique royale et ses prolongements (1895-1914). 1972.

4 Joseph Marchisio, Les Chemins de fer chinois – Finance et diplomatie (1860-1914). Paris: Editions You-Feng, 2005.

5 Recueil des Lois et Arrêtés Royaux de Belgique/Verzameling der Wetten en Koninklijke Besluiten van België. Brussels: Imprimerie du MoniteurBelge/Drukkerij van den Moniteur Belge, 1913.

6 Wang Jianlang, Unequal Treaties and China. 2 vols. Honolulu/Hong Kong/Beijing/Singapore: Silkroad Press, 2016.

7 On Shibusawa Eiichi, see Shimada Masakazu, The entrepreneur who built modern Japan: Shibusawa Eiichi. Translated by Paul Narum. Tokyo: Japan Publishing Industry for Culture, 2017.

8 See also Raoul Delcorde, Belgian Diplomats. Wavre: Editions Mardaga, 2008.

9 Carroll Lunt, The China Who's Who. Shanghai: Kelly & Walsh, 1926.

10 François Nuyens, Diary, p. 236.

11 Carroll Lunt, The China Who's Who. 1926.

12 P.E. Terklaveren, De papierraper van Tientsin [The Paper Collector of Tianjin]. Antwerp: De Sikkel, 1955.

13 In 1864 King Leopold I assembled troops in order to defend Emperor Maximilian of Mexico, who was married to his daughter. Eddy Stols, Les Belges et le Mexique. Leuven: Leuven University Press, 1993; Paul Van Pul, In Flanders Flooded Fields – Before Ypres there was Yser. Barnsley: Pen & Sword Military, 2006.

14 The Nuyens couple's consecutive official addresses were Driesstraat 186, Ledeberg (1901); Langestraat (Rue Longue) 134, Ledeberg (1905); and Ploegstraat (Rue de la Charrue) 5, Gentbrugge (1910).

15 City Archive Gentbrugge: François Nuyens; NMBS Archive: Annuaires du personnel: François Nuyens.

16 'Since the passing of my son, the diary is again in my possession. It will now be for my grandson Jacky.' February 1940. F.N.

17 Toon Vandamme, De China-politiek van Leopold II aan de hand van de Compagnie Internationale de Tramways et d'Eclairage de Tientsin [The China policy of Leopold II as expressed through the Compagnie Internationale de Tramways et d'Eclairage de Tientsin]. Unpublished M.A. thesis, Faculty of Arts and Philosophy, Department of Oriental Studies, Catholic Universitty of Leuven, 1989.

18 Fien Dobbenie, Het reisdagboek van François Nuyens: een onderzoek naar de historische achtergrond van het verblijf van een Vlaming in China (1905-1908)[The travel diary of François Nuyens: an inquiry into the historical background of the sojourn of a Fleming in China (1905-1908)]. Unpublished M.A. thesis, Ghent University, 2019.

19 The Belgian franc was introduced in 1832, with the French franc as its example. From 1865 to 1914, Belgium was part of the Latin Monetary Union, which saw the Belgian franc equated with the French franc, the Swiss franc and the Italian lire. See Thomas Marmefelt, The History of Money and Monetary Arrangements: Insights from the Baltic and North Seas Region. Abingdon/New York: Routledge, 2019.

20 As the Nuyens' journal is not chronological, we have reproduced texts relating to his sojourn in Tianjin in chapter V and the diary of his travel experiences to and from China in chapter VI.

21 Ly Chou Tang is the transcription used by Nuyens himself in his diary on p. 120. The modern pinyin transcription should be: Lǐ Shùtáng. Chou is an old French transcription of the actual shù.

Chapter V

1 After the battle between Russia and Japan at Port Arthur.

2 See the Journal of François Nuyens P.157.

3 Ter Haar Barend J., Het Hemels Mandaat: de geschiedenis van het Chinese Rijk, Amsterdam: Amsterdam University Press, 2009.

4 E. I. F. Meijen., Reize om de Aarde gedaan op het koninklijk Pruisische Koopvaardijschip Princes Louise onder de bevelen van kapitein W. Xendt in de jaren 1830, 1831 en 1832. Translated from the High German by Dr. G. Acher Stratingh, Vol. 2, Groningen: J. Oomkens, Boek en Steendrukker, 1840.

5 See the Journal of François Nuyens P. 147 and P.159.

6 Adolphe Spruyt, Le Chinois: Régime, Hygiène, Mentalité, Brussels, 1909

7 In 1908, Tsar Nicolas II (1868-1918) was still the head of state and the capital of Russia was St. Petersburg. The name was changed to Petrograd in 1914 and to Leningrad in 1924.

Chapter VI

1 In the transcription of the Chinese words in the diary, we do not use the modern Pinyin transcription, preferring to leave them in the original spelling.

2 Lambert Jadot was the brother of Jean Jadot, who was also an engineer in charge of the Beijing-Hankou railway.

3 Geuze Lambiek is a typical Belgian beer.

4 See Part I, pages 54-57.

5 The fascination for women with small feet is one of the most unique features in Chinese eroticism. For many centuries in China it has been considered as a criterion of beauty. In ancient and medieval times, the feet were even regarded as the most intimate and most erotic part of the female anatomy. Men were exited and aroused by them. As a result, most of the women depicted in old Chinese drawings and paintings are seen with tiny feet, wearing equally tiny lotus shoes. The lotus feet could never be touched by others, not even by members of the same family. This was the exclusive privilege of the husband. See: Mattelaer, Johan J., Forbidden Fruit, Sex - Eroticism – Art, European Association of Urology, Arnhem, 2016.

图书在版编目（CIP）数据

比利时—中国：昔日之路：1870-1930 / (比) 约
翰·麦特勒 (Johan Mattelaer) 等编著；刘悦，张畅，
牌梦迪译. -- 北京：社会科学文献出版社，2021.12
书名原文: A Belgian Passage to China
ISBN 978-7-5201-9586-7

Ⅰ. ①比… Ⅱ. ①约… ②刘… ③张… ④牌… Ⅲ.
①铁路工程－建设－历史－中国②有轨电车－城市交通运
输－交通运输史－天津 Ⅳ. ①K956.4

中国版本图书馆CIP数据核字（2021）第276385号

比利时—中国：昔日之路（1870—1930）

编　　著 / ［比］约翰·麦特勒（Johan Mattelaer）
　　　　　　［比］马修·托尔克（Mathieu Torck）
　　　　　　［比］查尔斯·拉格朗日（Charles Lagrange）
　　　　　　［比］罗兰·杜萨特－德萨特（Roland Dussart-Desart）
　　　　　　［比］帕特里克·马塞利斯（Patrick Maselis）
　　　　　　［比］托马斯·巴埃特（Thomas Baert）
译　　者 / 刘　悦　张　畅　牌梦迪
出 版 人 / 王利民
责任编辑 / 王玉敏
特约编辑 / 姜雨晨
出　　版 / 社会科学文献出版社·联合出版中心（010）59367153
　　　　　　地址：北京市北三环中路甲 29 号院华龙大厦　邮编：100029
　　　　　　网址：www.ssap.com.cn
发　　行 / 社会科学文献出版社（010）59367028
印　　装 / 北京盛通印刷股份有限公司
规　　格 / 开　本：880mm×1230mm　1/12
　　　　　　印　张：26　字　数：220 千字
版　　次 / 2021 年 12 月第 1 版　2021 年 12 月第 1 次印刷
书　　号 / ISBN 978-7-5201-9586-7
著作权合同
登 记 号 / 图字 01-2021-5753 号
定　　价 / 298.00 元

读者服务电话：4008918866